조선유학과 소강절 철학

한국철학총서 36

조선유학과 소강절 철학
Neo - Confucianism & the thought of Shao - Kangjie in Choson Dynasty

지은이   곽신환
펴낸이   오정혜
펴낸곳   예문서원

편 집   김병훈
인 쇄   ㈜상지사 P&B
제 책   ㈜상지사 P&B

초판 1쇄   2014년 10월 30일
초판 2쇄   2015년 8월 31일

주   소   서울시 성북구 안암동 4가 41-10 건양빌딩 4층
출판등록   1993. 1. 7 제6-0130호
전화번호   925-5913~4 / 팩시밀리 929-2285
Homepage   http://www.yemoon.com
E-mail   yemoonsw@empas.com

ISBN 978-89-7646-323-4   93150

YEMOONSEOWON #4 Gun-yang B.D. 41-10 Anamdong 4-Ga, Seongbuk-Gu Seoul KOREA 136-074
Tel) 02-925-5913~4, Fax) 02-929-2285

값 32,000원

한국철학총서 36

조선유학과 소강절 철학

곽신환 지음

예문서원

지은이의 말

　소강절! 우리는 지난 100여 년 동안 그의 학문적 위상을 제대로 평가하지 못했다. 그는 철학의 새로운 지평을 넓게 열어 준 크고 맑은 사상가이다. 그의 안락·선천·경세는 중국에서와 마찬가지로 대부분의 조선조 학자들의 학술담론에서 뜨거운 주제였다. 그것은 행복론이고 형이상학적 본체론이자 우주적 시원론이며 현세를 경륜하고 내세를 전망하는 철학이었기 때문이다. 또한 그것은 경계를 불문하고 어떤 인적·사회적 권위에도 얽매이지 않는 자유로운 사유의 유희이기도 했다. 율곡 이이는 이런 소옹을 하늘의 시민이란 뜻으로 천민天民이라고 불렀다.

　2008년 필자는 충남 연기지역에 살았던 재야 역학자 성현成灝(1764~1834)의 문집 『회재집悔齋集』을 보게 되었다. 이 문집에서 필자는 역학적 인문학이라는 이름 아래 인체를 역학으로 풀이하는 한편 간지干支로써 설명하고 우리말로 풀이한 것, 어느 시대를 변화시키고 지배하는 기운을 뜻하는 화기化氣라는 용어를 사용한 것, 여러 부분에서 강절역학을 자득적으로 이해하여 이론을 펼치고 있는 것 등을 보았다. 그리고 그런 류의 학문과 분위기가 그 일대에 널리 그리고 깊게 퍼져 있다는 강한 느낌을 갖게 되었다. 그리하여 필자는 그때부터 소옹 역학이 조선조 학자들에게 미친 영향을 적극 탐색하려는 다짐을 하게 되었다. 그래서 우선 착수한 것이 고회민高懷民 선생의 『소자선천역철학邵子先天易哲學』 읽기였다.

　1993년에 나온 『송원명역학사』에서 소옹철학에 별반 관심을 기울이지 않았던 고회민 선생은 그 후 태도를 바꾸어 소옹을 깊이 있게 다루었다. 그 결과가 1997년 출간한 『소자선천역철학』이다. 명성 높은 역학사가로서 특히 복희역에 대해 깊은 관심과 이해가 있었으니, 복희역학자 소옹에 다시 관심을 가지게 된 것은 당연한 일일는지도 모른다. 선생은 이 책을 진작 인편으로 필자에게 보내 왔다. 『소자선천역철학』을 읽어 본 필자는 이내 심취하여 번역에 착수하였으며, 이 번역에서 얻은 지식과 정보를 바탕으로 보다 적극적으로 조선조 유학자들의 소옹 역학에 대한 이해를 찾기 시작하였다. 그러던 차에 2010년도 한국연구재단의 저술지원에 선정되어 본격적인 연구에 돌입하였고, 이제 그 결과를 책으로 내게 되었다. 고회민 선생의 책은 『소강절의 선천역학』이라는 이름으로 2011년에 예문서원에서 출간하였다.

이번 책은 피상적 연구에 지나지 못할 것이다. 그럼에도 새로 밝혀 낸 것이 있다면 조선유학자들이 대부분 소옹의 안락론을 좋아했으며 그의 선천역학에 심취하여 언어문자 이전의 본체세계·시원세계에 대한 형이상학적 사유를 했다는 것, 상수가 곧 술수라고 알던 데서 벗어나 상象·수數에서 의意·언言이 추론되어 나오며 자연과 세계의 원리가 상·수임을 깨닫고 이를 경세에 적극 활용하려는 생각을 가졌다는 것, 또 조선 후기의 많은 개혁적 성향의 지식인들이 새로운 사회, 새로운 세계의 도래를 꿈꾸는 이른바 후천개벽의 비전을 가졌다는 것 등이다.

이 책에서 미처 못 다룬 인물과 영역이 있다. 기본적으로 필자는 문학적 재능이 필요한 『격양집』에 대한 이해가 부족했고, 또 수리학적 재능이 요구되는 수리경세학이나 이것이 응용된 제 방면에 대한 식견의 편협으로 말미암아 천문학, 문자학, 성운학, 역학曆學 등의 분야를 거의 다루지 못했다. 따라서 『훈민정음제자해』에 반영된 부분, 『동국정운』에 미친 영향, 조선 후기 천문역법 등에 미친 영향이나 김창흡, 홍대용, 황윤석 등의 학술은 이번 연구에 포함되어 있지 않다. 또한 한말 개벽사상을 열어나간 몇몇 종교인들과 주목할 만한 몇몇 재야 역학자들의 이론도 다루지 못하였다. 이는 식견의 얕고 좁음을 떠나 애초에 필자가 철학도라는 사실을 감안하여 용서하시기를 바란다. 이이, 조성기, 성현, 이정호에 관한 내용은 이미 학술지에 부분 또는 모두를 발표한 일이 있다. 여기서는 대중성을 의식하여 제목도 다듬고 내용의 수정과 보완이 있었으며 표현도 평이하게 고치는 등 그대로 전재하지는 않았지만 기본골격은 거의 같다.

　연구자로서 책을 한 권 내어 학계에 소개하는 데에는 벌거벗은 봄을 내보이는 것과 같은 두려움도 있지만, 두려움을 지울 만한 큰 기쁨도 있다. 우선 갑년을 보내는 해에 책을 낼 수 있음이, 그것도 한국연구재단의 저술지원을 받아 수행하게 되었음이 행운이다. 그러나 무엇보다도 큰 기쁨은, 활달무애한 자유인, 본원세계와 미래세계에 대한 깊은 통찰의 지혜자, 천하내세에 대한 막중한 우환과 의무감에 펼쳐 낸 경세론의 저자 소옹을 조금이나마 더 알게 되었다는 것, 조선조 500여 년간의 학문성향에 대해 조금 더 알게 되었다는 것, 나아가 소옹을 배우고 실천하려 했던 선배학자들의 정신경지와 태도에 대해 이해하고 그것을 조금이라도 흉내 낼 수 있게 되었다는 것에 있다. 나는 분명히 이전보다 더 행복에 대하여, 그리고 본원세계에 대하여 통찰력을 가지려고 노력할 것이며, 언어문자로만이 아니라 몸으로 탐구하고 소통하며 경세의 방안을 찾으려 할 것이다.

이 책의 출간을 허락한 예문서원에 다시 또 부담을 드리게 되었다. 지난번『소자선천역학』을 출간해 준 곳, 동양학전문출판사로서의 명성이 이미 쌓여 있는 곳이기에 다시 한 번 떼를 썼다. 따뜻하게 수용해 주신 사장님과, 소루하기 짝이 없는 원고를 세심하게 살펴 준 편집진에 깊은 감사를 드린다.

2014년 1월 31일
서달산 아래 기의재幾義齋에서
곽신환 적음

지은이의 말   5

서론   15

제1부 소옹의 선천역철학

제1장 소옹의 겹치는 모습   23

1. 포폄의 양극단   23
2. 도가역과의 접맥   26
3. 복희와 공자에 대한 존숭   29

제2장 소옹 철학의 핵심 개념   33

1. 소옹의 철학적 즐거움: 안락   33
2. 선천역   37

   1) 선천   37
   2) 선천역도   41
   3) 선천역수   49

3. 『황극경세』와 수학   51
4. 관물   55

제3장 선천역과 경세   59

1. 역사의 치란을 해석함   59
2. 천지조화의 수를 추산함   68
3. 만물변화의 실정을 밝힘   71

   1) 성음으로 만물의 변화를 비유함   71
   2) 음양과 만물 및 장기臟器의 생성변화   73
   3) 모든 조화, 모든 일은 마음에서 생긴다   77

제4장 소옹 철학의 의의와 전승   81

제2부 조선유학자의 소옹 이해와 안락론

제1장 『조선왕조실록』에 나타난 조야의 소옹에 대한 인식 87
  1. 복합적 이미지-점쟁이 또는 기미에 밝은 철학자 87
  2. 수학數學에 대한 시비와 문묘의 위차 문제 91
  3. 논사論思의 전거 96
  4. 조선의 소옹-서경덕과 조성기 104

제2장 사가정 서거정의 안락론 110
  1. 관학자 훈신의 소옹 흠모 110
  2. 사는 곳과 뜻을 둔 곳의 불일치 111
  3. 태평시대 출처의 두 양상 114
  4. 소옹 찬양과 소옹 닮기 116

제3장 퇴계 이황의 안락론과 리수학 122
  1. 도소상호陶邵賞好의 처사적 삶 122
  2. 우락론憂樂論 128
    1) 산림을 즐기는 두 종류-현허고상과 도의 심성 128
    2) 참다운 즐거움 131
    3) 춤추기(舞蹈) 133
    4) 유정幽貞과 유락幽樂의 삶 135
  3. 리수철학에 대한 이해 140
    1) 수리에서 리수로 140
    2) 소옹 역학의 수용 144
    3) 서경덕에 대한 비판적 인식 148

제4장 졸수재 조성기의 낙천·우세 병행불패론 151
  1. 도하의 처사 151
  2. 여조겸과 역사 탐구를 좋아한 학자 155
  3. 후세의 요부 157
    1) 친구 소옹, 스승 증점 157   2) 사색과 관물의 공부 165
    3) 천리의 즐거움 167
  4. 낙천樂天과 우세憂世의 병행불패 169

제5장 명재 윤증의 소옹 존모와 진락론 173

  1. 기호의 퇴옹 173
  2. 소옹의 삶에 대한 존모 175
  3. 참 즐거움 180
  4. 『역』의 상점象占과 선천에 대한 이해 186

제3부 조선유학의 선천역학

제1장 화담 서경덕의 소옹 철학 이해와 수용 193

  1. 기수학자 서경덕 193
  2. 동방의 소요부 199
  3. 선천론과 수학의 이해와 수용 208
  4. 탈언어문자의 사색과 자득 215

제2장 율곡 이이의 「획전유역부」와 「공중누각부」 220

  1. 소옹-하늘의 시민 220
    1) 내성외왕의 정통 221   2) 역학의 4성 계승 224
    3) 하늘의 시민 225
  2. 「획전유역부」의 역학관 227
    1) 팔괘 이전의 역 227   2) 괘상의 의미 230
    3) 계사繫辭와 전제箋蹄 232
  3. 「공중누각부」의 소옹관 235
    1) 광활한 마음과 사통팔달의 철학 235
    2) 탈속과 진애 236
    3) 허명한 마음·풍월의 정회 238

제3장 상촌 신흠의 『선천규관』 244

  1. 소옹·서경덕에 심취한 철학적 문장가 244
  2. 복희역학에의 경도와 도가적 취향 249
  3. 사성삼현의 역학사 254
  4. 수數와 시時, 명命 260

제4장 보만재 서명응의 『선천사연』 271
　　1. 선천4도에 대한 언·상·수·의의 개념적 해설　271
　　2. 선천학의 전승－복희·공자·진단·소옹　275
　　3. 하도－획전역론　280
　　4. 선천4도론　282
　　5. 선천론적 수양론과 『참동고』　288

제5장 오주 이규경의 선천론과 황극론　295
　　1. 소옹 전기 수집의 대가　295
　　2. 『역』의 경과 전에 대한 이해　298
　　3. 태극·무극관　302
　　4. 『황극경세서』에 대한 이해　305

제4부 조선유학의 수리·경세론과 후천개벽론

제1장 낙전당 신익성의 『황극경세서동사보편』　311
　　1. 역사 귀감으로서의 『역』　311
　　2. 이운경세以運經世　314

제2장 대곡 김석문의 『역학도해』와 지전설　319
　　1. 역학적 지전설　321
　　2. 『역학도해』의 개물폐물론　324
　　3. 조선의 상수학적 개벽론의 효시　329

제3장 회재 성현의 인문역학　331
　　1. 기호의 재야 강절학자　331
　　2. 삼역사성론三易四聖論　334
　　3. 역학적 인문론과 역수학歷數學적 『역』 해석　339
　　4. 근취저신의 독견·자득적 『역』 이해　346

제4장 일부 김항의 『정역』과 후천개벽의 비전 352

   1. 김항의 후천역학 352
   2. 『정역』의 후천개벽의 비전 360

제5장 학산 이정호의 후천 간역론 366

   1. 삼역관과 선후천전도론 367
   2. 성역·후천론 374
   3. 금화혁역과 간역론 377
     1) 금화정역金火正易 - 혁역革易 377
     2) 황극론과 존공론尊空論 379
     3) 간역 - 만물이 끝나는 곳이자 시작되는 곳 382

결론 387

참고문헌 401

서론

이 책의 목적은 한국인들에게 강절康節이라는 시호로 더 친숙한 소옹邵雍
(1011~1077)의 철학이 조선조 지식인들에게는 어떻게 수용되고 발전되었
는지를 알리는 데 있다. 소옹은 철학사에서 독특한 위상을 갖고 있다.
우선 그는 유가와 도가의 두 지대에 걸쳐 있으며, 일정한 사승師承에
의지하지 않고 사색과 자득에 의해 독자적인 철학체계를 구축하였다.
그에게서는 창의적인 세계가 보인다. 그는 우리에게 새로운 패러다임으
로 사물을 볼 것을 요구한다. 그의 철학사상에서 나타나는 핵심 개념들
가운데 후대에 주목받은 것들은 안락安樂, 관물觀物, 수리數理, 선천先天,
황극경세皇極經世 등이다.

소옹의 철학은 중국철학사에서 주류적 위치에 있지 못했다. 유가와
도가를 넘나들었고 뚜렷한 사승이 없었으니 자연스런 결과이다. 그러나
그의 사상이 담겨 있는 두 저술 곧 시집인 『이천격양집』과 철학서인 『황극경
세서』는 후세에 깊은 영향을 끼쳐, 그의 시는 폭넓게 애송되었고 그의
역사관과 선천역학 및 수리철학은 창의적으로 해석되어 여러 분야에 원용
되었다. 그의 아들 소백온邵伯溫의 『황극계술皇極繫述』과 『관물내외편해觀物
內外篇解』, 장행성張行成의 『주역변통周易變通』, 채원정蔡元定의 『경세지요經世指
要』, 주희朱熹의 『역학계몽易學啓蒙』 및 『어류語類』 「소자지서邵子之書」 등에

실린 해설, 원대 유염兪琰의 『역외별전易外別傳』, 황기黃畿의 「황극경세서전皇極經世書傳」, 청대 왕식王植의 『황극경세서해皇極經世書解』, 황종희黃宗羲의 『역학상수론易學象數論』, 황종염黃宗炎의 『선천괘도변先天卦圖辨』, 호위胡渭의 『역도명변易圖明辨』 등이 중국에서 이루어진 소옹 철학과 저술에 대한 주요 논변과 주석서들이다. 또 조선에서 나온 소옹과 관련된 주석 또는 해설로는 서경덕徐敬德의 『경세수經世數』, 이이李珥의 『역수책易數策』, 신흠申欽의 『선천규관先天窺管』, 신익성申翊聖의 『황극경세동사보편皇極經世東史補編』, 홍계희洪啓禧의 『경세지장經世指掌』, 서명응徐命膺의 『선천사연先天四演』・『참동고參同攷』, 황윤석黃胤錫의 『황극경세서해皇極經世書解』, 이규경李圭景의 『경세기수내외편經世紀數內外篇』・『경세일원소장수도해經世一元消長數圖解』・『경세지운약설經世地運約說』・『경세지행수원經世地行數原』 등이 있다. 언뜻 보아도 소옹의 철학을 주석하거나 해설한 학자들은 중국의 주희나 조선의 이이를 제외하면 리학理學이나 심학心學의 주류에 속하기보다는 경계선 또는 주변에 있다고 여겨지는 학자들임을 알 수 있다. 그리고 조선의 소옹 철학 연구자들은 대체로 기호지역 또는 서인 출신의 학자들이 많다는 사실이 주의를 끈다.

풍우란馮友蘭・노사광勞思光・후외려侯外盧 등은 중국철학사적 안목에서 소옹의 철학을 자리매김하고 있는데, 이들은 비교적 풍부한 자료를 동원하여 매우 분석적이고 비판적으로 기술하고 있다. 이 가운데 노사광은 비판적 수준을 넘어 다소 부정적인 견해를 피력한다. 고회민高懷民・주백곤朱伯崑・요명춘廖名春 등 근래의 역학사가들 역시 비교적 객관적으로 소옹 역학의 본질과 후세에 미친 영향을 소개하고 있는데, 기술의 초점은 대체로 상수역학・선천역학・수리철학에 놓여 있다. 그 가운데 고회민은 1997년에 출간된 『소자선천역철학邵子先天易哲學』을 통해 소옹에 대한 초기의 다소 부정적인 시각에서 벗어나 적극 긍정하는 태도를 보임으로써 학계의 관심을 끌고 있다.

소옹의 철학은 철학사의 새 지평을 연 것이라고 할 수 있다. 그의 철학에는 자득처가 많은데, 자득의 철학은 대체로 기존의 학계로부터 반발이 있게 마련이다. 소옹이 열어 놓은 철학의 새 지평에 대해서도 찬성과 추존, 반대와 비난이 극단으로 교차했다. 그와 30년 가까운 오랜 교유를 갖고 또 제자의 위치에 있었던 정호程顥·정이程頤 형제는 소옹에 대해 존경과 친밀의 감정을 드러내면서도 그의 철학적 이념과 성격과 방법에 대해서는 그다지 찬동하지 않았다. 특히 아우인 정이는 오히려 비판적인 태도를 취했다. 정이의 역학 관련 저서인 『역전易傳』은 소옹의 선천역과는 두 사람의 개인적 성향만큼이나 내용과 형식 및 그 지향에서 판이하게 다르다. 반면 리학理學의 집대성자인 주희는 소옹 선천역학의 상당 부분을 자기의 역학 체계 속에 적극 수용하였으며, 소옹을 도학道學의 큰 스승 가운데 한 사람으로 평가하였다. 주희가 비록 정이의 성리설을 존중하고 계승하는 동시에 그의 『역전』에 대해서도 칭송한 바 있지만, 그런 가운데서도 그는 『역전』에 아쉬움을 표하며 따로 『본의』를 저술함으로써 정이와는 차별화된 역학을 선보였고 또 『역학계몽』을 통해 소옹의 선천역을 상당 부분 수용하기도 했다. 뿐만 아니라 선천역과 상관이 있다는 시각에서 『주역참동계고이周易參同契考異』를 저술하기도 했다. 이러한 점은 정·주의 철학을 일관된 체제로 파악하려는 기존의 시각에 깊은 주의를 요한다.

조선조에서도 소옹 철학은 수용과 배척의 양면을 보인다. 이황李滉을 비롯한 리 중심의 이론을 전개한 일단의 학자들은 소옹의 안락론을 적극 수용하면서도 그의 선천학이 본질적으로 수학 또는 수리철학이라는 이유로 회의를 품고 배척하거나 리수학으로 수정하는 경향을 보였다. 반면 서경덕이나 이이·송시열宋時烈의 문파에서는 소옹의 안락安樂, 관물觀物의 이념과 방법, 원회운세元會運世의 우주운행 도수, 선·후천역, 황극경세 등의 개념과 체계에 깊은 관심과 연구에 노력을 기울였으며, 이와 관련된 많은 저술을 하였다. 선조 이후에는 경연에서 소옹의 철학과 관련된 주요 개념들이 종종 주제로 채택되어 깊이 있는 문난問難이 이루어졌다. 소옹의 안락 개념은 유파를 막론하고 학자들의 인생 경계의 표적이 되었으며, 지식인들은 『황극경세서』에 관한 지적인 담론에 참여할 수 있어야 수준 높은 학자로서의 대접을 받을 수 있었다. 관물론은 대체로 리학자들이 깊은 관심을 보였고, 선천역학은 역학자들에 의해 주목을 받았다. 특히 주희의 역학에 관심을 가진 사람들은 대부분 소옹의 선천역학에도 관심을 가졌다. 또한 주희 역학과는 별개로 소옹의 역학을 독자적으로 발전시켜 나간 경우도 나타났으니, 특히 조선조 후기에 소옹의 선·후천 역학의 개념을 넘어서 새로운 의미의 후천세계와 후천역학의 가능성을 표방하며 등장한 일군의 학자들이 그 예이다. 이처럼 소옹 철학은 조선유학자들 대다수가 상당한 관심과 노력을 기울인 대상이었다.

그동안 소옹 철학이 조선유학에 미친 영향, 그리고 조선에서의 수용·확산·심화 부분에 대해서는 깊이 있는 연구가 이루어지지 못했다. 이것은 아직도 조선유학에 대한 연구가 특정 인물이나 지역의 테두리에 머물러 있는 것과 관련이 있는 듯하고, 조선유학에서의 주돈이·장재·정호·정이의 철학의 영향과 수용에 관한 연구가 아직 제대로 이루어지지 못했다는 점과도 연관된다.[1] 그 결과 재야의 학인들 가운데에는 소옹의 『황극경세』

---

1) 이창일이 소옹 철학을 주제로 한 자신의 박사학위논문을 정리하여 단행본(『소강절의 철학』)으로 출간하고 이후 몇 편의 논문을 발표하였으며, 김문갑이 「소옹의 선천역학에 관한 연구」로 박사학위를 취득하였다. 이 두 사람의 학위논문과 저술은 기존의 소옹 철학에 대한 평가와 규정을 넘어 새로운 시각과 논변의 여지를 제공하고 있다. 그 밖에 소병선의 「소옹의 우주론」, 이봉규의 「소옹철학을 형성하는 도가적 사유와 유가적 사유」 등이 소옹 철학과 관련된 석사학위논문이다. 조선조에서 이루어진 소옹 철학의 수용과 발전에 대한 연구는 이봉호의 박사학위논문 「서명응의 선천학 체계와 서학 해석에 관한 연구」 및 이형성의 「이재 황윤석의 數理에 기초한

와 그의 풀이로 위탁된 『하락이수河洛理數』를 함께 번역하고 해설한 경우도 있으며, 또 점술과 관련된 많은 저술과 자료들이 그의 이름을 빌려 서점 판매대에 놓여 있다. 아울러 그의 신관神觀이나 몇몇 개념들, 문학 및 민속학에 관해 이루어진 연구들도 있다.

선행연구가 부족한 탓에 전혀 새롭게 시작한 주제들이 많아 이 책은 충분히 만족할 만한 수준과 내용에 이르지는 못했다. 대체적인 목차와 내용은 다음과 같다.

서론에 이어 제1부에서는 소옹의 선천역철학 전반을 약술한다. 여기서는 소옹에 대한 평가의 엇갈림을 포폄의 양극단, 도가역과의 접맥, 복희와 공자 존숭을 중심으로 다루고, 이어서 소옹 학문의 핵심 개념을 안락, 선천역, 황극경세, 관물을 중심으로 고찰하며, 선천역의 경세 방면에의 응용을 역사의 치란 해석, 천지조화의 수 추산, 만물변화의 실정 밝힘을 살펴보고, 소옹 철학의 의의와 전승맥락에 대해 기술한다.

제2부에서는 조선유학자들의 소옹 철학 이해와 안락론을 5개의 장에 걸쳐 다룬다. 1장에서는 『조선왕조실록』에 나타난 조야의 소옹에 대한 인식을 술수가, 점쟁이 또는 기미幾微에 밝은 철학자, 수학자, 정사政事의 지혜자, 반관反觀 등 학설에 대한 논의, 문묘의 위차 논의, 조선의 대표적인 소옹적 인물로 지목된 서경덕과 조성기에 대한 논의 등을 중심으로 기술한다. 2장에서는 전형적인 관학자이며 훈신인 서거정의 태평시대 출처의 두 양상론에 대해 살펴보고, 3장에서는 동방주자라는 칭호를 얻은 이황의 안락론과 리수학理數學에 대해 살펴본다. 4장에서는 일생동안 장애를 안고 소옹을 친구로 하여 도하의 처사로 살아간 조성기의 낙천樂天과 우세憂世의 병행불패론을 다루었고, 5장에서는 기호의 퇴옹이라는

─────────

실학사상」, 서근식의 「보만재 서명응의 선천역학 연구」, 정원재의 「서경덕과 그 학파의 선천학설」 등 몇 편에 지나지 않는다. 대체로 몇몇 학자에 대한 단편적 연구에 머물러 있는 실정이다.

호칭을 얻은 윤증의 진락론眞樂論에 대한 성찰을 다루었다.

제3부에서는 조선유학의 선천론을 중심으로 다룬다. 1장에서는 동방의 요부堯夫라는 칭호를 얻는 서경덕의 선천론에 대한 이해와 수용을, 2장에서는 이이의 「획전유역부畵前有易賦」와 「공중누각부空中樓閣賦」에 보이는 하늘 시민으로서의 소옹관을, 3장에서는 철학적 문장가 신흠의 『선천규관』에 보이는 선천론을, 4장에서는 서명응의 『선천사연』에 나타난 언言·상象·수數·의意의 사연四演과 하도론河圖論을, 5장에서는 이규경의 『오주연문장전산고』에 담긴 소옹 관련 자료들과 선천학 이해를 집중하여 다룬다.

제4부에서는 조선유학의 수리경세론과 후천개벽론을 다룬다. 1장에서 신익성의 『황극경세서동사보편』에 보이는 역사로서의 『주역』론과 '이운경세以運經世'에 대해, 2장에서는 김석문의 『역학도해』에 보이는 역학적 지전설地轉說 및 원회운세에 의한 지구시간론과 개물·폐물론에 대해, 3장에서는 한말 기호지역의 창의적 소옹학자인 성현의 인문역학에 대해, 4장에서는 김항의 『정역正易』과 후천의 비전에 대해, 5장에서는 『정역』에의 근대학문적 접근을 시도한 이정호의 혁역론革易論 및 간역론艮易論의 차례와 내용에 대해 살펴보고, 이어서 결론을 수록했다.

제1부 소옹의 선천역철학

제1장 소옹의 겹치는 모습

1. 포폄의 양극단

소옹邵雍(자는 堯夫, 1011~1077)은 주희朱熹가 『이락연원록伊洛淵源錄』에서 리학理學의 다섯 선생의 하나로 추존한 이래로 북송시대 대표적 지성의 한 사람으로 꼽힌다. 그는 리학의 발전과 관련하여 논급되기도 하고 선천역학先天易學과 수리數理철학이라는 독특한 자득의 철학을 개창한 인물로 평가되기도 하는데, 대체로 그의 학문과 사상의 과정, '안락安樂'·'선천先天'·'황극경세皇極經世'·'관물觀物' 등의 핵심 개념을 통하여 전개된 소옹의 철학과 인격에 대해서는 후인들의 평가가 엇갈린다.

정호는 "나는 요부선생을 좇아 놀았는데, 그 의론을 들으니 천고千古의 세월을 흔드는 호걸이다"[1]라고 하였고, 양시는 "『황극경세서』는 모두 공자가 말하지 않은 것이다. 그러나 그 고금의 치란·성패의 변화를 논한 것은 마치 부절이 합한 것 같다"[2]라고 하였으며, 채원정은 "진한시대 이후로 이 한 사람일 뿐이다"[3]라고 하였다. 또 리학의 집대성자라는

---

[1] 『宋元學案』, 「百源學案」 부록, "吾從堯夫先生游, 聽其議論, 振古之豪傑也."
[2] 『宋元學案』 「百源學案」 부록, "皇極之書, 皆孔子所未言者, 然其論古今治亂成敗之變, 若合符節, 故不敢略之, 恨未得其門而入耳."
[3] 『皇極經世書』, 「纂圖指要」(蔡元定), "自秦漢以來, 一人而已!"

칭호를 듣는 주희는 『역학계몽』을 저술하면서 소옹의 선천도를 수록하였고, 문인과의 문답에서는 이것이 공자를 계승하여 나온 것이라고 인정하였다.[4] 이 가운데 주희의 평가는 그가 리학사에서 차지하는 위상으로 인해 소옹의 사상사적 위상을 제고시키는 데 많은 영향을 주었다. 주자학이 국학의 위치에 있었던 조선에서 소옹에 대한 존중과 수용은 특히 심대하였다.

이상의 긍정적 평가와 달리 철학사 또는 역학사에서 소옹에 대한 비판적 시각 또한 만만치 않다. 대체로 리학자들은 그의 학문에 대하여 주돈이·정호·정이·장재 등에 비하여 높이 평가하지 않는다. 명대에 집성된 『성리대전』에 소옹의 『황극경세서』가 들어갈 수 있었던 것은 그나마 주희의 추존이 있었기 때문이라고 할 수 있다. 리학은 정·주라는 틀로 이해되었고, 소옹의 학문은 수학數學이나 상학象學으로 분류되어 심지어 방기方技나 이단으로 인식되기도 했다. 소옹에게서 배운 정호·정이 형제는 "요부가 우리 형제에게 수학을 전수하려 했다. 우리 형제는 이를 공부했는데 제대로 배우려면 20년은 공을 들여야 할 것이었다"라고 말했다. 여기서의 수학은 술수학術數學의 수학이 아니라 수리학數理學의 수학 곧 수의 관점에서 『주역』을, 그리고 사물과 역사현상을 해석하는 것을 의미한다. 술수학은 한·당대에 성행했고, 수리학은 소옹에 의해 일어나 채원정·주희에 이르러서 크게 주목을 받았지만 술수학의 이미지가 남아 있어 이단시되곤 했다. 특히 명·청대에 이르러 소옹은 매우 혹독한 비판을 받기도 했는데, 학설의 실증적 근거가 부족하다는 것이 그 이유였다.

소옹에 대하여 대체로 비판적인 정이는 "그 마음이 허명虛明하여 저절로 앞일을 알 수 있었다"라고 말했다.[5] 그가 앞날을 잘 알았다는 당대의

---

4) 『朱子大全』, 권38, 「答袁機仲書」.

평가가 그에 대한 민간전승을 성행하게 하였고, 이로 인해 특히 술객術客들로부터 신화적 존재로 추앙받게 되면서 학자들로부터 외면당하는 경향도 생겼을 것이다. 술객들로부터 소옹의 것으로 인정받는 「매화시십장梅花詩十章」6), 「매화신산梅花神算」 같은 것들이 민간에 광범하게 유포되어 전해지고 있으며, 소옹을 일종의 이인異人으로까지 여기기도 한다. 소옹의 수학을 수용했던 주희도 소옹이 점술에 능했다는 것을 부인하지는 않았다. 하지만 이처럼 소옹이 점술에 능했다는 주장에 대하여 비판적인 입장도 있다. 즉 소옹은 성실하고 탁월한 철학자였지 점술이나 농단하는 술객이 아니었다는 것이다.7)

근래의 철학사가들도 소옹의 철학에 대해서는 상반된 평가를 내리고 있다. 풍우란馮友蘭은 소옹의 학문을 상학과 수학을 겸한 것이라고 소개하는 데 그칠 뿐 별다른 평가를 하지 않았으며,8) 노사광勞思光은 소옹의 학설이 선천도를 중심으로 삼고 있다고 하면서 비록 그의 「관물편」이 형이상학·우주론·가치론에 이르기까지 여러 문제들을 언급하였지만 세세한 논점에 불과할 뿐 하나의 체계를 이루지는 못했으며 신유학과는 일정한 관계가 없다고 하였다.9) 반면 주백곤은 역학철학의 관점에서

---

5) 『宋史』, 「道學 1」, "程頤嘗曰, 其心虛明, 自能知之."
6) 소옹의 저작으로 전하는 10수의 매화시는 아래와 같다.
　① 蕩蕩天門万古開, 几人歸去几人來. 山河雖好非完璧, 不信黃金是禍胎.
　② 湖山一夢事全非, 再見云龍向北飛. 三百年來終一日, 長天碧水嘆彌彌.
　③ 天地相乘數一原, 忽逢甲子又興元. 年華二八乾坤改, 看盡殘花總不言.
　④ 畢竟英雄起布衣, 朱門不是舊黃畿. 飛來燕子尋常事, 開到李花春已非.
　⑤ 胡儿騎馬走長安, 開辟中原海境寬. 洪水乍平洪水起, 清光宜向漢中看.
　⑥ 漢天一白漢江秋, 憔悴黃花總帶愁. 吉曜半升箕斗隱, 金烏起滅海山頭.
　⑦ 云霧蒼茫各一天, 可伶西北起烽煙. 東來暴客西來盜, 還有胡儿在眼前.
　⑧ 如棋世事局初殘, 共濟和衷却大難. 豹死猶留皮一襲, 最佳秋色在長安.
　⑨ 火龍蟄起燕門秋, 原璧應難趙氏收. 一院奇花春有主, 連宵風雨不須愁.
　⑩ 數點梅花天地春, 欲將剝复問前因. 寰中自有承平日, 四海爲家孰主賓.
7) 高懷民, 곽신환 옮김, 『소강절의 선천역학』(예문서원, 2011), 지은이의 말, 7~8쪽.
8) 馮友蘭, 박성규 옮김, 『中國哲學史』 하권(까치, 1999), 455쪽 참조.

보면 소옹 선천역학의 역사적 의의는 전통적 견해를 답습하지 않고 이론적으로 그것을 새롭게 밝혀 놓은 데 있다고 하면서 소옹에 대한 청대의 비판은 실제와 부합하지 않는 것이라고 지적하였으며,[10] 고회민은 소옹이 『역』의 바른 뜻을 잇고 수리철학을 열어 철학사와 역학사에 새 기원을 열었다고 평가한다.[11]

2. 도가역과의 접맥

소옹의 조상은 대대로 연燕나라 사람이었다. 증조부 영진令進은 군직에 있었는데 벼슬이 사예조事藝祖에 이르렀고, 조부는 이름이 덕신德新이고 부친은 고古이다.[12] 소옹의 시대에 활동했던 비슷한 연배의 인사들로는 주돈이周敦頤(1017~1073), 장재張載(1020~1077), 정호程顥(1032~1085), 정이程頤(1033~1107), 사마광司馬光(1019~1086), 구양수歐陽脩(1007~1072) 등이 있다. 대부분 동년배들이지만, 20여 년 아래인 정호·정이 형제는 소옹과 30년 가까이 교유하며 배웠다. 리학의 측면에서 보면 일단의 탁월한 학자들이 동시대에 한꺼번에 굴기한 느낌이 있다.

소옹은 어릴 적에 부친을 따라 형장衡漳(지금의 하북성 남부)에서 공성共城(지금의 하남성 輝縣)으로 이사했다.[13] 소옹 가족은 공성 서북쪽에 있는 소문산蘇門山 위의 백원百源이라는 곳에서 여막을 짓고 살았는데, 소옹의 일생 학문과 수양은 이때 그 기반이 마련되었다. 겨울에 화로도 없고 여름에

---

9) 勞思光, 정인재 옮김, 『中國哲學史-宋明篇』(탐구당, 1987), 187~201쪽 참조.
10) 朱伯崑, 『易學哲學史』 2권(藍燈文化事業股份有限公司, 1991), 189쪽.
11) 高懷民, 곽신환 옮김, 『소강절의 선천역학』, 349쪽.
12) 소옹의 인적 사항은 『宋史』 「道學列傳」, 『宋元學案』 권9의 「百源學案」 등에 기록되어 있다.
13) 정호가 지은 「墓誌銘」 참조.

부채도 없는 간고한 삶이었지만 소옹은 각고의 노력을 기울여 학문에 전념하였고, 그 호학好學함이 널리 소문이 나서 찾는 사람이 많아졌다. 그는 책 읽는 일 못지않게 사람을 만나 사귀는 일 또한 중요함을 깨닫고 한동안 사방을 두루 돌아다니기도 했다. 소옹이 공성에서 살던 시기에 이지재李之才[14]가 그의 호학함을 듣고 찾아오니, 소옹은 그를 스승으로 삼고 역학을 배웠다.

이지재가 처음에 위주衛州 공성의 임시 수령이 되었는데, 그때 소옹이 소문산蘇門山 백원百源에서 모친상을 지내고 있었다. 베옷과 갓옷에 채소를 먹었으며, 몸소 일하여 부친을 봉양하였다. 지재가 옹을 찾아가 만나 그 애쓰고 힘든 모습을 보고 "호학好學·독지篤志는 과연 무엇을 위함인가?" 하고 물으니, 옹이 "책의 테두리 밖으로 나가지 않았습니다"라고 대답했다. 지재가 "그대는 책의 흔적이나 좇을 사람이 아니다. 물리의 학 같은 것은 어떠한가?"라고 물었고, 다른 날 다시 "물리의 학은 배웠는데, 성명性命의 학이 있지 않은가?"라고 말했다. 옹이 두 번 절하고 배우기를 원했다. 이에 지재는 먼저 육순陸淳[15]의 『춘추』를 보여 주어 『춘추』로써 5경의 취지를 드러내고 입증하려 하였으며, 5경의 핵심적 취지를 말할 수 있게 되자 『역』을 가르치고 끝냈다.[16]

이지재는 목수穆修에게서 배웠고, 목수는 종방種放에게서, 종방은 진단陳摶에게서 수학했다고 한다. 이지재의 역학이 어떤 성격인지는 확실하지 않다. 후세에 전하는 것은 남송대 임지林至의 『역비전易裨傳』 외편外篇의 기록으로, 이에 따르면 이지재의 괘도卦圖가 둘이 있는데 하나는 이름이 「이정지변괘반대도李挺之變卦反對圖」이고 다른 하나는 「이정지육십사괘상

---

14) 『宋史』의 「李之才傳」에 따르면 그는 靑社 출신인데, 청사는 산동지방을 가리킨다.
15) 육순은 당의 춘추학자로, 저서에 『春秋集傳釋例』가 있다.
16) 『宋史』, 「儒林傳·李之才傳」, "之才初爲衛州獲嘉主簿權共城令, 時邵雍居母憂于蘇門山百源之上, 布裘蔬食躬爨以養父, 之才叩門來謁勞苦之曰好學篤志果何似. 雍曰簡策之外未有適也. 之才曰君非迹簡策者, 其如物理之學何. 他日則又曰物理之學學矣. 不有性命之學乎. 雍再拜願受業. 於是先示之以陸淳春秋, 意欲以春秋表儀五經, 既可語五經大旨, 則授易而終焉."

생도李挺之六十四卦相生圖」이다.[17] 그런데 정호가 쓴 「묘지명」이나 『송사』 「도학전」에서는 모두 소옹이 비록 이지재에게서 『역』을 배웠으나 그 학문은 "스스로 터득한 바가 많았다"라고 적고 있다. 즉 이지재에게서 배웠다고 해서 단순히 그를 추종하기만 한 것은 아니라는 말이다. 소옹에 대한 정호의 태도에 대해서는 존숭했다는 것과 비판적이었다는 이견이 있다. 대체로 그가 소옹을 존숭했다고 하는데, 학자에 따라서는 의례적으로 칭송한 것일 뿐 정호 역시 아우와 마찬가지로 소옹에 대해 매우 비판적인 시각을 지니고 있었다고 본다.[18] 위의 구절은 소옹을 도가적 맥락에 두고 싶지 않은 정호의 심정이 반영된 것이라고 할 수 있을 것이다. 어쨌든 소옹이 이지재를 통해 역학을 배움으로 인하여 그의 학문은 진단(희이)에게로 연원이 닿게 된다.

진단陳搏은 오대 말 북송 초기의 사람으로, 자는 도남圖南이며 호는 부요자扶遙子・청허처사淸虛處士・목암도인木巖道人 등이다. 희이希夷는 송의 태조가 내린 시호이다. 하남성 직원直源 출신이고 989년에 죽었다. 태어난 해는 분명하지 않다. 유・불・도의 삼교를 회통하고 특히 『역』을 깊이 연구하였는데, 『역』의 문자만 전하고 본래 뜻이 전해지지 않는다고 여겨 도식으로 문자를 대체하고자 했다. 주로 무당산과 화산에서 거처하였고, 무극도와 선천태극도를 남겼다. 주희는 진단의 학문이 실상 공자의 학설이라고 하였지만 대체로 그는 도가 계열로 분류된다.[19] 진단이 그 문하에 전한 핵심이 선천도이며 이것이 전승되어 소옹 학설의 근간을

---

17) 林至는 남송의 華亭(지금의 상해 松江) 출신으로, 자는 德久이고 주희의 문인이며 정확한 생졸연대는 미상이다. 그의 『易裨傳』은 두 권으로 되어 있다. 이지재의 괘도에 대해서는 朱伯崑의 『易學哲學史』에 실린 기술이 비교적 친절하고 상세하다.

18) 勞思光, 정인재 옮김, 『中國哲學史-宋明篇』, 181~187쪽 참조. 정이가 소옹에게 비판적이었다는 것에 대해서는 이견이 없다.

19) 진단에 대해서는 朱伯崑, 『易學哲學史』 3권, 6장의 제1절 圖書之學의 流行, '1. 진단의 상수학' 참조.

이루었으니, 이 때문에 소옹의 학문에는 역학과 더불어 도가적 흐름이 있다고 하는 평가를 받게 되는 것이다. 실제로 소옹의 글 속에는 진단을 존숭하는 표현이 많이 나온다.

어쨌든 소옹은 이지재를 통하여 진단에게 연원이 닿아 있는 역학을 이었고, 이에 대한 정밀한 연구를 통해 물리를 깨달아 그 계단에 오르게 되었으며, 다시 만물의 이치를 체득한 다음에는 역학으로 회귀하여 그 깊은 핵심처에 들어갔다. 그의 선천역의 큰 규모와 틀은 이런 과정을 통해 마련되었던 것이다.[20]

3. 복희와 공자에 대한 존숭

소옹과 그 부친이 공성을 떠나 낙양洛陽으로 이사한 것은 소옹의 나이 38살 때였다고 한다.[21] 낙양에 도착했을 때 소옹 부자의 생활은 매우 빈한해서, 서당을 열어 겨우 생계를 꾸려 나갔다. 그러나 이내 학문과 수양의 온축이 깊고 두터워져 소옹은 생각하고 행동하는 것이 모두 탁월한 철학사상이 되었고 입으로 토해 내고 손으로 적어 내는 것마다 아름다운 시가 되었다. 자연 그에 관한 소문이 조정과 재야에 널리 퍼졌고, 사귐을 청하거나 찾아오는 사람이 많아졌다. 그 중 부필富弼(1004~1083)[22], 사마광司馬光, 여공저呂公著(1018~1089) 등 낙양의 현인 29명이 소옹을 위해

---

20) 高懷民, 곽신환 옮김, 『소강절의 선천역학』, 6쪽.
21) 慶曆 丁亥년, 소옹은 「共城十吟」이라는 春郊詩를 지었는데, 이해 그의 나이 37세로 그 때까지 共城에 살고 있었다. 소옹의 부친 고는 낙양에서 죽었으며, 소옹은 부친을 伊川에 장례 지냈다. 이천은 伊河유역으로 지금의 하남성 嵩縣 및 伊陽縣 지역이다.
22) 송의 富弼은 洛陽 출신으로 자는 彦國이고 시호는 文忠이다. 추밀사로 범중엄 등과 함께 慶曆新政을 추진했다. 왕안석과의 대립으로 탄핵을 당했으나 鄭國公에 봉해졌다. 저서에 『富鄭公詩集』이 있다.

천진교天津橋 부근에 원택園宅을 구입해 주었다고 한다.

『황극경세서』를 보면 소옹이 존중하는 두 성인이 있다. 하나는 복희伏犧이고 다른 하나는 공자孔子이다. 복희와 공자는 『역』으로 그 끈이 연결되어 있다. 소옹에게 있어서 복희는 모든 학술의 출발점이다. 도가도 유가도 복희에게서 나왔다고 하면서, 그를 천지자연의 진리를 도상으로 드러낸 최초의 문화적 영웅으로 본다. 그리고 공자에 대해서는 그 나름의 관점과 이유를 갖고 그 나름의 용어로 찬양하고 있다.

일찍이 맹자가 성인을 구별하여 이윤伊尹을 성聖의 임자任者, 유하혜柳下惠를 성聖의 화자和者, 백이伯夷・숙제叔弟를 성聖의 청자淸者, 공자를 성聖의 시자時者라고 평한 적이 있는데, 소옹 역시 성인과 성인 사이의 차별을 적극적으로 시도하였다. 그는 공자를 황皇・제帝・왕王・패覇를 넘어 만세萬世의 사명을 수행한 사람으로서[23] 한 번 동動하고 한 번 정靜하는 사이에 천・지・인의 지극히 오묘하고 오묘한 것이 있음을 알아 능히 삼재三才의 도를 다 구현한 인물로 규정하면서,[24] 필부匹夫는 100무畝의 땅을, 사대부는 100리里의 땅을, 제후는 사방 경계를, 천자는 구주九州를 영토로 삼는 데 비해 공자는 만세萬世를 자신의 영토로 삼았다고 하였다.[25] 『격양집』에는 소옹이 공자를 추존한 시가 여럿 있는데, 그 가운데 「눈을 높이 들어 공자를 바라보며 읊음」(瞻禮孔子吟)은 다음과 같다.

---

23) 『皇極經世書』, 「觀物內篇」, "一世之事業者, 非五伯之道而何. 十世之事業者, 非三王之道而何. 百世之事業者, 非五帝之道而何. 千世之事業者, 非三皇之道而何. 萬世之事業者, 非仲尼之道而何. 是知皇帝王伯者, 命世之謂也. 仲尼者, 不世之謂也."

24) 『皇極經世書』, 「觀物內篇」, "人皆知天地之爲天地, 不知天地之所以爲天地. 不欲知天地之所以爲天地則己, 如其必欲知天地之所以爲天地, 則舍動靜將奚之焉. 夫一動一靜者, 天地之至妙者歟. 夫一動一靜之間者, 天地人之至妙至妙者歟. 是故知仲尼之所以能盡三才之道者, 謂其行無轍跡也."

25) 『皇極經世書』, 「觀物內篇」, "人謂仲尼惜乎無土, 吾獨以爲不然, 匹夫以百畝爲土, 大夫以百里爲土, 諸侯以四境爲土, 天子以四海爲土, 仲尼以萬世爲土. 若然則孟子言自生民以来未有如夫子, 斯亦未爲之過矣."

뉘라서 책을 들고 읽지 않는가,
능히 성性을 아는 자 또한 어떠한가.
공부가 천하의 말 속에 들어 있고,
오묘함은 세간의 승묵繩墨을 벗어나네.
도야陶冶의 있고 없음은 하늘의 사업이고,
치란의 권형權衡은 제왕의 공부이네.
위대하다, 『역』을 찬술하고 경전을 품절한 뜻이여,
사람이 생긴 이후로 그 같은 분은 없는 듯하네.[26]

소옹은 공자를 존숭하면서 스스로를 유학자로 자리매김하였다. 『격양집』 서문에는 그가 장성한 다음에 유가에 종사했다고 서술하고 있는데, 이 말은 장성하기 이전에는 유학자임을 인정하지 않았다는 말이 될 것이다. 그는 흥이 겨워 공자·맹자의 마음을 계승했지만, 때로는 방종하고 해학도 즐기며 괴이한 일도 마다하지 않았다. 60세 때 조정의 부름을 사양하고는 그때부터 도사의 복장을 하기도 했다고 전한다.

소옹의 이러한 태도는 한마디로 말하면 '다만 자연에 순응하는' 것이라고 할 수 있다. 유가이면서 유가에 얽매이지 않았고, 도가이지만 도가에 사로잡히지 않았다. 그에게 있어서 공자는 유가와 도가를 모두 넘어서 있는 성인이다. 정호가 "요부는 방임과 광활함을 품었으니, 마치 공중의 누각과 같이 사방팔방으로 두루 통달했다"[27]라고 평했던 것은 바로 소옹의 이러한 면을 나타내는 것인 듯하다.

소옹은 1077년 7월 5일, 67세에 죽었다. 그가 임종하기 직전에 장재가 문병을 갔다가 명命에 대하여 논하였는데, 소옹은 "천명이라면 이미 알고

---

26) 『擊壤集』, 권4, 「瞻禮孔子吟」, "執卷何人不讀書, 能知性者又何如, 工居天下語言內, 妙出世間繩墨餘, 陶冶有無天事業, 權衡治亂帝功夫, 大哉贊易俻經意, 料得生民以後無."

27) 『朱子語類』, 권100, "堯夫襟懷放曠, 如空中樓閣, 四通八達也." 노사광은 공중누각을 공허한 이론이라는 비판적 의미로 이해하였다. 그러나 조선조 유학자들 가운데 이이, 장현광 등 「공중누각부」를 지은 사람들은 모두 긍정적 해석을 하고 있다.

있지만 세속에서 말하는 명이라면 나는 모른다"라고 하였다고 한다.[28)

정호는 소옹의 묘지에서 "선생은 저서 62권이 있는데『황극경세』라고 하였고, 고율시古律詩 2000편이 있는데『격양집』이라고 제목을 붙였다"라고 기록하고 있다.『송원학안宋元學案』에서는『어초문답漁樵問答』[29)이라는 책도 있다고 하였다. 송 철종 때에 강절康節이라는 시호가 주어졌다.

---

28)『宋元學案』,「百源學案」, '邵雍傳'.
29)『宋史』「道學傳」에서는『漁樵問對』라고 했다.

제2장 소옹 철학의 핵심 개념

1. 소옹의 철학적 즐거움: 안락

38세경부터 낙양 천진교 부근에 살던 시절의 소옹의 생활에 대하여 「도학전」에서는 다음과 같이 소개하고 있다.

소옹은 때를 따라 밭 갈고 씨 뿌려 농사를 지어서 겨우 의식衣食을 마련할 수 있었다. 그 거처를 '안락와安樂窩'라고 이름 짓고 스스로 '안락선생安樂先生'이라고 하였다. 아침에는 향을 사르고 편히 앉아 있었고, 오후 늦게면 술을 서너 잔 기울였는데 약간의 취기라도 있으면 곧 멈추어 취하는 데까지는 이르지 않았다. 흥이 이르면 곧 시를 소리 내어 읊조렸다. 봄가을에는 낙양성 시내에 나아가 노닐었는데, 비가 오거나 바람이 불면 나가지 않았다. 나갈 때면 작은 수레를 타고 한 사람이 끌게 하되, 생각이 내키는 대로 가게 하였다. 사대부가에서 그의 수레 소리를 들으면 다투어 나와 맞아들였다. 어린아이들이나 노복들이 모두 환영하며 서로 말하기를 "우리 집에 선생이 오셨디" 하면서 더 이상 그 성姓과 자字를 부르지 않았으니, 존경의 뜻을 나타낸 것이다. 어떤 경우 좀 더 머물기를 권해도 이내 떠나가곤 했다. 일 만들기를 좋아하는 사람들은 따로 집을 지어 소옹이 기거하는 것처럼 하기도 했는데, 소옹이 거기에 이르면 이름하여 '임시 안락와'라는 뜻의 '행와行窩'라고 하였다.[1]

---

1) 『宋史』, 「道學傳」, "雍歲時耕稼, 僅給衣食, 名其居曰安樂窩. 因自號安樂先生. 旦則焚香燕坐, 晡時酌酒三四甌, 微醺即止, 常不及醉也. 興至輒哦詩自詠. 春秋時出遊城中, 風雨常不出, 出則

소옹은 청빈했다. 게으르거나 무능했던 것은 아니고, 덕과 능력이 있어 관직에 오를 수 있음에도 그것을 택하지 않고 돈을 벌 방책을 마련하지도 않은 채 그저 가난하게 살았다. 안회의 이른바 '안빈낙도安貧樂道'하는 모습을 소옹에게서 볼 수 있다. 가난한 그가 자신의 집을 '안락와'라 한 것, 안락을 추구하는 사람으로 자처한 것에 주의가 끌린다. 「도학전」에서는 소옹의 사람됨에 대하여 다음과 같이 말하고 있다.

소옹의 덕과 기운은 매우 순수하였고, 그를 바라보면 그 현명함을 알 수 있었다. 그는 자신을 드러내는 것을 좋아하지 않았고, 남을 차별하여 막거나 구분하여 경계하지 않았다. 여럿이 어울려 종일 연회를 벌이며 즐기더라도 이상하게 처신하지 않았다. 남들과 말할 때에는 그 좋은 점을 말하기 좋아하고 그 나쁜 점을 숨기려고 했으며, 그에게 나아와 물으면 바로 대답해 주었고 남에게 억지로 말하지 않았다. 사람들을 대할 때는 신분의 귀천을 떠나, 또 나이의 많고 적음을 떠나 한결같이 성심껏 대하였다. 현명한 사람은 그의 덕을 기뻐하였고, 못난 사람은 그의 교화에 감복하였다.[2]

소옹은 정직하고 쾌활한 사람이었다. 남의 약점은 감추고 장점은 드러내는 태도를 지니고 있었다. 그는 많은 현자들과 사귐을 가졌지만 이것이 그의 처세술에 기인하는 것은 아닌 듯하다. 그의 내면 정신의 모습을 엿볼 수 있는 자료의 하나가 그의 시 「안락와 속의 네 가지를 길게 읊음」(安樂窩中四長吟)이다.

안락와 속의 쾌활한 사람이여,

乘小車, 一人挽之, 惟意所適. 士大夫家識其車音, 爭相迎候, 童孺廝隷皆驩相謂曰吾家先生至也, 不復稱其姓字, 或留信宿乃去, 好事者別作屋如雍所居, 以候其至, 名曰行窩."

[2] 『宋史』, 「道學傳」, "雍德氣粹然, 望之知其賢, 然不事表襮, 不設防畛, 群居燕笑終日不爲甚異. 與人言, 樂道其善而隱其惡, 有就問學, 則答之. 未嘗强以語人, 人無貴賤少長 一接以誠, 故賢者悅其德, 不賢者服其化, 一時洛中人才特盛, 而忠厚之風聞天下."

한가롭게 네 가지 사물과 다행히도 서로 친하구나.
한 편 시집의 편안함은 꽃과 달을 마음껏 거두고,
한 질 책의 엄정함은 귀신을 놀래누나.
한 자루 향의 맑음은 우태(宇泰)[3]를 가득 채우고,
한 동이 좋은 술은 참으로 맑구나.
태평을 스스로 기뻐함이 얼마나 많은지,
오직 바라기는 군왕께서 만세수를 하시는 것.[4]

안락와에는 태평을 노래하는 시들이 담겨 있는 시집 『격양집』과 소옹의 어마어마한 이상과 경륜을 담은 책 『황극경세』, 맑은 향, 그리고 언제나 천진담연한 한 동이의 술이 있다. 그는 이런 것들을 즐기는 틈틈이 마음이 내키면 작은 수레를 타고 낙양시내로 나들이를 해서 마음에 용납되는 현자들과 만나 담소를 나누고 음식과 술을 즐기기도 한다. 38세 때 쯤 낙양으로 이사한 것으로 보이고, 45세 때 결혼하여 47세 때 아들 백온을 낳았으며 67세에 죽었는데, 처음 수 년 동안 생활이 청곤(淸困)한 경우를 제외하면 그는 30년 동안의 낙양 시절을 온통 '한가함'(閑)과 '즐거움'(樂) 속에서 지냈다고 할 수 있다.[5] 그가 읊은 시 가운데는 이 두 개념에 관련된 글자가 가장 많이 나타난다. 세속적 이해관계에 초연하였고 특히 관직에는 별 뜻이 없었던 것 같다.

60세가 되던 해에 여공저(呂公著), 왕공신(王拱辰) 등의 천거로 조정에서 유일(遺逸)로 불러 장작주부(將作主簿) 단련추관(團練推官) 등에 임명했으나 사양하고 나아가지 않았다. 너무 늦은 나이 때문일 수도 있고 제시한 관직이 그렇게 매력적인 것이 아니었기 때문일 수도 있지만, 그런 이유보다는

---

3) 『莊子』「庚桑楚」에 "宇泰定者, 發乎天光"이라 하여 마음이 안정되면 하늘이 내린 빛이 발휘된다고 하였다.

4) 『擊壤集』, 권3, "安樂窩中快活人, 閑來四物幸相親. 一編詩逸收花月, 一部書嚴驚鬼神. 一炷香 清冲宇泰, 一樽酒美湛天真. 太平自慶何多也, 唯願君王壽萬春."

5) 高懷民, 곽신환 옮김, 『소강절의 선천역학』, 38쪽.

도잠陶潛처럼 마음이 형체에 매이는 것이 싫어서였을 것이다. 관직에 종사하지 않았으니 세상에 크게 책임질 일도 없었고 세속의 일로 시달릴 이유도 없었다. 이해부터 그는 도교 도사道士의 차림새를 하였다. 벼슬에는 뜻이 없으니 더 이상 이런 일로 번거롭게 하지 말라는 뜻이었으리라. 『격양집』에 따르면, 이해부터 시작하여 죽기 전까지 7년 동안 그는 135수의 「수미시首尾詩」를 따로 지었는데, 시 속에는 "61년 동안 아무 일 없는 손님"(六十一年無事客)[6]이라는 구절이 들어 있다.

　　소옹 자신의 말대로 그의 이력서는 단조롭다. 대부분의 명사들의 이력 서가 주로 관직 제수와 삭탈 등으로 메꾸어져 있는 데 비해 그는 그런 것이 없으므로 기껏해야 시작詩作의 메모나 찾아온 손님에 관한 일화 등이나 적을 수 있었을 것인데, 적는다는 것조차 별로 의식하지 않은 듯하다. 64세 되던 해에 지은 「스스로 지은 자기 모습에 대한 기술」(自作眞贊)이 라는 시에서는 다음과 같이 말한다.

> 소나무 계수나무 같은 품행에,
> 꾀꼬리와 꽃[7] 같은 문재文才.
> 강산의 기품,
> 풍월의 정회.
> 너의 모습을 빌리자,
> 너의 형해形骸를 잠시 빌리자.
> 태극을 갖고 노는 여가에,
> 한가로이 가고 오네.[8]

---

6) 7년의 기간 동안 해가 바뀌면 소옹은 "六十一年無事客", "六十二年無事客",……"六十七 年無事客"의 식으로 자신의 나이에 맞게 새로 써 나갔다.

7) 鶯花는 꾀꼬리와 꽃으로, 봄 경치의 아름다움을 상징하는 말이다. 때로는 妓女의 뜻 으로도 쓰인다.

8) 『擊壤集』, 권4, "松桂操行, 鶯花文才. 江山氣度, 風月情懷. 借爾面貌, 假爾形骸. 弄丸餘暇, 閑往閑來.(自注: 丸謂太極.)"

한편 소옹은 『격양집』의 서문에서 "나는 장성한 다음에 유가에 종사했다. 사람들이 말하는 세상의 즐거움이야 만분의 하나 둘 정도나 되겠는가? 그러나 유학의 즐거움은 만의 만이나 된다. 하물며 사물을 관찰하는 데서 오는 즐거움은 거기에 다시 만의 만을 더한 것이라 하겠다"라고 하였다. 그가 『격양집』의 서문을 쓴 것은 56세(1066) 때이다. 그가 67세의 나이에 죽었으니, 그의 정체성이 이후에 크게 변했으리라고는 짐작하기 어렵다. 아무튼 이를 보면 그는 스스로의 정체성을 유학자로, 그리고 유학적 즐거움을 추구하고 누린 사람으로 규정하고 있다. 실제로 그는 그렇게 추구한 안락安樂의 경지로 후대에 유학자들의 폭넓은 사랑을 받았다. 꽃과 달을 마주보고 눈 쌓인 정경을 감상하며 바람 따라 흐르는 그윽한 향기를 맡고 구름과 대나무를 바라보며 한가로이 시를 읊는, 천진하면서도 심지가 굳은 안락노인이 도덕道德의 마을9) 이락(伊洛10)의 강변을 거닐고 있는 모습은 처사적 지식인에게, 또는 실의하여 낙향한 관료들에게 하나의 이상적 모델이었다. 조선에서는 서경덕徐敬德, 이황李滉, 윤증尹拯 등이 전자의 경우였고 신흠申欽 등은 후자의 경우였다.

2. 선천역

1) 선천

소옹의 역학을 선천역이라고 하는데, 이미 그 스스로 자신의 역학을 일러 '선천의 학'이라고 말한 바 있다. 그가 말하는 선천역이란 복희가 괘를 그린 역을 말하는데, 복희가 그린 것은 바로 천지자연이기에 선천역

---

9) 소옹이 낙양에서 거처한 마을의 이름이 '道德'이다. 『격양집』에 보인다.
10) 伊水와 洛水의 지역으로 소옹, 정씨형제, 장재 등이 거처하던 곳이다.

을 천지자연의 역이라고도 한다. 그런데 소옹의 선천역이 단순히 복희역을 설명하는 데 그친 것이라고는 할 수 없다. 왜냐하면 기존의 역학 속에서 복희역에 관한 내용을 구성하는 것이 용이하지 않고 그 내용이라고 할 수 있는 것도 별로 없기 때문이다. 소옹이 수립한 선천역은 이전의 전통 역학에 비교하여 말하면 한 편의 새로 건설한 역학의 동산이다. 원래 선천이란 용어는 건괘 5효의 「문언」에서 처음 등장하고,[11] 당대唐代부터는 이미 도가 계통의 은자들에게서 '선천도'라는 이름이 사용되고 있었다.[12] 그런데 '선천도'에서의 선천의 의미는『역』「문언」의 것과 반드시 일치하는 것이라고는 할 수 없다.

소옹이 사용한 선천의 의미를 알기 위해서는『황극경세서』외편과 『격양집』을 보아야 한다.[13]

선천의 학문은 심법이다. 그러므로 그림이 모두 가운데서 나오고 온갖 조화와 사건들이 마음에서 나온다.[14]

선천의 학문은 마음이고, 후천의 학문은 흔적이다. 있고 없음, 살고 죽음의 사이를 들고 나는 것은 도이다.[15]

선천의 학문은 성誠을 위주로 한다. 지극한 성誠은 신명과 통할 수 있다. 성誠하지 못하면 도를 알 수 없다.[16]

---

11) 『易』, 乾卦 九五, 「文言」, "夫大人者, 與天地合其德, 與日月合其明, 與四時合其序, 與鬼神合其吉凶. 先天而天弗違, 後天而奉天時. 天且弗違, 而況於人乎? 況於鬼神乎."
12) 朱熹, 곽신환 외 역, 『태극해의』(소명출판사, 2007).
13) 『宋元學案』「百源學案」에 실린 黃百家의 말에 따르면, 「관물내편」은 소옹이 직접 지은 것이고 「관물외편」은 문인제자들이 기술한 것이라고 한다.
14) 『皇極經世書』, 「觀物外篇」, "先天之學, 心法也. 故圖皆從中起, 萬化萬事生乎心也."
15) 『皇極經世書』, 「觀物外篇」, "先天之學, 心也. 後天之學, 跡也. 出入有無死生者道也."
16) 『皇極經世書』, 「觀物外篇」, "先天之學, 主乎誠, 至誠可以通神明, 不誠則不可以得道."

이상의 인용문에서 선천이 심법·중中·마음·흔적·도·성·신명 등의 용어와 연결되어 있음을 알 수 있다. 그러나 그 관계는 선명하지 않다. 『격양집』에 몇 수의 「선천음先天吟」이라는 시가 있다. 여기서 좀 더 분명한 이해가 가능하다.

> 만약 선천을 묻는다면 한 글자도 없으니
> 모름지기 후천에서 비로소 공부에 힘써야 한다.
> 힘이 산을 뽑고 기운이 세상을 덮어 그 재주와 힘이 칭송될지라도
> 이 경지에서는 털끝만큼인들 억지로 할 수 있으랴!!17)

> 선천의 사업은 누가 하는가?
> 하는 자 어찌하고 알리는 자 누구인가?
> 만약 선천을 말로 알릴 수 있다고 하면
> 군신부자를 벗어나 어디로 돌아갈꼬.
> 눈앞의 기량은 사람마다 알 수 있지만
> 마음의 공부는 세상이 알지 못하네.
> 천지와 내 몸이 모두 역易의 땅이며
> 내 몸이라 해서 포희씨와 다를 것 없네.18)

선천에는 '한 글자도 없고' '공부하는 것'은 후천에 해당한다는 말 속에는 '선천'이 하나의 '저절로 그러한 것'(自然)이라는 의도가 담겨 있다. 또 아무 문자도 없는 것이 선천이지만 굳이 '말로 선천을 알릴 수 있다고 한다면 군신부자를 떠나 어디로 갈 것인가' 라고 했으니, 군신君臣·부자父子의 도 곧 사회관계·인륜관계도 모두 선천에 속한다. 소옹에 따르면 복희가 한 일이 선천에 대한 공부라고 한다면 모든 사람이 선천의 공부를

---

17) 『擊壤集』, 권5, "若問先天一字無, 後天方要着工夫. 拔山蓋世稱才力, 到此分毫强得乎?"
18) 『擊壤集』, 권6, "先天事業有誰爲? 爲者如何告者誰? 若謂先天言可告, 君臣父子外何歸? 眼前技倆人皆曉, 心上功大世莫知, 天地與身皆易地, 己身殊不異庖犧."

할 수 있고, 천지뿐만 아니라 내 몸에 대한 것도 선천공부가 된다고
말하고 있다. 「계사전」에서는 "가까이는 내 몸에서 취하고 멀리로는 대상
에서 취한다"라고 했으니, 자연도, 또 그 자연을 바라보는 내 몸과 내
마음도 모두 선천이요 이에 대한 공부가 바로 선천공부이다. 이런 의미로
보면 소옹이 말한 "선천의 학은 심법心法이다"라고 할 때의 '심心'은 사람과
만물의 공통적인 마음이다. 『서경』에서 말한 '도심道心'19)과 『역』 복復괘
「단전」에서의 '천지의 마음'이 이것이다. 이 '마음'은 천 · 지 · 인 · 물과
소통하여 하나가 된다. 그것은 보편적인 것으로서, 만물만사를 생성 · 변
화시키는 근본이다. 그래서 소옹은 "온갖 조화와 일들이 마음에서 생긴
다"20)라고 말한다.

　소옹의 관점에서 보면 복희가 당초에 팔괘를 그리기 이전에 선천자연의
도리와 법칙이 이미 있었으며, 팔괘는 그러한 선천의 이치와 법칙을
복희가 그림으로 표현해 낸 것이다. 이것은 「계사전」의 일련의 언급들
즉 "팔괘로써 알린다"21), "성인이 상을 세워 뜻을 다 표현했다"22), "성인이
세상의 복잡한 현상을 보고 그 모습을 본뜨고 사물의 좋은 점을 그림으로
드러내었으니 이런 까닭에 象상이라고 한다"23), "역易이란 상象이다. 상이
란 그 모습을 그리는 것이다"24) 등으로 이미 말한 것이다.

　정호는 다음과 같이 말했다.

> 모름지기 괘(『역』)를 그리기 이전에도 본래 역이 있었지만,
> 공자가 『시』를 산정한 이후로는 다시 시가 없네.25)

---

19) 『尙書』, 「大禹謨」, "人心惟危, 道心惟微, 惟精惟一, 允執厥中."
20) 『皇極經世書』, 「觀物外篇」, "萬化萬事, 生乎心也."
21) 『易』, 「繫辭下」, 11장, "八卦以象告."
22) 『易』, 「繫辭上」, 12장, "聖人立象以盡意."
23) 『易』, 「繫辭上」, 12장, "聖人有以見天下之蹟, 而擬諸其形容, 象其物宜, 是故謂之象."
24) 『易』, 「繫辭下」, 3장, "易者, 象也. 象也者, 像也."
25) 『擊壤集』, 부록, "須信畫前元有易, 自從刪後更無詩."

여기서 말하는 '그리기 전의 역易'이란 바로 복희 팔괘로써 '상징하고' '알리고' '모습을 나타내고' '뜻을 다 표현한' 그 대상을 말한다.

2) 선천역도

소옹의 선천역학은 선천역도先天易圖와 선천역수先天易數 두 개의 기초 위에 있다. 선천역학 가운데는 많은 그림들이 있는데, 원본 『황극경세서』의 도식들은 전해지지 않는다. 현재 전하는 각종 도식들은 대체로 그 아들 소백온 및 장행성·채원정·주희 그리고 명청대 이래의 학자들이 수집하고 증보한 것들이다. 주희가 그의 『계몽』에 수록한 것은 다음의 네 개이다.

(1) 「**팔괘차서도**八卦次序圖」

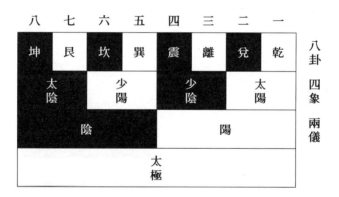

이 도식은 선천역도 가운데서 가장 기본적인 괘도이다. 그 특징은 세 가지이다.

① 흑백 두 개의 색으로 음과 양을 대체하였다.

② 팔괘의 형성이 아래에서부터 위로 나아간다.

③ 발생한 차례는 양이 먼저이고 음이 나중으로, 오른쪽에서 왼쪽으로 나아간다.

이 그림은 「계사상」 11장의 "『역』에는 태극이 있는데 이것이 양의兩儀를 낳고, 양의가 사상四象을 낳고, 사상이 팔괘를 낳는다"라는 말에 부합된다. 그림 가운데 태양太陽·소음少陰·소양少陽·태음太陰은 하늘의 사상이 되고 태강太剛·소유少柔·소강少剛·태유太柔는 땅의 사상이 되며, 사상으로부터 향상 발전하여 팔괘가 이루어진다. 그 차례는 건乾·태兌·리離·진震·손巽·감坎·간艮·곤坤이니, 이러한 순서는 억지로 안배한 것이 아니라 자연의 이치에 따라 이루어진 것이다.

(2) **「팔괘방위도**八卦方位圖」

이 그림은 「팔괘차서도」에서 나온 것이다. 흔히 말하는 「복희팔괘방위도」라는 것으로, 공간의 위치를 나타내고 있다. 양의陽儀에 속하는 건乾·태兌·리離·진震의 4괘가 좌측에 포진해 있고, 음의陰儀에 속하는 손巽·감坎·간艮·곤坤의 4괘가 우측에 포진해 있다. 이 가운데 건乾은 위, 곤坤은 아래, 리離는 동쪽, 감坎은 서쪽에 위치한다. 소옹은 말했다.

리離괘는 하늘에 있으면서 밤에 해당하기에 양 속에 음이 있는 것이고, 감坎괘는 땅에 있으면서 낮에 해당하기에 음 속에 양이 있는 것이다. 진震괘는 처음 음이 교감하여 양이 생겨나는 것이고, 손巽괘는 처음 양이 스러지면서 음이 생겨나는 것이다. 태兌괘는 양이 자라나는 것이고, 간艮괘는 음이 자라나는 것이다. 진震괘와 태兌괘는 하늘에 있는 음이고, 손巽괘와 간艮괘는 땅에 있는 양이다. 하늘은 처음 생겨나는 것으로 말하기 때문에 음이 위에 있고 양이 아래에 있으니, 음양의 의義가 교태交泰함을 나타낸다. 땅은 이미 이루어진 것으로서 말하기 때문에 양이 위에 있고 음이 아래에 있으니, 음양의 위位에 존비尊卑가 있음을 나타낸다. 건乾·곤坤이 상하의 위치를 정하고 리離·감坎이 좌우의 문을 펼치고 있으니, 이것이 바로 천지가 개벽하고 일월이 출입하는 근거가 된다. 그러므로 춘·하·추·동과 회晦·삭朔·현弦·망望과 주晝·야夜·장長·단短과 행行·도度·영盈·축縮이 여기서 말미암지 않음이 없다.[26]

소옹은 「설괘전」 제3장 '천지정위天地定位'의 장[27]을 「선천팔괘방위도」의 근거로 삼았다. 그는 다음과 같이 말하고 있다.

'천지정위天地定位'의 한 장은 복희 팔괘에 대해 밝힌 것이다. '팔괘가 서로 섞인다'는 것은 사귀고 섞여서 64괘가 이루어짐을 밝힌 것이다. '지난 것을 셈함을 순順이라 한다'는 것은 하늘에 순응해서 가는 것과 같으니, 이는 좌측으로 도는 것으로서 모두 이미 생겨난 괘들에 해당한다. 그러므로 '지난 것을 셈함'이라 했다. '미래를 앎을 역逆이라 한다'는 것은 하늘을 거슬러서 가는 것과 같으니, 이는 우측으로 도는 것으로서 모두 아직 생겨나기 전의 괘들에 해당한다. 그러므로 '미래를 앎'이라 했다. 무릇 『역易』의 수는 '거스름'을 통해서 이루어진다. 이 한 장은

---

26) 『皇極經世書』, 「觀物外篇」, "離在天而當夜, 故陽中有陰也. 坎在地而當晝, 故陰中有陽也. 震始交陰而陽生, 巽始消陽而陰生, 兌陽長也, 艮陰長也, 震兌在天之陰, 巽艮在地之陽也. 故震兌上陰而下陽, 巽艮上陽而下陰, 天以始生言之故, 陰上而陽下, 交泰之義也. 地以既成言之, 故陽上而陰下, 尊卑之位也. 乾坤定上下之位, 離坎列左右之門, 天地之所闔闢, 日月之所出入, 是以春夏秋冬, 晦朔弦望晝夜長短行度盈縮, 莫不由乎此矣."

27) 「說卦傳」 제3장의 내용은 다음과 같다. "天地定位, 山澤通氣, 雷風相薄, 水火不相射, 八卦相錯. 數往者順, 知來者逆. 是故, 易逆數也."

곧장 그림의 뜻을 풀이한 것이니, 사계절의 이치를 미리 거슬러 가서 아는 것과
같다.28)

(3) 「육십사괘차서도六十四卦次序圖」

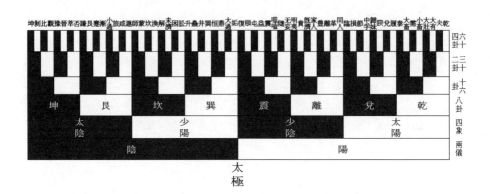

이 그림은 「팔괘차서도」가 한층 더 향상 전개된 것으로서 3획괘를
거쳐 6획괘로 증가하여 이루어졌다. 팔괘가 전개된 이치에 의거하여
최후에 이루어진 64괘의 차례도가 되었으니 건乾·쾌夬·대유大有·대장大
壯……박剝·곤坤으로 이어진다. 소옹은 「관물외편」에서 이렇게 말했다.

팔괘가 서로 어울린 다음에 만물이 생겨났다. 이런 까닭에 1이 나뉘어 2가 되고,
2가 나뉘어 4가 되고, 4가 나뉘어 8이 되고, 8이 나뉘어 16이 되고, 16이 나뉘어
32가 되고, 32가 나뉘어 64가 되었다. 그러므로 말하기를, 음양으로 나뉘고 강유가
교대로 사용된 까닭에 역易은 여섯 자리를 갖추고서 하나의 문장文章29)을 이룬다.

---

28) 『皇極經世書』, 「觀物外篇」, "天地定位一節, 明伏羲八卦也. 八卦相錯者, 明交錯而成六十四卦
也. 數往者順, 若順天而行, 是左旋也, 皆已生之卦也, 故云數往也. 知來者逆, 若逆天而行, 是
右行也, 皆未生之卦也, 故云知來也. 夫易之數, 由逆而成矣. 此一節直解圖意, 若逆知四時之謂
也."

29) 여기서의 문장은 어문학에서 말하는 문장이 아니라, 환하게 드러난다는 의미를 지닌
'6획으로 이루어진 괘'를 가리킨다.

십이 나뉘어 백이 되고, 백이 나뉘어 천이 되고, 천이 나뉘어 만이 되니, 마치 뿌리에서 줄기가 뻗고 줄기에서 가지가 나고 가지에서 잎이 자라는 것과 같다. 커질수록 그 수는 더욱 적어지고 가늘어질수록 그 수는 더욱 많아지니, 합하면 일一이 되고 펼치면 만萬이 된다. 이런 까닭에 건乾으로써 나누고 곤坤으로써 모으며 진震으로써 기르고 손巽으로써 줄이니, 길어지면 나뉘고 나뉘면 줄어들며 줄어들면 모이게 되는 것이다.[30)]

후세의 많은 역학가들은 소옹의 이 그림이 「계사전」에서 말한 중괘重卦의 법칙을 위배했다고 비판했다. 팔괘 위에 다시 팔괘를 겹치는 것이 문왕이 정한 중괘의 방법인데, 소옹은 획을 하나하나 증가시켰으니 방식이 다르다는 것이다. 그러나 문왕 64괘의 방법이 인간의 지혜에 따라 안배한 것이라면 소옹은 자연의 과정을 중시한 것이 된다.

(4) 「육십사괘방원도六十四卦方圓圖」

채원정의 「찬도지요」와 주희의 『계몽』에 「64괘방원도」가 있다. 이 그림은 원도와 방도 두 개의 그림이 합쳐진 것이다.

먼저 밖의 원도를 보면, 이 그림은 「64괘차서도」에서 나온 「64괘방위도」이다. 「팔괘방위도」가 「팔괘차서도」에서 나온 것과 마찬가지이다. 원도의 내괘는 팔괘방위에 따라 양의陽儀에 속하는 건乾·태兌·리離·진震이 좌측에 포진해 있고 음의陰儀에 속하는 손巽·감坎·간艮·곤坤이 우측에 포진해 있으며, 외괘는 팔괘차서에 따라 건乾·태兌·리離·진震·손巽·감坎·간艮·곤坤의 순으로 배열되어 있다. 즉 중앙 위의 건乾에서부터 왼편으로 이어지

---

30) 『皇極經世書』, 「觀物外篇」, "八卦相錯, 然後萬物生焉. 是故一分爲二, 二分爲四, 四分爲八, 八分爲十六, 十六分爲三十二, 三十二分爲六十四, 故曰分陰分陽迭用柔剛, 易六位而成章也. 十分爲百, 百分爲千, 千分爲萬, 猶根之有幹, 幹之有枝, 枝之有葉, 愈大則愈少, 愈細則愈繁, 合之斯爲一, 衍之斯爲萬. 是故乾以分之, 坤以翕之, 震以長之, 巽以消之, 長則分, 分則消, 消則翕也."

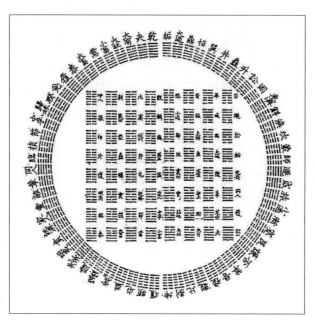

「六十四卦方圓圖」

는 쾌夬·대유大有·대장大壯·소축小畜·수需·대축大畜·태泰의 8괘는 아래
의 내괘가 모두 건乾괘이고 위의 외괘는 건·태·리·진·손·감·간·곤의
순서로 되어 있다. 다음에 위치한 리履·태兌·규規·귀매歸妹·중부中孚·절
節·손損·림臨의 8괘도 내괘는 모두 태兌괘이고 외괘는 건·태·리·진·손·
감·간·곤의 순서로 나아간다. 이런 식으로 내괘는 팔괘방위에 따라
위로부터 좌측으로 건·태·리·진이, 우측으로 손·감·간·곤이 8괘씩
한 묶음이 되어 내려오고 있으며, 외괘는 그 각각의 8괘가 건·태·리·진·
손·감·간·곤의 순서에 따라 시계반대방향으로 우선右旋을 되풀이하고
있는 것이다. 이 그림에 대한 소옹의 해설은 다음과 같다.

  선천도는 둥근 고리 모양이다. 아래에서 위로 올라가는 것을 상승이라 하고,

위로부터 아래로 가는 것을 하강이라 한다. 상승하는 것은 생성하는 것이고 하강하는 것은 소멸하는 것이다. 그러므로 양은 아래에서 생기고 음은 위에서 생긴다. 이런 까닭에 만물은 모두 반생反生한다. 음은 양을 낳고, 양은 음을 낳으며, 음은 다시 양을 낳고, 양은 다시 음을 낳는다. 이런 까닭에 순환하여 끝이 없다.[31]

무극 이전에는 음이 양을 머금고 있다가 상象이 있은 다음에는 양이 나뉘어 음이 되니, 음은 양의 어머니가 되고 양은 음의 아버지가 된다. 그러므로 어머니가 장남을 잉태하여 복復괘가 되고, 아버지가 장녀를 낳아 구姤괘가 된다. 이런 까닭에 양은 복괘에서 일어나고 음은 구괘에서 일어난다.[32]

양이 음 속에 있으면 양이 역행하고 음이 양 속에 있으면 음이 역행한다. 양이 양 속에 있거나 음이 음 속에 있으면 모두 순행한다. 이는 참으로 지극한 이치이다. 그림을 살펴보면 알 수 있다.[33]

하늘에 있어서는 양이 남쪽에 있고 음이 북쪽에 있으며, 땅에 있어서는 음이 남쪽에 있고 양이 북쪽에 있다. 사람의 경우에는 양이 위에 있고 음이 아래에 있으니, 교감하면 양은 내려가게 되고 음은 올라가게 된다.[34]

이상의 발언들은 위의 원도를 살펴봄으로써 그 취지를 확인할 수 있을 것이다.

안의 방도, 즉 64괘가 정방형을 이루고 있는 그림이 이른바 64괘방도인데, 이 그림은 64괘의 「차서도」와 「방위도」의 배열방식을 변화시켜서

---

31) 『皇極經世書』, 「觀物外篇」, "先天圖者環中也. 自卜而上謂之升, 自上而下謂之降. 升者生也, 降者消也. 故陽生於下, 而陰生於上, 是以萬物皆反生. 陰生陽, 陽生陰, 陰復生陽, 陽復生陰, 是以循環而無窮也."

32) 『皇極經世書』, 「觀物外篇」, "無極之前陰含陽也, 有象之後陽分陰也, 陰爲陽之母, 陽爲陰之父. 故母孕長男而爲復, 父生長女而爲姤, 是以陽起於復, 而陰起於姤也."

33) 『皇極經世書』, 「觀物外篇」, "陽在陰中陽逆行, 陰在陽中陰逆行, 陽在陽中陰在陰中, 則皆順行. 此真至理, 按圖可見之矣."

34) 『皇極經世書』, 「觀物外篇」, "天之陽在南而陰在北, 地之陰在南而陽在北, 人之陽在上而陰在下, 旣交則陽下而陰上."

얻은 것으로서『송원학안』에는 '사분사층도四分四層圖'라는 이름으로 수록
되어 있다.『송원학안』에서는 이 그림을 다음과 같이 해설하고 있다.

방도의 가운데서 진震·손巽의 일음·일양이 일어나고, 그런 다음에 감坎·리離·간
艮·태兌의 이음·이양이 있고, 그 후에 건乾·곤坤의 삼양·삼음이 있다. 그 차례는
모두 안에서 밖으로 되어 있다. 안의 4괘는 네 개의 진과 네 개의 손이 짝을
이루어 가까이 있으니, 뇌·풍이 서로 얽혀 있는(雷風相薄) 상이 있다. 진·손의
밖에는 12괘가 종횡으로 있으니, 감·리에는 수·화가 서로 꺼리지 않는(水火不相射)
상이 있다. 감·리의 밖에는 20괘가 종횡으로 있으니, 간·태에는 산·택이 통기하
는(山澤通氣) 상이 있다. 간·태의 밖에는 28괘가 종횡으로 있으니, 건·곤에는 천·지
가 그 위치를 정하는(天地定位) 상이 있다. 4괘가 12괘가 되고 20괘가 되고 28괘가
되니, 모두 8개씩 떨어져서 서로 생성하는 오묘함이 있다. 그 서로 엇갈리는
곳으로써 말하면 곧 건·곤·비否·태泰이고 태·간·함咸·손損이며 감·리·기
제旣濟·미제未濟이고 진·손·항恒·익益이니, 바로 네 층의 네 모서리가 된다.[35]

이 방도와 원도를 합친 것이「64괘방원도」인데, 다음의 시는 바로 이
그림에 대해 노래한「위대한『역』을 읊음」(大易吟)이다.

천지天地가 위치를 정하니 비否괘와 태泰괘가 그 반대를 이루네.
산택山澤이 기운을 소통하니 손損괘와 함咸괘가 의리를 드러내네.
뇌풍雷風이 서로 얽혀 있으니 항恒괘와 익益괘가 의지를 일으키네.
수화水火가 서로 꺼리지 않으니 기제旣濟괘와 미제未濟괘이네.
사상四象이 서로 교감하니 16을 이루고
팔괘八卦가 서로 뒤섞이니 64괘가 되네.[36]

---

35)『宋元學案』,「百源學案」, "方圖自中起震巽之一陰一陽, 然後有坎離艮兌之二陰二陽, 後成乾坤
之三陰三陽. 其序皆自內而外. 內四卦四震四巽相配而近, 有雷風相薄之象, 震巽之外十二卦縱
橫, 坎離有水火不相射之象, 坎離之外二十卦縱橫, 艮兌有山澤通氣之象, 艮兌之外二十八卦縱
橫, 乾坤有天地定位之象. 四而十二, 而二十, 而二十八, 皆有隔八相生之妙. 以交股言, 則乾坤
否泰也, 兌艮咸損也, 坎離旣濟未濟也, 震巽恒益也, 爲四層之四隅."
36)『擊壤集』, 권17,「大易吟」, "天地定位, 否泰反類, 山澤通氣, 損咸見義. 雷風相湯, 恒益起意.

시의 내용은 「설괘전」의 "천天과 지地가 위치를 정하고, 산山과 택澤이 기운을 통하며, 수水와 화火가 서로 꺼리지 않으며, 뇌雷와 풍風이 서로 얽혀 있다"라는 구절이 이 「64괘방원도」의 근거임을 암시한다.

3) 선천역수

소옹은 전통 역학의 수數사상 즉 「계사전」에 나오는 역수론을 수용하는 한편으로 새로운, 창의적이라고 할 수 있는 수리학을 제시하기도 했다. 새로운 수론은 두 가지이다. 첫 번째는 우리가 시중에서 통용되고 있는 『주역전의』에서 볼 수 있는 복희 팔괘 곧 선천괘위의 차서로서, 아래에서 위로 그리고 우측에서 좌측으로 차례로 그려 나갈 때 나타나는 도형의 모습에 차례를 매겨서 얻어 낸 수이다. 그 수는 다음과 같다.

乾 ☰	兌 ☱	離 ☲	震 ☳	巽 ☴	坎 ☵	艮 ☶	坤 ☷
1	2	3	4	5	6	7	8

같은 이유로 64괘의 자연수 및 수의 차례는 「64괘방위도」(「64괘방원도」의 원도)의 순서와 같다.

창의적 수론의 두 번째 특징은 원元·회會·운運·세世의 수이다. 소옹은 12시時가 1일이 되고 30일이 1월이 되고 12월이 1년이 되고 30년이 1세世가 되며, 이 12-30-12-30의 틀이 전전순환하여 우주만물의 변화규범이

水火相射, 旣濟未濟. 四象相交, 成十六事. 八卦相盪, 爲六十四." 소성팔괘의 乾·坤이 위아래로 교차하여 배치되면 否괘·泰괘가 되고, 艮·兌가 위아래로 교차하여 배치되면 損괘·咸괘가 되며, 震·巽이 위아래로 교차하여 배치되면 恒괘·益괘가 되고, 坎·離가 위 아래로 교차하여 배치되면 旣濟괘·未濟괘가 된다.

된다는 것을 알고 원·회·운·세의 이론을 창안하였다. 그의 경세론은 바로 이 틀에 의해 운용되고 있다. 1원元은 12회會이고 360운運이며 4320세世이고 12,9600년年이다. 1회는 30운이고 360세이며 1,0800년이다. 1운은 12세이고 360년이며, 1세는 30년이다.[37)]

그런데 그의 원·회·운·세는 의미가 고정되어 있지 않다. 그것은 하나의 추상적 서열의 명칭이다. 추상적이라 함은 그 의미가 철학적이라는 뜻이다. 그가 말하는 원의 위에 다시 원이 있고, 세의 아래에는 다시 년·월·일·시 등이 있다.

> 원의 원은 1이고 원의 회는 12이고 원의 운은 360이고 원의 세는 4320이다. 회의 원은 12이고 회의 회는 1440이고 회의 운은 4320이고 회의 세는 5,18400이다. 운의 원은 360이고 운의 회는 4320이고 운의 운은 12,96000이고 운의 세는 155,52000이다. 세의 원은 43200이고 세의 회는 5,18400이며 세의 운은 155,52000이고 세의 세는 1866,2400이다.[38)]

원에 다시 원·회·운·세가 있고 회에도 다시 원·회·운·세가 있으며 운에도 다시 원·회·운·세가 있고 세에도 다시 원·회·운·세가 있다. 바로 여기서 원元의 뜻이 태극의 하나와 그 의미가 서로 같다는 것을 알 수 있다. 그러므로 소옹의 '원·회·운·세'의 수는 철학적 '리수理數'이지 고정된 단위상의 명칭으로서의 '상수常數'나 '양수量數'가 아니다. 사람들이 나이를 계산할 때나 사회적·국가적 단위에서 회계의 기간을 정할 때, 역사를 기술할 때 주로 통용되는 단위가 년年이므로 편의상 '년'을

---

37) 이 책에서는 숫자의 쉼표를 만 단위로 끊어서 표기하였다.
38) 『皇極經世書』, 「觀物內篇」, "元之元一, 元之會十二, 元之運三百六十, 元之世四千三百二十, 會之元十二, 會之會一百四十四 會之運四千三百二十, 會之世五萬一千八百四十, 運之元三百六十, 運之會四千三百二十, 運之運一十二萬九千六百, 運之世一百五十五萬五千二百, 世之元四千三百二十, 世之會五萬一千八百四十, 世之運一百五十五萬五千二百, 世之世一千八百六十六萬二千四百."

빌려 계산했을 뿐이지 결코 1원의 수가 12,9600년으로 확정된 것이 아니라는 말이다. 다시 말하면, 소옹이 말하는 '리수' 가운데의 '1원'의 수가 반드시 우리 생활 속의 지나온 12,9600년이 아니라는 것이다. 이는 소옹의 역학을 연구하는 데 있어 매우 중요하다. 이를 염두에 두지 않으면 소옹의 역수는 기계적 형식으로 변하고 만다.[39]

3. 『황극경세』와 수학

소옹은 자신이 쓴 책을 『황극경세』로, 그 편을 「관물」이라고 이름 붙였다. 이 『황극경세』는 그가 쓴 「안락와 가운데 네 가지 서로 친근한 것에 대한 시」에 나타나듯 시집인 『격양집』·술동이·향과 함께 가장 중요한 물건이다. 그런데 소옹이 왜 『황극경세』라는 이름을 붙였는지 그 설명은 아들 소백온에 의하여 이루어졌다. 소백온에 따르면, 황皇은 지극히 크고 극極은 지극히 중절하며 경經은 지극히 바르고 세世는 지극히 변화한다는 뜻이 있는데, 도道는 크고 중절하고 지극히 바르며 일정한 방향이 없이 온갖 변화에 대응하기 때문에 '황극경세'를 책의 이름으로 삼았다고 한다.[40] 소백온의 보다 상세한 설명은 다음과 같다.

『황극경세서』는 12권으로 되어 있다. 그 1·2권은 원·회·운·세의 수를 총괄한 것, 곧 『역』에서 말한 천지의 수에 대한 것이다. 3·4권은 회會로써 운運을 경영하는 것으로, 세수世數와 세갑자歲甲子를 나열하고 요임금의 때로부터 춘추전국시대를 거쳐 당말과 오대五代에 이르기까지의 역사 연표를 기록하고 있는데, 이를 통하여 세상의 이합離合과 치란治亂의 자취를 드러내고 천시로써 인사를 증험하였다.

---

39) 高懷民, 곽신환 옮김, 『소강절의 선천역학』, 98쪽.

40) 『皇極經世書』, 「觀物內篇」, "至大之謂皇, 至中之謂極, 至正之謂經, 至變之謂世, 大中至正應變無方之謂道."

5・6권은 운運으로 세世를 경영하는 것으로, 세수와 세갑자를 나열하고 요임금의 때로부터 오대에 이르기까지의 흥폐・치란・득실・사정邪正의 자취를 기록하여 인사로써 천시를 증험하였다. 7권에서 10권까지는 음양・강유의 수로써 율려・성음의 수를 탐구하고 율려・성음의 수로써 동물・식물・날짐승・들짐승의 수를 탐구한 것으로, 이는 곧 『역』에서 말한 만물의 수이다. 11・12권은 『황극경세』를 쓴 까닭을 말한 것으로, 일・월・성・신, 날짐승・들짐승・동물・식물의 수를 탐구함으로써 천지만물의 이치를 다 드러내고 황・제・왕・패의 일을 기술함으로써 대중지정大中至正의 도를 밝혔으니, 음양의 소장消長과 고금의 치란治亂을 뚜렷하게 알 수 있다. 이런 이유로 책 이름을 『황극경세』라고 했고, 편 이름을 「관물」이라고 했다.41)

그러나 다른 견해도 있다. 황백가는 『송원학안』 속에서 다음과 같이 말하고 있다. "선유가 말했다. 『황극경세서』의 전서는 62편인데, 제자에 이르러 기록된 외편 상하가 있어 모두 64편이다. 내편의 원회운세 34편은 갑자를 가로로 배열하였으니 요堯 원년 갑진에서 시작하여 오대 후주後周 현덕顯德 9년 기미己未에서 끝나는데, 세歲에 붙여 일을 기록해서 천시와 인사의 득실을 증험하였다. 다음 16편은 성聲・음音, 율律・여呂, 창唱・화和에 관한 것으로, 3840개의 그림으로 만물의 수를 표현하였다. 또한 「황극체요」 및 「내외관상」 수십 편과 자문子文(소백온)이 지은 「일원소식一元消息」 등의 그림이 있어 책이 매우 호번浩繁하였다. 그러나 근세에 온전한 책을 구해 볼 수가 없어서 그 학술이 전해지지 못했다."

소옹의 『격양집』 속에는 「『황극경세』의 뒤에 씀」(書皇極經世後)42)이라는

---

41) 『皇極經世書』, 「觀物內篇」, "皇極經世書凡十二卷, 其一之二則總元會運世之數. 易所謂天地之數也. 二之四以會經運列世數與歲甲子下紀帝堯至于五代歷年表, 以見天下離合治亂之迹, 以天時而驗人事者也. 五之六以運經世列世數與歲甲子下紀自帝堯, 至于五代書傳所載興廢治亂得失邪正之迹, 以人事而驗天時者也. 自七之十, 則以陰陽剛柔之數窮律呂聲音之數, 以律呂聲音之數, 窮動植飛走之數, 易所謂萬物之數也. 其十一之十二, 則論皇極經世之所以爲書, 窮日月星辰飛走動植之數, 以盡天地萬物之理, 述皇帝王霸之事, 以明大中至正之道. 陰陽之消長, 古今之治亂, 較然可見矣. 故書謂之皇極經世, 篇謂之觀物焉."

제목의 시가 있다.

> 통나무가 쪼개지니 인도가 세워지고[43]
> 법이 복희에게서 시작되었다.
> 세월은 쉬이 변천하고
> 글로 전하는 것은 상세히 살피기 어렵다.
> 이제二帝가 선양하는 법을 열어놓으니
> 삼왕三王이 기강을 바르게 했다.[44]

여기에 이어 소옹은 춘추오패·전국칠웅·양한·삼국·서진西晉, 그리고 흉노의 침입, 동진東晉과 송宋·제齊·양梁·진陳, 후위後魏·북제北齊·수隋·당唐·오대五代까지의 역사를 간략히 평가하고, 그 긴 역사에 대해 "일만 리 천하에 사천 년 흥망이라, 5백의 군주가 자리를 여니 70국가가 강역을 열었네"라고 하였으며, 마지막 부분에서 주공·공자와 노자·장자로 대표되는 사상적·가치적 지향을 대비하였다.[45] 『황극경세』의 성격을 짐작할 수 있게 하는 내용이다.

이 『황극경세』에서 소옹이 역사에 대한 이해와 기술과 분류의 근간

---

42) 이 시는 61세 때 지은 것이니, 『황극경세서』 또한 대략 이때에 이루어졌을 것이다.

43) 『老子』, 28장, "樸散則爲器, 聖人用之則爲官長, 故大制不割." 소옹이 이 말을 인용한 것은 통나무처럼 본래 전체로서의 하나였던 도가 분리되고 쪼개어져서 여러 분야, 여러 종류의 도가 나오게 되었다는 뜻이다.

44) 『擊壤集』, 권8, 「書皇極經世書後」, "樸散人道立, 法始乎羲皇, 歲月易遷革, 書傳難考詳, 二帝啟禪讓, 三王正紀綱."

45) 『擊壤集』, 권8, 「書皇極經世書後」, "五伯仗形勝, 七國争強梁, 兩漢驤龍鳳, 三分走虎狼, 西晉擅風流, 群凶來北荒, 東晉事清芬 傳馨宋齊梁, 逮陳不足筭, 江表成悲傷, 後魏乘晉弊, 掃除幾小康, 遷洛未甚久, 旋聞東西將, 北齊舉爝火, 後周馳星光. 隋能一統之, 駕福于巨唐, 五代如傳舍, 天下徒擾攘, 不有眞主出, 何由奠中央, 一萬里區宇, 四千年興亡, 五百主肇位, 七十國開疆, 或混同六合, 或控制一方, 或創業先後, 或垂祚短長, 或奮于將墜, 或奪于已昌, 或災興无妄, 或福會不祥, 或患生藩屏, 或難起蕭墻, 或病由唇齒, 或疾亟膏肓, 談笑萌事端, 酒食開戰場, 情慾之一發, 利害之相戕, 劇力恣吞噬, 無涯羅禍殃, 山川纔表裏, 丘壠又荒涼, 荊棘除難盡, 芝蘭種未芳, 龍蛇走平地, 玉石碎崑崗, 善設稱周孔, 能齊是老莊, 柰何言已病, 安得意都忘."

방법으로 중시하는 것은 수數이다. 그는 수에 대하여 다음과 같은 발언을 하고 있다.

세상의 수數는 리理에서 나온다. 리에서 멀어지면 술術로 들어간다. 세상사람들은 수로써 술術로 들어가는 까닭에 리로 들어가지 못한다.[46]

상象은 형形에서 일어나고, 수數는 질質에서 일어나며, 명名은 말(言)에서 일어나고, 의義는 쓰임(用)에서 일어난다. 세상의 수는 리에서 나온다.[47]

태극이 움직이지 않음은 성性이다. 발동하면 신神이다. 신은 수이다. 수는 상象이다. 상은 그릇(器)이다.[48]

저절로 그러하여 그렇게 되는 것, 바뀔 수 없는 것은 내상內象이고 내수內數이다. 다른 것은 모두 외상外象이고 외수外數이다.[49]

『역』에는 내상內象이 있으니 리수理數가 이것이다. 외상外象이 있으니 하나의 사물을 가리키는 것으로서 불변하는 것이 이것이다.[50]

포운룡鮑雲龍은 『천원발미天源發微』에서 내상의 수와 리는 건乾의 굳건함, 태兌의 기뻐함, 곤坤의 순종함, 진震의 움직임 같은 것이고, 외상의 '하나의 물건을 가리키는 것으로서 바뀌지 않음'은 "땅속에 물이 있다"나 "불이 하늘 위에 있다"와 같은 것이라고 한다. 상象은 수의 표현이 되고 수로써 리를 밝히니, 수는 리에 가까워져서 '리수'가 된다. '도'는 분별이 없으나

---

46) 『皇極經世書』, 「觀物外篇」, "天下之數, 出於理, 違乎理則入於術. 世人以數而入於術, 故不入於理也."
47) 『皇極經世書』, 「觀物外篇」, "象起於形, 數起於質, 名起於言, 意起於用, 天下之數, 出於理."
48) 『皇極經世書』, 「觀物外篇」, "太極不動性也, 發則神, 神則數, 數則象, 象則器."
49) 『皇極經世書』, 「觀物外篇」, "自然而然, 不得而更者, 內象內數也, 他皆外象外數也."
50) 『皇極經世書』, 「觀物外篇」, "易有內象, 理數, 是也. 有外象, 指定一物而不變者, 是也."

'리'는 분별이 있다. 이러한 내용을 이해해야만 비로소 선천역 속의 '수'를 알 수 있다.

4. 관물

'관물觀物'은『황극경세』각 편의 이름인 동시에 소옹 철학의 주요 개념이기도 하다. '관물'에 관하여 소옹은 자상하게 설명하고 있다.

> 관물이라고 말한 것은 눈으로 보는 것이 아니다. 눈으로 보는 것이 아니라 마음으로 보는 것이다. 마음으로 보는 것이 아니라 이치로써 보는 것이다. 세상의 사물은 이치 없는 것이 없고, 성性이 없는 것이 없고, 명命이 없는 것이 없다. 이치라고 하는 까닭은 탐구한 다음에 알 수 있기 때문이고, 성이라고 하는 까닭은 다 구현한 다음에야 알 수 있기 때문이며, 명이라고 하는 까닭은 도달한 다음에야 알 수 있기 때문이다. 이 세 가지는 세상의 참다운 앎이다. 비록 성인이라도 지나칠 수 없으니, 지나치는 자는 성인이라고 할 수 없다.[51]

소옹의 관물론은『역』「설괘전」에서 "이치를 탐구하고 본성을 다 구현하여 명에 이른다"라고 한 것에 대한 그 나름의 해석이라고 할 수 있다. 또한『장자』의 "귀로 듣지 말고 마음으로 들어라. 마음으로 듣지 말고 기氣로 들어라"[52]의 패러디 같은 느낌도 든다. 그런데 소옹은 '이치로써 사물을 보라'에서 한 걸음 더 나아가 '사물로서 사물을 보라'고 하고, 이를 가리켜서 '돌이켜 보는 것' 즉 '반관反觀'이라고 하였다.

---

51) 『皇極經世書』, 「觀物內篇」, "夫所以謂之觀物者, 非以目觀之也. 非觀之以目, 而觀之以心也. 非觀之以心, 而觀之以理也. 天下之物, 莫不有理焉, 莫不有性焉, 莫不有命焉. 所以謂之理者, 窮之而後可知也. 所以謂之性者, 盡之而後可知也. 所以謂之命者, 至之而後可知也. 此三知者天下之真知也. 雖聖人無以過之也, 而過之者, 非所以謂之聖人也."

52) 『莊子』, 「人間世」, "勿聽之以耳, 而聽之以心, 勿聽之以心, 而聽之以氣."

거울을 밝다고 할 수 있는 까닭은 만물의 형상을 숨기지 않기 때문이다. 비록 거울이 만물의 형상을 숨기지 않을 수 있지만, 이것은 물(水)이 만물의 형상을 하나로 할 수 있는 것만은 못하다. 비록 물이 만물의 형상을 하나로 할 수 있지만, 이것은 성인이 만물의 실정을 하나로 할 수 있는 것만은 못하다. 성인이 만물의 실정을 하나로 할 수 있는 것은 그가 반관할 수 있기 때문이다. 반관이라고 말하는 것은 나의 주관적 견해로 사물을 보는 것이 아니기 때문이다. 나의 주관적 견해로써 사물을 보는 것이 아니라는 것은 사물로써 사물을 보는 것을 말한다. 이미 사물로써 사물을 볼 수 있다면 또한 그 사이에 어찌 나의 주관이 개입되어 있겠는가?[53]

'돌이켜 보는 것'이란 무엇이며 왜 이렇게 말하는가? 이미 이치로써 사물을 보면 나는 사물과 동일해진다. 이치로부터 나를 보면 나를 사물로 삼는 것이니 '반관'이 된다. 나를 사물로 삼아서 나를 반관하면 사물과 나는 같은 이치가 된다. 이때의 나는 이미 내가 아니고 사물이 된다. 그래서 일체의 '보는 것'(觀)은 모두 나의 주관이 배제된 이치나 성 또는 명이 된다. 이때는 만물에 대한 집착이 없어지고 이 관觀은 사물에 따라 옮아간다.

관물을 하는 데 있어서는 두 가지 오류가 있을 수 있다. 하나는 '사람'에 치우쳐서 보는 것, 곧 주관적 자아의 입장에 치우쳐서 보는 것이다. "만물로써 만물을 보면 성性이다. 나로써 만물을 보면 정情이다. 성은 공公적이고 밝으나 정情은 치우치고 어둡다"[54]라는 소옹의 말이 곧 이것을 의미한다. 다른 하나는 '하늘'에 치우쳐서 보는 것, 즉 '인간은 하늘이 낸 만물의 영장靈長'이라는 생각에 집착해서 보는 것이다. 인간은 스스로 하늘과

---

53) 『皇極經世書』, 「觀物內篇」, "夫鑑之所以能爲明者, 謂其能不隱萬物之形也. 雖然鑑之能不隱萬物之形, 未若水之能一萬物之形也. 雖然水之能一萬物之形, 又未若聖人之能一萬物之情也. 聖人之所以能一萬物之情者, 謂其聖人之能反觀也. 所以謂之反觀者, 不以我觀物也. 不以我觀物者, 以物觀物之謂也. 既能以物觀物, 又安有我于其間哉."

54) 『皇極經世書』, 「觀物外篇」, "以物觀物性也, 以我觀物情也. 性公而明, 情偏而暗, 誠者主性之具, 無端無方者也."

영적으로 통한다고 생각한다. 이렇게 되면 인간은 근본만을 들어 말단을 살피려 하고 큰 것만을 들어 작은 것을 살피려 한다. 이렇게 해서 얻은 관념은 결국 개별 사물의 신神의 작용에는 미치지 못하고 만다. 소옹의 "사람의 신神은 천지의 신이다. 사람이 스스로 속이는 것은 하늘을 속이는 것이 된다. 경계하지 않을 수 있겠는가?"55)라고 한 말이 이를 지적한 것이다. 소옹이 제시한 '이물관물以物觀物'은 이상의 두 오류 즉 사람이나 하늘에 대한 집착에 빠지지 않고 '도'로써 만물을 살피는 방법이다. 하늘의 도로써 하늘을 살피고 땅의 도로써 땅을 살피며 사람의 도로써 사람을 살피고 사물의 도로써 사물을 살피면, 그 보는 바에 따라서 각각 그 실정을 파악할 수 있다.

송대 철학에서 리를 강조하여 말할 때에는 흔히 정호·정이 형제가 말한 천리에 주목해 왔지만, 그에 못지않게 소옹이 리를 강조한 것 또한 유념해야 할 것이다. 소옹은 '리로써 사물을 보라'고 강조하는 데 그치지 않고 다방면에 걸쳐 매번 '리'의 중요성을 제기하였다. 이를테면 「선천도」에 대한 해석에서도 그는 리를 언급한다.

하늘의 상수象數는 미루어 알 수 있지만 그 신묘한 작용은 측량할 수가 없으니, 하늘은 리로써는 다 드러낼 수 있으나 형상으로는 다 드러낼 수 없다.56)

성인은 만물의 이치를 알아서 그것을 하나로 꿰뚫는다.57)

물리의 학문은 혹 통하지 않음이 있을 수도 있는데, 이럴 때 강제로 통하게 하면 안 된다. 강제로 통하게 하면 사사로움이 있게 되고, 사사로움이 있으면 리를

---

55) 『皇極經世書』, 「觀物外篇」, "人之神, 則天地之神. 人之自欺, 所以欺天地, 可不慎哉."
56) 『皇極經世書』, 「觀物外篇」, "天之象數可得而推知, 其神用則不可得而測也. 天可以理盡, 不可以形盡."
57) 『皇極經世書』, 「觀物外篇」, "聖人知天下萬物之理, 而一以貫之."

잃고 술術로 들어가게 된다.[58]

노자는 『역』의 체를 안 사람이다. 『도덕경』 5천 글자는 대체로 물리物理를 밝힌 것이다.[59]

북송의 학자들 가운데 주돈이와 장재도 리에 대하여 언급했지만 특별히 강조하지는 않았다. 리에 특별한 의미를 부여하게 된 것은 정호·정이에 이르러서이다. 그런데 이들이 말한 리는 실제로 소옹과 관련이 있다. 소옹에 대한 정씨 형제의 태도 특히 아우 정이의 태도가 대체로 비판적이었고 소옹을 못마땅해한 점이 있었을지라도, 그들이 말한 성명性命과 물리物理는 상당 부분 소옹과 서로 통한다. 비록 소옹은 다른 학자들에 비해 두드러지게 수를 강조하였지만, 그렇더라도 그가 리를 가장 근원적인 것으로 보고 있다는 것, "세상의 수는 리에서 나온다", "하늘은 리로써 다 드러낼 수 있으나 형상으로는 다 드러낼 수 없다"라는 말들을 되풀이하고 있다는 것을 유념해야 한다. 주희나 이황, 이이가 소옹을 리수학理數學으로 보려는 것은 근거가 있고 타당하다.

---

58) 『皇極經世書』, 「觀物外篇」, "物理之學或有所不通, 不可以强通, 强通則有我, 有我則失理而入術矣."
59) 『皇極經世書』, 「觀物外篇」, "老子知易之體者也, 五千言大抵明物理."

제3장 선천역과 경세

1. 역사의 치란을 해석함

소옹의 선천역학은 전에 없던 새로운 창의적 이론을 끌어와서 물리와 인사에 추리·비교·모방하였는데, 그 의론은 인류·동식물·수화토석·음성·천체·기상 등등에 모두 미치고 있다. 그러나 인순고식에 젖어 있는 학자들로서는 쉽게 수용할 수 없는 이론이어서, 당연히 그 이론에 대해서는 비과학적 견강부회 내지는 자의적 안배라는 비판적 시각이 강하다.[1] 물론 그의 제안이 기존의 괘서卦序와 경전의 문자에 의존하지 않는 면은 분명히 있지만, 그렇다고 해서 반드시 옳지 않다고만 볼 수도 없다. 그래서 유염兪琰(1258~1327) 같은 학자는 소옹의 선천역학을 '역학의 교외별전敎外別傳'이라고 부르기도 했다.

소옹은 '사물을 관찰하는' 입장에 서서 자연스럽게 자신이 본 것을 표현했는데, 그 주요한 관찰 대상은 사람과 역사였다. 그가 역사의 흥興·쇠衰와 치治·란亂을 상세히 검토한 것은 이지재로부터 『춘추』를 전해 받은 것과 관련이 있는 듯하다. 역사를 살펴본 그가 행한 평가는 이른바 역사

---

1) 많은 역학자들이 이런 시각을 지니고 있다. 廖名春 등의 『주역철학사』(심경호 역, 예문서원, 1994)에서도 소옹에 대해 견강부회로 보는 시각을 드러내고 있다.

속에 도가 내재한다는 것이다. 역사의 변천은 그가 주관적으로 파악한 것이 아니라 구체적 문헌자료로 입증이 가능하다. 중요한 것은 구체적 문헌들에 나타난 역사적 사건들 속에 역학에서 말하는 도가 숨겨져 있음을 읽어내었다는 점이다.

> 안락와 속의 한 권의 책,
> 이름하여 황극이니 그 뜻이 어떠한가?
> 『춘추』·『예』·『악』은 능히 버릴 수 있어도
> 부자·군신의 도리를 폐할 수 있으랴.
> 크고 크다, 복희·헌원이 개벽한 다음에,
> 높고 높다, 요·순이 협화協和하던 처음.
> 타고 탄다, 탕왕·무왕의 창칼 밖에,
> 흉흉하다, 환공桓公·문공文公의 활과 칼의 나머지.
> 일·월·성·신이 높게 비추니,
> 황·왕·제·패가 크게 펼쳐지네.[2]

이 시는 소옹의 「안락와 속의 네 가지를 길게 읊음」 가운데 하나이다. 소옹의 경세 1원의 수는 12,9600년이다. 이 가운데 인문이 아직 드러나지 않은 과거 및 일의 변화가 아직 도래하지 않은 미래를 떼어 내고 나면 실제로 기술할 수 있는 시기는 다만 복희의 때로부터 오대[3])에 이르기까지 인데, 복희·신농·황제의 시대 역시 전설에 의존할 뿐이므로 대체로 말하자면 진정으로 연대를 기록하면서 치·란·흥·쇠를 논한 것은 요堯 가 즉위한 이후의 약 3000년간에 불과하다. 이는 바로 그가 「경세 1원을

---

2) 『擊壤集』, 권3, 「安樂窩中一部書」, "安樂窩中一部書, 號云皇極意何如. 春秋禮樂能遺, 則父子 君臣可廢乎. 浩浩羲軒開開後, 巍巍堯舜協和初. 炎炎湯武干戈外, 恂恂桓文弓劍餘. 日月星辰 高照耀, 皇王帝伯大鋪舒."

3) 五代는 東晉 이후 唐 이전까지의 198년간의 다섯 왕조로서 남조의 宋·齊·梁·陳과 남북을 통일한 隋를 말하기도 하고, 唐과 宋 사이 53년 동안에 興亡한 後唐·後梁·後 周·後晉·後漢을 말하기도 하는데, 여기서는 후자를 가리키는 것으로 보인다.

읊음」(經世一元吟)에서 말한 내용이다.

십이만
구천육백,
그 중간의 3천 년,
지금에 이르기까지의 자취.
치란과 흥쇠,
방책方策에 드러나 있지.
나는 그것을 하나로 꿰뚫을 수 있네,
모두 몸이 겪어 온 것처럼.[4]

서책에 남아 있는 입증 가능한 역사의 기록은 약 3000년간이다. 소옹은 이 기간 동안의 치란과 흥쇠를 자기 몸으로 겪은 일들처럼 정리해 낸다. 그는 이 기간을 대략 두 개의 큰 단락으로 나누고 있는데, 앞의 한 단락은 동주東周 곧 주가 동천한 때까지로서 이를 황·제·왕·패의 단계라고 하고, 뒤의 한 단락은 진·한 이후로부터 오대 즉 송의 건국 전까지의 단계이다. 물론 소옹은 앞의 기간을 매우 중시하였다.「관물내편」에는 다음과 같은 글이 있다.

공자가 『역』을 편찬한 것은 복희·헌원의 때로부터이고, 『서』를 서술한 것은 요·순의 때로부터이며, 『시』를 산정한 것은 문왕·무왕의 때로부터이고, 『춘추』를 편수한 것은 환공·문공의 때로부터이다. 복희·헌원의 때로부터라는 것은 삼황을 조祖로 삼은 것이고, 요순의 때로부터라는 것은 오제를 종宗으로 삼은 것이며, 문왕·무왕의 때로부터라는 것은 삼왕을 자子로 삼은 것이고, 환공·문공의 때로부터라는 것은 오패를 손孫으로 삼은 것이다.[5]

---

4) 『擊壤集』, 권13, 「皇極經世一元吟」, "一十有二萬, 九千餘六百, 中間三千年, 迄今之陳迹, 治亂與廢興, 著見于方策, 吾能一貫之, 皆如身所歷."

5) 『皇極經世書』, 「觀物內篇」, "孔子賛易自羲軒而下, 序書自堯舜而下, 刪詩自文武而下, 修春秋自桓文而下. 自羲軒而下, 祖三皇也. 自堯舜而下, 宗五帝也. 自文武而下, 子三王也. 自桓文而

소옹이 황·제·왕·패의 네 단락으로 나눈 기준은 바로 도이다. 그는 도를 인간의 근본으로 삼았고 사람이 잃어서는 안 되는 것으로 삼았기에 도를 보존한 시대와 그렇지 못한 시대로 구분하고 있다. 그는 다음과 같이 말한다.

도는 천지의 근본이요 천지는 만물의 근본이니, 천지로써 만물을 보면 만물이 만물이 되지만 도로써 천지를 보면 천지 또한 만물이다. 도의 도는 하늘에서 다 드러나고, 하늘의 도는 땅에서 다 드러나며, 천지의 도는 만물에서 다 드러나고, 천지만물의 도는 사람에게서 다 드러난다. 사람이 천지만물의 도가 사람에게서 다 드러나는 까닭을 알 수 있게 되면 사람을 다 완성할 수 있다.[6]

소옹의 이러한 발언은 노자를 생각나게 한다. 이어서 그는 "하늘은 도로 말미암아 생겨나고 땅은 도로 말미암아 이루어지며 만물은 도로 말미암아 형상을 갖추고 사람은 도로 말미암아 행동한다. 천·지·인·물이 다르지만 그 도에 있어서는 모두 하나이다. 도라는 것은 길이다. 도는 형상이 없지만, 그 도를 실행하면 일에서 드러난다"[7]라고 말했다. 황·제·왕·패에 대한 소옹의 평론을 살펴보자.

삼황을 살피고 읊음(觀三皇吟)

큰 건곤이 나로부터 선포되니
건곤을 벗어나 다시 무엇을 말하랴.
처음 대도를 나누니 상도常道가 아니요

　下, 孫五伯也."

6) 『皇極經世書』, 「觀物內篇」, "道爲天地之本, 天地爲萬物之本, 以天地觀萬物, 則萬物爲萬物, 以道觀天地, 則天地亦爲萬物, 道之道盡之于天矣. 天之道盡之于地矣. 天地之道盡之于萬物矣. 天地萬物之道, 盡之于人矣. 人能知其天地萬物之道, 所以盡于人者, 然後能盡民也."

7) 『皇極經世書』, 「觀物內篇」, "天由道而生, 地由道而成, 物由道而形, 人由道而行. 天地人物, 則異也, 其于由道一也. 夫道也者, 道也. 道無形行之, 則見于事矣."

선천이 있게 되었으나 후천은 아직 없네.
만든 법이 지극히 은미하여 자취를 보기 어렵고
공을 거둔 지 가장 오래나 햇수를 알기 어렵네.
만약 세상으로 하여금 공훈업적을 논하게 한다면
헤아려 보아도 그 앞에는 아무도 없네.[8]

오제를 살피고 읊음(觀五帝吟)

진퇴로써 세상을 양보하니
어떤 말로 모습을 그려 내리오.
의상 드리운 곳에 위의威儀가 성대하고
옥백을 닦을 때 뜻이 공손하네.
사물마다 모두 지극한 이치를 따르고
사람마다 스스로 특별한 공 세우기 원하네.
그때 무슨 까닭에 이같이 되었는가,
다만 명성에 싸여 한낮과 같았네.[9]

삼왕을 살피고 읊음(觀三王吟)

만 리 남짓한 한 조각 중원 땅,
천박한 덕행은 마땅히 몸 둘 곳이 없으리라.
하夏·상商의 정삭正朔은 오히려 선포할 수 있었지만,
탕·무의 창칼은 아직 오랑캐나 짐승을 몰아내지 못했네.
못과 불은 이름이 있어 바야흐로 혁革괘를 받았으나,
물과 하늘은 호응이 없어 수需괘를 이루지 못했네.
인의仁義가 사람의 마음을 얻게 됨을 깊이 아는 이는
기꺼이 인간을 천장부淺丈夫로 만들어 버렸네.[10]

8) 『擊壤集』, 권4, 「觀三皇吟」, "許大乾坤自我宣, 乾坤之外復何言, 初分大道非常道, 纔有先天未
後天, 作法極微難看蹟, 收功最久不知年, 若教世上論勳業, 料得更無人在前."
9) 『擊壤集』, 권4, 「觀五帝吟」, "進退肯將天下讓, 着何言語狀雍容, 衣裳垂處威儀盛, 玉帛修時意
思恭, 物物盡能循至理, 人人自願立殊功, 當時何故得如此, 只被聲名類日中."
10) 『擊壤集』, 권4, 「觀三王吟」, "一片中原萬里餘, 殆非屛德所宜居, 夏商正朔猶能布, 湯武干戈未

오패를 살피고 읊음(觀五伯吟)

뜻을 다지며 명예를 높이나 명분은 더욱 이지러지고
사람마다 명命을 좇으나 피로를 이기지 못하네.
생명이 창과 칼의 숲 속에서 살아남으니
공도公道와 재화財貨를 마음속에 허여하네.
비록 흔종의 양을 보내어 능히 예禮를 사랑하지만
어찌하여 봉황이 울어도 의儀는 오지 않는가?
동주시대 오백 년 안에
한 사람 공자의 탄식소리 들릴 뿐.11)

삼황의 시대에는 처음으로 대도大道가 생겨났다. 오제는 비록 명성의 굴레로 떨어졌으나 그럼에도 조용하고 공손하여 여전히 대도의 정신을 지켰다. 삼왕의 시대에 이르러 창칼에 의한 혁명이 일어나고 천하를 다투는 일이 일어나니, 정도正道의 이름을 빌려 인심이 향하는 곳에 순응하자 도덕이 나날이 몰락하고 인의의 학문이 졸장부들을 양산量産하였다. 춘추의 오패에 이르러서는 대도가 다시 어둠에 싸이니, 명분에만 힘쓰고 실질을 잃어버려 백성은 평안한 삶을 잃고 마음이 재화와 이익에로 쏠리며 예의가 사라지게 되었다. 바로 이때 공자가 태어나 널리 백성을 구제하려 했으나 힘이 없었기에 한갓 탄식만 토해 낼 뿐이었다. 소옹은 위의 네 세상을 춘·하·추·동의 사계절에 비유하기도 했다. 즉 삼황의 시대를 '초봄의 이른 새벽'과 같고12) 오제의 때는 한낮과 같으며13) 삼왕의 때는 가을과 같고14) 오패의 때는 겨울과 같다15)고 하였다.

便驅, 澤火有名方受革, 水天無應不成需, 詳知仁義爲心者, 肯作人間淺丈夫."
11) 『擊壤集』, 권4, 「觀五伯吟」, "刻意尊名名愈虧, 人人奔命不勝疲, 生靈劒戟林中活, 公道貨財心裏歸, 雖則餽羊能愛禮, 奈何鳴鳳未來儀, 東周五百餘年內, 歎息惟聞一仲尼."
12) 『擊壤集』, 권4, "三皇之世正熙熙, 烏鵲之巢俯可窺, 當日一般情味好, 初春天氣蚤晨時."
13) 『擊壤集』, 권4, "五帝之時似日中, 聲名文物正融融, 古今世盛無如此, 過此其來便不同."
14) 『擊壤集』, 권4, "三王之世正如秋, 權重權輕事有由, 深谷爲陵岸爲谷, 陵遷谷變不如休."

「관물내편」에서는 삼황 사이의 차이, 오제 사이의 차이, 삼왕 사이의
차이, 오패 사이의 차이를 말하고, 또 황과 제와 왕과 패 사이의 차이를
말하기도 하였다. 다음은 오제에 대한 그의 해석이다.

삼황은 인仁은 같으나 교화教化가 달랐고, 오제는 예禮는 같으나 가르침이 달랐으며,
삼왕은 의義는 같으나 권면함이 달랐고, 오패는 지智는 같으나 이끄는 것이 달랐다.
예는 같으나 가르침이 달랐다는 것은 반드시 덕으로써 하였다는 것이니, 덕으로써
백성을 가르치면 백성들 또한 덕으로써 치자에게로 돌아가고, 그러므로 사양함을
숭상한다. 사양한다는 것은 남을 앞세우고 자기를 뒤로 하는 것이다. 천하를
남에게 양보하고 자기는 하지 않으니 가볍기가 마치 원래 아무것도 없는 것과
같고, 남에게서 천하를 받아도 통치하지 않으니 무겁기가 마치 원래 천하를 갖고
있는 것과 같다. 이는 자기의 소유인 것과 자기의 소유가 아닌 것을 관여하지
않는 것이다. 만약 자기의 소유인 것과 자기의 소유가 아닌 것을 따지게 된다면
터럭 하나라 할지라도 남에게서 얻거나 남에게 주는 일이 생겨서 탐욕의 비루한
마음이 일어날 터이니, 하물며 천하와 같은 것에 있어서랴. 능히 천하는 천하의
천하이지 자기의 천하가 아님을 아는 자, 그들은 오직 오제가 아닌가! 이런 까닭에
능히 덕으로써 천하를 가르치니 천하 또한 덕으로써 그들에게로 돌아간 것이다.
성인이 말한 "의상을 드리우니 천하가 다스려졌다. 이는 건乾괘와 곤坤괘에서
취한 것이다"[16]라는 것은 바로 이를 가리킨 것이다.[17]

소옹의 이러한 구별은 내용을 바꾸어 가며 몇 차례 되풀이된다. 위의
오제에 이은, 오패에 대한 해석은 다음과 같다.

---

15) 『擊壤集』, 권4, "五伯之時正似冬, 雖然三代莫同風, 當初管晏權輕重, 父子君臣尙且宗."
16) 『周易』, 「繫辭下」, 2장, "黃帝・堯・舜, 垂衣裳而天下治, 蓋取諸乾坤."
17) 『皇極經世書』, 「觀物內篇」, "三皇同仁而異化, 五帝同禮而異教, 三王同義而異勸, 五伯同智而
異率, 同禮而異教者, 必以德, 以德教民者, 民亦以德歸之. 故尙讓夫讓也者, 先人後己之謂也.
以天下授人, 而不爲輕, 若素無之也. 受人之天下而不爲重, 若素有之也. 若素無素有者, 謂不已
無已有之也. 若已無已有, 則擧一毛以取與于人, 猶有貪鄙之心生焉. 而況天下者乎. 能知其天
下之天下, 非己之天下者, 其惟五帝乎. 是故知能以德敎天下者, 天下亦以德歸焉. 所以聖人有
言, 曰垂衣裳而天下治, 蓋取諸乾坤, 其斯之謂歟."

삼황은 모두 성인이지만 각각이 택한 교화는 달랐고, 오제는 모두 어질고 명철했지만 백성에 대한 가르침의 방식은 달랐으며, 삼왕은 모두 탁월한 재능을 지녔지만 백성을 권면하는 방식은 각기 달랐고, 오패는 모두 천하를 장악했지만 백성을 통솔하는 방식은 각기 달랐다. 오패의 경우 그 통솔하는 방식이 달랐다는 것은, 반드시 힘을 사용했다는 것을 가리킨다. 힘으로 백성을 이끌어 가면 백성들 또한 힘을 사용하려 들고, 그러면 결국 이익을 다투게 된다. 비록 오패는 허명虛名을 빌려 실리實利를 다투는 자들로서 당연히 왕王이나 제帝에는 미치지 못하지만, 그래도 나라에 공功이 있다. 패覇보다도 부족한 자들을 이적夷狄이라고 하는데, 주周가 동으로 천도한 다음에 문왕·무왕의 공덕의 효력이 다 없어져 버렸음에도 24인군人君을 거치도록 왕실이 끊어지지 않아서 이적夷狄이 감히 중원을 도해屠害하지 못했던 것은 명분을 빌려서 행한 오패의 공적 때문이다. 다만 이런 까닭에 능히 힘으로 천하를 통솔할 수 있음을 알게 되었으며, 세상 또한 힘을 숭상하게 되었다. 『역』에서 "애꾸눈으로도 볼 수 있고 절름발이도 걸을 수 있다. 호랑이 꼬리를 밟으니 사람을 문다. 흉하다. 무인武人이 대군大君을 위하여 일한다"[18]라고 한 것은 바로 오패를 두고 한 말이다.[19]

소옹은 오패 이후의 역사를 '해가 지고 별이 희미해진 것'으로 비유하였는데,[20] 사실 이 말은 한·당 두 왕조에 여呂씨와 무武씨가 권력을 함부로 하는 것을 보고 한漢의 강후絳侯와 당唐의 양공梁公이 왕조의 천하를 부흥시키려 했던 당시의 상황을 염두에 두고 한 말이다.[21] 소옹의 시 「경세를

---

18) 『易』, 履卦 六三 爻辭, "眇能視, 跛能履. 履虎尾, 咥人, 凶. 武人爲于大君."
19) 『皇極經世書』, 「觀物內篇」, "三皇同聖而異化, 五帝同賢而異教, 三王同才而異勸, 五伯同術而異率, 同術而異率者, 必以力, 以力率民者, 民亦以力歸之, 故尚爭, 夫爭也者, 爭夫利者也. 取以利不以義, 然後謂之爭, 小爭交以言, 大爭交以兵, 爭夫強弱者也. 猶借夫名焉者, 謂之曲直, 名也者命物正事之稱也. 利也者, 養人成務之具也. 名不以仁無以守業, 利不以義無以居功, 利不以功居, 名不以業守, 則亂矣. 民所以必爭之也. 五伯者, 借虛名以爭實利者也. 帝不足, 則王. 王不足則伯. 伯又不足, 則左袵矣. 然則五伯不謂無功于中國, 語其王, 則未也. 過左袵則遠矣. 周之東遷, 文武之功德, 於是乎盡矣. 猶能維持二十四君, 王室不絶如綫, 秦楚不敢屠害中原者. 由五伯借名之力也. 是故知能以力率天下者, 天下亦以力歸焉. 所以聖人有言曰眇能視跛能履, 履虎尾, 咥人, 凶, 武人爲于大君, 其斯之謂歟."
20) 『皇極經世書』, 「觀物內篇」, "日既沒矣, 月既望矣. 星不能不希矣. 非星之希, 是星難乎其爲光矣."

읊음」(經世吟)은 진泰에서 황·제·왕·패의 도가 완전히 끝났다는 시각을
보여 주고 있다.

　　복희·헌원, 요·순,
　　탕왕·무왕, 환공·문공.
　　황·제·왕·패,
　　부·자·군·신.
　　이 넷의 도는,
　　그 리理가 진秦에서 끝났네.22)

　『격양집』에는 오패에 이어서 칠국七國23)과 영진嬴秦24), 양한兩漢25), 삼국
三國26), 서진西晉27), 십육국十六國,28) 남북조南北朝29), 수조隋朝30), 당조唐朝31),
오대五代32) 등의 왕조에 관한 시대평론의 시가 계속되고 있다. 이러한

---

21) 高懷民, 곽신환 옮김, 『소강절의 선천역학』, 167쪽.

22) 『擊壤集』, 권5, 「經世吟」, "羲軒堯舜, 湯武桓文, 皇王帝霸, 父子君臣, 四者之道, 理限于秦."

23) 『擊壤集』, 권15, 「觀七國吟」, "當其末路尚縱橫, 仁義之言固不聽, 肯謂破齊存即墨, 能勝坑趙盡長平, 清晨見鬼未爲怍, 白日殺人奚足驚, 加以蘇張掉三寸, 扼喉其勢不俱生."

24) 『擊壤集』, 권15, 「觀嬴秦吟」, "轟轟七國正爭籌, 利害相磨未便休, 比至一雄心底定, 其如四海血橫流, 三千賓客方成夢, 百二山河又變秋, 謾說罷侯能置守, 趙高元不是封侯."

25) 『擊壤集』, 권15, 「觀兩漢吟」, "秦破河山舊戰場, 豈期民復見耕桑, 九千來里開封域, 四百餘年號帝王, 剝喪既而遭莽卓, 經營殊不念高光, 當時文物如斯盛, 城復何由更在隍."

26) 『擊壤集』, 권15, 「觀三國吟」, "桓桓鼎時震雷音, 絶唱高蹤沒處尋, 簫鼓一方情未暢, 弓刀萬里力難任, 論兵狼石寧無意, 飲馬黃河徒有心, 雖曰天時亦人事, 誰知慮外失良金."

27) 『擊壤集』, 권15, 「觀西晉吟」, "承平未必便無憂, 安若忘危非善謀, 題品人材憑雅誚, 雌黃時事用風流, 有刀難剖公閭腹, 無木可梟元海頭, 禍在夕陽亭一句, 上東門嘯浪悠悠."

28) 『擊壤集』, 권15, 「觀十六國吟」, "溥天之下號寰區, 大禹曾經治水餘, 衣到敝時多蟣蝨, 瓜當爛後足蟲蛆, 龍章雖復悲懷愍, 象魏何嘗屬石苻, 尼父有言堪味處, 當時欠一管夷吾."

29) 『擊壤集』, 권15, 「觀南北朝吟」, "方其天下分南北, 聘使何嘗絶往還, 偏霸尚存前典憲, 小康未靖舊戈鋋, 洛陽雅望稱崔浩, 江表奇才服謝安, 二百四年能並轡, 謾將中外互爲言."

30) 『擊壤集』, 권15, 「觀隋朝吟」, "始謀當日已非臧, 又更相承或自戕, 蟣蝨人民貪土地, 泥沙金帛悅姬妾, 征遼意思縻荒服, 泛汴情懷厭未央, 三十六都掃地, 不然天下未歸唐."

31) 『擊壤集』, 권15, 「觀有唐吟」, "天生神武奠中央, 不爾羣凶未易攘, 貞觀若無風凜凜, 開元安有氣揚揚, 憑高始見山河壯, 入夏方知日月長, 三百年間能渾一, 事雖成往道彌光."

32) 『擊壤集』, 권15, 「觀五代吟」, "自從唐季墜皇綱, 天下生靈被擾攘, 社稷安危懸卒伍, 朝廷輕重

시대평론의 시 속에는 역사는 퇴조하고 있다는 소옹의 시각이 뚜렷하게 반영되어 있다.

2. 천지조화의 수를 추산함

소옹은 천지의 수를 말한다. 물론 '이물관물'의 태도로 천지를 살핀 결과이다. 『황극경세서』에서 소옹이 천지의 수에 대해 논의한 것은 천지시종天地始終의 수, 천지체용天地體用의 수, 천지원방天地圓方의 수, 그리고 천지가 만물을 낳는 수로 구별된다.

천지는 시작이 있고 끝이 있는가? 만일 시작과 끝이 있다면 어느 때 시작하였으며 또 어느 때 끝나는가? 이런 문제는 한대 학자들 사이에서도 관심사였다.

『역』의 수는 천지의 끝과 시작을 탐구한다. 어떤 사람이 물었다. "천지 또한 끝과 시작이 있습니까?" 말했다. "이미 줄어들고 자라남이 있다면 어찌 끝과 시작이 없겠는가? 천지가 비록 크지만 이 또한 형기形器이니 곧 두 개의 물건이다."[33]

900년 전에 소옹은 나름대로 성실하게 위의 문제에 대한 해답을 시도하였다. 천지에 시작과 끝이 있다고 하며 어느 때에 시작하고 끝나느냐의 문제에 대하여 선천역수를 가지고 미루어 펼친다. 그의 답은 과학적이라기보다 철학적이다. 따라서 그의 답이 지닌 의미를 우리는 철학적인 문맥에서 살펴야 한다.

繫藩方, 深冬寒木固不脫, 未旦小星猶有光, 五十三年更五姓, 始知除掃待真王."

33) 『易緯乾鑿度』, "易之數窮天地終始. 或曰, 天地亦有終始乎. 曰, 既有消長, 豈無終始, 天地雖大, 是亦形器, 乃二物也." 이 글은 『列子』 「天瑞」편에도 수록되어 있다.

소옹은 하늘과 땅을 각각 하나의 '물物'로 인식한다. 천지가 이미 형기이고 물物이라면 거기에는 소장消長이 있다. 그런데 '관물觀物'을 통하여 그 소장을 살피면 그 시종의 수를 미루어 알 수 있다. 그는 다음과 같이 말한다.

하늘은 움직임(動)에서 생기고 땅은 고요함(靜)에서 생긴다. 하나의 움직임과 하나의 고요함이 교감하여 천과 지의 도가 다 포괄된다. 움직임이 시작되면 양이 생성되고 움직임이 극단에 이르면 음이 생성된다. 하나의 음과 하나의 양이 교감하여 하늘의 작용이 다 드러난다. 고요함이 시작되면 부드러움(柔)이 생성되고 고요함이 극단에 이르면 굳셈(剛)이 생긴다. 하나의 굳셈과 하나의 부드러움이 서로 교감하여 땅의 작용이 다 드러난다. 움직임의 큰 것을 태양이라 하고, 움직임의 작은 것을 소양이라 하며, 고요함의 큰 것을 태음이라 하고, 고요함의 작은 것을 소음이라고 한다. 태양은 해가 되고 태음은 달이 되며, 소양은 별(星)이 되고 소음은 신辰이 된다. 일·월·성·신이 교체하여 하늘의 몸이 다 완성된다. 고요함의 큰 것을 태유太柔라고 하고, 고요함의 작은 것을 소유小柔라고 하며, 움직임의 큰 것을 태강太剛이라고 하고, 움직임의 작은 것을 소강小剛이라고 한다. 태유는 수水가 되고 태강은 화火가 되며, 소유는 토土가 되고 소강은 석石이 된다. 수·화·토·석이 교감하여 땅의 몸이 다 갖추어진다.[34]

소옹은 "하늘의 상象과 수數는 미루어 알 수 있지만 그 신묘한 작용은 측량할 수 없다. 하늘은 이치로써는 모두 다 탐구할 수 있지만 형상으로는 모두 다 나타낼 수 없다"[35]라고 말한다. 사람이 이치로 하늘을 탐구할

---

34) 『皇極經世書』, 「觀物內篇」, "天生于動者也, 地生于靜者也. 一動一靜交而天地之道盡之矣. 動之始則陽生焉, 動之極則陰生焉, 一陰一陽交而天之用盡之矣. 靜之始則柔生焉. 動之極則剛生焉. 一柔一剛交而地之用盡之矣. 動之大者謂之太陽, 動之小者謂之少陽, 靜之大者謂之太陰, 靜之小者謂之少陰, 太陽爲日, 太陰爲月, 少陽爲星, 少陰爲辰, 日月星辰交而天之體盡之矣. 靜之大者謂之太柔, 靜之小者謂之少柔, 動之大者謂之太剛, 動之小者謂之少剛, 太柔爲水, 太剛爲火, 少柔爲土, 少剛爲石, 水火土石交, 而地之體盡之矣."

35) 『皇極經世書』, 「觀物外篇」, "天之象數, 則可得而推, 如其神用, 則不可得而測也. 天以理盡, 而不可以形盡."

수 있다고 하는 것은 사람이 성性과 명命을 투과하여 도道를 알 수 있는데 그 도가 바로 천지의 근본이 되기 때문이라고 한다.

『역』에서 "리理를 탐구하여 성性을 다 구현하고 그럼으로써 명命에 이른다"라고 했는데, 리라고 말한 것은 사물의 리이고 성이라고 한 것은 하늘의 성이며 명이라고 한 것은 리·성에 따라 사는 것이다. 리·성에 따라 살 수 있는 것은 도道가 아니면 무엇이겠는가? 이것이 도가 천지의 근본이 됨을 아는 것이다. 천지로써 만물을 보면 만물은 만물이 되고, 도로써 천지를 보면 천지 또한 만물이 된다. 도의 도는 하늘에서 다하고, 하늘의 도는 땅에서 다 구현되며, 땅의 도는 만물에서 다 표현되고, 만물의 도는 사람에게서 다 구현된다. 사람이 능히 천지만물의 도가 사람에게서 다 구현된다는 것을 알게 된다면 그 다음에 능히 백성의 본성을 다 구현할 수 있게 된다.[36]

그는 하늘·땅·사람·사물이 비록 각기 다르지만 그 도는 하나로 같다는 신념을 갖고 있다. 그리고 그에게 있어서 도라는 것은 바로 길이다. 길이 탄탄하다면 사람이 그 길을 천만 년 억만 년을 다니더라도 언제나 그 도달하는 곳을 아는 것과 같다.[37] 그 길을 안다면 그 길을 통해 도달할 곳을 알게 되니, 천년 전의 사람이나 천년 후의 사람이나 그 길을 통하여 도달하는 곳이 어디인지 알 수 있다. 문제는 그 길을 알고 있느냐와 어떻게 그 길을 아느냐에 달려 있을 뿐이다.

---

36) 『皇極經世書』, 「觀物內篇」, "易曰窮理盡性以至于命, 所以謂之理者, 物之理也. 所以謂之性者, 天之性也. 所以謂之命者, 處理性者也. 所以能處理性者, 非道而何. 是知道爲天地之本, 天地爲 萬物之本, 以天地觀萬物, 則萬物爲萬物, 以道觀天地則天地亦爲萬物, 道之道, 盡之丁天矣. 天 之道, 盡于地矣. 天地之道, 盡之于萬物矣. 天地萬物之道, 盡之于人矣. 人能知其天地萬物之 道, 所以盡于人者, 然後能盡民也."

37) 『皇極經世書』, 「觀物內篇」, "天由道而生, 地由道而成, 物由道而行天地人物, 則異也. 其于由 道一也. 夫道也者, 道也. 道無形 行之, 則見于事矣. 如道路之道, 坦然, 使千億萬年行之, 人知 其歸者也."

3. 만물변화의 실정을 밝힘

1) 성음으로 만물의 변화를 비유함

『황극경세』에는 「경세성음도經世聲音圖」가 들어 있다. 왜 황극과 경세를 논하는 자리에 성음도냐고 할 법한데, 이는 전문적인 성운학의 영역에 속하는 것이라기보다는 소옹 나름의 철학적 시각으로 성운현상을 이해한 것이라고 보아야 한다. 소옹은 성음의 다양한 변화를 빌려 만물의 번성을 비유한다. 그는 성운학聲韻學의 발전된 체계적 지식을 자신의 경세사상經世四象의 이론과 배합시켰다. 여기서 그는 만물에 변화가 많다는 것을 말하는 데 그치지 않고, 만물의 변화 속에는 그 이치와 법칙이 있음을 표시하고 있다.

성음에 관한 소옹의 관심은 그의 가학家學에 연원이 있는 듯하다. 그의 부친인 소고邵古(伊川丈人)는 성운학을 깊이 연구하였다. 『송원학안』 「경세성음도」의 뒤에 붙어 있는 성운론에는 여러 전문가의 학설이 실려 있는데, 그 가운데 한 절에 다음과 같은 말이 있다.

(高舜元이) 소강절의 성음학 및 자모字母의 연원에 대해 묻자 (袁淸容이) 답하였다. "위아래로는 사성四聲이 되고 좌우로는 칠음七音이 되니, 정환중鄭渙仲의 설에 다 갖추어져 있다. 소강절의 성음학은 그 부친 고古에게서 나왔다. 고古의 호는 이천장인伊川丈人으로, 도보圖譜가 있어 세상에 전한다. 온공溫公의 절운切韻이 모두 여기에 근원을 두고 있다. 그런데 이 학문은 서역西域에서 유래한 것이며, 지금 말하는 36자모字母 또한 저곳에서 온 것이다. 중국의 4성은 매우 졸렬한데, 심약沈約에 이르러 비로소 7음이 밝아졌다······ 장자莊子가 말하기를 악樂은 허虛에서 나온다고 하였으니, 이것이 바로 소강절의 심법이다. 다만 이천장인의 그림을 얻어 한 번 살펴보니 이미 방불彷彿한 바가 있었다. 후한대의 풍각風角[38]이나 새 점(鳥占)[39]

---

38) 四方과 四隅의 바람을 宮商角徵羽 5음으로 감별하여 길흉을 점치는 방술의 일종이다.

또한 이것을 벗어나지 못하나, 지극한 고요함의 공부가 아니라면 통달함이 쉽지 않을 것이다."40)

소옹의 「성음도」는 성운학을 위해 제작된 것이 물론 아니다. 소옹의 목적은 이것에 근거하여 선천역의 경세 방면에의 확대 적용을 설명하려는 것이었다. 그는 다음과 같이 말했다.

사물에는 성·정·형·체가 있고, 성음에는 율律·려呂·창唱·화和가 있다. 율려라는 것은 천지가 변화하여 교감하는 것이고, 창화라는 것은 음양이 감응하여 화합하는 것이다. 원래 성음의 도는 4상에 근본하고, 4상의 성립은 극수極數에 근본을 두며, 극수는 음양에서 나뉜다. 양陽의 수는 천 1로서 1이 펼쳐져 10이 되니 수가 10간干으로 일어나고, 음陰의 수는 지 2로서 2는 펼쳐져 12가 되니 수가 12지支로 일어난다. 태太·소少의 양陽과 강剛을 합하니 그 수가 40이며, 태·소의 음陰과 유柔를 합하니 그 수가 48이다. 이것을 일러 4상의 체수라고 한다. 양수 40에 4를 곱하니 160이 되고 음수 48에 4를 곱하니 192가 된다. 160과 192를 곱하여 3,0720이 되니, 이것이 4상의 전체수이다. 양 160에서 음의 체수 48을 제거하여 112를 얻고 음 192에서 양의 체수 40을 제거하여 152를 얻으니, 이것이 4상의 용수이다. 양수 112로써 음수 152와 창唱하면 모두 1,7024가 되니, 1,7024로써 1,7024와 창하면 모두 2,8981,6576이 된다. 이것이 4상의 통수通數이다. 10간의 수에 근본해서 배열되어 정음正音 10도圖가 되니, 갑甲에서 계癸에 이르기까지 각각의 16수가 160변을 하고, 각기 평·상·거·입으로 나뉘어 일·월·성·신에 배속된다. 이것을 일러 천성天聲이라 하니, 지음地音에 창唱을 한다. 12지의 수에 근본해서 배열되어 정음正音 12도가 되니, 자子에서 해亥에 이르기까지 각각의 16수가 192변을 하고,

---

39) 새가 날아가는 모습을 보고 점치는 것인데, 새의 숫자·소리·방향 등을 보고 괘를 만들어 길흉을 판단한다.

40) 『宋元學案』, 「百源學案」, 附·聲音論, "問, 邵子聲音之學及字母淵源. 答, 縱爲四聲, 橫爲七音, 鄭漁仲之說備. 邵子聲音之學, 出於其父, 名古, 號伊川丈人, 有圖譜行于世, 溫公切韻皆源於此. 然此學由西域來, 今所謂三十六字母, 亦從彼出. 中國四聲甚拙, 至沈約始明七音, 先儒嘗言中聲合於天籟, 若如近世祝泌觀物解中韻譜, 却又入樂工淸濁之拘. 莊子謂樂出虛, 乃邵子心法, 但得伊川丈人圖, 予一觀, 亦得彷髴. 後漢風角鳥占, 亦不出此, 然非至靜工夫, 未易能通也."

각기 개開·발發·수收·폐閉로 나뉘어 수水·화火·토土·석石에 배속된다. 이것을 일러 지음地音이라 하니, 천성天聲에 화답和畓한다.[41]

성음으로 만물의 변화를 비유한 것은 그의 선천역학과는 상관이 없는 듯 보이기도 한다. 성운학은 대단히 지엽적이고 전문적인 학문이기 때문이다. 그러나 소옹의 「성음도」는 성운학 자체에 대한 관심에서 나온 것이 아니라 성음에 근거하여 만물의 변화가 번다함을 비유하기 위한 것이었다.

이것에 기초하여 고회민은 소옹 성운론의 몇 가지 기본 성격을 다음과 같이 정리한다. 첫째, 만물의 근원은 천지로부터 나오고 천지의 근본은 음양 두 성질로부터 기인하게 되므로, 음양 두 성질의 변화와 생생生生은 「성음도」의 이치의 근거가 된다. 천간天干의 수 10이 양의 체수가 되고 지지地支의 수 12가 음의 체수가 되어, 이로부터 교대와 분화가 일어나 쓰임을 일으키는 것이다. 둘째, 천지의 변화는 하나가 변하여 4가 되니, 천의 변화는 음양에서 다 표현되어 사시四時를 이루고 지의 변화는 강유에서 다 드러나서 사유四維를 이룬다. 천성天聲과 지음地音의 창화唱和에 있어 그 마디와 박자는 곧 4를 기준으로 하여 분배된 것이다. 셋째, 천지가 체體로 말미암아 변해서 용用이 되는 것은 대략 '체體는 4이고 용用은 3'이라는 법칙을 따르는데, 그 사이에 약간의 가감만 있을 뿐 대체를 벗어나지 않는다. 이것은 천지변화의 상도常道이다.[42]

2) 음양과 만물 및 장기臟器의 생성변화

기氣는 변變하고 형形은 화化한다. 형은 나뉠 수 있으나 신神은 나뉠 수 없다.

---

41) 『皇極經世書』, 「觀物內篇」, '聲音唱和圖'.
42) 高懷民, 곽신환 옮김, 『소강절의 선천역학』, 256~257쪽 참조.

양이 음을 낳으니 수水가 먼저 이루어지고, 음이 양을 낳으니 화火가 나중에 이루어진다. 음과 양이 서로 낳고 체體와 성性이 서로 기다리니, 양이 제거되면 음 또한 고갈되고 음이 다 소진되면 양 또한 소멸한다. 음은 양과 짝하여 둘이 되니, 양이 오면 살고 양이 가면 죽는다. 천지만물의 생生과 사死를 주재하는 것은 양이지만, 결국에는 하나로 귀결된다.[43]

하나의 기氣가 나뉘어 음양이 판가름된다. 양의 많은 것을 얻은 것이 하늘이 되고, 음의 많은 것을 얻은 것이 땅이 된다. 이런 까닭에 음양이 고루 나뉘어 형질이 갖추어지고, 음양이 치우쳐서 성정性情이 나누어진다. 형질이 다시 나뉘어, 양이 많은 것은 강剛이 되고 음이 많은 것은 유柔가 된다. 성정이 다시 나뉘어, 양이 많은 것은 양의 극이 되고 음이 많은 것이 음의 극이 된다.[44]

기氣는 하나일 따름이니, 그것을 주재하는 것은 건乾이다. 신神 또한 하나일 따름이니, 기를 타고 변화하여 유有와 무無, 생生과 사死의 사이를 드나드는데 정해진 방소方所가 없고 헤아리기가 불가능하다.[45]

양陽은 도의 용用이요, 음陰은 도의 체體이다. 양은 음을 용으로 삼고, 음은 양을 용으로 삼는다. 양을 용으로 삼는 것은 음을 높임이요, 음을 용으로 삼는 것은 양을 높임이다.[46]

낳는 것은 성性이요 하늘이며, 이루는 것은 형形이요 땅이다. 낳아서 이루고 이루어서 낳으니, 이것이 역易의 도이다. 천지로써 만물을 낳으니 만물로써 만물을 삼고, 도로써 천지를 낳으니 천지 또한 만물이 된다. 도는 태극이다.[47]

---

43) 『皇極經世書』, 「觀物外篇」, "見氣變而形化, 形可分神不可分……陰對陽爲二, 然陽來則生, 陽去則死. 天地萬物生死主于陽, 則歸之于一也."

44) 『皇極經世書』, 「觀物外篇」, "一氣分而陰陽判, 得陽之多者爲天, 得陰之多者爲地. 是故陰陽半而形質具焉. 陰陽偏而性情分焉. 形質又分 則多陽者爲剛也. 多陰者爲柔也. 性情又分, 則多陽者, 陽之極也, 多陰者, 陰之極也."

45) 『皇極經世書』, 「觀物外篇」, "氣一而已, 主之者乾也. 神亦一而已, 乘氣而變化, 能出入于有無死生之間, 無方而不測者也."

46) 『皇極經世書』, 「觀物外篇」, "陽者道之用, 陰者道之體. 陽用陰陰用陽, 以陽爲用, 則尊陰以陰爲用, 則尊陽也."

전통적으로 만물의 발생을 설명할 때에는 태극에서 음양으로, 다시 만물로 나아가는 과정과 순서를 따르고 있다. 그런데 소옹은 여기에 신神, 기氣, 성정性情, 형질形質 등의 개념을 들여왔고, 이것을 음양 및 강유와 하나로 융합시켰다. 그런 다음에 그는 다시 만물이 변화하는 가운데 많은 류類와 특수한 류가 생기는 것에 대하여 말하는데, 이것 역시 소옹의 독특한 '관물'의 결과이다.

> 음과 양이 생겨서 양의兩儀가 나뉘고, 양의가 교류하여 4상을 낳으며, 4상이 교류하여 8괘를 낳고, 8괘가 교류하여 만물을 낳는다. 그러므로 양의는 천지의 류類를 낳고 4상은 천지의 체를 정하며, 4상은 일월의 류를 낳고 8괘는 일월의 체를 정하며, 8괘는 만물의 류를 낳고 64괘는 만물의 체를 정한다. 류라는 것은 생겨나는 차례이고, 체라는 것은 상象이 교류하는 것이다. 류를 미루어 가면 반드시 태어남에 근본하게 되고, 체를 살펴보면 반드시 상으로부터 말미암게 된다. 생겨난다는 것은 곧 아직 오지 않은 것이므로 거슬러 소급해서 추론하고, 상은 이미 이루어진 것이므로 순리대로 본다. 이런 까닭에 일·월은 류를 같이하니, 같은 곳에서 나왔으나 거처하는 곳을 달리하고, 거처하는 곳을 달리하나 상을 같이한다. 이것을 미루어 나가면 사물이 어디로 달아나겠는가?[48]

소옹은 또 다양한 형태의 동식물의 생성변화에 대해서도 말한다. 예를 들면 다음과 같다.

> 양이 음과 교감하여 발굽이나 뿔을 가진 것들을 낳고, 강이 유와 교감하여 뿌리와

---

47) 『皇極經世書』, 「觀物外篇」, "生者性天也. 成者形地也. 生而成, 成而生, 易之道也. 以天地生萬物, 則以萬物爲萬物, 以道生天地 則天地亦萬物也. 道爲太極."
48) 『皇極經世書』, 「觀物外篇」, "陰陽分而生二儀, 二儀交而生四象, 四象交而生八卦, 八卦交而生萬物. 故二儀生天地之類, 四象定天地之體, 四象生日月之類, 八卦定日月之體, 八卦生萬物之類, 重卦定萬物之體, 類者生之序也. 體者象之交也. 推類者必本乎生, 觀體者必由乎象, 生則未來而逆推, 象則既成而順觀, 是故日月一類也. 同出而異處也. 異處而同象也, 推此以往物焉逃哉."

열매를 가진 것들을 낳으며, 음이 양과 교감하여 깃이나 날개를 가진 것들을 낳고, 유가 강과 교감하여 가지나 줄기를 가진 것들을 낳는다. 하늘은 땅과 교감하고 땅은 하늘과 교감한다. 그렇기 때문에 날개 달린 것 중에도 걸어 다니는 것이 있고, 발 달린 것 중에도 날아다니는 것이 있으며, 풀 중에도 나무가 있고, 나무 중에도 풀이 있는 것이다. 각각 그 류에 따라서 미루어 가면 생물의 종류는 이것을 넘어서지 못한다. 달리는 것이 땅을 편해하고 나는 것이 하늘을 이로워하는 것은 그 류를 따르기 때문이다. 동물은 머리로부터 생겨나고 식물은 뿌리로부터 생겨나니, 머리로부터 생겨나는 것은 명命이 머리에 있고 뿌리로부터 생겨나는 것은 명이 뿌리에 있다.[49]

대상적 사물들의 발생을 설명한다면 사람과 그 장기臟器의 형성이나 배치에 대한 관심은 당연하다. 복희가 역을 그릴 때 '가까이는 몸에서 취했다'고 했으니—물론 이때의 몸은 해부학적 몸이 아니라 외양을 가리키는 것이겠지만— 이론적으로는 장기 또한 『역』의 구조에 부합되어야 할 것이다.

사람이 걸어 다니는 것들의 형상을 가짐은 어째서인가? 걸어 다니는 것은 지地의 맏아들이요, 그 몸은 반드시 교감한 다음에 생긴다. 그러므로 양陽과 강剛이 교감하여 심장心臟과 폐장肺臟이 생기고, 양과 유柔가 교감하여 간장肝臟과 담장膽臟이 생기며, 유와 음陰이 교감하여 신장腎臟과 방광膀胱이 생기고, 강과 음이 교감하여 비장脾臟과 위장胃臟이 생긴다. 심장은 눈을 낳고, 담장은 귀를 낳고, 비장은 코를 낳고, 신장은 입을 낳고, 폐는 뼈를 낳고, 간은 근육을 낳고, 위는 골수를 낳고, 방광은 피를 낳는다. 그러므로 건乾괘는 심장이 되고, 태兌괘는 비장이 되고, 리離괘는 담장이 되고, 진震괘는 신장이 되고, 곤坤괘는 피가 되고, 간艮괘는 근육이 되고, 감坎괘는 골수가 되고, 손巽괘는 뼈가 되고, 태兌괘는 눈이 되고, 중부中孚괘는 코가 되고, 기제旣濟괘는 귀가 되고, 이頤괘는 입이 되고, 대과大過괘는 폐가 되고,

---

49) 『皇極經世書』, 「觀物外篇」, "陽交於陰而生蹄角之類也. 剛交於柔而生根荄之類也. 陰交於陽而生羽翼之類也. 柔交於剛而生枝幹之類也. 天交於地地交於天, 故有羽而走者, 足而騰者, 草中有木木中有草也. 各以類而推之, 則生物之類, 不過是矣. 走者便於下, 飛者利於上, 從其類也. 動物自首生, 植物自根生, 自首生命在首, 自根生命在根."

미제未濟괘는 위가 되고, 소과小過괘는 간이 되고, 비否괘는 방광이 된다. 천지에는 8상象이 있는데 사람에게는 16상이 있는 것은 왜 그런가? 천지가 합하여 사람을 낳았고 부모가 합하여 자식을 낳았기 때문에 16상이 있는 것이다. 심장이 폐에 있고 담장이 간에 있는 것은 왜 그런가? 성이라는 것을 말하면 반드시 천天으로 돌아가고 체라는 것을 말하면 반드시 지地로 돌아가니, 지 속에 천이 있고 석石 속에 화火가 있어 심장과 담장이 그것을 본떴기 때문이다. 심장과 담장이 거꾸로 달린 것은 왜 그런가? 초목이란 것은 지地의 체이니, 사람과 초목이 모두 거꾸로 태어나기 때문에 거꾸로 달려 있는 것이다.[50]

3) 모든 조화, 모든 일은 마음에서 생긴다

소옹은 만물의 생성과 조화의 실정을 설명함에 있어 '온갖 조화는 모두 마음에서 생긴다'는 주장을 내세운다. 만물의 생성 문제와 관련한 이러한 발언은 그의 태극·중中·마음의 문제와 연결되어 있다.

선천의 학은 심법心法이다. 그래서 '선천도'에서 모든 것은 가운데로부터 일어나니, 온갖 조화, 온갖 일은 모두 마음에서 일어난다. '선천도'에 비록 문자는 없지만 내가 종일토록 말한 것이 이것에서 벗어난 일이 없다. 무릇 천지만물의 이치는 모두 그 속에 있다.[51]

천지의 근본이여, 그것은 가운데로부터 일어나는구나! 이런 까닭에 건곤乾坤이

---

50) 『皇極經世書』, 「觀物外篇」, "人寓形於走類 何也. 走類者 地之長子也. 體必交而後生, 故陽與 剛交而生心肺, 陽與柔交而生肝膽, 柔與陰交而生腎與膀胱, 剛與陰交而生脾胃, 心生目, 膽生 耳, 脾生鼻, 腎生口, 肺生骨, 肝生肉, 胃生體, 膀胱生血, 故乾爲心, 兌爲脾, 離爲膽, 震爲腎, 坤爲血, 艮爲肉, 坎爲髓, 巽爲骨, 泰爲目, 中孚爲鼻, 既濟爲耳, 頤爲口, 大過爲肺, 未濟爲胃, 小過爲肝, 否爲膀胱. 天地有八象, 人有十六象, 何也. 合天地而生人, 合父母而生子, 故有十六 象也. 心居肺, 膽居肝, 何也. 言性者必歸之天, 言體者必歸之地, 地中有天, 石中有火, 是以心 膽象之也. 言體者, 必歸之地, 地中有天, 石中有火, 是以心膽象之也. 心膽之倒懸, 何也. 草木 者, 地之本體也. 人與草木, 反生, 是以倒懸(垂)也."

51) 『皇極經世書』, 「觀物外篇」, "先天學, 心法也. 故圖皆自中起. 萬化萬事, 生乎心也. 圖雖無文, 吾終日言而未嘗離乎. 是蓋天地萬物之理, 盡在其中矣. 先天圖也."

거듭 변하여도 끝내 가운데를 벗어나지 않는다. 사람은 천과 지의 가운데에 있고, 마음은 사람의 가운데에 있다. 해가 하늘 한가운데에 오면 왕성하고, 달이 하늘 한가운데에 오면 꽉 찬다. 그러므로 군자는 가운데를 귀하게 여긴다.[52]

선천의 학문은 마음을 연구하는 것이고, 후천의 학문은 자취를 연구하는 것이다. 유有와 무無, 사死와 생生의 사이를 드나드는 것은 도이다.[53]

천지의 마음은 만물을 생성하는 근본이다.[54]

위의 말들을 통해 '마음'(心)에 대한 소옹의 이해에는 두 가지 인식이 있음을 알 수 있다. 하나는 마음은 만물을 낳는 근본으로서 선천적 존재라는 인식이고, 다른 하나는 마음은 '가운데'(中)의 뜻과 같다는 인식이다.

소옹은 '마음'을 선천으로 삼고 '흔적'을 후천으로 삼았으며 '도'를 출입出入 혹은 유무有無의 사이에 있는 것으로 보았으니, 분명히 이는 복復괘로부터 온 것이다. 복復괘의 괘사는 다음과 같다. "나가고 들어와도 질병이 없다. 벗이 와서 허물이 없다. 그 도를 반복하니, 7일 만에 와서 회복한다."[55] 공자는 이를 다음과 같이 풀이한다. "'그 도를 반복하니, 7일 만에 와서 회복한다'라는 것은 하늘의 운행을 말함이다.…… 복復에서 천지의 마음을 본다."[56] 복괘의 괘상(䷗)은 하나의 양이 막 생겨난 것으로, 이미 상象을 드러내고 흔적을 나타낸 상태이다. 이처럼 상과 흔적을 나타나게 한 원인을 두고 공자는 '천지의 마음'이라고 하였다. 이 '마음'은 곧 상과 흔적을 지니지 않는 형이상의 존재임을 알 수 있다. 소옹이 말하는

---

52) 『皇極經世書』, 「觀物外篇」, "天地之本, 其起於中乎. 是以乾坤屢變而不離乎中, 人居天地之中, 心居人之中, 日中則盛, 月中則盈, 故君子貴中也."
53) 『皇極經世書』, 「觀物外篇」, "先天之學, 心也, 後天之學, 迹也, 出入有無死生者, 道也."
54) 『皇極經世書』, 「觀物外篇」, "天地之心者, 生萬物之本也."
55) 『易』, 復卦 卦辭, "出入無疾, 朋來無咎, 反復其道, 七日來復."
56) 『易』, 復卦 「彖傳」, "反復其道, 七日來復, 天行也……復其見天地之心乎."

'선천'이 바로 이것이다.

'마음'을 '가운데'(中)로 삼는 것은 전통적 사상을 계승한 것이다. 우리가 일상적인 일에서 대처하는 방법이나 기술이 다양하지만 결국 귀결하는 곳은 두 가지를 벗어나지 않으니, 바로 '중中'과 '부중不中'이다. '부중不中'에 속하는 것들은 '양극兩極' 또는 '양단兩端'으로서 하나에 치우쳐 고집하는 것이다. '중'은 그 마땅함이나 알맞음을 얻음이니, 하나에 치우쳐서 고집하는 것이 없음이다. 소옹은 복괘의 뜻을 "고요하여 움직이지 않는 것은 근본으로 돌아가서 고요함을 회복하는 때이다. 감응하여 마침내 세상의 일에 통달하는 것은 양이 가운데(中)에서 움직임에 그 사이에 털끝만큼도 용납함이 없는 것이다"[57]라고 하였다. 이 말은 「계사전」의 "고요하여 움직이지 않다가 마침내 감응하여 세상의 일에 통한다"를 해설한 것인데, '양이 중中에서 움직여'의 '중'이라는 글자를 '심心'으로 해석하고 있다. 통상적으로는 '양이 그 속에서 움직여'라고 해석되어 왔다. 이처럼 '심心'과 '중中'의 의미가 서로 통하는 것이기에, 다시 이로 말미암아 내·외와 천·인의 뜻에까지 이르게 되었다.

> 천성(資性)은 하늘로부터 얻는 것이요, 학문은 사람으로부터 얻는 것이다. 천성은 안에서부터 나오는 것이요, 학문은 밖에서부터 들어오는 것이다. 성誠으로부터 말미암아 밝게 되는 것은 성性이요, 밝음으로부터 말미암아 성誠하게 되는 것은 학學이다.[58]

천지의 마음은 만물을 낳고 사람의 마음은 만 가지 일을 낳는다. 만일 '낳음'(生)의 작용이 없다면 마음에 무슨 일이 있겠는가? 태극에 무슨 일이

---

57) 『皇極經世書』, 「觀物外篇」, "寂然不動, 反本復靜之時也. 感而遂通天下之故, 陽動于中, 間不容髮."

58) 『皇極經世書』, 「觀物外篇」, "資性得之天也, 學問得之人也. 資性由內出者也, 學問由外入者也. 自誠明, 性也, 自明誠, 學也."

있겠으며 중中에 무슨 일이 있겠는가? 이 하나의 큰 '낳음'의 덕이야말로 바로 '마음'이나 '태극', '중中'의 실질적 내함이 된다.

『격양집』에는 「스스로 여유로움을 읊음」이라는 시가 있는데, 이 시를 통해 다시 그의 '심心'에 대한 생각을 읽을 수 있다.

> 몸은 천지의 다음에 태어났으나
> 마음은 천지보다 먼저 있었네.
> 천지가 이미 나로부터 나왔으니
> 나머지는 말해 무엇 하겠는가?[59)]

자구는 간단하지만 머금고 있는 뜻은 매우 깊다.

---

59) 『擊壤集』, 「自餘吟」, "身生天地後, 心在天地前. 天地自我出, 自餘何足言."

제4장 소옹 철학의 의의와 전승

소옹 철학에 대한 후대의 전승은 결코 형통했다고 하기 어렵다. 안락론이 대부분의 유학자들에게서 특히 처사형 유학자들에게서 지극한 존중을 받은 것과 달리 그의 선천역학에 대해서는 포폄이 극명하게 갈라진다. 『송원학안』에 황종희의 평론이 있다.

강절의 학문은 그 아들 자문子文(邵伯溫)을 제외하고는 전승이 다만 천열天悅(王豫)에게서 그쳤고, 이들 외에는 들은 자가 없다. 무릇 강절은 깊이 스스로 비밀스럽게 여기고 아껴서 (받을 만한) 사람이 아니면 전하지 않았다.…… 천열은 전해 줄 사람을 얻지 못했으니, 선생의 책은 천열의 무덤 속에 함께 묻히고 말았다. 백 년이 채 지나지 않아 오희吳曦가 반란을 일으켰을 때 한 도적이 천열의 무덤을 파헤쳤는데, 『황극경세』의 체요體要 한 편과 내외「관물」수십 편이 있었다. 도사인 두가대杜可大가 이를 얻어 요응회廖應淮에게 전했고, 응회는 팽복彭復에게 전했으며, 팽복은 부립傅立에게 전했는데, 모두 앞일을 알 수 있었다고 한다.[1]

이 기록에 의하면 소옹의 책은 제자 왕예의 죽음과 함께 그 학문적 전승을 상실하고 말았으며, 이후 100년이 채 못 된 시점에서 이미 방기方伎와 술가術家에게로 유입되어 마침내 비급秘笈(秘閣에 간직된 雲笈)류의 서적이

---

1) 『宋元學案』, 「王張諸儒學案」, '王豫傳'.

되고 말았다. 여기서 말하는 소옹의 책이란 『황극경세서』를 말한다. 『격양집』까지 포함하는 것이 아님은 말할 나위없다.

　그러나 황종희의 평가가 정확하거나 적절한 것은 아니다. 소옹의 학문은 전승이 있다. 비록 30여 년 종유한 정호·정이 형제는 소옹의 수학을 전승하지 않았지만, 소옹이 죽은 후 그의 역학 연구에 전문적으로 종사한 사람으로 남송 초기의 채원정蔡元定(1135~1198), 장행성張行成2) 등을 들 수 있다. 채원정의 연구는 그 핵심을 제대로 터득했다고 할 만하다. 성리대전본 『황극경세서』에 채원정이 지은 「찬도지요纂圖指要」 상하편이 있는데, 이는 후인들이 선천역을 연구함에 있어 가장 소중하게 취급하는 자료이다. 이를 수용한 주희가 『역학계몽』을 저술할 때 소옹의 선천역설과 관점을 택함으로써 소옹은 사상사에서 우뚝한 위치를 확보하게 되었다. 주희는 "소옹의 선천설은 복희가 괘를 그리는 순서가 진행되는 미묘한 근본을 밝히는 데 있었다. 이는 『역』의 원조이다"라는 입장에 서서 선천도에 고도의 논리성이 있다는 점을 인정하여, 그것이 진단에게서 나왔다고 해서 그 지위를 떨어뜨릴 이유가 없다고 하였다.3) 또 장행성은 『주역통변』40권을 저술했다고 하는데, 이 책은 "진단에서부터 소옹에 이르기까지 전해 온 선천괘수 등 40개의 그림에서 취한 것이다"4)라고 그 연원이 밝혀졌지만 애석하게도 전해지지 않는다. 한편, 유염俞琰(1258~1327)은 선천역을 도교적 관점에서 인정하고 선천도가 진단陳搏파의 연단술을 밝힌 것이라고 주장하였다. 이 주장은 이후 커다란 호응을 얻어 명청대의 많은 사람들로 하여금 선천도와 『참동계』를 연결시키게 하였고, 이로써 소옹의 역학사상의 지위는 제대로 인정받지 못하게 되었다.

---

2) 장행성은 남송 臨邛 출신으로 자는 文饒 또는 子饒이다. 생몰년은 미상이다. 저서에 『皇極經世粃隱』, 『皇極經世觀物外篇衍義』, 『周易通變』 등이 있다.

3) 『朱子大全』, 권38, 「答袁機仲」.

4) 『宋元學案』, 「王張諸儒學案」, '張行成傳'.

선천역도와 선천역수의 유래 문제에 대해서는 소옹 이후 역학가들 사이에 논란이 매우 많았다. 그 논란을 대체로 정리해 보면, 우선 후대 사람들은 역수易數 방면에서의 '원·회·운·세'의 수가 모두 이전 사람들로부터 온 것이 아니라 소옹의 독창적인 사상이라는 점에 대해서는 의심하지 않는다. 소옹의 창작임을 부정하는 태도는 역도易圖 방면에서 발생한다. 후대인의 서로 다른 의견들을 고회민은 다음의 세 종류로 구분하고 있다. ① 「선천도」는 화산華山의 도사 진단으로부터 왔다는 견해, ② 「선천도」는 진단보다 훨씬 이전에 있었고 그 단서는 동한시대 위백양의 『참동계』로까지 소급된다는 견해, ③ 「선천도」는 소옹이 그 이전 사람으로부터 전수한 것이지만 학술이론 방면으로 발휘한 것은 그의 창의적 사상이라는 견해가 그것이다.5)

종합하면, 소옹 사후 그의 안락론은 유학자들에게 폭넓은 사랑을 받았으나 선천론에 대해서는 역학에 새로운 국면을 열었다는 평가와 역학이 아닌 도교적 연단술의 별종에 불과하다는 평가가 함께 있었으며, 수리에 근거한 경세론은 후대에 상당한 관심의 대상이 되었다.

---

5) 高懷民, 곽신환 옮김, 『소강절의 선천역학』, 107~108쪽 참조.

제2부 조선유학자의 소옹 이해와 안락론

제1장 『조선왕조실록』에 나타난 조야의 소옹에 대한 인식

1. 복합적 이미지 – 점쟁이 또는 기미에 밝은 철학자

조선조에는 왕과 신하들이 벌이는 학술연찬의 경연이 있다. 또 상소라는 제도가 있어 관료뿐만 아니라 일반 유학자들도 국정을 비판하거나 정책대안을 제시하는 일이 잦았는데, 그 주장의 논거로 성리학적 이론이나 사상이 동원되는 예가 많았다. 따라서 선현들의 이름과 이론이 자주 거론되곤 했다. 실록에서 가장 많이 거론된 선현은 말할 나위 없이 단연 주희이고, 정호·정이 형제가 뒤를 잇는다. 주희는 1426건의 기사[1]에 등장하고, 이정은 462건[2], 장재는 179건, 주돈이는 112건, 소옹은 91건의 기사에 등장한다. 주로 선조·광해·인조·현종·숙종·영조·정조 때 주로 거론되었고, 숙종 때 가장 활발하였다. 소옹의 경우, 빈도가 높은 것은 선조·숙종·영조·정조 때이다.

이 네 왕 때는 사림 또는 성리학적인 정치가 가장 활발했던 시기로, 왕들 또한 상대적으로 그 재위기간이 길었다. 각각의 재위기간을 보면

---

[1] 朱子는 세종 때의 기사에서 63건, 중종 때 42건, 선조 때 119건, 인조 때 55건, 효종 때 84건, 현종 때 57건, 숙종 때 250건, 영조 때 207건, 정조 때 141건, 순조 때 49건이 거론되고 있다.

[2] 程子는 성종 때의 기사에서 20건, 중종 때 26건, 선조 때 39건, 인조 때 24건, 효종 때 49건, 숙종 때 55건, 영조 때 49건, 정조 때 34건, 순조 때 19건이 거론되고 있다.

선조는 42년(1567~1608), 숙종은 46년(1674~1720), 영조는 52년(1724~1776), 정조는 25년(1776~1800)이다. 그런데 이들 네 왕 가운데서도 거론 빈도가 가장 높은 때가 숙종 때였다는 점에 주의할 필요가 있다. 이 시기는 경연도 많았지만 당쟁이 가장 격렬했으며, 그만큼 신하들의 상소도 끊이지 않았다. 경연이 많고 상소가 많았다는 것은 이 시기가 성리학적 정치가 활발한 시기였음을 드러내어 준다.

선조 때에 소옹이 거론된 것은 대부분 서경덕에 대한 증시贈諡와 문묘종사 그리고 도학과 수학에 대한 논란과 관련해서였고, 숙종 때는 조성기에 대한 평가 및 문묘의 위차 문제와 관련하여 자주 거론되었다. 영조와 정조 때는 주로 정치적 사건을 해결함에 있어 소옹의 언행과 이론 등이 인용되었는데, 특히 재이災異정치사상과 관련하여 경연석상에서 거론되었다는 것도 유의할 필요가 있다. 그렇다면 당시에 소옹은 어떻게 인식되었으며, 소옹 철학의 어떤 영역이 관심의 대상이 되었는가?

조선 초기에 태종은 "내가 음양의 금기에 대하여 비록 다 믿지는 않으나, 옛날에 원천강·이순풍·소옹 등이 음양으로써 길흉을 앞서 알았으며, 그들의 예정한 바는 거짓이 아니었다. 이로써 본다면 마음대로 조치할 수도 없다"라고 말한 일이 있었다.[3] 이는 개성에서 한양으로의 환도還都 문제에 대하여 신하들과 논쟁하는 가운데 나온 말로서, 소옹을 원천강·이순풍과 같은 술사의 한 부류로 보고 있다. 이러한 시각은 민간에서도 동일하였다. 즉 민간에 탁월한 점쟁이가 있으면 그를 소옹에 비유하거나 소옹과 다름없는 신통력을 지녔다는 식으로 일컬었던 것이다. 이를테면 명종 때 이름난 점쟁이로 배광의裴光義[4]라는 사람이 있었는데, 이홍남의

---

3) 『太宗實錄』, 권35, 18년(1418) 4월 15일, 6번째 기사 '내관 노희봉을 보내어 인덕궁에 문병하다'.

4) 배광의는 『東閣雜記』 下의 "咸昌에 사는 術士 裵光義와 더불어 서로 만나서 조정 벼슬아치들의 운수를 점치고 낱낱이 길흉을 말하니" 등, 명종 을사년을 전후한 시기의

공초에 "배광의의 점술은 소옹과 다름이 없으니 그의 말이 결국은 맞을 것이다"라는 말이 나온다.[5] 또 영조 4년 임환의 공초 내용에 "이유익이 묻기를 '어떻게 하면 점 잘 보는 사람을 얻겠는가?' 하니, 박필현이 말하기를 '영남에 소옹 같은 사람이 있는데 그 이름은 이윤사李允師입니다' 하였다"라는 내용이 나온다.[6] 모반 관련 공초에서 이름이 드러난 배광의나 이윤사 등 점술가로 이름이 높았던 자들을 소옹에 견준 것에서 당시 소옹에 대한 인식을 잘 알 수 있다.

소옹의 예지력과 관련해서는 천진교의 두견새 이야기가 자주 등장한다. 천진교에서 두견새가 울자 소옹은 "천하가 장차 다스려지려면 지기地氣가 북에서 남으로 오고, 천하가 어지러워지려면 지기가 남에서 북으로 간다. 이 새는 바로 남방의 새이니 남방 사람이 권력을 행사할 징조이다. 앞으로 세상이 시끄러워질 것이다"라고 했는데, 중종 때 시강관 표빙表憑은 이 이야기를 인용하여 여러 역사적 사건을 풀이한 바 있다.[7] 또 선조 31년(1598) 함경도 종성부에서 암퇘지가 머리 둘에 눈이 넷이 달린 새끼를 낳았다는 보고를 올렸는데, 이에 대해 사신은 다음과 같이 적고 있다.

쇠란한 시대에는 요얼妖孼이 자주 생긴다. 요얼이 생기는 것이 꼭 혼란이 생기는 지역에서만 일어나는 것은 아니나, 혜성이 나타나면 그 분야分野의 걱정이 깊어지고 두견새가 울면 남방의 기운이 이르게 되는 것이다. 요즈음 노호老胡가 사납게 힘을 비축하면서 조정이 북쪽을 돌아볼 틈이 없기를 기다리고 있는데, 북쪽에 있는 군현에 변괴가 거듭되므로 사람들이 모두 두려워하였다.[8]

모반사건과 관련된 기사에서 자주 등장한다.
5) 『明宗實錄』, 권9, 4년(1549) 4월 23일, 2번째 기사 '이홍남이 공초하다'.
6) 『英祖實錄』, 권18, 4년(1728) 5월 1일, 4번째 기사 '인정문에서 친국하고 이사로와 임환을 대질시키다'.
7) 『中宗實錄』, 권47, 18년(1523) 2월 28일, 1번째 기사.
8) 『宣祖實錄』, 권96, 31년(1598) 1월 3일, 2번째 기사.

영조 24년(1748) 좌의정 조현명은 소를 올려 기미와 조짐을 살피는 데 관한 일을 논하면서, 당론의 상서롭지 못함이 천진의 두견새와 날뛰는 돼지[9]에 견줄 바가 아니라고 하였다.[10] 또 영조 30년(1754)에는 호랑이가 경덕궁에 들어오자 왕이 고려 공민왕 때에도 호랑이가 성안으로 들어온 변이 있었음을 들면서 다음과 같이 걱정하였다는 기록이 있다.

이제 사관이 이를 적는다면 "호랑이가 대궐 안에 들어왔으니, 이는 음이 성대할 조짐이다"라고 쓸 것이다. 천진교에서 두견새 우는 소리를 듣고 요부(소옹)가 탄식하였고, 변경汴京의 홍수를 이강李綱이 근심하였다. 옛사람이 말하기를 "그 형상을 보지 말고 그 그림자를 살피기를 바란다"라고 하였으니, 어찌 그림자를 살필 방도가 없겠는가?[11]

위의 기록들은 기이한 현상에 대하여 미리 어떤 조짐이 아닌가 의심하는 사정을 보여 주고 있다. 유사한 일이 정조 때도 있었다. 정조 2년에는 승지 유의양柳義養의 다음과 같은 진언이 있었다.

지난 가을 수재가 있었을 때 바다갈매기 수천 마리가 대관령을 넘어 서쪽으로 날아와서 영서의 몇 고을 관아에 떼 지어 모였다가 경기도 양근楊根의 지경에까지 이르렀으니, 또한 이변이 아니겠습니까? 새는 제일 먼저 기氣를 체득하여 아는 것이기 때문에 두견새가 천진교 위에서 한 번 울자 소옹이 먼저 남쪽 사람이 뜻을 얻게 될 것을 알았으니, 이를 미루어 논하여 본다면 걱정스러운 한 가지 단서라고 할 만합니다.[12]

정조는 또 참람한 상소를 올린 신하를 귀양 보내는 일과 관련해서도

---

9) 『易』姤卦 初六의 爻辭에 있는 말. 마른 돼지가 날뛴다는 뜻으로, 소인이 군자를 해치려는 마음을 품고 있음을 비유한 것이다.
10) 『英祖實錄』, 권68, 24년(1748) 10월 22일, 1번째 기사.
11) 『英祖實錄』, 권81, 30년(1754) 5월 10일, 1번째 기사.
12) 『正祖實錄』, 2년(1778) 12월 23일, '승지 유의양을 소견하고 강릉의 사정을 듣다'.

"이와 같은 상소문은 얼른 보면 말이 되는 것도 같지만, 나는 그 숨은 우환이 천진교에서 울던 두견새 소리에 못지않다고 본다. 천진교의 두견새는 군자가 사라지고 소인이 득세할 조짐에 지나지 않지만, 지금 이 상소문은 그 관계되는 바가 과연 어떤 것인가"라고 하여 경계심을 드러내고 있다.[13] 한편 순조 때에는 청나라에서 옥으로 만든 부처를 선물하려 한다는 소문이 돌자 신하 한 사람이 이를 물리치고 받지 않아야 한다는 상소를 올리면서, 소옹이 천진교에서 조짐을 근심하고 기를 살폈다고 말한 내용이 있다.[14]

이상의 예에서 재이가 일어날 때마다 조선에서는 주로 소옹의 이론이나 일화로써 해석하고 대책을 마련하였음을 알 수 있는데, 특히 천진교의 두견새 일화가 가장 많이 나왔다.

2. 수학數學에 대한 시비와 문묘의 위차 문제

세종 때 『동국정운』이 완성되자 신숙주申叔舟가 그 서문을 지었는데, 여기에는 다음과 같은 대목이 있다.

포희가 괘를 그리고 창힐蒼頡이 글자를 만든 것이 또한 자연의 이치에 따라서 만물의 실정을 통달한 것이고, 심약沈約[15]·육법언陸法言[16] 등 여러 학자에 이르러서

---

13) 『正祖實錄』, 권54, 24년(1800) 5월 30일, 1번째 기사.
14) 『純祖實錄』, 권16, 12년(1812) 12월 2일, '집의 유정양의 玉佛에 대한 상소'
15) 沈約(441~513)은 남조시대의 문인으로 자가 休文이고 시호는 隱이다. 『宋書』를 지었다. 宮體詩의 선구이며, 音韻에도 밝아 시의 八病說을 제창했다.
16) 수나라 때의 음운학자로 이름은 詞이며 臨漳 출신이다. 수 문제 초기에 劉臻, 蕭孩, 顔之推, 蘆思道, 李若, 辛德源, 薛道衡, 魏彦淵 등 여덟 사람과 음운학을 토론하여 고금의 시비를 논하였다. 陸法言은 이전의 여러 사상가의 학설을 집대성하여 601년에 『切韻』 5권을 완성하였는데, 이는 당대에 이르러 크게 유행하였다.

글자로 구분하고 무리로 모아서 성조聲調를 고르고 운율韻律을 맞추니 성운聲韻의 학설이 일어나기 시작하였다. 그러나 글 짓는 이들이 서로 이어 각각 기교를 내보이니 이론을 내는 이가 하도 많아서 잘못됨이 많았다. 이에 사마온공이 그림으로 나타내고 소강절이 수학으로 밝히어 숨은 것을 찾아내고 깊은 것을 끌어올려서 여러 학설을 통일하였으나, 오방五方의 음音이 각각 다르므로 그르니 옳으니 하는 분변이 여러 가지로 시끄러웠다.[17]

여기서는 소옹을 수학을 방법으로 한 성운학자로 규정하고 있다. 한편 성종 때에는 이원李黿이 김종직에 대해 논하면서, 정호·정이·장재·주희 같은 이는 도학으로 말할 수 있겠지만 사마광·소옹 같은 이도 오히려 도학에 전일할 수 없었는데 하물며 김종직은 어떠하겠느냐고 진언했다.[18] 소옹마저도 도학에서는 흠결이 있다고 본 것이다. 그런가 하면 박순朴淳은 유희춘柳希春이 편찬한 『유선록儒先錄』[19]에 서경덕을 넣어야 한다는 주장을 펴면서, "소강절은 수학을 하였는데도 주돈이와 정자 다음으로 쳤고 채원정도 수학을 하였지만 주돈이와 정자와 같은 반열에 넣었으니, 대체로 사람됨이 바르고 학문으로써 그 무리를 선도하였으면 『유선록』에 참록하는 데 무슨 문제가 되겠는가" 하였다.[20] 당시에 유희춘은 "서경덕의 학술은 수리에 주력하여 마치 소강절·채원정과 정자·주자의 관계와 같았기 때문에, 이황이 적실하지 못함을 논하기도 했다. 그러나 도덕과 실천은 있었다"라고 평한 바 있다.[21] 또 선조 7년(1574)에 김우옹은 왕에게 기수氣數에 관한 말을 올리면서 소옹의 국조설國祚說을 논계하기도 했다.[22]

---

17) 『世宗實錄』, 권117, 29년(1447) 9월 29일, 2번째 기사.

18) 『成宗實錄』, 권273, 24년(1493) 1월 9일, 3번째 기사.

19) 『國朝儒先錄』을 말한다. 5권 4책의 목활자본으로, 갓 즉위한 선조의 명을 받아 1570년 (선조 3)에 유희춘이 김굉필, 정여창, 조광조, 이언적의 사적을 엮은 것이다. 『伊洛淵源錄』을 모방한 이 책은 己卯名賢을 추장하고 그들의 도학과 지치정치를 본받기 위해 정몽주 이하 성리학에 정진한 사현의 기록을 모아 엮었다.

20) 『宣祖實錄』, 권6, 5년(1572) 9월 4일, 1번째 기사.

21) 『宣祖實錄』, 권8, 7년(1574) 2월 23일, 1번째 기사.

소옹의 학문을 수학으로 규정하게 되자 자연히 정통성 문제가 논란거리로 불거졌다. 중종 때 조강에서 농업과 길쌈 및 학교를 권면하는 일 등에 관해 논하는 중에 "몽고도 오히려 선성先聖에게 석채釋菜하였고 소옹을 종사하였으니, 이런 일들은 다 학교 안에서 돈독하게 장려하는 일 중에도 큰 것이니 유의하지 않을 수 없다"라는 간언이 있었다.[23] 광해군 때 우의정 심희수沈喜壽는 서경덕의 학문이 상수 위주라서 문묘에 종사되지 못했는데 이는 불균등한 처사라고 고하면서, "소옹의 내성외왕內聖外王의 학문은 비록 정씨형제로부터 그리 귀하게 여김을 받진 못했다 할지라도 원·회·운·세의 네 글자만을 가지고서도 천지만물의 이치를 모조리 관통시켰습니다. 어찌 세상의 뛰어난 호걸이 아니겠으며 백대의 명유가 아니겠습니까"라고 했다. 이어서 그는, 소옹이 수학 때문에 주돈이·정씨형제·장재·주희와 함께 공자의 사당에 배향되지 못했다는 말은 듣지 못했는데, 마침 지금 새로이 희귀한 전례를 거행하고 문물교화를 대대적으로 펼치는 때를 당해서 누구는 취하고 누구는 빠뜨리는 등 차별이 있다면 유림의 일대 흠이 되지 않겠느냐면서 서경덕에 대한 재평가를 촉구하였다.[24] 다음은 송시열이 김장생의 문묘종사를 청하면서 한 소옹에 대한 언급이다.

어떤 사람은 "소자의 학문은 성현의 도에 순수하지 않았기 때문에 주자가 일찍이 그 점을 지적하였으며, 그의 말을 『근사록』에 편입시키지 않고 그 전傳을 『연원록』에 열거하지 않았디"라고 히였는데, 진실로 그렇습니다. 그러나 『대역』의 이치는 참으로 만세도학의 커다란 근원이니, 소자가 천만세 뒤에 태어나 여러 사상가의 비루한 학설을 쓸어버리고 바로 복희의 심법을 계도하였기에 주자는 『계몽』을 지으면서 그의 학설을 인용하였습니다. 어떤 공적이 이보다 크겠습니까?[25]

---

22) 『宣祖實錄』, 권8, 7년(1574) 10월 14일, 1번째 기사.
23) 『中宗實錄』, 권42, 16년(1521) 9월 4일, 1번째 기사.
24) 『光海君日記』, 권34, 2년(1610) 10월 30일, 2번째 기사.

송시열은 소옹이 성학聖學에 순수하지 않다는 일반의 지적을 수용하면서도 그가 역학에서 이룬 공을 높고 크게 평가하고 있었다.

조선에서 문묘가 처음 창건되었을 때 송조의 6현은 대성전에 모셔지지 않고 동·서 양무兩廡에 모셔져 있었는데, 이러한 위차 문제는 이후에 많은 논란을 불러일으켰다. 중종 때 유희령柳希齡은 중국 문묘에 모신 선성先聖·선현先賢의 위차를 적어 와서 그 배열과 차서가 우리나라의 사전祀典과 서로 다름이 있으니 바로잡아야 하지 않겠느냐는 문제를 제기하였고,[26] 숙종 8년 4월에는 민정중이 주돈이·정호·정이·장재·소옹·주희 여섯 현인을 전내殿內에 승부陞祔하는 것을 조금이라도 늦추어서는 안 된다고 하였다.[27] 또 숙종 8년 5월에 예조판서 남용익은 "소옹·사마광이 정호보다 나이가 많고 또 장재가 정이보다 나이가 많으며 그 표숙表叔[28]인데도 모두 그 밑에 자리하고 있는 것은 모두 도덕의 고하에 따른 것이겠으나, 무廡에 있을 때에는 나이로 상하를 삼지 않을 수 없으니 마땅히 여러 현인을 전殿에 올릴 때에는 모두 차례를 바꾸도록 해야 합니다"라고 청하였고,[29] 같은 달 19일에 다시 문묘의 종향 위차에 대해 논하면서 '종향하는 위차는 이미 주자가 정한 대로 따르는 것이 좋다'는 진언을 하였다.[30] 숙종 40년(1714) 7월에는 이이만李頤晚이 소를 올려 선현의 위차는 후대에 감히 함부로 결정할 수 없다고 하면서, "『고사촬요考事撮要』에 기록된 바를 보더라도 정호와 소옹은 한유의 아래에 있고 주돈이 이하 4현은 범녕范寗의 뒤에 있으니, 도덕의 고하를 추론하여 위치를

---

25) 『肅宗實錄』, 권12, 7년(1681) 12월 14일, 3번째 기사.
26) 『中宗實錄』, 권99, 37년(1542) 12월 25일, 1번째 기사.
27) 『肅宗實錄』, 권13, 8년(1682) 4월 22일, 1번째 기사.
28) 원래는 어머니의 형제를 表叔이라 부른다. 장재는 이정의 아버지의 表弟인데, 정이는 표숙이라 불렀다.
29) 『肅宗實錄』, 권13, 8년(1682) 5월 13일, 1번째 기사.
30) 『肅宗實錄』, 권13, 8년(1682) 5월 19일, 3번째 기사.

변경할 수 없음이 명백합니다. 비록 6현의 학문과 도덕이 10철哲에 견주어 혹 등차가 있는 것은 아닐 터임에도 모두 동무·서무에 배열되고 대성전 안에 오르지 못한 것은, 어찌 다만 세대가 현격하여 친히 성인의 문하에서 배우지 못했다는 차이가 있어 그런 것이 아니겠습니까"[31]라고 했다. 같은 해 8월에 마침내 오랜 논란을 그치고 송조6현을 대성전 안에 배향하였는데, 이때 "신안백新安伯 소옹을 예국공 정호의 아래에 봉안하고 미백郿伯 장재를 낙국공 정이의 아래에 봉안하였으며 휘국공徽國公 주희는 신안백 소옹의 아래에 봉안하였다"라고 되어 있다.[32] 이와 관련하여 숙종의 묘지문에서는 "왕은 문묘에 송의 주돈이·장재·정호·정이·소옹·주희 등 육현을 정전正殿으로 올렸다"[33]라고 했고, 「숙종행장」에서도 이러한 사실을 기록하고 있다.[34]

그런데 이것은 서울의 문묘에만 한정된 조치였던 것 같다. 이 조치는 지방에 있는 향교의 문묘에는 아직 시행되지 않았는데, 영조 46년(1770) 6월 13일조에는 왕이 "금년 가을 석전 때부터 6현을 같이 숭배할 것을 여러 도에 명하였다"라는 기록이 있다. 왕이 예관으로 하여금 『학교배향록學校配享錄』을 읽어 아뢰게 한 다음에 "태학에서는 6현을 받들고 향교에서는 4현을 받들었으니, 장재·소옹 양현이 애당초 승무陞廡되지 않은 일은 역시 이상하다" 하였으며, 편집낭청 조준趙璿에게 명하여 『문헌비고』의 「학교고學校考」를 읽어 아뢰게 한 다음에 하교하기를 "현縣에 이미 10철은 없고 4현만 승배陞配된 것은 바로 『대전속록大典續錄』의 뜻을 따른 것이나, 주州·부府·군郡에 이미 10철이 있는 이상 양현을 어찌 빼놓을 수 있겠는가?" 하고는 드디어 가을 석전 때부터 6현을 같이 숭배할 것을 여러

---

31) 『肅宗實錄』, 권55, 40년(1714) 7월 22일, 1번째 기사.
32) 『肅宗實錄』, 권55, 40년(1714) 8월 9일, 2번째 기사.
33) 『肅宗實錄』, 「大王誌文」.
34) 『肅宗實錄』, 「大王行狀」.

도에 분부하라고 명했다는 것이다.[35] 이 기록에 따르면 이미 명륜당의 문묘에서는 6현을 종향하였으나 영조 46년까지만 해도 지방의 향교에서는 4현만 종향되고 있어 이를 전국의 학교로 확대하게 한 것이다. 이때 4현에 이어 승배된 것이 장재와 소옹이다.

조선의 조야에서 소옹을 수리철학자로 인식하여 순정한 도학자라고는 할 수 없다고 폄하하면서도 그를 문묘의 정전에 배향하게 된 것은 역학 등에 끼친 공적을 감안한 결과였다.

3. 논사論思의 전거

조선의 조야에서는 정치적 현안이나 판단이 어려운 경우 소옹의 일화나 이론을 인용하여 논정하는 일이 종종 있었다.

세종 때 성균 생원 오흠로吳欽老는 "백성에게 일 푼을 너그럽게 하면 백성들은 일 푼의 은혜를 받는다"라는 소옹의 말을 인용하면서 모쪼록 왕이 백성에게 일 푼이라도 너그럽게 하기를 바랄 뿐이라고 진언하였다.[36] 또 성종 때에는 재변災變을 그치게 하는 방도를 강구하는 가운데 신하들이 소옹의 말을 들어 대책을 말한 일이 있었다. 즉 "하늘에는 음양이 있고 사람에는 사정邪正이 있으니, 성군이 위에 있더라도 소인이 없을 수는 없다"라는 소옹의 말을 끌어다가, 신하들 가운데 속이되 성신誠信한 듯하고 망녕되나 충직한 듯한 자가 혹 섞여 있을 수 있다는 것과 간사한 사람은 그 마음이 험악하고 술수가 교묘하여 남들이 헤아릴 수 없으니 경계하지 않을 수 없다는 것을 말하고 있다.[37] 또한 정창손은 시호를 의정할 때의

---

35) 『英祖實錄』, 권115, 46년(1770) 6월 13일, 3번째 기사.
36) 『世宗實錄』, 권52, 13년(1431) 4월 6일, 2번째 기사.
37) 『成宗實錄』, 권55, 6년(1475) 5월 13일, 1번째 기사.

관례로서 구양수의 아들 구양비가 소옹의 시호를 의정議定한 일을 들며, 시호는 예로부터 봉상시박사奉常寺博士 1인이 독단으로 의정하였음을 말했다는 기록도 있다. 송나라 때 구양비가 낙양에 가서 소옹을 찾아뵈니 소옹이 다른 말은 하지 않고 다만 평생의 사적을 진술한 일이 있었는데, 얼마 지나지 않아 소옹이 죽자 막 태상박사太常博士에 제수된 구양비는 소옹의 시호를 '강절康節'로 의정하면서 "나는 행장을 보지 않고 시호를 지었으니, 이것은 다른 사람과 함께 의정하지 않으려 한 것이다"라고 말했다고 한다. 정창손은 이를 예로 들었던 것이다.[38]

중종 5년(1510)에 김관·성희안 등이 여악女樂의 폐지 여부를 논의하는 중에도 소옹의 말이 인용되고 있다. 옛날에 소옹의 의관이 매우 촌스러운 것을 보고 사마광이 심의深衣를 입으라고 권하자 소옹은 "지금 세상에 나서 어찌 옛 제도를 따르겠는가" 하였는데, 성희안은 이 일화를 들어 이미 시속으로 굳어진 여악을 갑자기 혁파해서는 안 된다고 반대하였던 것이다.[39] 또 중종 때 권벌은 "국가의 원기는 널리 펼쳐지도록 해야 하니, 사기士氣가 꺾이지 않은 뒤에야 근본이 공고해집니다. 요즈음 예조의 공사公事를 보면 정몽주의 제문을 짓기를 청하였으니, 이는 아름다운 일입니다"라고 하면서 "소옹이 말하기를 '삼대 이후로 1백 년간 죄 없는 사람을 하나도 죽이지 않아서 심복心腹의 근심이 없는 나라는 송나라뿐이다'라고 하였습니다" 하였다.[40] 사기士氣를 진작시켜 원기가 널리 펼쳐진 이후에야 국가가 바로설 수 있게 된다는 뜻이다.

왕의 건강을 염려하여 소옹의 일화를 들며 조섭을 권한 일도 있다. 명종이 혹독한 추위에도 나들이를 하려고 하자 대신 이기李芑는, 옛날에 소옹은 일신의 건강을 위해 큰 추위와 큰 더위에는 출입을 삼갔다고

---

38) 『成宗實錄』, 권125, 12년(1481) 1월 11일, 5번째 기사.
39) 『中宗實錄』, 권12, 5년(1510) 11월 5일, 1번째 기사.
40) 『中宗實錄』, 권34, 13년(1518) 10월 23일, 5번째 기사.

하면서 왕의 기후氣候가 비록 화평하지만 아직 기혈이 건장하지 못하니 추운 날씨에 함부로 거동해서는 안 된다고 만류하였다.[41] 소옹은 날씨가 따뜻해지는 2월부터 나들이를 시작하여 4월 날씨가 더워지면 그치고 8월부터 다시 나들이를 하다가 10월 날씨가 추워지면 멈추었다고 하는데, 이를 의식하고 한 말이다.

선조는 "대언大言을 다투어 아뢰니 풍속이 순박해지고 정치가 올바르게 될 것이다"라는 하교를 내린 일이 있었는데, 이에 대해 이이는 "선은 말하기가 어려운 것이 아니라 행하는 것이 어렵다"는 옛말과 "잘 다스려진 세상에서는 덕을 숭상하고 어지러운 세상에서는 말을 숭상한다"는 소옹의 말을 인용하면서 말이 아닌 행동을 중히 여기는 정치를 펼 것을 진언한 적이 있었다.[42] 또 선조 때의 경연에서 『역』 복復괘 초구효의 "머지않아 되돌아온다"(不遠復)에서부터 육삼효의 "자주 회복함에, 위태로우나 허물이 없다"(頻復厲無咎也)까지 진강한 다음에 '빈복頻復'의 뜻을 논했는데, 이때 심희수沈喜壽는 주희의 "안연은 허물이 있으면 알지 못한 적이 없었고, 알고는 다시 행하지 않았다"는 주장을 소개한 다음 "말로 하는 것이 몸으로 행하는 것만 못하고 몸으로 행하는 것이 마음으로 다하는 것만 못하니, 말은 사람들이 알 수 있고 행실은 사람들이 볼 수 있다"라는 소옹의 말을 곁들였다.[43]

효종 때 이경여李敬輿는 재변에 대한 대책을 말하면서 소옹의 "나라가 흥할 때에는 왕의 도, 아버지의 도, 남편의 도, 군자의 도가 왕성하나, 망할 때에는 반드시 신하의 도, 자식의 도, 아내의 도, 소인의 도, 이적의 도가 왕성하다. 이 때문에 구姤괘의 초육에 여자가 강장强壯함을 미리 경계하여 성인이 양을 돕고 음을 눌렀으니 그 뜻이 깊다"라는 말을 들어

---

41) 『明宗實錄』, 권6, 2년(1547) 11월 19일, 2번째 기사.
42) 『宣祖修正實錄』, 권8, 7년(1574) 1월 1일, 3번째 기사.
43) 『宣祖實錄』, 권140, 34년(1601) 8월 25일, 2번째 기사.

경계하였다.44) 또 송시열은 역모를 다스리는 옥사와 관련하여 상소하면서 "소자의 말을 빌리면 '귀신이 사람을 무서워하는 것은 또 사람이 귀신을 무서워하는 것과 같다. 적선을 많이 하면 양陽이 점점 많아져서 귀신이 더욱 무서워한다' 하였습니다. 보통사람들도 제대로 적선하기만 하면 귀물鬼物이 자연 범접하지 못하는 법인데, 더구나 인군이겠습니까"라고 하였다.45) 그는 또 효종의 능에 '녕寧'자를 쓸 것을 주청하는 중에 "정호가 소자의 무덤에 명銘을 쓸 때도 역시 편안히 잠든 한 유궁幽宮이 있다는 뜻으로 '유녕일궁有寧一宮'이라고 하였습니다"라고 하였다. 왕은 송시열의 주청을 듣고 '녕'자를 쓸 것을 명하였다.46)

영조는 왕세손을 탄핵하는 흉서를 올린 심상운 형제를 종신토록 서인으로 만들어 사대부류에 들지 못하게 하는 조치를 취하면서, 왕 스스로 "길한 사람이 선善을 함에 있어, 오직 날짜가 부족한(日不足) 듯이 하였다"라는 소옹의 말을 받들어 언제나 '일부족日不足'이라는 경구를 세 글자 부신(三字符)으로 삼았으며,47) 이 부신과 유비劉備의 "선善이 작다고 하여 하지 않아서는 안 된다"라는 경계를 아울러 취해서 사자관寫字官 이익신李翊臣으로 하여금 대궐 안의 한 당에다 '선당善堂'이라는 편액을 써 붙이도록 했던 일을 되새기고 있다.48)

박문수는 "다스림의 도는, 요행僥倖을 억제한 뒤에야 백성의 뜻을 정할 수 있고, 백성의 뜻이 정해진 뒤에야 기강이 설 수 있으며, 기강이 세워진 뒤에야 온갖 일이 행해질 수 있는 것"이라고 하면서 "소옹의 시에 '당기기는 천균千勻의 쇠뇌처럼 하고, 갈기는 마땅히 쇠를 백 번 제련하듯 한다'

---

44) 『孝宗實錄』, 권11, 4년(1653) 7월 2일, 2번째 기사.
45) 『孝宗實錄』, 권8, 3년(1652) 2월 3일, 5번째 기사.
46) 『顯宗實錄』, 권1, 즉위년(1659) 5월 11일, 1번째 기사.
47) 『英祖實錄』, 권126, 51년(1775) 12월 24일, 5번째 기사.
48) 『英祖實錄』, 권126, 51년(1775) 12월 25일, 6번째 기사.

하였으니, 무엇을 하고자 하는 사람은 마땅히 이와 같아야 할 것입니다"라고 주청하였다.[49] 정우량鄭羽良도 소옹의 같은 시 구절을 인용하여 영조에게 주청한 다음에, "활 쏘는 자는 시위를 당길 때에 신중하게 살피지 않으면 안 되고, 대장장이는 주금鑄金할 때에 단련하지 않으면 안 됩니다. 참으로 이 이치를 궁구한다면 무릇 모든 일을 신중히 살피지 않을 수 있겠습니까?"라고 하였다.[50]

당쟁의 어지러움에 짜증을 내면서 소옹의 말을 인용하여 소회를 밝힌 일도 있었다. 다음은 영조의 말이다.

내가 지난번에 우연히 동환銅丸을 보고 마음에 느낀 것이 있어 부賦를 지으려다가 못하였다. 하늘과 땅이 비록 크기는 하나 한 알(丸)에 견줄 수 있고 사람은 하늘과 땅 사이에 있으므로 한 알 안에 있는 것과 같은데, 혹 파당을 지어 갈라지기도 하고 경쟁하기도 하며 어지럽게 하여 마지않으니, 또한 무슨 뜻인가? 또 소자의 원회설元會說로 말하면, 12회會가 곧 천지의 하나의 큰 꿈(一大夢)이고 사람의 살고 죽음은 또한 하나의 작은 꿈(一小夢)이다. 혼돈한 세상에 어떤 세계가 있었는지 어찌 알겠으며, 12회 뒤에 또 어떤 세계가 있을는지 어찌 알겠는가? 매양 생각이 여기에 미칠 때마다 마음이 입정入定한 듯하니, 다만 말라 죽은 나무나 화기가 없는 재와 같을 뿐이 아니다. 비록 내년이 되더라도 여러 신하들은 삼가서 나를 괴롭히지 말도록 하라.[51]

죄인을 석방하는 명분으로 동지冬至가 가까움을 들어 소옹의 시를 인용한 일도 있었다. 정조는 "지금 동지가 되니, 함께 새로워지기를 바라는 날이 아닌가. 소옹의 시에 '동짓날의 한밤중은 천심도 흔들림이 없다'(冬至子之半, 天心無改移) 하였다. 이 초기草記는 그대로 두고 장단부長湍府에 부처付處된

---

49) 『英祖實錄』, 권36, 9년(1733) 12월 19일, 2번째 기사.
50) 『英祖實錄』, 권69, 25년(1749) 2월 20일, 1번째 기사.
51) 『英祖實錄』, 권80, 29년(1753) 10월 14일, 1번째 기사.

죄인 채제공蔡濟恭을 특별히 석방하도록 하라"52)라고 하였으며, 양주익梁周翊은 순음純陰이 작동하는 10월에 밤새도록 천둥번개가 치다가 날이 밝아서야 그치자 정조에게 소를 올려 왕이 스스로 중심을 잡을 것을 간언한 바 있다. 양주익에 따르면, 우레는 상제의 호령이요 정치는 인군의 호령으로서 정치의 호령이 잘못되면 우레의 호령이 곧바로 응하는 것이니, 이것은 곧 하늘과 사람이 서로 어울리는 하나의 이치라고 한다. 이어 그는 소옹의 "우레는 일어날 곳에서 일어나고 그칠 곳에서 그친다"라는 말을 인용하면서, 일어날 곳이란 바로 왕의 마음이요 그칠 곳도 왕의 마음이니 왕이 간이簡易한 태극을 체득하고 탕평한 황극을 세운다면 천지가 스스로 자리를 정하고 만물이 저절로 신실해져서 겨울 우레를 걱정할 것이 없게 된다고 하였다.53)

이처럼 정치적 논란의 경우에 소옹의 이론을 인용하거나 전거로 삼아 판정하거나 결정을 하곤 했다는 것은, 그 학문의 순수성에 대한 논란이 있음에도 불구하고 소옹이 그만큼 권위 있는 학자로 대접받았다는 것을 의미한다.

조선조에 소옹은 정치적 사건에 대한 논거로서 인용되었을 뿐만 아니라 가끔씩은 그의 철학 자체가 논의의 대상이 되기도 하였다.

먼저 소옹의 반관反觀54)에 대한 이해이다. 세조 때에 어떤 중(僧)이 마음속에 크게 번민하는 것이 있다고 하자 왕은 "네가 산림에 들어가 30년을 좌선하여, 반관해서 스스로 조림照臨한다면 자연히 번민이 없어질 것이다"라고 하였다.55) 세조가 소옹의 책을 읽고 그 중심개념을 파악하고 있었으

---

52) 『正祖實錄』, 권16, 16년(1792) 11월 9일, '장단부에 부처된 채제공을 석방하다'.
53) 『正祖實錄』, 권43, 19년(1795) 11월 24일, 2번째 기사.
54) '反觀'은 소옹의 사물관찰법인 동시에 수양법으로, 주관에 얽매이지 않고 사물을 객관적으로 관찰하는 것을 말한다. 앞의 제1부 제2장 '4. 관물' 참조.
55) 『世祖實錄』, 권44, 13년(1467) 12월 9일, 1번째 기사.

며 상대 또한 이미 이를 알고 있을 것이라고 전제한 가운데서 말한 것임을 짐작할 수 있다.

"마음이 태극이다"(心爲太極)에 대한 논의도 경연에서 있었다. 중종 때 왕이 사정전에서 모든 경전에 대하여 문신들의 강을 받았는데, 박전朴佺이 『역』 비賁괘 「대상大象」을 강론했다.[56] 강론에 이어서 유숭조柳崇祖가 "역易에는 태극이 있으니 이것이 양의를 낳았다"라는 구절을 들면서 사서오경에도 또한 태극과 같은 것이 있는가를 묻자, 박전은 『중용』의 "소리도 없고 냄새도 없다"와 같은 말들이 그것이라고 하였다. 이 말에 유숭조는 소옹의 "마음 또한 하나의 태극이 된다"(心亦爲一太極)라는 말을 들면서 마음은 어느 때에 태극이라 할 수 있는지 물었고, 박전은 "태극은 리理로써 말한 것으로서 형상이 없는 것인데, 마음 또한 무형이므로 태극이 된다"라고 답하였다.[57]

"불은 무에서 생긴다"(火生於無)라는 명제에 관한 논의도 있었다. 선조 3년(1570) 저녁 경연에서 유희춘은 귀신을 논한 다음 사물에는 반드시 이치가 있다는 것에 대하여 소옹의 말을 빌려 설명하였으니, "불은 무無에서 생겼고 물은 유有에서 생겼다. 불은 무에서 생겼으므로 마침내는 꺼지게 되고, 물은 유에서 생겼으므로 합쳐져서 불어난다. 다만 육지의 물이 바다로 들어가면 저절로 소멸된다. 한유韓愈가 말한 '여름의 얼음, 바다로 들어가는 물'이라는 것도 모두 소멸의 이치를 말한 것이다"라는 말이 바로 그것이다.[58]

개벽開闢에 대한 논의는 선조 때 있었다. 선조 3년(1570) 주강에서 왕이 "낮과 밤이 서로 돌고 도는 것으로 미루어 보건대 이 인간세상도 다할

---

56) 『易』, 賁卦 「象傳」, "山下有火, 賁, 君子以明庶政, 无敢折獄."
57) 『中宗實錄』, 권14, 6년(1511) 12월 6일, 1번째 기사.
58) 『宣祖實錄』, 권4, 3년(1570) 7월 21일, 1번째 기사. 소옹의 말은 다음과 같다. "火生於無, 水生於有. 火生於無, 故終滅, 水生於有, 故合而大, 但陸水入海, 則自消."

때가 있는가?"라고 묻자 유희춘은 "소옹의 원회운세의 설로 미루어 보면 하늘은 자회子會에서 열리고 땅은 축회丑會에서 열리며 사람은 인회寅會에서 태어나는데, 술회戌會와 해회亥會에 이르면 사람과 만물이 소멸되었다가 다시 5~6만 년 동안 명행溟涬해진 뒤에야 다시 개벽한다고 하였습니다"라고 대답하였다.[59] 또 선조 34년(1601)에 왕이 "『역』의 '복復'에서 천지의 마음을 알 수 있다'는 말은 무슨 뜻인가?" 하고 묻자, 성진선은 "이 대목을 선유들은 '고요한 곳에서 천지의 마음을 알 수 있다'고 풀이했으니 주염계와 소강절이 그러합니다. 정자는 '하나의 양이 싹터 움직이는 곳에서 천지의 마음을 볼 수 있다'고 하였는데, 주자는 이 설이 더욱 좋다고 하였습니다"라고 소개하고 있다.[60]

소옹의 왕패론에 대한 논의는 현종 때에 이루어졌다. 현종이 "한 선제宣帝가 '한가漢家는 나름대로 제도가 있는데 본디 왕도와 패도가 섞였다'고 하였는데, 무슨 뜻인가?" 하니, 참찬관 김수흥이 다음과 같이 답하였다.

소옹이 말하기를 "삼황은 봄이요 오제는 여름이며 삼왕은 가을이요 오패는 겨울이다. 전국시대 칠국七國은 겨울을 지나고 남은 추위이다. 한漢은 왕도를 펴되 부족함이 있었고, 진晉은 패도를 펴되 남음이 있었다. 삼국은 패도의 우뚝함이요 16국은 패도의 전성기이며 남오대南五代는 패도의 편승기요 북오대北五代는 패도의 과도기이다. 수隋는 진晉의 아들 격이요 당唐은 한漢의 동생 격이다. 수 말기 여러 군群의 패자들은 장강과 한수의 남은 물결이요, 당 말기 여러 진鎭의 패자들은 해와 달의 남은 빛이다. 후오대後五代의 패자들은 해 떨어진 하늘에 걸린 별이다"[61]라고 하였는데, 이 말이 참으로 잘 비유한 것입니다.[62]

"하늘로써 만물을 보라"(以天視物)라는 명제에 대한 논의도 이루어졌다.

---

59) 『宣祖實錄』, 권4, 3년(1570) 5월 4일, 1번째 기사.
60) 『宣祖實錄』, 권140, 34년(1601) 8월 18일, 1번째 기사.
61) 이런 말들은 『황극경세서』 「관물편」에 있다.
62) 『顯宗改修實錄』, 권11, 5년(1664) 9월 26일, 1번째 기사.

숙종 때 송시열은 「태극도설」과 『서명』에 관해 진강하면서 "천지로써 만물을 보면 만물이 만물이지만, 도로써 만물을 보면 천지도 또한 하나의 만물이다"라는 소옹의 말을 이끌어 이것이 「태극도설」과 한가지라고 하였다.[63]

4. 조선의 소옹 – 서경덕과 조성기

『조선왕조실록』에 나타나는 것만으로 제한하여 말하면 소옹과 흡사한 인품과 학문을 가진 인물로 거론된 것은 서경덕과 조성기이다. 중종 때 서경덕이 유일로 천거되어 관직을 받은 일이 있는데, 이때 사관은 서경덕의 학문이 "고명高明과 통철洞徹로 요법을 삼고 자득과 깊은 사색을 위주로 하였으며" 그가 "송도에 살면서 조용하고 온화한 것을 즐기므로 많은 사람들이 사모했었고, 지은 시도 자유롭고 편안하여 소옹의 기풍이 있었다"라고 하였다.[64]

선조 때 허엽이 서경덕을 높여 기자箕子의 학통을 이을 만하다고 하였는데, 이이가 서경덕의 학문은 장재에게서 나왔다고 논하자 이를 나무라며 "우리 스승의 학문은 소옹·장재·이정·주희의 학문을 겸하였는데 어찌 함부로 논하는가" 하였다. 그런데 이미 허엽은 서경덕의 학문이 장재에 비길 만하다고 했다가 이황으로부터 "서경덕의 저술을 내가 모두 보았으나 『정몽』에 비길 만한 글이 어느 글이며 『서명』에 비길 만한 글이 어느 글인지 알지 못하겠다"라는 말을 듣고 대꾸하지 못한 일이 있었다.[65] 이 때문에 유희춘은 "서경덕이 비록 수리數理에 주력하여 공부했습니다만,

---

63) 『肅宗實錄』, 권10, 6년(1680) 10월 14일, 3번째 기사.
64) 『中宗實錄』, 권103, 39년(1544) 5월 1일, 5번째 기사.
65) 『宣祖修正實錄』, 권9, 8년(1575) 5월 11일, 5번째 기사.

덕의德義에 관한 말이 보통 유자들보다 월등하게 뛰어납니다"라고 하고
이어서 "서경덕의 학술은 마치 소옹·채원정과 정이·주희의 관계와
같기 때문에 이황이 적실하지 못함을 논하기도 했습니다. 그러나 도덕과
실천은 있었습니다"라고 말하기도 했다.[66]

광해군 때 개성의 유자들이 서경덕의 문묘종사를 청한 일이 있었다.
이에 대해 심희수沈喜壽는 서경덕의 학문과 인품을 높이 평가하면서, 비록
상수의 학에 치우쳐 도학의 정통에서 벗어난 감은 있으나 문묘에 종사하는
데에는 하자가 없을 것이라고 평하였다. 그의 말은 다음과 같다.

스승에게 배운 일도 없이 개연히 스스로 분발하여 궁극에 이르려는 학문의 자세를
견지했으며 조금도 빠뜨리는 것이 없었다. 각고면려한 것은 귀신도 감동시킬
만하였고 높고 광대한 덕업德業은 독실하고 찬란하였다. 그의 문집 가운데 「원리기原
理氣」 등 여러 설을 보건대, 깊이 나아가 스스로 터득한 오묘한 경지를 보여 주면서
전현前賢이 내놓지 못했던 학설을 제시하고 있으니, 사문斯文에 공을 세운 것이
크다.…… 당시의 많은 인사들의 논의 가운데 "이 사람의 학문은 상수象數를 위주로
하는 듯한데, 너무 지나치게 사색한 나머지 이단의 학설과 비슷하게 되었다.
일생동안 이 일에 힘을 쏟으면서 자신은 지극히 미묘한 경지를 깊이 궁구했다고
생각했을지 모르나 끝내 '리理'자를 제대로 꿰뚫어 얻지 못했으니, 염락濂洛의
여러 학자의 주장과 비교해 보면 서로 부합되지 않는 점이 상당히 많다"라는
말이 있었다.…… 그러나 소자邵子의 내성외왕內聖外王의 학문이 비록 두 정자로부터
귀하게 여김을 받진 못했다 할지라도, 원·회·운·세의 네 글자만을 가지고서도
천지만물의 이치를 모조리 관통시켰으니 어찌 세상에 뛰어난 호걸이 아니겠으며
백대의 병유가 되지 않겠는가? 또한 그가 주자周子·정자程子·장자張子·주자朱子
와 함께 공자의 사당에 배향되지 못했다는 말은 듣지 못했다. 그러므로 지금
새로 전례를 거행하고 문물교화를 대대적으로 펼치는 날을 당하여 어떤 이는
취하고 어떤 이는 빠뜨리는 등 차별이 있게 된다면 정말 유림에 있어 일대 흠이
되는 일이라고 하겠다.[67]

---

66) 『宣祖實錄』, 권8, 7년(1574) 2월 23일, 1번째 기사.

소옹과 흡사한 인물로 조선 전기에 나온 이가 서경덕이라면, 조선 중후기의 인물로는 조성기를 들 수 있다. 조성기의 학문과 인품이 소옹과 흡사하다는 평가는 우선 그의 졸기에 나와 있다. 비교적 간단한 이 졸기를 사관은 '도하都下의 처사 조성기의 졸기'라고 불렀다. 그가 서울 근처에 살고 있었기 때문에 도하라고 했고, 일생 벼슬을 마다했기에 처사라고 했다. 다음은 졸기의 내용이다.

당시에 도하에 처사 조성기가 있었으니, 바로 조형기趙亨期의 형이다. 젊어서부터 병으로 공거문公車文를 폐하고 일찍이 문을 닫고서 경사經史를 연구하였는데, 박식하여 두루 관통하지 않음이 없었다. 그 학문은 오로지 사색하고 탐구하는 데 힘을 기울였으니, 스스로 얻은 묘리가 많았으나 전언前言을 답습하기를 즐겨하지 않았으므로 당시 사람들이 기특하게 여기지 않았다. 오직 김창협·김창흡 형제와 임영林泳이 거유鉅儒로 지목하여 즐겨 종유하고 매번 편지를 주고받으면서 상하로 논의하였는데, 혹은 의리義理와 문장을 논하기도 하고 혹은 왕패王霸의 사업과 공적을 논하기도 했다. 그 주장이 종횡으로 활달하고 무궁무진하여 종이를 잇대면 몇 폭이 될 정도였는데, 쏟아져 나오는 수천 마디 말은 찬연하게 조리가 있어 더불어 변론하는 자가 일찍이 무릎을 꿇거나 자리를 피하지 않음이 없었다. 김창협은 그 재변과 식견을 칭송하고 찬탄하여 비록 도에는 순수하지 못하였으나 또한 근세의 호걸이라 하였다. 김창흡은 추모하는 만사를 지어 요부堯夫의 학문에 비기기도 했고 그 묘지墓誌에서는 좌해左海의 간기間氣라고 칭했으며, 또 말하기를 "황왕제패皇王帝霸와 일월성신이 그 뱃속에 가득 찼으니, 속에 꼬불꼬불 서려져 펼쳐놓을 곳이 없었기에 위로 높은 하늘에 서리었다"라고 하였다.[68]

영조 때 이덕수李德壽는 상소하여 조성기를 증직하고 포양할 것을 청하면서, "그 높고 밝은 경지에 마음을 두고 풍경과 화초에 흥취를 붙이는 것은 소옹과 비슷하다"라고 하였다.[69]

---

67) 『光海君日記』, 권34, 2년(1610) 10월 30일, 2번째 기사.
68) 『肅宗實錄』, 권14, 9년(1683) 6월 14일, 3번째 기사.

이들 외의 소옹 관련 기록들을 살펴보자. 성종이 승정원에 소옹의 시 한 편을 내어 주면서 "내가 이 시를 해득하지 못하니, 승정원에서 풀이하여 아뢰어라" 하자, 좌부승지 김종직이 그 뜻을 대략 풀이하여 바쳤다.[70] 왕이 소옹의 시를 해석해 달라고 신하들에게 부탁한 것이다. 중종 25년(1530)에는 첨지중추부사 최세진이 『황극경세서집람』을 교정 간행해서 소장하도록 할 것을 아뢰었다. 소옹과 관련된 문헌의 보급을 청한 것이다.[71] 또 중종 37년(1542)에는 예조판서 김안국이 왕에게 인쇄할 만한 책들을 건의하는 중에 "『황극경세서설皇極經世書說』은 명의 주은로朱隱老가 지은 것인데, 소옹의 글을 드러내어 밝히되 탐구함에 전거가 있고 의논도 유창하여 참으로 소옹의 글을 보는 데 도움이 됩니다"라고 하였다.[72] 또 선조는 『역』을 강하다가 소옹의 죽음에 대하여 다음과 같이 의문을 제기한 바 있다.

죽음과 삶이 갈릴 때가 어려운 것이다. 내가 일찍이 고서古書를 보니, 소옹은 죽을 때 언어가 착란된 듯하였고[73], 왕수인은 앉아서 죽었으며, 육구연은 자기의 죽을 날을 알고는 목욕하고서 기다렸고, 유자후柳子厚는 별로 도를 아는 사람이 아닌데도 죽을 연도를 미리 알고는 "다음해에 내가 죽게 될 것이다" 하였다고 한다. 이런 점은 매우 괴이하다.[74]

---

69) 『英祖實錄』, 권26, 6년(1730) 5월 28일, 6번째 기사. 이어지는 말은 다음과 같다. "고금의 史籍을 관철하여 치란의 이치를 궁구한 것은 呂祖謙에 근사하고, 고담준론이 강하의 물결같이 용솟음치는 것은 陳亮과 같으며, 근본에 돌아가서 반 가지 이치를 종합하는 것은 반드시 考亭을 본받았으니, 우리나라 3백 년 이래 석학거유를 손꼽아 보더라도 아마 견줄 자가 없을 것입니다. 고 참판 林泳과 고 판서 金昌協 등 여러 사람들이 함께 사귀어 의심된 것을 물어보고 매양 望洋의 한탄을 하였습니다."
70) 『成宗實錄』, 권167, 15년(1484) 6월 26일, 2번째 기사.
71) 『中宗實錄』, 권70, 25년(1530) 12월 20일, 2번째 기사.
72) 『中宗實錄』, 권98, 37년(1542) 5월 7일, 1번째 기사.
73) 임종에 이르러 소옹은 죽음의 문제에 대해 장재 등과 해학적인 문답을 주고받았다.
74) 『宣祖實錄』, 권149, 35년(1602) 4월 25일, 1번째 기사.

반면 정조는 정호가 소옹의 뜻을 계승하였다는 인식을 갖고 있었다. 다른 왕에 비하여 소옹에 대해 긍정적인 인식을 갖고 있었음을 알려주는 부분이다.[75] 한편 정조 때 장단長湍 사람 소태석邵泰碩이 상언하여 '자신의 성씨는 소옹에게서 나왔는데, 명나라 좌통부左統府 소영邵英[76]의 후손이다'라고 하면서 군적軍籍에서 빼달라고 청한 일도 있었다.[77] 소옹의 후손임을 내세워 군역의 징발을 면하려 했다는 것은 조정이 소옹에 대한 존중의 태도를 지니고 있다는 판단에서 그리 한 것으로 추정할 수 있다.

≈≈≈

『실록』에 한정하여 정리하면, 소옹에 대한 논의는 선조·숙종·영조·정조 연간에 활발하였다. 이는 이 시기에 경연이 활발했다는 점 및 사림 주도의 정치가 이루어졌다는 점과 연관이 있을 것이다. 또 이때에 이르러 왕조 초기의 다소 경직된 이념으로부터 다소 유연성이 생겼다는 사실에도 유념할 필요가 있다.

소옹 철학도 관료학문적 전승과 대중민간적 전승에 차이가 많다. 아니, 오히려 소옹의 경우에 이 점에 더 큰 차이가 있다고 하는 편이 적절할 것이다. 민간에서의 소옹은 아주 탁월한 점술가로 평가받고 있었다. 이런 분위기는 조정 관료들의 경우에도 해당된다. 그들은 소옹을 이춘풍, 원천강 등과 같은 술수류에 속하는 사람으로 보았다. 소문난 점술가인 배광의와 이익수 두 사람을 모두 소옹이라고 칭하는 기록이 나온 것은 정사를 논하거나 공초 내용을 기록하는 경우에서이다. 그러다가 선조 이후 사림이 대거 조정에 진출하고 나서부터는 조정에서, 특히 경연에서 이루어진 논의와 평가에서는 그를 수학자나 탁월한 리학사상가로 대접하

75) 『正祖實錄』, 권52, 23년(1799) 7월 16일, '연경에 가는 사신들에게 하유하다'.
76) 『明史』에는 英이 槃으로 되어 있다.
77) 『正祖實錄』, 권21, 10년(1786) 2월 26일, 5번째 기사.

고 있다. 주요한 철학적 문제에 대하여 소옹을 전거로 해소한 것은 주로 경연석상에서 거론된 경우에서이다.

　중엽 이후로는 문묘에 종사된 소옹의 위차 문제가 거듭 논의되었는데, 이는 조선 중후기에 들어 소옹에 대한 조야의 인식이 초기에 비해 많이 달라졌다는 사실을 반영한다. 이 점은 기호지역 유학자들이 소옹에 대해 지니고 있는 인식과 관련이 있는데, 이단배척의 분위기가 강했던 조선 전기와 달리 소옹의 이채로움을 수용하고자 하는 분위기가 무르익었다고 할 수 있다.

제2장 사가정 서거정의 안락론

1. 관학자 훈신의 소옹 흠모

조정에 있으면서도 자연을 그리워한 사람도 있고, 산림에서 지내면서도 경세의 웅지를 품고 그 끈을 놓지 않은 사람도 있다. 유학자라는 정체성을 유지하기 위해서는 자기수양과 더불어 사람들을 이끌고 가르치는 경략이 있어야 하는 것은 당연한 일이다. 그런데 덕과 재능이 있으나 부득이 산림에 있을 수밖에 없었던 사람들도 있고, 관직에 매여 있으면서도 항상 산림을 그리워한 사람들도 있다.

유자들 가운데는 이른바 처사處士 또는 징사徵士가 있다. 처사는 관직에 뜻이 없이 산림에서 지내는 유학자를 말한다. 징사는 산림에 묻혀 지내는 선비를 조정에서 필요에 의하여 강제로 불러낸 경우이다. 서경덕이나 조성기, 윤증 같은 사람은 처사이고, 한원진 같은 경우는 징사에 속할 것이다. 그런데 처사나 징사 가운데 상당수는 소옹을 사모하여, 소옹을 그들 삶과 철학의 모델로 삼았다. 그들은 산림에 사는 이유를 소옹의 말을 빌려 내놓곤 하였고, 소옹의 시를 즐겨 인용하거나 그의 안락와에서의 삶을 흉내 내려 하였다. 서거정·신흠 같은 사람이 조정이나 관직에 있으면서도 자연을 사모한 대표적인 경우이다. 이들의 자연을 사모하는 마음이나 시문들을 허위의식의 발로라고 할 수는 없을 듯하다. 또, 산림에 있으면서도 소옹의 경세사상에 깊은 관심을 갖고 세상을 경략할 방안을 모색한 사람들도 있다. 그들은 '황극경세'라는 말에 깊은 관심을 갖는다. 그리고 소옹이 그러했듯이 역사에 대한 해석을 통하여 세상을 읽고 세상을 다스릴 방안을 제시한다. 신익성·홍계희·조성기·이규경 같은 인물들이 이 유형에 속할 것이다.

서거정徐居正(1420~1488)은 15세기의 대표적인 관학자요 훈신으로, 자는 강중剛中이고 호는 사가정四佳亭이며 시호는 문충文忠이다. 아버지 미성彌性은 안주목사를 지냈고, 어머니는 양촌 권근의 딸이다. 집현전에서 관직생활을 시작하여 이후 형조판서, 대제학, 대사성, 대사헌 등 여러 관직을 거쳤다. 세종에서 성종 대까지 23년간 문병文柄을 장악했다. 『삼국사절요』, 『동문선』 130권, 『동국여지승람』 50권, 『동국통감』, 『필원잡기』 등을 편찬하였고, 문집 70여 권이 있다.

2. 사는 곳과 뜻을 둔 곳의 불일치

서거정은 성리학적 산문을 많이 쓰지 않았다. 그는 문인이지 성리학자라고 하기 어렵다. 따라서 그의 사상도 주로 시문에 의존해서 파악할 수밖에 없다. 그는 많은 시를 지었다. '졸고拙稿의 후미에 쓰다'라는 제하의 글에서 그는, 젊어서부터 시를 지나치게 좋아하는 버릇이 있어 모든 즐거운 일과 슬픈 일들을 눈과 귀에 접한 것이면 하나같이 시로써 표현했는데, 초고草稿에 쓴 것도 있고 쓰지 않은 것도 있으니 쓰지 않은 것은 또 얼마나 되는지 알 수가 없다고 했다. 여기에 이어, 초고를 열람해 보니 이미 일만 일천여 수가 되는데도 아직껏 그만두지 못하고 있으니 당시에도 적절치 못하고 후세에도 무익한 짓을 계속하고 있다고 토로하고, 다시 시를 지어 "산삭한 뒤엔 시가 없어 잇기도 어려웠는데"(刪後無詩繼亦難)라고 하였다. 산삭한 뒤에는 시가 없어 잇기도 어렵다는 말은 정호가 소옹을 두고 쓴 시에서 "복희가 괘를 긋기 전에도 원래 역은 있었지만, 공자가 산삭한 이후로 다시 시는 없었네"(須信畵前元有易, 自從刪後更無詩)라고 한 말을 끌어온 것이다. 즉 공자가 시를 산삭하여 정리한 이후의 시들은 모두 시답지 못했다는 뜻이다. 서거정의 이런 생각은 이어진다.

> 내 지금 만 수의 시를 장차 어디에 쓰랴,   我今萬首將何用
> 끝내는 어느 집 장독덮개나 되고 말겠지.   畢竟誰家瓿醬看[1]

그는 고위관직에 있다가 경기도 여주 산택으로 물러나 '사우정四友亭'이라는 정자를 건립한 친구[2]에 써 준 기문에서 산림에 은둔하여 사는 이들이 즐기는 것 네 가지를 든다. 들에서 밭갈이하고, 교외에서 가축을 치고, 숲에서 나무하고, 냇가에서 고기잡이하는 것이 그것이다. 그의 친구는 공명과 부귀를 성대히 이룬 자로서 벼슬과 영화를 다 누리고 왕의 총애와 사람들의 칭송을 받았으니 이 네 가지를 벗으로 삼을 수 없었을 터인데, 이제 다시 산택으로 내려가 이를 취한 것은 어째서일까를 스스로 물은 다음에 답한다.

> 사는 곳(所處)은 비록 같지 않더라도 뜻을 두는 곳(所寓)은 같지 않음이 없다. 조정에 있으면서 강호를 생각하고 번화함을 싫어하여 한적한 곳을 좋아한다. 달인·군자의 아름다운 성정은 이와 같다.[3]

---

1) 『四佳文集』, 권52, 詩類, 「書拙稾後」.
2) 여기서 말하는 친구는 西河 任元濬(1423~1500)을 말한다. 임원준은 본관이 豊川이고 자는 子深이며 호는 四友堂이다. 1456년(세조 2) 문과에 급제하였고, 호조참판, 병조참판, 예조판서, 우참찬 등을 지냈다.

서거정은 이런 성정의 사람을 달인達人·군자라고 불렀다. 크게 행세해도 늘어남이 없고 궁핍하게 살아도 줄어듦이 없는 것이 군자의 성정性情이라고 한 맹자의 말을 생각나게 한다. 사는 곳이 도시임에도 마음을 산림에 두는 것이 잘못이 아니라면, 산림에 살면서 마음을 조정에 두고 있는 것 또한 나쁘지 않을 것이다.

서거정은 고금의 고인高人과 운사韻士들 가운데 도잠陶潛이 국화를, 왕휘지王徽之가 대나무를, 윤순尹焞이 매화를, 주돈이가 연꽃을 벗 삼은 일들을 꼽은 다음에, 어떤 것은 그 향기로운 덕을 취하고 어떤 것은 그 맑은 절개를 취한 것으로서 마음으로 벗을 삼아 외물과 나 사이에 아무런 간격을 두지 않은 것이라고 하였다. 국菊·죽竹·매梅·연蓮은 서거정이 기술한 대로 옛날부터 군자들이 즐겨 온 대표적인 물상들이다. 이어서 서거정은 고려 말의 김구용金九容(1338~1384)[4]이 경기도 여강에 거처하면서 눈, 달, 바람, 꽃에서 뜻을 취하여[5] 자신의 집을 '사우당四友堂'이라 하다가 나중에 강과 산의 둘을 더 보태어 육우六友라고 한 일을 덧붙여 거론하면서, 위의 고인·운사들이 숭상했던 물상은 모두 그의 친구 임원준이 벗 삼은 네 가지보다 못한 것이라고 말한다. 왜냐하면 임원준이 벗한 것은 인륜과 일용의 상도常道에 있지 물상의 형상과 색깔을 완상하고 선호하는 말단에 있지 않았으니, 참으로 벗을 취하는 극진한 도리가 여기에 있기 때문이라는 것이다.

서거정은 자기 정자의 이름 또한 '사가四佳'라고 지었는데, '사가'는 춘하추동의 사시가절四時佳節을 말하는 것으로서 그 속에 군자의 사덕四德

---

3) 『四佳文集』, 권3, 記類, 「四友堂記文」, "所處之地雖不同, 所寓之志無不同. 居岩廊而思江湖, 厭繁華而樂幽獨. 達人君子, 雅性如此." 『사가문집』의 번역은 한국고전번역원의 임정기 역(2005)을 참고하였다. 아래도 같다.

4) 자는 敬之이고 호는 惕若齋·若齋이다. 고려 말 驪興에서 유배생활을 하면서 六友堂을 짓고 지냈다고 한다.

5) 소옹은 「閑適吟」에서 "春看洛城花, 秋酌天津月, 夏披嵩岑風, 冬賞龍山雪"라고 읊고 있다.

즉 원형이정元亨利貞이 모두 갖추어져 있기에 그 사덕을 실천한 군자의 뒤를 좇고자 하는 뜻이 있다고 밝혔다.[6] 사시가절이 암시하듯 그는 자연을 즐겼고, 자연에 대한 완상을 통하여 삶의 가치를 드러냈다. 또한 그러는 과정에서 자연히 소옹의 시를 즐겨 읊었으며 소옹의 철학적 경지를 사모하였다.

3. 태평시대 출처의 두 양상

서거정은 소옹의 취향과 삶을 좋아했다. 그는 전형적으로 홍진에 묻힌 삶을 살았고 소옹은 처사적 삶을 살았으니, 삶의 양상이 이처럼 다름에도 서거정이 소옹을 좋아했던 것은 일종의 기만 또는 허위의식일 수 있다. 이를 의식해서인지 그는 은사隱士인 소옹의 삶이 조야를 불문하고 일관될 수 있었던 것은 바로 태평시대에 나고 죽었기 때문이라고 한다.

요부는 태평성대에 태어나서 죽었기에 　　　　　　　堯夫生死太平中
조정과 산림의 출처가 서로 똑같았지. 　　　　　　　朝市山林出處同
끝내 창생의 기대가 있을 것을 자신하거니 　　　　　自信蒼生終有望
어찌 앉아서 허공에 돌돌[7]을 쓸 것 있으랴. 　　　　何曾咄咄坐書空[8]

서거정은 자신이 오래도록 관직에 있으면서도 왕을 제대로 보좌하지 못하고 오히려 젊은 인재의 앞길만 가로막은 채 녹봉을 축내기만 한

---

6) 『四佳文集』, 권3, 記類, 「四友堂記文」.
7) 咄咄은 咄咄怪事를 줄인 것이다. 晉나라 때 殷浩가 중군장군이 되었다가 남의 무함을 입어 쫓겨났는데, 겉으로는 불평이나 원망의 기색 없이 평상시와 같았으나 매일 손가락으로 허공에다 무언가를 반복해서 적고 있어, 무슨 글자인지 가만히 엿보니 '咄咄怪事'라는 글자였다고 한다. 『世說新語』 「黜免」에 나온다.
8) 『四佳詩集』, 권10, 詩類, 「奉酬姜景醇村居雜興詩」.

것을 부끄러워하면서, 옛사람이 자신의 마음을 먼저 얻은 경우가 있으니 바로 소옹인데 그가 나고 죽은 시절은 태평시대라고 말한다.9) 소옹은 태평시대에 태어나고 죽었기에 굳이 조정에 나가 세상을 염려할 필요가 없었으며, 태평시대에 태어나고 죽었기에 안락을 노래하고 한가함을 즐길 수 있었다는 것이다. 이러한 인식은 자신 또한 태평시대에 태어나 살고 있으므로 비록 벼슬길에 나서 있기는 하지만 굳이 세상을 염려할 것 없이 한가함과 안락함을 즐겨도 된다는 뜻을 담은 듯하다. 그의 시 여러 곳에서 이러한 인식이 나타나고 있다.

작은 못에 물은 얕아서 술잔 깊이만 한데	小塘水淺似杯深
심어 놓은 버들은 서너 길이나 자랐다.	種柳今成三四尋
양쪽 언덕에 있는 부들은 바람에 그림자 움직이고	兩岸菰蒲風影動
한쪽 구기자나무엔 석양 그늘이 덮여 있다.	一邊枸杞晚陰侵
드러나지 않는 꽃과 풀은 모두 진성을 지녔지만	幽花幽草皆眞性
한가로운 새와 구름 또한 본심 그대로이네.	閑鳥閑雲亦本心
태평시대에 나고 죽음이 바로 참다운 즐거움인데	生死太平眞樂在
요부가 나보다 먼저 그런 시를 읊조렸다.	堯夫先我有詩吟10)

태평시대라는 전제 아래, 하나는 벼슬살이 했고 다른 하나는 산림에서 처사로 지냈지만 삶의 지향에는 차이가 없다는 인식을 스스로에게 부여하여 자기 행위의 정당성을 확보하려 한 듯하다. 그는 그럼으로써 자신을 소옹과 같은 반열에 놓고 싶었는지도 모른다. 그기 『태평한회골계전太平閑話滑稽傳』11)을 엮은 것도 이런 동기가 배경에 있었을 것이다.12)

---

9) 『四佳詩集』, 권12, 詩類, 「申同年自繩用贈崔同年彦甫詩韻見寄次韻・再和(五首)」.

10) 『四佳詩集』, 권13, 詩類, 「次韻李次公見寄」. 소옹은 사람의 죽고 삶을 하나의 일상사로 보았다.

11) 이 책은 서거정이 편찬한 설화집이다. 편자의 「자서」와 梁誠之・姜希孟의 「서문」에서 편찬의 동기 및 과정, 골계전적인 우스갯소리의 효용성과 의의에 대하여 언급하고

과연 서거정이 생존했던 시대가 태평시대였는가 하는 문제는 객관적 판단이 쉽지 않다. 세조의 찬탈로 불리는 사건이 그의 시대에 있었고 이로 인한 갈등이 있었지만, 권근의 외손이었던 그의 가계에서는 이를 긍정적으로 보았을 것이다. 그리고 그의 시대에는 아직 사화士禍도 없었다. 따라서 서거정의 시대는 적어도 그의 시각에서는 태평시대라고 할 수 있었고, 이는 어느 정도 객관적으로 인정될 수 있을 것이다. 그가『골계전』에 태평이라는 말을 붙인 것에는 나름의 이유가 있었던 것이다. 적어도 자기 집단이 주도해 가는 시대는 전쟁상태가 아닌 한 태평시대로 예찬하는 것이 일반이기도 하다.

4. 소옹 찬양과 소옹 닮기

소옹은 동지冬至에 대해 특별한 관심을 가진 역학자였다. 그래서 소옹 역학에 관심을 가진 학자들이 또한 즐겨 역학적 의미의 동지를 시로 읊곤 했다. 서거정도 예외가 아니다. 그는 '동짓날 저녁에 작은 바람이 불다'라는 시제로 오언율시를 지었다. 이 시에서 그는 동짓날 태양은 남회귀선에 이르고 바람이 북에서 오는데 시름을 달래려 작은 시 구절을 끼적이다가 소옹이 쳤다는 관매점13)을 치려 한다고 읊고 있다.14)

있다.『고금소총』에 수록된『골계전』권1에는 탐관오리와 승려의 대화, 정도전, 이숭인, 권근이 추구한 평생의 自樂處가 어디인가에 대한 논란, 말재간이 뛰어난 승려와 향인 사이의 대화, 호주가끼리의 술내기 등의 이야기들이 별도의 제목이 없이 짤막짤막하게 이어지고 있다.(『민족문화대백과사전』에서 발췌 인용)

12) 『四佳文集』, 권4, 序, 「滑稽傳序文」.

13) 觀梅는 소옹이 지었다는 점술법 梅花數를 가리킨다. 그 법칙은, 임의로 한 글자의 畫數를 취하여 8획을 제하고 남은 수로써 괘를 얻고, 또 한 글자의 획수를 취하여 6획을 제하고 남은 수로써 효를 얻은 다음, 易理에 의거하여 그 길흉을 판단하는 것이다.

14) 『四佳詩集』, 권12, 詩類, 「至日夕小風」, "亞歲日南至, 仲冬風北來, 小詩聊作草, 大易欲觀梅,

서거정은 해운海雲이라는 법명을 지닌 일본 승려에게 준 시에서는 소옹의 철학적 방법인 반관反觀을 권면하기도 했다.[15] 그는 이 일본인 승려에게 한가로운지 어떤지를 묻는다. 구름은 얽매임 없이 바다 위 만 리를 오가다가도 때로는 바다를 떠나 산속에 깃들어 머물기도 하는데, 구름에 대한 반관을 통해 고요하거나 움직이거나 간에 늘 자득하는 공부를 하라는 권면이다. 유교입국의 기치를 든 조선의 관료학자가 일본에서 온 승려를 다소간 기롱하며 가르치려는 듯한 느낌을 갖게 한다. 그는 일본 승려에게 한가로우냐고 물었지만, 한가로움은 소옹의 철학적 중심 화두이기도 하다. 서거정은 또 『역』을 읽으며 몸과 마음의 한가함을 누린다. 강희맹에게 준 시에서 그는 만발한 꽃의 향기가 가득 스며드는 방안 책상에 앉아 도가서인 『황정경黃庭經』을 필사하고 『역』을 읽으니 심신이 한가롭다고 하였다.[16] 소옹이 도가와 유가를 자유롭게 넘나든 것을 생각나게 하는 구절이다.

서거정은 어릴 적부터의 한 친구에게 준 시에서는 한마을에 사는 친한 친구라면 그 관계는 부필과 소옹 같아야 한다고 했다.[17] 흔히 말하는 관포지교가 아니라 부소지교富邵之交를 말하고 있음이 주목된다. 이 밖에도 그의 시문에는 소옹의 시구나 어록 또는 일화들이 인용된 경우가 많다. 예를 들면 「흥을 부치다」라는 시에서는 "청빈한 방안에 서책만 가득한데

鬢雪分窓雪, 心灰異管灰, 不知添一線, 只覺老相催."

15) 『四佳詩集』, 권5, 詩類, 「日本僧海雲詩卷」, "雲也生海上, 試問閑不閑, 孤蹤自無繫, 萬里時往還, 何爲出海來, 斂之棲中山, 動靜皆自得, 庶幾能反觀."

16) 『四佳詩集』, 권10, 詩類, 「奉酬姜景醇村居雜興詩」, "藏春塢裏百花鬪, 香霧霏霏几案間, 寫罷黃庭讀周易, 此心還與此身閑."『黃庭經』은 東晉시대의 도교 경전이다. 脾臟의 상징인 황정을 중심으로 하는 도교적 신체구조론에 의거해서, 五臟의 神을 비롯한 인체에 머무르는 팔백만 신들에 대한 관상과 호흡법의 실천을 통해 불로장생을 얻어 신선이 될 수 있다는 주장을 담고 있다.

17) 『四佳詩集』, 권8, 詩類, 「謝吳同隣見訪」, "少年意氣托知音, 出處榮枯只此心, 里閈不妨同富邵, 交遊寧復慕張金, 牆頭濁酒時相送, 篋裏新詩或共吟, 昨賦高軒還有約, 明朝有意更携琴."

유유히 사물을 관찰하니 정취가 저절로 새롭다" 하고 "천근과 월굴이
자주 서로 왕래한다"라고 읊었다. 소옹의 「관물음觀物吟」에서 취한 시재임
을 짐작할 수 있다.[18]

그는 또 늦게 일어나 간단히 술잔을 기울인 다음에 흥에 겨워 시를
지었는데, 여기서는 "몸이 한가하면 곧장 결승結繩의 시대에 이른다. 움집
속에는 절로 마음 편안한 낙이 있으니"라고 읊었다.[19] 움집 속의 안락이란
소옹의 안락와를 뜻함을 쉽게 짐작할 수 있다. 두부를 선물한 친구에게
보낸 시에서는 "두부 빛이 서리보다 더 흰데 잘게 썰어 국 끓이니 연하고도
향기롭네. 만년에는 고기를 끊기로 했으니 채소와 죽순이나 많이 먹어
쇠한 창자를 보하려네"[20]라고 하였다. 채소와 죽순은 방외인의 음식을
의미한다. 소옹의 말에 "시골사람이 어찌 재상과 백관이 도당都堂에 모여
먹는 진수성찬의 맛을 알겠는가. 단지 산림 속의 채소와 죽순만을 먹었을
뿐이다"라고 한 것을 염두에 둔 시이다.

서거정은 소옹처럼 채소와 죽순을 즐겼고 안락와를 흉내 냈다. 그는
채소를 심으면서 "채소와 죽순은 전부터 내 성에 맞았던 것이니, 고기를
먹고자 한 것이 아닌데 또 무얼 기약하랴 땅 가득 채소 심는 것은 노년의
흥취, 나도 이제부턴 채소 가꾸는 법이나 배우련다"[21]라고 읊었는데,
역시 소옹의 시와 『논어』 「자로」의 구절을 연관 지은 것이다. 『논어』에

---

18) 『四佳詩集』, 권28, 詩類, 「寓興」, "圖書一室頗淸貧, 觀物悠悠趣自新, 燕頷虎頭徒自貴, 龜毛
兔角竟非眞, 愁來浮白功尤妙, 老去還丹術不神, 頗訝閑中多所得, 天根月窟往來頻." 「觀物吟」
시는 다음과 같다. "耳目聰明男子身, 洪鈞賦與不爲貧, 須探月窟方知物, 未躡天根豈識人,
乾遇巽時觀月窟, 地逢雷處見天根, 天根月窟閑往來, 三十六宮都是春."
19) 『四佳詩集』, 권28, 詩類, 「晩起小酌」, "家僮怪我起眠遲, 日上三竿尙不知, 意適何妨敧枕臥,
身閑直到結繩時, 窩中自有安心樂, 天下應無斷飮癡, 小坐擁衾憛鹽櫛, 澆腸聊復兩三巵."
20) 『四佳詩集』, 권40, 詩類, 「允上人이 두부를 보내 준 데 대하여 사례하다」, "餉來豆腐白於
霜, 細截爲羹軟更香, 耽佛殘年思斷肉, 飽將蔬筍補衰腸."
21) 『四佳詩集』, 권44, 詩類, 「種蔬」, "蔬筍由來性所宜, 謀非肉食復何期, 種蔬滿地殘年興, 我亦
從今學圃爲."

제자 번지樊遲가 곡식 심어 가꾸는 일 배우기(學稼)를 청하자 공자가 "나는 곡식 가꾸는 농사꾼만 못하다" 하였고, 번지가 다시 채소 가꾸는 일 배우기를 청하자 공자가 "나는 채소 가꾸는 농사꾼만 못하다" 하였는데, 바로 이 대목과 소옹의 '소순蔬筍' 구절을 함께 의식한 말이다. 「앓고 나서 짓다」에서는 "채소와 죽순이 내 성질에 맞거니, 고량진미는 기대할 바 아니고말고"22)라고 하여 역시 소옹의 채소와 죽순을 인용했다. 또 『황화집皇華集』23)에 실려 있는 시에서는 "요부는 태평성대에 나서 죽었기에, 평생의 득실을 모두 아랑곳하지 않았지"24), "궁상스러운 나는, 채소와 죽순 먹는 중과 같다오"25)라고 읊었다. 한편 「서글피 바라보다」라는 시제에서는 "안락한 움집은 어찌 없을 수 있나! 신세는 머리 숙인 병든 학 같고, 세속의 공명은 뱀발 그림 같아라"26)라고 하고 또 다른 시들에서는 "홀로 앉아 손수 향을 사르노라니, 소옹의 행와는 즐겁기만 하고"27), "소옹을 본받을 '행와'야 어찌 있으리오만"28)이라고 하여 소옹의 안락와와 행와를 그렸다.

서거정은 매화를 읊은 40수의 시에서 "희황의 맑고 광활함과 진대 도연명의 풍류"(羲皇淸曠晉風流)를 말하였고, 또 다음 시에서처럼 홀로 하늘을 살피며 『역』을 읽고 태극을 상념하곤 했음을 밝히기도 한다.

---

22) 『四佳詩集』, 권52, 詩類, 「病餘」, "病餘無可口, 飯饌只隨宜, 白粒間紅豆, 靑菘共綠葵, 飪烹從老婢, 喫著似嬰兒, 蔬筍適吾性, 膏粱非所期."

23) 『皇華集』은 명의 使臣과 그들을 迎接했던 조선의 遠接使가 서로 唱酬한 詩를 모은 책이다. 여기서는 서거정이 당시 明使 祁順 등의 원접사가 되어 창수했던 시 중에 자신의 시만을 모은 것을 말한다.

24) 『四佳詩集補遺』, 권2, 詩類・皇華集, 「卽席伏承和韻, 巧速無比, 不揆鄙拙, 復步韻, 錄奉博笑」, "堯夫生死太平年, 平生得失俱茫然."

25) 『四佳詩集補遺』, 권2, 詩類・皇華集, 「次韻正使和詩」, "氣酸我似蔬筍僧."

26) 『四佳詩集』, 권50, 詩類, 「悵望」, "安樂可無窩, 身世垂頭鶴, 功名畫足蛇, 分明昨夜夢, 煙雨滿漁蓑."

27) 『四佳詩集』, 권52, 詩類, 「夜詠」, "獨坐手焚香, 邵老行窩樂."

28) 『四佳詩集補遺』, 권1, 詩類・東文選, 「諸富別墅將開, 遣僮奴起功」, "豈有行窩追邵老."

홀로 앉아 하늘을 보니 세계는 한적하고　　　　　　　獨坐觀天閑世界
때로『역』을 읽으니 천지는 고요하여라.　　　　　　時來讀易靜乾坤
은은한 향 성긴 그림자는 모두 찌꺼기거니　　　　　暗香疎影皆糟粕
모름지기 염계의 태극론을 펼쳐야겠네.　　　　　　須把濂翁太極論

　그리고 매화가지에 넘치는 생기生氣를 보고는 "양기의 회복에서 천지의 마음을 관찰할 만해라"(陽復可觀天地心)라고 했으며, "가지를 보고서 요부는 『역』을 펼쳤는데"(枝上堯夫能演易)라고 하여 소옹의 관매수觀梅數를 연결 짓는가 하면, "달빛은 월굴로부터 와서 꽃빛과 합쳐지고, 천향은 천근으로부터 와서 끊이질 않누나"(月色相兼來月窟, 天香不斷自天根)라고 읊기도 했다.29)

　위에서 등장한 희황은 희황상인羲皇上人 즉 복희씨 때 이전의, 흉금이 깨끗하고 탁 트인 태곳적 사람을 뜻하니, 도잠이 어느 여름날에 맑은 바람이 불어오는 북창 밑에 누워서 희황상인을 자처했던 일이 있었다. 그리고 시에서 세계의 본질을 한가로움으로 보거나『역』을 읽음으로써 건곤의 고요함을 본 것, 온갖 향기와 그림자조차도 찌꺼기로 보고 주돈이의 태극론을 인식한 것, 매화 가지를 보고 소옹의 관매수를 생각한 것, 천향과 월색을 천근·월굴로 연결한 것 등은 모두 소옹의 역학과 직접·간접으로 연결되고 있다.

~~~~~~

　서거정이 비록 태평시대라는 조건을 전제로 산림의 처사와 조정의 관료는 거처만 다를 뿐 마음 둔 곳이 같을 수 있음을 강변했을지라도, 그의 안락론은 일종의 허위의식처럼 보일 수도 있다. 그러나 그의 논법대로 그를 조정에 있는 소옹이라고 규정하는 것 또한 불가함이 없을 듯하다. 사람들마다 삶의 지향이나 삶의 양상이 다를 수 있음은 얼마든지 인정될

───────────────

　29)『四佳詩集』, 권41, 詩類, 「盧宣城 댁의 매화에 대한 시(40수)」.

수 있다. 소옹에게 관료 친구들이 많았다는 것은 그 친구들이 소옹을 좋아했던 까닭도 있으나 소옹 또한 그 친구들을 사랑했던 점도 작용했을 것이다. 그렇다면 소옹이 비록 관료가 되지 않았을지라도 관료를 거부하거나 비하한 것은 아님을 알 수 있고, 서거정이 산림처사는 아니면서도 산림처사를 마음으로 지향한 것이 허위의식이라고 할 필요도 없을 것이다. 서거정이 얼마나 시에서처럼 소채와 죽순을 먹으며 안락와를 즐겼는지는 알 수 없지만, 아니 그보다는 오히려 궁궐의 산해진미에 더 익숙한 삶이었겠지만, 그런 가운데도 산림의 진미를 알고 지냈다면 그는 정녕 조정 관료로서의 또 다른 소옹이라고 할 수 있을 것이다. 이는 이후에 나타나는 신흠과 어느 정도 유사한 양상을 갖는다.

제3장 퇴계 이황의 안락론과 리수학

1. 도소상호陶邵賞好의 처사적 삶

퇴계 이황(1501~1570)의 삶은 처사적 양상에 속한다. 물론 이것이 그가 조정의 부름을 받아 출사한 일이 없다는 뜻은 아니다. 또 '퇴退'자와 '계溪'자를 호로 택했다고 해서 그리 말하는 것도 아니다. 평생을 조정에서, 도회에서 관료로서의 삶을 살면서도 은隱, 포圃, 목牧, 도陶, 산山, 곡谷, 운雲, 담潭 등 산림친화적인 호를 택한 사람은 많다. 이황 역시도, 비록 여러 차례 출사하여 관료의 삶을 살기도 했지만 그는 생애 대부분의 시간을 산림에서 보냈고 그런 처사의 삶을 즐겁게 선택했다.

『실록』의 이황 졸기에 사관은 다음과 같은 평가를 했다.

명종이 그의 염퇴恬退한 태도를 가상히 여겨 누차 관작을 높여 불렀으나 모두 나오지 않고 예안의 퇴계에 살면서 이 지명을 따서 호로 삼았다. 늘그막에는 산수가 좋은 도산에 집을 짓고 호를 도수陶叟로 고치기도 했다. 가난하고 간략함을 편안하게 여기고 담백함과 소박함을 좋아했으며 이익이나 형세, 분분한 영화 따위는 뜬구름 보듯 하였다.[1]

---

1) 『宣祖修正實錄』, 권4, 3년(1570) 12월 1일, 1번째 기사, '숭정대부판중추부사 이황의 졸기'.

이황이 처사적 삶을 선택한 이유는 무엇이었을까? 우선 을사사화 등 사림에 혹독한 고난이 닥쳤던 당시의 사회·정치적 정황과 관련이 있을 수 있다.2) 실제로 그의 친형은 을사사화에 연루되어 장형을 받고 유배 도중에 장독이 올라 죽었다. 친형의 참담한 상황은 그로 하여금 현실정치에 염증을 느끼게 만들었거나 일종의 트라우마를 형성하게 했을 수 있다. 또는 『실록』의 졸기에 나온 사관의 평가와 같이 드러나기를 싫어하는 그의 성정과도 관련이 있을 수 있다. 당시 조정의 대신들은 왕의 거듭된 부름에도 사양하는 이황에 대하여 그 성정이 산새와 같다고 하였다. 산새는 산에 살아야 행복하듯 이황은 산수를 좋아한다는 것이다. 다른 일면으로는, 이황의 건강과 관련이 있을 수도 있다. 여러 기록을 종합하면 이황은 일생 병약했다. 어려서부터 고질병이 있었다고 하고, 또 20세 무렵 『역』을 공부하느라 건강을 해쳤다는 이야기도 있다. 그는 「조사경趙士敬에게 답한 편지」에서 "내가 어린 나이로 일찍이 망녕되게 뜻한 바 있었으나, 그 방법을 몰라 단지 지나치게 고심하기만 한 끝에 파리하고 고단해지는 병을 얻었다"3)라고 밝힌 일이 있다. 이황은 정이와 소옹 그리고 황제黃帝 등이 남긴 방법을 좇아 평생 보양과 위생에 주의하였다.4) 그는 정이가 장역張繹에게 한 "나는 타고난 기가 매우 박하여 30에 매우 힘들었고 40이나 50이면 죽을 줄 알았는데, 지금 내 나이 72세인데도 근골이 젊을 때에 못지않다"라는 말을 기억하고, 또 소옹이 매년 봄 2월과 3월에 나들이를 다니다가 4월에 날씨가 더워지면 그치고 다시

---

2) 이동준, 『17세기 한국성리학파의 철학사상과 역사의식』(심산, 2007), 170~173쪽. 그는 사화가 거듭되는 시기에 이황이 취할 수 있는 일은 수교적 정향이었다고 본다.
3) 『退溪先生文集』, 권23, 「答趙士敬」, "如僕早年妄嘗有意而昧其方, 徒以刻苦過甚, 得羸悴之疾, 其後苦無人導善, 而親舊之中, 姑息愛人者, 慫史爲非, 遂一向放倒, 而又不意失脚世路, 徇俗汨沒, 不知不覺之頃, 數十年光陰, 忽已蹉過, 回首茫然, 撫躬浩歎, 而不可追矣."
4) 『退溪先生文集』, 권11, 「答李仲久(乙丑)」, "鑴誨保養之宜, 兼擧程邵兩先生以及黃帝所以衛生之道以爲戒. 拜賜甚珍. 敢不惕然自省, 佩服終身."

8월에 나들이를 시작하여 날씨가 추워지는 11월이면 그쳤다는 고사를 의식하며 건강에 유념하였다.[5] 『활인심방』과 같은 저작들도 그가 건강에 각별한 주의를 기울이고 있었음을 알게 해 주는 자료이다.

이황의 처사적 면모는 도산에서의 삶을 노래하고 기록한 글들에서 드러난다. 그는 늘 고질병을 달고 다녀 괴로웠기 때문에, 비록 산에서 살더라도 마음껏 책을 읽지 못했다. 때로 몸이 가뿐하고 마음이 상쾌해지거나 사색 중에 어떤 감개가 생기면 그는 책을 덮고 지팡이를 짚고 나가 주변 산수를 찾아 거닐었는데, 약초를 심거나 꽃을 따기도 하고, 바위에 앉아 냇물을 보거나 대에 올라 구름을 바라보기도 하고, 낚시터에서 고기를 구경하거나 배에서 갈매기를 벗하는 등 마음 내키는 대로 이리저리 노닐었다. 방에 들어와 책을 보다가 간간이 마음에 얻는 것이 있으면 흐뭇하여 밥 먹는 것도 잊어버렸다. 생각하다가 통하지 않는 것이 있으면 벗에게 물어보았으며, 그래도 알지 못할 때는 혼자서 분발하여 노력하되 억지로 통하려고 하지 않았다. 우선 그 문제를 한쪽에 밀쳐 두었다가, 가끔씩 다시 끄집어내어 마음에 어떤 사념도 없도록 한 뒤 곰곰이 생각하면서 저절로 깨달아지기를 기다렸다. 산새가 울고 초목이 무성해지거나 바람과 서리가 차갑고 눈과 달빛이 어리는 등 사철의 경치가 모두 달라 흥취 또한 끝이 없으므로, 너무 춥거나 덥거나 큰바람이 불거나 큰비가 올 때가 아니면 밖으로 나가지 않는 날이 없었다. 이처럼 한가롭게 지내는 가운데서도 스스로 마음속에 얻는 즐거움이 결코 얕지 않았는데, 말하지 않고는 배길 수가 없어 그 즐거움을 이르는 곳마다 토로하니 그것이 시가 되곤 하였다.[6]

---

5) 『退溪先生文集攷證』, 권4, 「卷11 書·答李仲久」, “伊川先生謂張思叔曰, 吾受氣甚薄, 三十而寢盛, 四十五十而完, 今生七十二年, 較其筋骨於盛年無損也. 案邵康節每春二月, 出, 四月, 天漸熱卽止, 八月, 出, 十一月, 天漸寒卽止, 故時有四不出, 會有四不赴.”
6) 『退溪先生文集』, 권3, 「陶山雜詠幷記」.

처사형 인물 가운데 이황이 가장 흠모하였던 인물은 도잠과 소옹이다. 두 사람은 이황의 시 속에 종종 등장하곤 한다. 시 「간류澗柳」에 등장하는 "도소상호陶邵賞好"나 "양절옹兩節翁"은 모두 도잠과 소옹을 가리킨다.[7] 이황은 바위틈을 흘러내리는 물가에 버드나무를 심어 놓고 바람이 불어 가지 부딪치는 소리와 시원한 바람이 얼굴에 와 닿는 느낌을 즐기면서 도잠이 심은 다섯 그루 버드나무와 소옹의 시구 "버들가지를 흔든 바람이 얼굴에 스칠 때"(楊柳風來面上吹)를 생각하며, 두 현인과 비록 천년의 거리를 두고 있으면서도 서로 취향과 즐김이 일치하는 것에 남다른 감흥을 느끼고 있다. 「김돈서金惇敍에 차운하다」라는 시에서는 자신이 고요한 곳, 생명의 의지가 충만한 경지, 물아의 대립을 넘어선 경지, 진정한 묘합의 처음자리, 청의淸意가 있는 자리를 찾았으니, 그것이 바로 도잠과 소옹이 추구한 경지라고 하였다.[8] 「한가로움을 사랑함」(愛閒)이라는 시에 서는 『역』은 복희·문왕의 괘를 탐구하고 시는 도잠·소옹의 시를 읊는다 고 하였다.[9] 다음 시는 도산서원 주변의 풍광을 노래한 칠언절구 18수 중의 첫째 수인 「도산서당」이다.

위대한 순은 친히 도자기 구우며 즐겁고 편안했으며	大舜親陶樂且安
연명도 몸소 농사지으며 또한 기쁜 얼굴이었네.	淵明躬稼亦歡顏
성현의 마음을 내 어찌 얻을까,	聖賢心事吾何得
벼슬 없이 돌아와 고반考槃을 시험해 보네.	白首歸來試考槃[10]

---

7) 『退溪先生文集攷證』, 권2, 「卷3 澗柳」, "陶邵賞好, 陶潛宅邊有五柳樹, 號五柳先生, (邵)楊柳 風來面上吹"; "兩節翁, 靖節, 康節."

8) 『退溪先生文集別集』, 권1, 「次韻金惇敍」, "人正虛襟對窓几, 草含生意滿庭除, 欲知物我元無 間, 請看眞精妙合初, 氷輪遙夜正圓明, 坐覺人間玉界成, 獨得一般淸意味, 梧桐深院邵先生."

9) 『退溪先生文集』, 권3, 「和子中閒居二十詠·愛閒」, "林間茅屋石間泉, 閒愛秋風灑靜便, 易玩 義文一兩卦, 詩吟陶邵五三篇, 園容野鹿栖雲宿, 窓對沙禽向日眠, 不獨身閒心亦泰, 任從多病 在人先."

10) 『退溪先生文集』 3권, 「十八絶(七言)·陶山書堂」.

이 시는 그가 순임금과 도잠의 즐겁고 편안하고 기쁨이 넘치는 삶을 도모하고 있음을, 그리고 마지막 연의 '고반'에서 읽을 수 있듯 산림에서 은거하는 삶을 시도하고 있음을 보여 준다. 그는 도산서당 앞에 사립문을 만들고 이름을 유정문幽貞門이라 하였다. 유정幽貞이란 『역』에 나오는 용어로서 아무도 모르는 외딴 곳, 숨겨진 곳에서 뜻을 지키며 반듯하게 살아가는 것을 말하는데, 건괘 초효 「문언」의 "세상을 피해 숨어 살며 아무도 알아주지 않아도 걱정하지 않음"에 해당하는 삶이다. 역시 은거자정하는 삶을 표방하고 있음을 상징적으로 나타내는 이름이다.[11]

이미 소옹이 「수미음」에서 시 읊는 것에 대해 자술한 바 있지만, 이황 역시 시가 사람을 그르치는 것이 아니라 사람이 스스로 그르치는 것이라 하면서 감흥이 일어나면 그 마음의 정을 막을 수는 없는 법이라고 했다. 그는 그러한 사람의 예로 율리栗里의 도잠과 초당草堂의 두보를 들었다.[12]

이황은 자신의 시 곳곳에서 소옹의 시를 즐겨 읊었다. 주로 『격양집』속의 시어들을 인용했고, 소옹의 일화도 많이 다루었다. 소옹의 시와 연관이 있는 시구들을 들면, "쓸쓸히 숲속에서 소옹의 술상을 차리니",[13] "소옹은 푸른 하늘이 눈앞에 있다고 했거늘",[14] "묵묵히 선천도 둥근 고리 한가운데의 의미를 깨닫고",[15] "소옹은 찡그리지 않네",[16] "마음에

---

11) 幽貞의 출전은 『역』이다. 履卦 九二의 효사에 "履道坦坦, 幽人貞吉"이란 말이 있고, 歸妹괘 九二의 爻辭에도 "眇能視, 利幽人之貞"이란 말이 있다.

12) 『退溪先生文集』, 권3, 「和子中開居二十詠 · 吟詩」, "詩不誤人人自誤, 興來情適已難禁, 風雲動處有神助, 葷血消時絶俗音, 栗里賦成眞樂志, 草堂改罷自長吟, 緣他未著明明眼, 不是吾緘耿耿心."

13) 『退溪先生續集』, 권1, 「四印居士盧仁父見訪 · 用前韻」, "寂寥林下邵杯盤, 窮鬼何須欲去韓, 萬事人間都信易, 一生隨處我生觀." 이 시는 "林下盃盤大寂寥"로 시작되는 소옹의 시 「盃盤吟」(『擊壤集』, 권18)에서 취한 것이다.

14) 『退溪先生續集』, 권2, 「伏蒙天恩, 許遂退閒, 且感且慶, 自述八絶」, "邵說靑天在眼前, 零金朱笑覓爐邊, 莫言白髮妨人學, 衛武猶箴九十年." "邵說靑天在眼前"은 어디서 취했는지 분명하지 않다.

15) 『退溪先生文集』, 권2, 「贈韓上舍士炯」, "功到及泉無棄井, 事同攻玉藉他山. 會須默契環中意, 長占人間分外閒." "默契環中意"는 소옹의 "自從會得環中意, 閒氣胸中一點無"(『擊壤集』, 권

침을 놓으려 하나 한 치의 쇠도 없고",[17) "태평시대를 만남",18) "창을
휘둘러 공격함을 숨어 공부하는 것에 양보하니",19) "선천 한 편을 읊음",20)
"가가可可",21) "무가無價의 붉은 보배구슬을 못에서 얻네",22) "한가로이
움집에서 강절의 안락을 사모하네"23) 등이 있다.

　　물론 이황은 시뿐만 아니라 편지, 제문 등 그 밖의 다른 장르에서도
소옹의 용어나 일을 인용하였다. 편지와 묘갈에 쓴 '박박拍拍'은 의태어로
"가슴 속에 넘실대는 것은 모두 봄"(拍拍滿懷都是春)에서 끌어온 것이고,24)
"맑은 밤 소옹의 시를 읊네"(淸夜吟邵子詩)를 인용하여 해설하기도 했다.25)

7, 「閑行吟」)에서 취한 것이다.

16) 『退溪先生文集攷證』, 권2, 「次韻趙松岡」에 따르면 "罇前邵不聾"의 "邵不聾"은 소옹의 "平
　　生不作皺眉事"(『擊壤集』, 권7, 「詔三下答鄕人不起之意」)에서 취했다.

17) 『退溪先生文集攷證』, 권2, 「秋懷十一首, 讀王梅溪和韓詩有感, 仍用其韻」에 따르면 "針心無
　　寸鐵"은 소옹의 "不知何鐵打成針, 一打成針只刺心, 料得人心不過寸, 刺時須刺十分深"(『擊
　　壤集』, 권5, 「傷心行」)에서 취했다.

18) 『退溪先生文集』, 권2, 「黃仲擧求題畫十幅(丁巳)·康節兒車」, "至人生遇太平天, 宇宙兒車樂
　　事全. 莫道無心經一世, 淸風千古足人傳." 『擊壤集』, 권10, 「天道吟」에 "春秋賴乘輿, 出用小
　　車兒"라는 구절이 있다. "生遇太平"은 소옹의 "生於太平世, 長於太平世, 老於太平世, 死於
　　太平世"(『擊壤集』, 권19, 「病亟吟」)에서 취했다.(『退溪先生文集攷證』, 권2, 「卷2 詩·康節
　　兒車」)

19) 『退溪先生文集』, 권5, 「金愼仲挹淸亭十二詠·宴坐」, "揮戈讓隱几." "揮戈讓隱几"는 소옹의
　　"隱几工夫大, 揮戈事業卑"에서 취했다. 창을 휘둘러 공격하는 것은 고요히 앉아 물욕
　　이 저절로 소멸되는 것만 못하다(揮戈攻擊, 不如靜坐而物欲自消)라는 말이 있다.(『退溪
　　先生文集攷證』, 권3, 「卷5 詩·宴坐」)

20) 『退溪先生文集別集』, 권1, 「詩·晦日夜吟, 次應順韻」, "先天一篇吟."

21) 『退溪先生文集外集』, 권1, 「題士敬幽居(九絶)」, "可可難追成左右, 休休眞覺勝遑遑"; 『退溪
　　生文集攷證』, 권8, 「外集詩·題士敬幽居」, "可可(邵子可可吟)可勉者行, 可信者言, 可諉者命,
　　可托者天."

22) 『退溪先生文集攷證』, 권3, 「要存錄·三十五板」, "無價明珠得自淵은 소옹의 無價明珠自在
　　淵에서 취했다."

23) 『退溪先生續集』, 권1, 「林大樹讀徐花潭遺藁見寄次韻」, "隱士眞功業, 遺言似蓼甘, 閒窩慕康
　　樂, 捷徑笑終南, 理數非無議, 幽貞信不慙, 君能知此意, 恨未對抃談." 『退溪先生文集攷證』,
　　권8, 「續集 卷1 詩·林大樹云云」, "閒窩慕康樂은 康節의 安樂窩를 가리키는 것 같다."

24) 『退溪先生文集攷證』, 권4, 「卷15 書·與吳仁遠松齋之墓, 見墓碣」 "拍拍는 소옹의 拍拍滿懷
　　都是春에서 취했다."

25) 『退溪先生文集』, 권36, 「答李宏仲」.

「본조동지하전本朝冬至賀箋」에서 "천근天根"이라 한 것은 소옹의 "땅이 우레를 만나는 곳, 곧 곤괘가 진괘를 만나는 곳에서 하늘의 뿌리를 본다"(地逢雷處見天根)에서 취한 용어이다.[26] 또 그는 소옹과 장식의 교우관계를 들어서 정지운의 제문에 쓰기도 했다.[27] 평상시 소옹의 교훈적인 말도 자주 인용하였으니, 조목에게 그는 소옹의 "만약 그 말이 반드시 남에게 믿음을 주게 하려면 충심을 다해야만 하리"를 인용하여 권면하였는데 이는 그가 늘 깊이 음미하던 구절이었다.[28] 물론 『계몽전의』를 저술하면서도 소옹을 빈번하게 언급하였다. 이처럼 이황은 그의 행위나 일에 대하여 소옹의 경우로 뒷받침한 경우가 많다.

2. 우락론憂樂論

1) 산림을 즐기는 두 종류 - 현허고상과 도의 심성

이황은 직접 쓴 「묘비명」에서 "나면서부터 어리석었고 커서는 질병이 많았네……. 근심 속에 즐거움이 있고 즐거움 속에 근심이 있는 법, 조화를 따라 사라짐이여, 다시 무엇을 구하리오"라고 하였다.[29] 근심 속에 즐거움이 있고 즐거움 속에 근심이 있다는 말이 주의를 끈다.

이황은 즐겨 소옹이 일생 처사로 지내며 누린 안락의 개념에 동의하면서

---

26) 『退溪先生文集攷證』, 권7, 「卷44 箴銘表箋上梁文・本朝冬至賀箋」, "天根 : (邵)地逢雷處見天根."

27) 『退溪先生文集攷證』, 권7, 「卷45 祝文祭文・祭亡友秋巒鄭君文」, "巨卿之義與張邵爲死友, 邵死, 式夢, 邵呼曰, 吾某日死, 某日葬, 式馳赴之, 未至而喪已發, 將至壙, 柩不肯進, 移時, 見有素車白馬號哭而前, 其母曰, 必巨卿也, 式因執綍引, 柩乃前."

28) 『退溪先生文集』, 권23, 「與趙士敬」, "邵堯夫云, 若言必使他人信, 瀝盡丹誠誰肯知. 居常深有味於此言. 纔遇人責, 便不免開口分疏, 眞可謂淺之爲丈夫矣."

29) 『退溪先生年譜』, 권3, 附錄, 「墓碣銘」, "生而大癡, 壯而多疾……. 我思古人, 實獲我心, 寧知來世, 不獲今兮. 憂中有樂, 樂中有憂, 乘化歸盡, 復何求兮."

그 역시 그러한 안락을 추구하였다. 물론 안락이 소옹만의 주제인 것은 아니다. 또 유학자가 추구하고 누리는 안락은 사람에 따라 나름의 성격을 갖는다. 그러나 이황은 자주자주 소옹의 안락을 거론한다.

　그가 소옹의 시집을 어떻게 구해 읽었는지는 분명하지 않다. 그러나 그가 소옹의 많은 시를 숙지하고 있었던 것으로 보아 어떤 형태로든 『격양집』을 구해 읽은 것은 분명해 보인다. 이황이 소옹에 대해 해박하다는 것은 당시의 사람들이 모두 인정하고 있었다. 허봉은 소옹 시 중의 "안락와중호타괴安樂窩中好打乖"라는 구절에 있는 '타괴打乖'의 의미를 자세히 몰라서, 그것이 혹 어긋난 뿔처럼 행동하는 것이냐고 하면서 그 뜻을 이황에게 물었다. 이에 대하여 이황은 '타打'는 '위爲'와 같으니 '타괴'란 괴이한 일을 하는 것을 가리킨다고 하면서, 소옹이 괴이한 일을 하는 사람이 아님에도 스스로 괴이한 일을 한다고 일컬은 것은 「무명공전無名公傳」에서도 기술했듯이 역시 완세자조玩世自嘲의 뜻을 담고 있다고 했다.[30] 이미 학자들 사이에는 이황이 소옹의 시에 대해 잘 알고 있다는 소문이 널리 퍼져 있었음을 입증해 주는 문답이다.

　이황이 소옹을 존모하고 그를 닮기 원한다는 사실은 당시 산림의 학인들뿐만 아니라 조정의 관리들에게도 잘 알려져 있었다. 그들은 이황이 계곡에 와실을 짓고 소옹처럼 안락을 누린 것으로 평가하였다. 이는 몇몇 시들을 통해서 확인할 수 있다. 또 이러한 내용은 훗날 조정 관리가 지은 제문에서도 드러나는데, 정조의 명을 받은 예조의 관리는 이황을 위한 치제문에서 "물의 흐름은 무이계곡 같고, 띠풀 집은 안락와 같네. 암벽과 계곡은 바뀌지 않고, 책상과 거문고는 예와 다름이 없네"라고 하였다.[31] 이황이 주희와 소옹을 함께 조술하였음을 언급한 것이다. 물론

---

30) 『退溪先生文集』, 권33, 「答許美叔篈(庚午問目)」.
31) 『退溪先生年譜』, 권4, 附錄, 「陶山書院致祭文」, "維歲次辛丑正廟五年五月二十二日, 國王遣近侍臣承政院左承旨李養鼎, 諭祭于贈領議政文純公李滉. 故參判趙穆之靈……陶山入望, 繪

이황이 주희를 조술했다는 것은 언급조차 새삼스러운 명백한 사실이다. 그는 「도산잡영」에서, 도산서당의 완락재玩樂齋는 주희가 쓴 「명당실기名堂室記」의 "완상하여 즐기니, 여기서 평생토록 지내도 싫지 않겠다"라는 구절에서 따온 것이며 암서헌巖棲軒은 주희의 시 "자신을 오래도록 가지지 못했으니 바위에 깃들여 작은 효험 바라노라"라는 말에서 따온 것이라고 밝히고 있다.

이황은 자신이 투박하고 고루하여 들은 것이 없음에도 일찍부터 산림에 즐거움이 있다는 것을 알았다고 하면서, 세상의 굴레에서 벗어나 전원에 몸을 던지니 산림의 즐거움이 뜻밖에 자기 앞에 나타났다고 말한다. 그는 사람들이 산림을 즐기는 이유로서 현허玄虛를 사모하여 고상高尙을 일삼아 즐기는 것과 도의를 좇아 심성 기르기를 즐기는 것의 두 가지를 들고 있다. 앞의 유형은 몸을 더럽힐까 두려워하여 세상과 인연을 끊으니, 심한 경우에는 금수와 같이 살면서 그것을 그르다고 생각하지 않는다. 『논어』에서 공자가 비판한 은자들이나 소보·허유와 같은 도가적 은일이 그러한 경우일 것이다. 뒤의 유형 또한 그 즐김이 조박糟粕일 뿐이라면 현묘한 이치를 구할수록 더욱 얻지 못하게 되어 즐거움이 어디에 있는지조차 알 수 없게 되는 경우가 많다. 그렇더라도 이황은 둘 중에서 차라리 나중 유형을 취할지언정 앞의 유형을 좇다가 스스로 속이게 되는 일은 없어야 한다고 말한다. 자기도 모르게 세속의 명리名利를 좇는 마음이 생겨날 수 있기 때문이며, 겸손을 가장한 교만이 있듯이 은거를 가장한 거짓 명현明顯이 있을 수 있기 때문이다.

이황은 이왕 산림을 즐길 바엔 왜 명산인 청량산에 살지 않는가 하는 물음을 받은 일이 있는데, 이에 대해 그는 "나도 청량산에서 살기를 진실로 원한다. 그런데도 그 산을 뒤로 하고 이곳을 우선으로 하는 것은,

素寄心, 水流武夷, 窩古安樂, 巖壑不改, 几琴如昔."

여기는 산과 물을 겸하고 또 늙고 병든 이에게 편하기 때문이다"라고
했다. 청량산은 만 길 높이에 골짜기가 깊고 물도 보이지 않아서 늙고
병든 사람이 편안히 살 곳은 못되었기 때문이다.[32]

2) 참다운 즐거움

도의를 즐기어 심성 기르는 것이 처사들이 산수에 사는 이유이다.
그런데 이런 동기로 산수간에 살아도 참된 즐거움을 얻기는 쉽지 않다.
이황은 참다운 즐거움, 진락眞樂이라는 용어를 자주 사용했다. 예를 들면
주희의 시첩에 쓴 발문에서는 "슬프다, 내 일찍이 운곡耘谷·여산廬山·무
이武夷에서 주자를 따라 다니지 못함이여! 그러나 어찌 내 옛 산에 돌아가랴!
한두 동지들과 더불어 재에 거처하며 고요할 때 선생의 도를 노래하고
읊고 해서 천하의 참된 즐거움을 즐기려 했으니, 거의 내가 옛것을 좋아하
면서 늦게 태어난 근심을 잊을 만하지 않은가?"[33]라고 하였다. 또 소옹의
시에서 진락眞樂이라는 용어를 빌려 쓰기도 하였다. 「동암언지」에 나오는
"천개진락무애지天開眞樂無涯地, 축실우유사막함築室優游思莫緘"[34]은 소옹의
"바위틈에 작은 서실을 축조하고 나의 참다운 즐거움을 즐기니 즐거움이
무궁하다"에서 빌려 온 것이고,[35] 또 도산에 창랑대를 지어 놓고 소옹의
위의 시를 직접 인용하면서 "이 말이 참으로 맛이 있다"라고 하였다.[36]

---

32) 『退溪先生文集』, 권3, 「陶山雜詠并記」.

33) 『退溪先生文集』, 권43, 「書晦菴詩帖後」, "噫. 旣未得從先生於雲谷廬山武夷之間矣. 安得還吾
舊山, 與一二同志, 齋居靜裏, 歌詠先生之道, 以求天下之眞樂而樂之. 庶幾忘吾好古生晩之憂
也耶."

34) 『退溪先生續集』, 권1, 詩, 「東巖言志」.

35) 『退溪先生文集攷證』, 권6, 「卷27書·答李大用」. 이 소옹 시의 구절은 다음과 같다. "就此
巖邊宜築室, 樂吾眞樂樂無涯."(『擊壤集』, 권5, 「十四日質題福昌縣宇之東軒」)

36) 『退溪先生文集』, 권27, 書, 「答李大用叔樑(丁巳)」, "乃於向所云陶山之南, 臨水得勝處, 近與
汾川諸君, 會于其上, 令僧信如蕫, 鑿築爲臺, 號曰滄浪. 形勝絶佳, 邇來, 自覺衰老特甚, 不能
閉戶讀書, 勝地消遣, 尤不可無, 欲於此小葺書屋. 對望愛日堂. 可與公杖屨往來, 嘗見邵康節詩

이런 예는 하나하나 거론할 수 없을 만큼 많다.

소옹·주희·이황이 말하는 참된 즐거움은 무엇인가? 이황은 이에 대하여, 공자의 제자 안연은 누항陋巷에서 즐거움을 누렸고 원헌原憲은 옹기로 창을 낸甕牖 누추한 집에서도 즐거움을 누렸음을 말한다. 원헌은 가난하여 토담집에 거적을 치고 깨진 독으로 구멍을 내서 창문으로 삼았으며, 지붕이 새어 빗방울이 스며드는 축축한 방에서도 반듯하게 앉아 거문고와 비파를 연주하였다 한다.[37] 분명 안연의 누항과 원헌의 옹유에는 즐길 만한 풍광, 좋은 산과 물은 없었다. 이렇게 옛사람은 산수와 같은 마음 바깥의 물건에 기대하지 않았다. 그렇다면 산수에 기대는 것은 참다운 즐거움이 아닐 것이라는 도전적 질문이 나오게 된다. 이에 대한 이황의 응대는 다음과 같다.

> 그렇지 않다. 우리가 귀히 여기는 것은, 안연이나 원헌의 처신이 다만 형편이 그런 가운데서도 그것을 편안해하였다는 데 있다. 그분들이 만약 풍광 좋은 산수를 만났더라면 그 즐거워함이 어찌 우리들보다 깊지 않았겠는가. 그러므로 공자나 맹자도 일찍이 산수를 자주 일컬으면서 깊이 인식하였던 것이다. 만일 그대 말대로라면, '증점을 인정한다'는 찬탄이 왜 하필 기수沂水 가에서 나왔으며 '해를 마치겠다'는 소망을 왜 하필 노봉蘆峰[38] 꼭대기에서 읊조렸겠는가. 거기에는 반드시 이유가 있을 것이다.[39]

이황은 자연물 가운데 가장 즐길 만한 것, 진리의 소재처가 산과 물이라

 云, 築此巖邊小書室, 樂吾眞樂樂無窮. 其言信有味也."

37) 『莊子』, 雜篇, 「讓王」.

38) 蘆峯은 복건성 건양현 서쪽에 있는 산으로, 주희가 그곳에 晦庵草堂을 짓고 글을 읽으며 雲谷이라고 고쳤다. 『朱子大全』, 권78, 「雲谷記」 참조.

39) 『退溪先生文集』, 권3, 「陶山雜詠幷記」, "不然. 彼顏原之所處者, 特其適然而能安之爲貴爾. 使斯人而遇斯境, 則其爲樂, 豈不有深於吾徒者乎. 故孔孟之於山水, 未嘗不亟稱而深喩之. 若信如吾子之言, 則與點之歎, 何以特發於沂水之上, 卒歲之願, 何以獨詠於蘆峯之巓乎. 是必有其故矣."

고 하는 강한 믿음이 있었다. 안연이나 원헌은 빈궁한 처지에서도 진리의 즐거움을 누렸지만 만약 그들이 더 좋은 환경을 만났더라면 더 크고 진전된 즐거움을 누렸을 것이라는 생각이다. 즉 참된 즐거움을 온전히 마음만의 문제로 귀착시키는 것에 동의하지 않는 것이다. 이황은 실제로 즐거움을 마음의 문제로만 간주하지 않고 대상물을 음영하는 일을 즐겨 하였다. 주돈이가 즐겼던 연꽃을 소재로 한 시[40]를 지었고, 어린 대나무를 옮겨 심고 나서 소옹의 고죽시高竹詩에 차운하기도 했다.[41] 소옹이 설월풍화雪月風花를 소재로 했듯이 이황은 도산 주변의 많은 자연물 가운데 도학적 소재 또는 도학과 친근성을 지닌 것들을 즐겨 읊곤 하였다.

산수 또는 산림에 대한 사랑은 한편으로는 한가로움에 대한 사랑이기도 하다. 소옹이 한거閑居를 즐겨 읊고 즐겼듯이 이황 역시 한거를 사랑했다. 속세의 일, 명예와 이익 추구에 바빴던 것이 아니라, 만물에 흐르는 천명天命과 생기生氣를 고요히 관찰할 수 있는 시간을 사랑했던 것이다. 그는 한가한 시간을 활용하여 복희 문왕의 괘를 보았고, 도잠과 소옹의 시를 음미하곤 했으며, 노루·고라니·물새들을 즐겨 읊었다. 그러면서 몸의 한가로움을 통하여 마음의 한가로움을 느꼈다.[42]

3) 춤추기(舞蹈)

즐거움이 고조되면 통상 노래하고 춤추게 마련이다. 이황이 소리 내어 시를 읊거나 무도舞蹈를 즐겨했는지는 분명하지 않지만 춤에 대해서는

---

40) 『退溪先生文集』, 권3, 「陶山雜詠·十八絶·淨友塘」, "物物皆含妙一天, 濂溪何事獨君憐, 細思馨德眞難友, 一淨稱呼恐亦偏."

41) 『退溪先生續集』, 권2, 「移竹, 次韻康節高竹(八首)」, "稗竹兩三叢, 移來見其生, 且喜新萌抽, 何妨逸鞭行, 物遇人之幽, 人荷時之明, 山園一畝內, 幸矣相娛情."

42) 『退溪先生文集』, 권3, 「和子中閒居二十詠·愛閒」, "林間茅屋石間泉, 閒愛秋風灑靜便, 易玩羲文一兩卦, 詩吟陶邵五三篇, 園容野鹿栖雲宿, 窓對沙禽向日眠, 不獨身閒心亦泰, 任從多病在人先."

드러난 의견이 있다.

손을 흔들고 발로 뛰는 춤에 대하여 그는 유보적 태도를 취한다. 노수신이 성균관에 있을 때 어느 날 저녁 명륜당에서 홀연히 일어나 춤을 추었는데, 우성전이 이를 옳지 않게 여겨 허봉에게 그 가부를 물었다. 허봉은 정호의 경우를 예로 들어, 책을 보고 의리를 알게 되어 고동鼓動하는 때가 있는데 즐거움이 얕으면 심장이 두근거리고 즐거움이 깊으면 일어나 춤을 추는 것이라고 대답했다. 곁에 있던 이황은 의견을 달리했다.

추구하여 얻으면 그 즐거움을 이길 수 없다. 공자의 말에 "발분망식發憤忘食하여 도를 깨닫는 즐거움에 세상살이의 근심을 잊으며 늙는 줄조차 모른다"라고 하였고, 명도는 "풍월을 읊으며 돌아온다는 데에 공자가 '나는 증점과 함께한다'는 뜻이 있다"라고 하였다. 이런 종류의 발언은 매우 많지만 참으로 몸을 일으키며 춤춘다는 말은 듣지 못했다. 맹자와 정자의 이른바 수무족도手舞足蹈는 또한 그 즐거움을 이기지 못한다는 것을 말함이다.[43]

심경을 그렇게 표현한 것일 뿐 실제로 그랬다는 것은 아니라는 뜻이다. 소옹의 시에 "쾌활한 뜻을 다 드러낼 때 곧 일어나 춤춘다", "참된 즐거움이 마음을 공격하니 어찌할 줄 모른다"라고 했는데, 이황은 주희가 이를 기롱하여 "만약 이것이 참된 즐거움이라면 어찌 마음을 공격함이 있겠는가"라고 했음을 들어 이러한 차이가 바로 소옹과 정호·주희의 차이를 드러내는 부분이라고 말한다.[44] 결국 이황은 흥이 겨워 춤추는 일에

---

43) 『退溪先生文集』, 권32, 「答禹景善問目近思錄」, "求而有所得, 其樂不可勝. 孔子之言曰, 發憤忘食, 樂而忘憂, 不知老之將至, 程伯子之言曰, 吟風弄月以歸, 有吾與點也之意. 此類甚多, 然未聞眞起身以舞也. 孟程所謂手舞足蹈, 亦言不勝其樂之意耳."

44) 『退溪先生文集』, 권32, 「答禹景善問目近思錄」, "果如草堂之論花潭之爲乎. 求而有所得, 其樂不可勝. 孔子之言曰, 發憤忘食, 樂而忘憂, 不知老之將至. 程伯子之言曰, 吟風弄月以歸, 有吾與點也之意. 此類甚多, 然未聞眞起身以舞也. 孟程所謂手舞足蹈, 亦言不勝其樂之意耳. 惟邵康節詩曰, 儘快意時仍起舞, 又云眞樂攻心不奈何. 晦菴嘗譏之曰, 若是眞樂, 安有攻心. 竊恐此康節之所以爲康節, 而有異於程朱處也."

대해서는 소옹이나 서경덕의 실제적 경우도 있지만 정호와 주희는 그렇지 않았다는 것이며, 정호의 수무족도手舞足蹈라는 표현도 그만큼 흥이 겹다는 문자적 표현에 불과한 것이라고 보았다. 덩실덩실 춤추고 노래하는 이황의 모습을 문인들은 결코 보지 못했을 것이다.

4) 유정幽貞과 유락幽樂의 삶

기대승은 이황의 묘지에서 "70생애에 고반考槃이 넓었다"라고 하였고,[45] 최명현崔命顯도 왕명을 받들어 쓴 제문에서 "뜻은 물러나 숨음에 있어 큰 사람의 고반이었으니, 그 뜻이 영원히 무너지지 않기로 맹세하여 하늘과 구름의 빛과 그림자, 소리개와 물고기의 날고 뜀의 기상을 늙도록 깨끗하게 견지하였다"라고 하였다.[46] 기대승의 표현은『시경』의 "고반이 물가에 있으니 큰 사람의 회포의 넓음이다"(考槃在澗, 碩人之寬)를 압축한 것인데,[47] 이 시는 「모시서毛詩序」에 의하면 현자로 하여금 물러나 곤궁하게 살도록 한 장공莊公을 풍자한 시라고 한다. 여기서 고반은 "현자가 은거하는 곳"을 뜻한다. 이황의 글에는 고반이라는 용어가 종종 등장한다. 이는 그가 물러나 남의 눈에 띄지 않는 삶을 의식하거나 지향하고 있었음을 의미한다.

이황은 그가 거처하는 주변에 있는 지형에 고반대考槃臺라는 이름을 붙이고 이를 소재로 시를 짓기도 하였다.[48] 고반대는 월란암月瀾庵 아래에 있는데,[49] 주위의 깎아지른 듯한 지형이 마치 대형臺形을 이룬 것과 같다고

---

45) 『退溪先生年譜』, 권3, 附錄, 「墓識(奇大升)」, "自少好學, 不喜爲官. 行年七十, 考槃之寬."

46) 『退溪先生年譜』, 권4, 年譜附錄, 「書院致祭文」, "志在退藏, 碩人考槃, 永矢無斁, 天雲光影, 鳶魚飛躍, 灑然終老."

47) 『詩經』, 「衛風・考槃」, "考槃在澗, 碩人之寬, 獨寐寤言, 永矢不諼."

48) 『退溪先生文集』, 권36, 書, 「答具汝膺(贊祿・丁卯)」.

49) 『退溪先生文集別集』, 권1, 詩, 「月瀾庵下有臺, 曰考槃, 臺下得泉, 曰蒙泉, 其上有居土土室舊基(丁未)」.

해서 붙여진 이름이다.[50] 이황이 고반대를 제목으로 하여 읊은 시는
두 수가 있지만,[51] '고반'과 관련하여 당시에, 그리고 훗날 사람들 입에
자주 오르내린 시는 아래의 두 수이다.

순은 친히 도자기 구우면서도 즐겁고 편안했고	大舜親陶樂且安
연명도 몸소 밭갈이하며 기쁜 얼굴이었네.	淵明躬稼亦歡顔
성현의 마음을 내 어찌 얻을까	聖賢心事吾何得
흰머리로 돌아와 고반을 시도하네.	白首歸來試考槃[52]
바위 벼랑에 꽃이 피어 봄은 적적하고	花發巖崖春寂寂
시내 숲에 새가 울어 물은 졸졸 흐르네.	鳥鳴澗樹水潺潺
우연히 산 뒤에서 몇몇 제자들과 함께	偶從山後攜童冠
한가히 산 앞에서 고반을 묻네.	閒到山前問考槃[53]

두 번째 시가 쓰인 때는 이황의 나이 61세 3월의 어느 날이다. 문인
세 사람을 대동하고 계상溪上에서 도산으로 가면서 매화를 찾아 지은
시라고 한다.[54] 이 시를 두고 문인 이덕홍은 "상하 천지와 함께 흘러
만물이 각기 제자리를 얻은 신묘함이 있는 것 같다"라고 평하였는데,

---

50) 『退溪先生文集』, 권1, 詩, 「戲作七臺三曲詩(月瀾庵近山臨水, 而斷如臺形者凡七, 水繞山成曲者凡三)」. 고반대는 招隱臺, 月瀾臺, 凝思臺, 朗詠臺, 御風臺, 凌雲臺와 함께 7대 가운데 하나이다.

51) 『退溪先生文集』, 권1, 詩, 「戲作七臺三曲詩(月瀾庵近山臨水, 而斷如臺形者凡七, 水繞山成曲者凡三)・考槃臺」, "層臺俯絶壑, 下有泉鳴玉, 西臨豁而曠, 東轉奧且闃, 蓊蔚得佳境, 茅茨行可卜, 隱求復何爲, 優游歌弗告"; 『退溪先生文集』, 권4, 詩, 「遊月瀾菴(七絶)・考槃臺」, "百尺丹崖上有臺, 蒼松鬱鬱問誰栽, 野僧結屋堪成隱, 還愧吾非碩軸才."

52) 『退溪先生文集』, 권3, 詩, 「陶山雜詠・十八絶・陶山書堂」.

53) 『退溪先生文集』, 권3, 詩, 「步自溪上, 踰山至書堂(李福弘, 德弘, 琴悌筍輩從之)」, "花發巖崖春寂寂, 鳥鳴澗樹水潺潺, 偶從山後攜童冠, 閒到山前問考槃."

54) 『退溪先生年譜』, 권2, 40年 辛酉(先生 61歲) 3月. 이 밖에 그의 시에서 고반이 등장하는 경우는 『退溪先生文集』, 권3, 詩, 「溪齋」의 "手中一卷書, 隨意繙且讀, 有理古猶今, 有味飫如沃, 悲秋自懷遠, 考槃甘弗告" 구절이 있다.

이에 이황은 "대략 그런 뜻이 있기는 하지만 지나치게 높이 추켜서 말한 듯하다"라고 말하였다.[55]

이황의 시어에 유정幽貞 또한 의미 깊게 등장한다. 이 시어는『주역』에 나오는 용어로서 아무도 알 수 없는 외진 곳, 숨겨진 곳에서 뜻을 지키며 반듯하게 사는 것을 말하는데, 건乾괘 초효「문언」의 "세상으로부터 숨어 아무도 알아주지 않아도 걱정하지 않는 것"에 해당하는 삶이다. 이 또한 이황이 은거자정하는 삶을 표방하고 있음을 상징적으로 나타내어 준다. 이황은 도산서당의 현판을 건 뒤에 당 앞 출입하는 곳에 사립문을 만들고 유정문幽貞門이라 이름 지었는데,[56] 이를 읊은 시가 있다.

한퇴지의 큰거북 이용한 점 필요가 없지,	不待韓公假大龜
새 집에는 아득하게 사립문 비치네.	新居縹緲映柴扉
산길이 띠풀로 막힐 걱정 없으니,	未應山徑憂茅塞
숨어 사는 곧은 삶에 그 길이 탄탄하네.	道在幽貞覺坦夷[57]

이황은 자신의 거처 서쪽 언덕의 푸름과 소쇄함이 유정의 삶을 일컬을 만한 곳이라고 하면서, 그곳에 초가 한 채를 엮어 놓으면 때를 따라 구름안개 어우러져 숨기도 하고 수양도 할 만하다 하였다.[58]

그 밖에 '유정'이라는 단어가 등장하는 시구의 예를 들어 보면, "유정은 천지를 믿네"(幽貞信乾坤)[59], "솔과 국화가 유정을 간직하네"(松菊幽貞保)[60], "그곳

55)『退溪先生文集』, 권35, 書, 「答李宏仲」.
56)『退溪先生文集』, 권3, 詩, 「陶山雜詠并記」.
57)『退溪先生文集』, 권3, 詩, 「陶山雜詠·幽貞門」.『退溪先生文集攷證』권2에서는 이를 주석 하여, "韓公假大龜"는 韓愈「復志賦」의 "假大龜以視兆兮, 求幽貞之所廬"이고, "幽貞覺坦 夷"는『易』履괘 九二의 "履道坦坦, 幽人貞吉"이 그 전거라고 했다.
58)『退溪先生文集』, 권3, 詩, 「陶山雜詠·西麓」.
59)『退溪先生文集』, 권1, 詩, 「當軒綠叢花(四季)」.『退溪先生文集攷證』권1에서는 이 시의 "幽 貞信乾坤"에 대해, 이 구절은 두보의 시 "作客信乾坤"에서 취한 것으로 霜露의 계절에 百卉가 모두 시들어도 綠叢은 幽貞의 절조로써 홀로 天地를 믿어 꽃을 피운다는 뜻을

에 거처하니 유정이 쾌활하다"(栖息幽貞愜)61), "병이 나서 돌아와 산림에
누워 유정의 모임에 들다"(病來歸臥幽貞社)62), "유정은 참으로 부끄럽지 않네"(幽
貞信不愧)63), "유정의 진수를 찾지 못하였음을 아직도 안타까워하네"(尙恨幽貞未
甚眞)64) 등이 있다.

당연하고 자연스런 일이지만 이황은 유인幽人 곧 숨어 사는 사람이라는
용어도 23편의 시에서 사용했는데, 이때 '유인'은 곧 자신을 가리키는
말이다. 「아침에 일어나니 맑은 날씨에 흥이 일어 쓴 시」65)에서 그는
"숨어 사는 사람이 책을 베고 누웠는데"(幽人枕書臥)로 시작하였고, 「중추절
밤에 서쪽 마루에서 달을 바라보며」라는 시66)에서는 "밝은 달은 하늘에
있고 숨어 사는 사람은 창 아래 있네"(明月在天上, 幽人在窓下)라고 읊었다. 그는
유인이 참으로 즐기는 것을 다음과 같이 지목한다.

물고기는 음물이고 새는 양물에 속하는데   鱗爲陰物羽爲陽
하나같이 날고 잠긴 곳에서 스스로 빛을 드러내네.   一在飛潛自顯光
이것이 바로 유인들이 즐거움을 보는 곳이니   正是幽人觀樂處
개울물소리 무슨 일로 낮고 또 높은가.   灘聲何事抑還揚67)

솔개가 하늘을 날고 물고기가 물에서 뛰노는 것, 곧 천기天機는 『중용』
'비은費隱'장에 나오는 것으로 성리학자들이 공통으로 지향하는 경지였다.
고반, 유정, 유인 등은 기본적으로 산수간에 거처함을 말한다. 이황은

담았다고 한다.
60) 『退溪先生文集』, 권2, 詩, 「秋懷十一首·讀王梅溪和韓詩有感, 仍用其韻」.
61) 『退溪先生文集』, 권2, 詩, 「次韻惇敍出山後有懷山中諸友」.
62) 『退溪先生文集』, 권5, 續內集, 詩, 「次韻奉酬安孝思見寄」.
63) 『退溪先生續集』, 권1, 詩, 「林大樹讀徐花潭遺藁見寄, 次韻」.
64) 『退溪先生續集』, 권2, 詩, 「伏蒙天恩, 許遂退閒, 且感且慶, 自述八絶」.
65) 『退溪先生文集』, 권1, 詩, 「十八日朝晴, 感興」.
66) 『退溪先生文集』, 권2, 詩, 「八月十五夜, 西軒對月(二首)」
67) 『退溪先生文集』, 권3, 詩, 「次韻金舜擧學諭題天淵佳句(二絶)」.

'산에 사는 것'(山居)을 주제로 사계절을 각각 네 수씩 읊은 일이 있다.[68] 그 가운데 봄을 읊은 시 네 수에서는 아침에는 주돈이를, 낮에는 증점을, 저녁에는 도잠을, 밤에는 소옹을 이끌어 시재로 삼았다. 여름을 읊은 시에서는 아침에는 탕의 반명盤銘에 있는 "일일신日日新"을, 낮에는 도잠과 복희시대를, 가을의 아침에는 굴원과 주희를, 가을의 낮에는 도잠을 소재로 읊었다. 봄날 밤을 읊은 시는 다음과 같다.

꽃빛이 저녁 맞아 달이 동녘에 떠오르니　　　　花光迎暮月昇東
꽃과 달 맑은 밤에 생각이 끝이 없네.　　　　花月淸宵意不窮
달이 둥글고 꽃이 지지 않는다면　　　　　　但得月圓花未謝
꽃 아래 술잔 빌 걱정일랑 말아라.　　　　　莫憂花下酒杯空

산의 사계四季에서 이황이 등장시킨 증점, 주돈이, 도잠, 소옹, 굴원, 탕왕, 복희 등에서 찾을 수 있는 공통점은 쉬이 짐작할 수 있다. 그들은 유인이거나 맑은 사람, 행적과 마음이 깨끗한 사람들이다. 천연의 산수를 사랑하고 천기를 즐기는 사람들이다. 이황은 또 「계당에서 흥이 일어」라는 열 수의 절구를 지었는데,[69] 역시 산수를 사랑하는 내용이다. 그 중의 한 수는 다음과 같다.

샘물을 떠다가 벼루에 붓고　　　　　　　掬泉注硯池
한가로이 앉아서 새 시를 쓰네.　　　　　閒坐寫新詩
그윽한 삶의 정취 스스로 만족하니　　　　自適幽居趣
남이 알고 모르고를 왜 논하랴.　　　　　何論知不知

유인의 반듯한 지향과 태도를 유정幽貞이라 한다면 유인의 즐거움은

---

68) 『退溪先生文集』, 권4, 詩, 「山居四時(各四吟)」.
69) 『退溪先生文集』, 권2, 詩, 「溪堂寓興」.

유락幽樂이라 할 수 있을 것이다. 그것은 한가함이고, 매임 없는 자유이며, 소쇄함의 맑고 깨끗함이며, 선천先天의 일사무一事無이고, 남이 알아주고 알아주지 않고를 염려하지 않는 의연함이며, 심성을 곧게 기르고 도의를 바르게 실천하는 데서 얻는 즐거움이다. 이는 곧 자기와의 만남에서 얻고 또 물의 주인 됨에서 얻는 즐거움일 것이다.[70] 그리고 그 선례는 신뢰할 수 있고 바랄 수 있을 만한 복희·증점·도잠·소옹·주희에게서 찾아졌다.

3. 리수철학에 대한 이해

1) 수리에서 리수로

소옹에 대한 이황의 기본 관점은 그의 역학관과 관계가 있다. 그는 20세에 『역』을 읽고 그 뜻을 강구하느라 거의 먹고 자는 것을 잊었다고 한다. 57세 7월에 이황은 『계몽전의』를 완성했는데, 그는 주희의 『계몽』을 리理와 수數의 학문으로 생각하였다. 그는 『계몽』에 대하여 생각하다가 깨달은 것이 있거나 옛것을 상고하다가 증명된 것이 있으면 그때그때 조목대로 직접 기록하여 찾아보기 편하게 하였다고 밝힌다. 65세 4월과 8월, 그리고 70세 5월과 8월에도 그는 제생들과 『계몽』을 강론하였으며, 이 밖에도 『성리대전』을 참고하여 여러 주장의 시비와 정오를 논하곤 하였다고 한다.[71]

---

70) 이현지, 「『주역』과 탈현대 가족 여가의 '즐거움' : 雷地豫괘의 즐거움에 대한 道를 중심으로」, 『사회사상과 문화』 21(동양사회사상학회, 2010. 5), 57~60쪽.

71) 『退溪先生文集』, 권25, 「答鄭子中別紙」, "或人所問五行初生之序, 殊有意味, 故先生然之. 氣之始, 濕而已. 謂天一生水也, 來喩濕誤作溫, 恐當改之, 來喩疑五行有則一時俱有. 非生水而後生火云云, 此卽啓蒙天一地二章註勉齋黃氏說之意, 滉嘗深服其說, 以爲確論, 及考性理大全."

이황에 따르면 『역』은 4성인을 거치면서 괘효의 단전象傳과 익전翼傳이 구비되었고 3현을 거치면서 도상圖象과 전의傳義가 갖추어졌다고 한다. 여기서 4성인이란 복희·문왕·주공·공자를 가리키고 3현이란 소옹·정이·주희를 가리킨다. 이는 특별할 것 없는 전통적 견해이다. 이황의 『역』에 대한 이해는 기본적으로 이런 토대 위에서 형성되었음을 알리는 소식일 뿐이다.72)

사성삼현론四聖三賢論에서도 드러나지만 그의 역학관은 『계몽』을 토대로 형성된 것이었다. 주자학자로서의 이황이 『계몽』을 철저하게 이해하려한 것과 주희가 존숭했던 소옹을 탐구의 과제로 설정한 것은 이상한 일이 아니다. 『계몽전의』의 집필은 좋아하고 싫어하고를 떠나 소옹의 선천역학에 대한 이해가 없고서는 불가능한 일이었다.

이황은 소옹을 복희와 공자의 학문을 승계한 사람으로 이해한다. 그는 "소옹이 말하지 않았던가! 이전 성인이 몽매함과 인색함(蒙吝)을 열어 주지 않았다면 세상에서 졸장부가 되었을 것이다"라고 말했다.73) 이 말은 소옹의 역학을 인정한다는 뜻이다. 여기서는 단순히 소옹이 복희역을 전했다는 사실을 밝히는 데 그치지 않고, 소옹이 전한 소식을 당시에 아는 사람이 없었고 또 복희역과 관련하여 주희가 쓴 『계몽』을 종신토록 이해할 수 없었음을 토로하고 있다. 『계몽전의』의 「서」에서 밝힌 대로 난해한 『계몽』의 리수론을 학문적 과제로 알고 집필하였던 것이다. 다만 이황은 소옹 학술의 연원이라 할 수 있는 진단에 대해서는 병중에 힘들여 배웠지만 마치 대롱으로 하늘을 보듯 소득이 없었다고 말한다.74) 이황은

---

72) 『退溪先生文集』, 권43, 「新刊啓蒙翼傳跋」, "易之爲書, 更四聖而卦象爻翼具, 歷三賢而圖象傳義備."
73) 『退溪先生文集』, 권38, 「與申啓叔(己巳)」, "邵子不云乎, 若非前聖開蒙吝, 幾作人間小丈夫."
74) 『退溪先生文集』, 권2, 「與仲擧論圖書(二首)」, "京國三年笑絶癡, 病中辛苦學希夷, 可憐所得如窺管, 林下猶堪樂聖時, 邵傳義易絶人知, 香瓣雲臺百世師, 可惜梅巖親指授, 終身不悟啓蒙微."

『계몽』뿐만 아니라『율려신서』도 보았고『황극경세서』의 「경세일원소장
도」도 보았으며, 이에 대한 소백온의 해석을 비롯하여 여러 난해한 구절에
대하여 마음을 많이 기울였다. 그리고 학술적으로 난해한 부분에 대해서
는『성리대전』을 중심으로 문제에 접근하였다.[75]

이황은『계몽』에 대한 해설서에도 관심을 집중했다. 그의 시각에 포착된
해석서는 옥재 호방평[76]과 쌍호 호일계[77]의 해석서이다. 이황은 많은
역학이론 가운데서 호씨 부자의『계몽』해설이 발명한 바가 더욱 많다고
평하면서, 호방평의 이론을 거치지 않으면『계몽』의 문에 들어갈 수가
없으며 특히 호일계의『계몽익전』2권은 뿌리로부터 줄기가 뻗고 줄기로
부터 가지가 뻗듯 더욱 뻗어 나가 지남指南이 수레의 길을 밝히고 거울이
어둠을 밝히는 것과 같다고 평했다.[78]

『계몽』에 담긴 내용은 사실 주희가 소옹의 리수와 선천역학을 기반으로
서술한 것이다.[79] 이황이 "오호라! 일찍이 소강절이『역』을 들어 말하기를
'내가 종일 말한 것이 이것을 벗어나지 않았다'라고 했으니, 무릇 천지만물
의 이치가 모두 그 속에 있기 때문이다"[80]라고 찬탄했던 것은 바로 이를

---

75) 『退溪先生文集』, 권11, 「答李仲久」, "舊看律呂新書, 其算法窺斑處, 粗爲摹寫, 以備遺忘, 恐
有太疎脫處, 幷以呈寬, 亦賜勘訂以示, 啓蒙, 尤所難言, 僭不自揆, 曾與朋友講究, 及有所聞見
思索, 凡有所得, 隨手箚錄, 亦所以備忘. 或有來問者, 亦未免考閱爲證, 不覺因而傳入人眼, 此
等皆犯人人譏議, 不勝愧懼之至. 只緣爲禹景善强來料理, 亦輒作此人備忘錄, 別紙. 皇極經世
書經世一元消長圖下, 邵伯溫說, 有陰陽之餘空各六之語, 不知餘空是何語, 經世諸說, 固不易
解, 餘空之說, 似於一年一日皆有之, 而未知其義, 故敢問."

76) 胡方平은 호가 玉齋이며, 宋末 元初에 주희의 역학을 전한 주요 학자이다. 저서에『易
學啓蒙』을 해석한『易學啓蒙通釋』이 있는데, 이는 상수적 의리를 밝힌 책이다. 陽尊陰
卑와 陰陽의 交易 및 變易을 밝혔다.

77) 胡一桂(1247~?)는 자는 庭芳이고 徽州 婺源 출신이다. 雙湖先生으로 불렸다. 학술의
근원은 부친 胡方平이며, 주회의 역학을 전공했다. 저서에『啓蒙翼傳』2책이 있다.

78) 『退溪先生文集』, 권43, 「新刊啓蒙翼傳跋」, "其他百家諸說, 紛然竝興, 不可殫數, 而胡氏父子
啓蒙之說, 發明尤多. 凡今學易者之於啓蒙, 不由玉齋之說, 莫得其門而入, 其功大矣. 而雙湖先
生承家紹學, 著爲翼書二卷. 如源之有委, 如木之有枝, 愈深而愈達. 可謂車指南而鑑燭幽矣."

79) 이에 대해서는 이선경의 「역학계몽에 나타난 주자역학의 특징-소강절 역학의 수용
과 변용을 중심으로」(『한국철학논집』28집, 한국철학사연구회, 2010. 3)를 참조할 것.

두고 한 말이다.

　이황은『역』을 역수逆數로 보는 기본 관점을 취한다. 그는『역』이 역수라
는 점은『계몽』가운데서 소옹과 주희가 이미 설명을 다하였다고 했다.[81]
그는 또『역』을 리수理數의 학문이라고도 하면서, 이 리수의 학문은 너무
넓고 미묘하며 복잡하고 어지러워 연구할수록 더욱 끝이 없다고 말했다.[82]
이황은 리수 학술의 근원을 하도·낙서로 보는 견해에 찬동한다. 공자가
「계사」에서 이미 분명히 말했으니, 그것을 버리고서는『역』을 배울 수
없음이 분명하다는 이유에서이다. 비록 정호와 정이 두 형제가 소옹의
점술뿐만 아니라 그의 수학조차도 귀히 여기지 않았다는 것을 알고
있으면서도, 이황은 리가 있으면 기가 있고 기가 있으면 수가 있는 법이므
로 기를 두고 리만 홀로 갈 수 없듯이 수 또한 버릴 수 없다고 말한다.
수가 리 밖의 일일 수는 없다는 것이다. 이황에 따르면 정씨형제가 소옹의
학술을 배격한 까닭은, 리를 위주로 하면 수가 저절로 그 속에 포함되고
혹 포함되지 않는 경우가 있더라도 이해利害에 관계없이 일이 모두 정당하
게 되지만 수를 위주로 하면 혹 리에 어긋날 경우 이익만을 추구하다가
인륜을 해치고 의리를 무너뜨리는 일이 생기게 되기 때문이다. 정씨형제
는 소옹 학술의 말류로 인한 폐단이 여기에 이를 것을 염려한 것이지
소옹의 학술 자체를 그렇게 본 것은 아니었다는 뜻이다.[83]

---

80)『退溪先生文集』, 권43,「新刊啓蒙翼傳跋」, "嗚呼. 嘗聞邵子之稱易曰, 吾終日言, 而未嘗離乎
　　是. 蓋天地萬物之理, 盡在其中矣. 夫如是."
81)『退溪先生文集』, 권25,「答鄭子中別紙」, "易, 逆數也. 啓蒙中邵子說盡之. 今所論雖不無其
　　理, 柰非夫子本意何."
82)『退溪先生文集』, 권42,「啓蒙傳疑序」.
83)『退溪先生文集』, 권25,「答鄭子中別紙」, "康節之術, 二程不貴, 非獨指推算知來之術. 只數學
　　亦不以爲貴, 蓋有理便有氣, 有氣便有數, 理不能遺氣以獨行, 亦何能遺卻數耶. 來喻所謂數豈
　　理外事者, 正是如此. 但主於理, 則包數在其中. 其或有包不得處, 不計利害, 而事皆得正, 主於
　　數, 則其常者, 固亦理在其中. 其變者, 則鮮合於理, 而雖趨利避害, 賊倫滅義之事, 皆不憚爲之,
　　此二程所以不貴其術也. 然此特因其術, 而慮夫末流之弊必至於此耳. 非謂康節爲然也."

그런데 이황은, 소옹의 시대에는 정씨형제를 포함한 그 누구도 모르던 것을 겨우 소옹 혼자만이 알 수 있었으며, 주희에 이르러서야 크게 밝혀내어 누구나 들을 수 있게 되었다고 평한다. 배우는 사람들이 소옹과 같이 수를 위주로 해서 리까지 포괄하는 것은 참으로 어려운 일이므로, 주희와 같이 리를 위주로 해서 수까지 겸하여 밝힐 수 있도록 힘써야 한다고 그는 생각한다.[84] 수리가 아니라 리수를 권장한 것이다.

2) 소옹 역학의 수용

리수理數의 학과 관련된 소옹 역학에 대한 이황의 이해는 다음의 시에서 그 편린을 볼 수 있다. 「때를 즐김」이라는 시이다.

굴신의 변화는 모두 수로 인한 것이니	屈伸變化都因數
효爻와 상象의 바뀜은 각각 그 때가 있네.	爻象推遷各有時
홀로 태화탕 한 잔을 마시며	獨飮太和湯一盞
소옹의 안락시 백 편을 길게 읊는다.	長吟安樂百篇詩[85]

만물의 굴신변화는 리로도 기로도 모두 설명할 수 있는데, 이것을 수에 집중하여 설명한 것은 소옹이다. 『역』의 효와 상의 추이와 변천에 각각 그 때가 있다고 하여 이를 수로 설명한 것도 역시 소옹이다. 이황은 앞의 두 구절에서 소옹의 철학을 압축하여 드러낸 다음, 이러한 세계관을 배경으로 하여 소옹이 마신 태화탕을 마시며 소옹이 읊은 안락시를 음미하고 있다. 태화탕이란 소옹이 술에 붙인 이름이고, 안락시 백 편이라

---

84) 『退溪先生文集』, 권25, 「答鄭子中別紙」, "至於河圖洛書, 乃理數之原, 聖人於繫辭, 旣明言之其不可舍此而學易, 明矣. 而二程於康節, 幷此而不與之講明, 此則不可曉, 豈此等事, 發明於天地間, 亦有待而然. 故康節才能獨得, 而至朱子然後乃大闡發, 使人人皆得而與聞之耶. 然則學者欲學堯夫主數而能該理, 固難矣. 如晦菴主理而兼明數, 又安可不務哉."
85) 『退溪先生文集』, 권3, 「林居十五詠(李玉山韻)·樂時」.

는 것은 소옹의 「수미음」 135수를 간략히 말한 것이다.[86]

이황에게는 또한 「만물을 살핌」이라는 시가 있는데, '관물'은 바로 소옹의 철학방법이자 그가 지은 책의 편명이기도 하다.

무성하게 일어나는 만물은 어디로부터 발생하는가!　　芸芸庶物從何有
막막하다, 그 시원, 결코 허공이 아니구나.　　　　　漠漠源頭不是虛
이전 성현들이 감흥을 일으킨 곳을 알고자 한다면　欲識前賢興感處
뜰의 풀과 동이의 물고기를 보시기를.　　　　　　請看庭草與盆魚[87]

만물은 어디로부터 생기는가? 그 원두처는 알 길이 없지만 결코 텅 빈 곳은 아니다. 주돈이는 초목들의 생기를 존중하여 "저 풀이 살고자 하는 마음은 나와 똑같다"[88]라고 하면서 창 앞의 풀을 뽑지 않고 그냥 두었고, 정호는 "만물이 자득하는 뜻을 보려고 한다"[89]라고 하면서 항아리에다 송사리 몇 마리를 키우며 관찰하였는데, 이황은 바로 이러한 고사를 들고 있다. 이 시는 물론 정호의 "고요히 살피니 만물이 모두 제자리를 얻고 있구나"(靜觀萬物皆自得)를 연상케 하지만, 그러면서도 소옹이 추구한 만물의 모습과 그 이치를 엿보게 한다. 이황은 또 『계몽』을 읽으면서 소옹의 건곤론을 수용한 주희를 인정하며 그 책을 손자에게 보여 주었다.

소자가 건곤을 열어 우리 주자에게 전하니　　　　邵闢乾坤傳我朱
『역』의 마음과 골수가 이 책을 환히 꿰네.　　　　易中心髓洞玆書
연구하고 탐색하며 사문에 응하니　　　　　　　　幾加硏索兼咨訪
늙어도 술업을 소홀히 함을 오히려 꺼리네.　　　　到老猶嫌術業疎[90]

86) 『退溪先生文集攷證』, 권2, 「卷3 樂時」, "太和湯 : (邵無名公傳)性喜飮酒, 嘗命之曰太和湯. 安樂百篇詩 : 邵堯夫安貧樂道, 所居寢食處爲安樂窩, 自號安樂先生."
87) 『退溪先生文集』, 권3, 「林居十五詠(李玉山韻)·觀物」.
88) 『宋元學案』, 권12, 「濂溪學案下」附錄, "與自家意思一般."
89) 『宋元學案』, 권14, 「明道學案下」附錄, "欲觀萬物自得意."

이황은 「만물을 읊음」이라는 제목의 또 다른 시에서는 소옹이 『역』의 오묘한 뜻을 드러냈다고 평하고 있다.

사물을 봄은 모름지기 나의 생을 살핌으로부터 시작하니	觀物須從觀我生
『역』 속의 은미한 뜻 소강절이 밝혔네.	易中微旨邵能明
만약 자기를 버리고 오직 관물하라 하면	若敎舍己惟觀物
솔개와 물고기를 우러르고 굽어봄도 정에 얽매임일세.	俯仰鳶魚亦累情91)

이황은 소옹의 선천도는 복희와 관련이 있지만 그 중 원도圓圖는 복희가 괘를 그린 순서가 아니라고 말한다. 그에 따르면 원도는 괘를 그린 뒤 자르고 변형시켜 약간의 안배를 가함으로써 음·양이 소장하고 운행하는 순서를 보여 주려 한 그림이므로, 복희가 괘를 그은 순서로 논한다면 마땅히 횡도橫圖로써 말해야 한다는 것이다.92)

이황은 태극을 『역』으로써 이해해야 한다는 입장을 갖고 있다. 경전의 여러 주석에 후인들이 그 주요 개념과 태극을 연결하여 설명한 것들이 있는데, 이것들은 모두 각각의 이해를 돕기 위하여 보충적 연결을 시도한 것이므로 원래의 문헌에서 그 흐름을 따라 이해하는 것이 옳다는 것이다. 그래서 이황은 허봉이 "『대학장구집주』 세주에 또한 태극에 관한 설이 있는데 태극은 본래 『역』 속의 말입니다. 『대학』을 읽는 사람이 세주로써 태극을 알 수 있습니까, 반드시 『역』을 읽은 다음에 태극을 알 수 있습니까?" 라고 물었을 때 다음과 같이 답하였다.

---

90) 『退溪先生續集』, 권2, 「溪上. 與金愼仲惇敍, 金士純, 琴壎之, 禹景善, 同讀啓蒙, 二絕示意, 兼示安道孫兒」.
91) 『退溪先生續集』, 권2, 「寄題權章仲觀物堂」.
92) 『退溪先生文集』, 권25, 「答鄭子中別紙」, "先天圖, 不是伏羲畫卦次第, 乃畫卦後就其中間, 截斷而挼轉之, 以成此圖, 蓋雖似稍涉安排, 而陰陽消長, 運行次第不如此, 不成模樣故也. 若論畫卦次第, 則當以橫圖言之, 乃可也."

지선至善을 풀이하여 태극이라 한 것은 참으로 『역』의 태극을 말한 것으로, 그것은 서로 다른 것이 아니다. 그러나 『대학』의 주를 통해 태극을 알고자 한다면 벌레가 바다를 헤아리려는 것일 뿐이니, 설사 『역』과 주염계의 책을 모두 읽었다 하더라도 오히려 그 사람의 지식의 높고 낮음과 공부의 얕고 깊음에 따라서 깨닫는 것이 다르다. 그러므로 성급하게 태극을 안다고 말해서는 안 된다.[93]

한편 이황은 백인걸에게 '물(水)이 천지가 생겨나는 근원'이라는 주장에 대해 설명하면서 소옹의 시 「동지冬至」를 인용한다. 소옹의 시는 다음과 같다.

하나의 양이 처음 움직이는 곳,　　　　　一陽初動處
만물이 아직 생겨나지도 않은 때.　　　　萬物未生時
현주玄酒의 맛은 바야흐로 담박하고　　　玄酒味方淡
천지의 큰 소리는 들리지 않네.　　　　　太音聲正希

이 시를 이황은 다음과 같이 설명한다. 시에서는 비록 1년 중의 동지를 가리켜 말하고 있지만 이러한 묘처妙處는 1원元 중의 자회子會 첫머리에도 있을 것이다. 그리고 이러한 묘처가 있다고 한다면 이때에 천지가 먼저 생겨나 있을 수는 결코 없다. 따라서 시에서 말한 "만물이 아직 생겨나지 않았던" 그 때에는 천지 또한 없다. 만일 소옹의 시가 1년 중의 동지만을 가리켜 말한 것이라면 천지가 있은 뒤에 그러한 묘처가 있게 된다고 할 수도 있겠지만, 우주의 시간인 1원으로 본다면 그 처음에는 오직 수기水氣만이 아득하고 망연하게 생겨날 뿐이요 다른 것은 일절 존재하지 않을 것이다. 공자의 "천일天一이 물(水)을 낳는다"는 말이 바로 이를 가리키

---

93) 『退溪先生文集』, 권33, 「答許美叔(庚午)」, "(問: 大學小註中, 亦有太極之說, 太極本是易書中語也. 讀大學者, 因小註而可以知太極耶. 須讀易然後可知太極耶.) 釋至善之太極, 固是大易之太極, 非有二也. 然欲求知於大學註, 不啻以蠡測海也. 假使讀盡易書濂溪書, 亦各隨其人智識高下, 用工淺深, 而所得有不同. 未可遽以能知太極槩許之也."

는 것이니, 천지 또한 이 물로 말미암아 생겨나는 것이다.[94]

3) 서경덕에 대한 비판적 인식

『실록』의 이황 졸기에서 사관은 이황에 대해 "성인의 가르침을 밝히고 이단을 분별했다. 중국에서 도학이 전통을 잃어 육왕의 학설이 성행하는 것을 슬프게 여겨 그 잘못됨을 지극하고 간급하게 논했으며, 화담 서경덕의 학설이 氣를 理로 오인한 병통이 있음을 들어 이를 밝히기도 했다"[95] 라고 적고 있다. 그가 「전습록논변」을 통해 양명학을 신랄하게 비판했던 것은 이미 익히 알려진 사실이다. 그렇다면 그가 서경덕을 비판적으로 인식하여 배제하려 했던 까닭은 무엇인가? 그것은 서경덕이 소옹의 학술을 조술한다고 하지만 소옹의 경지에는 이르지 못했다고 본 것이며, 또 서경덕의 학술을 배우는 사람들이 자칫 기만 좇다가 이익 추구의 길로 나서거나 인륜을 해치는 지경으로 떨어지게 될 것을 염려했기 때문이었다고 할 수 있다.

이황은 서경덕의 『황극수해』에 대하여 "그 계산법이 맞는지 모르겠다"라고 하면서, 그가 『석의釋義』 같은 책을 보지 못하여 스스로 그렇게 탐구해 간 듯한데 과연 소옹의 수와 서경덕의 수가 부합하는지는 모르겠다고 말했다.[96] 서경덕의 수학에 의심을 가진 데서도 짐작할 수 있듯이 이황은 수에 대해 밝았다. 소옹이나 『계몽』을 이해하기 위해서도 수학에 밝아야 했다. 그는 수학에 밝은 윤광일[97]과 교제하기도 했고, 도량형의

---

94) 『退溪先生文集』, 권12, 「答白士偉仁傑」.
95) 『宣祖修正實錄』, 권4, 1570년 12월 1일, 1번째 기사, '숭정대부판중추부사 이황의 졸기'.
96) 『退溪先生文集』 10권, 答李仲久 "且有別幅所書皇極數解者, 乃徐處士花潭君所著也. 未知此算得無差否. 似聞此人不見此釋義等書, 而自窮到此, 亦一奇事.　第未知果合邵老本數與未也. 乞須訂其是非, 詳以見諭, 幸甚幸甚. 其所謂陰陽餘空之云, 未審何謂, 曆家必知之, 幷問示何如."

단위인 리釐·사絲·홀忽과 관련해서는 『손자산경孫子算經』의 기록을 참고하여 누에가 한 번 토해 낸 만큼을 홀忽이라 하고 10홀이 사絲가 되며 10사가 호毫가 되고 10호가 리釐가 된다고 밝히기도 했다.98)

이황은 서경덕의 문인인 연방蓮坊 이구李球(?~1573)의 "체體는 상象에서 나오고 용用은 동動에서 나온다"라는 말에 대해서도 비판적이었다. 이구는 "체는 상에서 나오고 용은 동에서 나오니, 동하기 전에 어찌 용이 있었겠으며 형상이 있기 전에 어찌 체가 있었겠는가"라고 하여, 마음에 체와 용이 따로 있는 것이 아님을 주장하며 소옹의 "본래 체가 없다"(本無體)는 설을 인용하여 이를 증명하고자 했다. 그러나 이황은 이구의 이 설을 다음과 같이 비판하고 있다.

연방이 말한 "체는 형상에서 나오고 용은 동에서 나온다"라는 것은 다만 사물의 체와 용이 저 아래에 떨어져 있는 형이하를 말한 것일 뿐, 아득하여 조짐이 없이 체와 용의 근원이 하나인 형이상의 묘함을 내던져 버렸다. 오직 그 소견이 형상에 얽매여 "형상이 있기 전에는 체 또한 없다" 하면서 소자의 말로써 증거를 삼았으나, 이는 소자가 말한 '체가 없다'는 것이 다만 형체가 없음을 말한 것일 뿐 저 아득한 체가 없다고 말한 것이 아님을 알지 못한 것이다. 이미 체를 인식함이 갖추어지지 못했다면 용을 인식함도 갖추어지지 못할 것임은 말할 필요도 없다.99)

그러나 이황이 서경덕에 대해 막무가내로 비난한 것은 아닌 듯하다. 그는 임억령林億齡이 『화담유고』를 읽고 보내 온 시에 차운하면서 이렇게 읊고 있다.

---

97) 尹光溢은 서울의 유학자로 기묘사화에 관련되었다. 『退溪先生文集攷證』, 권4, 「卷11 答李仲久別紙」에서는 윤광일에 대해 "居京, 明於數學, 嘗以儒生, 與己卯士禍"라고 적고 있다. 이 이름은 『退溪先生文集』권32 「答禹景善別紙」에도 나온다.

98) 『退溪先生文集攷證』, 권4, 「卷11 答李仲久別紙」, "釐絲忽: (孫子算術)蠶所吐絲爲忽, 十忽爲絲, 十絲爲毫, 十毫爲釐."

99) 『退溪先生文集』, 권41, 「心無體用辯」.

은사隱士의 참된 공업,   隱士眞功業

남기신 말은 달고 맛난 고기와 같네.   遺言似豢甘

한가로운 움막은 강절의 즐거움을 사모하니,   閒窩慕康樂

공명과 출세를 위한 공부 비웃네.   捷徑笑終南

리수의 학문은 논의함이 없지 않고   理數非無議

그윽하고 바른 처신 참으로 부끄러움이 없네.   幽貞信不慙

그대 능히 이 뜻을 알았거니,   君能知此意

함께 자리하여 담론치 못함을 한하노라.   恨未對牀談[100]

[100) 『退溪先生續集』, 권1, 「林大樹讀徐花潭遺藁見寄, 次韻」.

제4장 졸수재 조성기의 낙천·우세 병행불패론

1. 도하의 처사

조선의 17세기 후반은 사회적 모순과 갈등이 특히 심한 시기였다. 정묘·병자 두 차례의 전쟁에서 승리한 청은 패전국 조선을 여러 형태로 압박하였다. 조선에서는 명분과 의리를 우선적 가치로 삼고 북벌을 주창하는 척화세력과 새 질서를 수용하려는 친청세력 사이에 갈등이 있었고, 서인과 남인들 사이에는 집권을 위한 당쟁이 극심했다. 사상적으로는 사문난적斯文亂賊 파동이 보여 주듯 주자학적 정학관·정통론이 우세한 가운데 이에 맞서서 한학漢學·고학古學 및 양명학, 제자학 등의 반주자학적 기운이 높아 가기도 했다. 이 시기에 처사적 지식인으로서 소옹의 학술에 대한 깊은 조예와 실천으로 세인의 주목을 끈 한 학자가 있으니 바로 졸수재 조성기趙聖期(1638~1689)이다.

조성기는 한양 명문가 출신으로 그의 가문은 삼백 년 동안 대대로 조정에서 녹봉을 받아 왔다. 그는 다섯 형제 가운데 셋째인데, 그의 형제들은 세상에서 오상五常으로 불릴 만큼 학문과 덕망이 탁월했다.[1] 그러나

---

1) 趙聖期의 자는 成卿이고 호는 拙修齋이다. 부친은 時馨으로 마전군수를 지냈고, 모친은 청송심씨이다. 5형제가 모두 빼어나, 호가 九峯인 맏이 遠期는 황해도관찰사를 지냈고, 둘째는 顯期이고 셋째가 성기이며, 넷째 昌期는 사간원사간을 지냈고 막내

조성기는 초년에 사마초시에 수석을 차지했다가 질병으로 과거를 통한 입신양명을 포기한 뒤로는 20세 이후 40세에 이르기까지 줄곧 국외자·방관자로 살았다. 마치 자폐증환자처럼 다른 사람과의 소통이 없이 홀로 자기 방에서 역사서와 경서를 읽으며 세월을 보냈다.

『실록』의 졸기에서 사관은 조성기를 '도하의 처사'로 명명하면서 젊어서부터 병으로 출사를 폐하고 경전과 사서를 연구하며 칩거했는데 박식하여 두루 관통하지 않음이 없었으며, 그 학문은 오로지 사색하고 탐구하는 데 힘을 기울였다고 하였다. 이어서 그의 인적 교류와 관련하여 다음과 같이 적고 있다.

> 오직 김창협·김창흡 형제와 임영林泳이 그를 거유鉅儒로 지목하여 즐겨 종유하였다. 매번 편지를 주고받으면서 상하로 논의하였는데, 혹은 의리와 문장을 논하기도 하고 혹은 왕자王者와 패자霸者의 사업과 공을 논하기도 했다.…… 김창협은 그 재주와 식견을 찬탄하며 비록 도에는 순수하지 못했으나 또한 근세의 호걸이라 하였고, 김창흡은 만사를 지어 그의 학문을 '요부의 학문'에 견주고 또 그 묘지에서는 '좌해左海의 간기間氣'라 칭하면서 "황왕제패皇王帝霸와 일월성신日月星辰이 그 뱃속에 가득 찼으니, 속에 꼬불꼬불 서려진 것을 펼쳐놓을 데가 없어 위로 높은 하늘에 서리었다"라고 하였다.2)

사관이 『실록』에서 소개할 만큼 김창협·김창흡 형제는 조성기와 각별한 교유를 맺고 있었다. 김창협은 다른 곳에서 조성기에 대해, 어려서는 「악양루기」를 읽고 범중엄의 뜻을 지녔으며 출세를 포기한 이후에는 원헌처럼 옹유의 빈한한 삶을 살면서도 안락노인 소옹을 본보기로 삼아 근심과 걱정을 사람들과 함께하고자 하는 뜻이 있어 매양 격양시를 음송하였다고 하면서, 그를 후세의 요부로 칭하였다.3)

亨期는 대과에 장원하여 병조참판을 역임했다.
2) 『肅宗實錄』, 9년(1683) 6월 14일조.

조성기는 원래 어려서부터 병치레가 많았지만, 바깥출입을 폐할 정도로 심한 병을 앓은 것은 20세 때이다. 그는 낙마로 곱사등이가 되었다는 이야기도 있고[4] 진대의 황보밀皇甫謐(호는 玄晏, 215~282)처럼 사지가 마비되고 근육과 신경이 굳는 중풍병에 걸렸던 것으로 추정되기도 한다.[5] 여하튼 그는 칩거하여 독서와 사색 및 시 읊기를 즐겼다. 그의 시 가운데에는 황보밀과 소옹을 함께 대비적으로 읊은 구절이 종종 있다.

평생 현안玄晏의 병 앓으며	平生玄晏病
소노인(邵翁)의 「수미음」을 읊네.	首尾邵翁吟[6]

병중의 현안은 천 권의 책을 썼고,	病耽玄晏書千卷
한가로움을 사랑하는 요부는 한 동이 술을 마시네.	閑愛堯夫酒一樽[7]

요부는 『역』을 익혀 능히 사물의 이치를 밝혔고,	堯夫翫易能明物
현안은 책에 묻혀 숙환을 끌어안았지.	玄晏耽書奈抱病[8]

비웃지 마라, 고질병 앓는 현안을!	莫笑沈綿病玄晏
유연하구나, 안락의 노선생은!	悠然安樂老先生[9]

---

3) 『拙修齋先生文集』, 권12, 附錄, 「附誌銘(金昌翕)」, "生少讀岳陽樓記, 有范公天下之志, 晚處癃痼, 以安樂叟爲法. 其康濟自家與憂樂與人之意. 未嘗不並行. 每誦擊壤詩, 至民塡溝壑諒何辜也. 輒歔欷欲涕, 可見其憂世恤民, 出於血悃, 以爲偏於事功者, 亦淺之爲知也. 若論其造詣所極, 自有後世堯夫, 非區區之所及也."

4) 『拙修齋先生文集』, 권12, 附錄, 「附行狀」, "府君自少淸羸善病, 及長又以思索之過苦, 有加焉. 先府君辛峽邑, 府君奉太夫人行, 途中又墜馬, 傷臂幾折, 久而後乃瘳, 而舊症益沈痼矣. 逮己酉秋, 丁先府君憂, 時喪出倉卒, 府君驚號罔極, 哀毁踰禮, 絶而復蘇, 蘇而復絶者日至四五, 宿疹之外, 諸症迭出, 奄奄若不保朝夕者殆過半年. 易歲而後始離危地, 而自此爲廢病人. 春夏則乍歇, 秋冬則遽劇, 沈綿床席, 足不能出戶外者幾至數十年, 以其平日疾症而觀之, 人皆爲之坦坦眞有不堪支過時月者, 而唯其藥餌盡方, 調養有道, 庶幾收效於晚境矣."

5) 이승수, 『졸수재 조성기론 서설』(修德文化社, 2001), 71쪽.

6) 『拙修齋先生詩集』, 권1, 五言律詩(100首), 「又和(四首)」.

7) 『拙修齋先生詩集』, 권2, 七言律詩(215首), 「次春沼韻」.

8) 『拙修齋先生詩集』, 권2, 七言律詩(215首), 「與貫之諸友分韻賦詩(六首)」.

황보밀은 진晉나라의 은자隱者로서 일생 농사를 지으면서 '서음書淫'이라는 칭호를 얻을 만큼 책에 빠져 살았는데, 고질적인 풍비風痺의 병을 앓으면서도 결코 글쓰기와 책읽기를 멈추지 않았다고 한다. 조선의 장유, 신흠, 신익성 같은 문장가들이 스스로를 '현안玄晏' 즉 황보밀로 비유하곤 했던 것은 글쓰기와 책읽기를 병적일 만큼 좋아했다는 의미를 취한 것이었다. 이에 비해 조성기의 경우는 '실제의 병'과 '글쓰기와 책읽기에 대한 병적인 애호'의 두 의미를 함께 취한 것으로 보인다.[10] 조성기는 황보밀처럼 실제로 질병이 있기도 했지만 그만큼 책읽기와 글쓰기를 좋아했으며, 아울러 소옹처럼 세속과 절연한 채 처사로 살면서 역사책 읽기와 시 짓기, 관물과 사색을 즐기며 한가하게 지냈다.

조성기의 글 속에는 황보밀과 소옹처럼 짝을 이루어 존모의 대상으로 언급되는 인물들이 많다. 그는 소옹과 여조겸, 소옹과 도잠, 소옹과 증점, 소옹과 주희, 소옹과 범중엄, 소옹과 주돈이 등을 함께 거론하곤 했다. 그때그때 각각 지향하는 것들이 있고 다소 다른 면모와 취향을 보이지만 소옹이 빠진 경우는 거의 없다. 어쨌든 이들은 조성기가 추구한 삶의 근간적 양상과 관련을 갖고 있는 인물들이다.

조성기는 자신이 국외자局外者, 퇴부退夫, 방관자의 입장임을 자각하고, 그런 사람이 세상을 살아가는 이치에 대해 의식하고 있었다.

널리 논할 뿐 상세히 논하지 않고 옛것을 말할 뿐 지금의 것 말하기를 줄이며, 준엄할 때와 겸손할 때의 경계를 자세히 살피고 말할 때와 침묵할 때의 절도를 정밀하게 한다. 이것이 바로 국외산인局外散人 퇴부의 자수자정自守自靖하는 방편법 문이다. 더구나 나와 같이 고질을 앓는 사람이라면 마땅히 더욱 넉넉하고 여유 있게 하여 병든 몸을 편안하게 해야 할 것이다.[11]

---

9) 『拙修齋先生詩集』, 권2, 七言律詩(215首), 「和金仲和(三首)」.

10) 『晉書』, 권51. 書淫은 서책을 읽고 탐구하기를 마치 여색을 좋아하듯 하는 것을 일컫는 말이다.

또한 그는 국외자의 마음은 공평하고 방관자의 눈은 시원하다고 하면서 자신이 고요한 곳에서 움직임을 보는 자임을 강조하였다.[12] 그는 자신을 이해하고 인정해 줄 사람이 언젠가는 반드시 나타나리라는 확신과 자부심을 가지고,[13] 천년 뒤에 새로운 양웅·소옹이 나와서 시비를 공정하게 판결해 줄 것이므로 한때 사람들로부터 조롱받고 모욕을 당하는 일이 있더라도 사양치 않고 달게 받겠다고 말했다.[14]

2. 여조겸과 역사 탐구를 좋아한 학자

조선의 유학자들 대부분이 그러했듯이 조성기 또한 주희를 학문의 본보기로 삼았다. 조성기는 40세 무렵에 임영에게 쓴 편지에서 자기 학문의 지향과 사법師法을 밝힌 일이 있다.

제가 당초에 학문하여 득력한 곳은 전적으로 주자의 책입니다. 그러므로 평생 독서하고 궁리하여 깨닫고 의심한 모든 것이 주자의 책에서 절충하고 증거를 얻지 않은 것이 없습니다. 그리고 모든 성현들 가운데 마음을 오로지하여 본받으려 한 것은 주자만한 분이 없습니다. 다만 항시 스스로 점검하니 일상 언행에서 주자의 가르침과 같지 않음이 많아 마음에 절실하게 부끄럽고 위축되는 바가

---

11) 『拙修齋先生文集』, 권8, 「與吳參議貫之書」, "夫泛論而不偪切, 談古而少談今, 審危遜之戒, 精語默之節. 此局外散人退夫之所以自守自靖之方便法門. 況如病僕之廢疾沈頓者, 尤當優遊暇逸, 以安病軀."

12) 『拙修齋先生文集』, 권8, 「與吳參議貫之書」, "蓋局外心公, 傍觀眼快, 況處靜而觀動, 執古而御今, 僕輩於此, 亦不無一斑所窺乎."

13) 『拙修齋先生文集』, 권4, 「答林德涵書」, "篋而藏之, 以俟千載之下子雲堯夫"; 『拙修齋先生文集』, 권9, 「答金仲和」, "僕方擬作答執事書, 欲極論近日往復議論本末是非之極摯, 藏諸篋中, 俟後世之子雲堯夫, 而決不欲率爾投進如向日之所以答令季者, 以貽今日欲悔而靡及, 追思而可厭者矣."

14) 『拙修齋先生文集』, 권7, 「答林德涵書」, "千載之子雲堯夫, 當有神遇於朝暮者, 若夫一時諸君子之嘲評侮辱, 吾且甘心而不辭."

있었습니다. 그래서 감히 가볍게 주자를 입에 담지 못합니다.[15]

그런데 조성기는 임영에게 쓴 다른 편지에서는 또 소옹의 역학과 여조겸의 사학 등을 거론한다.

제가 스승으로 본받으려 하는 사람은 소요부와 여성공이며, 항시 좋게 거론한 사람은 왕문중王文中(왕통), 육선공陸宣公(육지), 범희문范希文(범중엄), 사마군실司馬君實(사마광) 같은 사람들입니다.…… 제가 배운 것은 실상 여백공의 규모와 태도에서 벗어나지 않았고, 성리를 정밀하게 탐구하려는 것에 있어서는 북계 진씨에게서 깊이 느낀 바가 있습니다.[16]

그는 소옹과 여조겸 두 사람이 자신의 기질과 가까워 좋아할 만한 것이 있었기 때문에 그들을 사법으로 삼았다고 밝히고 있다. 김창협이 조성기에 대해 '도에 순수하지 않다'고 평가했던 것은 그의 이런 분위기를 의식했기 때문인지도 모른다.

조성기가 존경하는 인물을 보면 그가 특정한 사승이나 당색적 이해에 얽매이지 않았음을 알 수 있다. 사실 그는 가형 또는 집안의 학자 이외에는 뚜렷한 사승이 없었다. 그는 자신이 존경한 대부분의 인물들에 대해서는 분명한 이유를 언급한 적이 없지만, 여조겸에 대해서는 그 규모와 모양을 본받았다고 했으며 진순에 대해서는 성리를 정밀하게 연구하는 태도에 깊이 느낀 바가 있었다고 했다. 그렇다면 이 가운데 여조겸의 학문과 규모, 태도, 모양은 무엇을 말하는 것인가? 조성기는 임영에게 보내는

---

15) 『拙修齋先生文集』, 권3, 「答林德涵書」, "鄙人當初爲學得力處, 專由於考亭之書. 故平生讀書窮理, 一切所得所疑, 無不折衷取證於考亭之書, 而於諸聖賢中. 所專心取法, 亦莫如考亭. 但常自點檢其日用言行之際, 則與考亭所訓多有不相似者. 故心切愧縮, 不敢輕以考亭爲口實."
16) 『拙修齋先生文集』, 권3, 「答林德涵書」, "蓋僕所欲師法者邵堯夫呂成公, 而其常所艷稱者王文中陸宣公范希文司馬君實諸人.……若僕之所學, 實不出於呂伯恭規模樣子, 而其欲精究性理, 則深有感於北溪陳氏之風."

편지에서 "『사강』을 한 번 보았더니 참으로 좋았다. 다만 모름지기 정자·주자가 가르친 역사 보는 방법 및 여백공이 논한 여러 조항들을 엄정한 표준으로 세워서, 하나하나 그 말한 바에 따라 세심하고 정밀하게 살펴야 할 것이다"[17]라고 하였다. 역사서를 볼 때는 정통 정주학의 사관과 여조겸이 확립한 방식을 따라야 한다는 것이다.

그는 역사서를 읽은 다음에는 매번 그 소감을 피력하는 시를 읊곤 했다. 「역사서를 읽고 느낌이 있어」(讀史有感)라는 12수의 칠언절구와 「역사를 읊음」(詠史)이라는 5수의 칠언절구가 대표적인 예인데, 「역사를 읊음」에는 '태공太公', '악의樂毅', '하분河汾', '희문希文', '동보同甫' 등으로 역사적 인물들이 소제목으로 달려 있다.

3. 후세의 요부

1) 친구 소옹, 스승 증점

조성기가 여조겸의 사학을 좋아했지만 일생 가장 흠모하고 본받고자 한 사람은 앞서 말한 대로 소옹이었다. 소옹에 대한 조성기의 숭모는 사상 이전에 인간적인 존경과 동일시 욕구에서 비롯되었다. 조성기는 자신의 삶 전체를 소옹에 견주거나 그를 닮으려 했다. 그는 스스로 "소옹은 나의 친구이며 증점은 나의 스승"이라고 말했고,[18] 또 "도잠과 소옹은 나의 전신前身"이라고 하기도 했다.[19]

---

17) 『拙修齋先生文集』, 권4, 「答林德涵書」.
18) 『拙修齋先生詩集』, 권1, 七言古詩(三首), 「春日邀諸友看花口號」, "花開花落自相隨, 桃花初發杏花飛, 我有一樽酒, 我有千首詩, 看花酌酒復吟詩, 花間白日正遲遲, 堯夫是我友, 曾點是我師, 名敎中有眞樂地, 義之季倫麤男兒, 杯行到手且莫停, 風光正與醉翁宜."
19) 『拙修齋先生詩集』, 권2, 七言律詩(215首), 「謝仲和(二首)」, "陶翁邵子是前身."

조성기는 소옹을 좇아 자기 집 이름을 안락와라고 지었다. 스스로 밝히기를, 진리를 추구함에 있어서는 주희의 문하를 찾았지만 시에 있어서는 소옹의 의발衣鉢을 전승하였다고 하였으며,[20] 안락조사安樂祖師의 의발衣鉢을 받아 장난치듯 시를 지었다고 하였다.[21] 이 밖에도 그는 소옹의 많은 일화와 시구들을 활용했다. 그는 소옹처럼 설월풍화雪月風花를 즐겼는데, 특히 꽃을 완상하는 삶을 자주 노래했다.

봄바람이 막 소노인의 집에 이르니	春風乍到邵翁家
쓸쓸하고 가벼운 그늘이 꽃 기르기에 좋아라.	漠漠輕陰好養花
스스로 웃노니 인생 백년에 무슨 사업 있었는가,	自笑百年何事業
꽃을 보며 버들가지에 묻는다, 삶이 만족한지를.	看花問柳足生涯[22]

여기서 소노인의 집은 조성기의 집을 가리킬 것이다. 그의 집은 찾는 이도 없다. 그러니 한가로이 꽃을 기르기에 적합하다. 유학자가 인생 백년의 삶을 어찌 꽃과 버들을 감상하는 것에 만족하겠는가마는 그는 스스로 묻는다, 너의 삶에 만족한지를……

사시 가흥은 해마다 새롭고	四時佳興逐年新
방안에 책이 있어 가난을 싫어하지 않네.	一室圖書不厭貧
한낮 뜰의 꽃이 색깔과 자태가 곱고	日午庭花偏色態
바람이 불매 못가 버들이 정신을 맑히네.	風來池柳倍精神
뉘라서 산림의 한가로움 속의 즐거움을 알겠는가,	誰知林下閒中樂
홀로 인간세상 바깥의 봄을 차지하고 있네.	獨占人間分外春[23]

---

20) 『拙修齋先生詩集』, 권1, 五言律詩(100首), 「復和金仲和(十五首)」 중 제7수, "吟詩傳邵鉢, 求道自朱門, 落落乖衰世, 時時發妙言, 午晴冬日愛, 久雪堅雲繁, 的皪寒梅樹, 那愁歲色昏."
21) 『拙修齋先生詩集』, 권2, 七言律詩(215首), 「次柳集仲韻」, "流光頻向病中過, 老狀癃然類郭駝, 求道十年新得少, 知音末路一人多, 宜將事業歸餘子, 且學岐黃療舊病, 安樂祖師衣鉢在, 打乖詩律幾高哦."
22) 『拙修齋先生詩集』, 권1, 七言絶句(145首), 「口號(三首)」.

다른 사람들이 한창 일하고 있을 한낮에 뜰에 핀 꽃의 자태를 감상하고 있는 사내, 바람에 흔들리는 버들가지에 정신이 새로워짐을 느끼면서 산림에 묻혀 지내는 한가로운 삶 속에서의 즐거움을 뉘라서 알 것인가를 묻는 지식인 조성기의 모습이 그림처럼 드러나 있다. 이 시 외에도 꽃을 노래한 시들은 많다. 다음과 같은 것들이 눈에 띤다.

낙양 거리는 꽃을 감상하는 사람들로 가득하니,	洛陽無限賞花人
거짓된 세월 속에 꽃과 버들만이 새롭네.	謾說年年花柳新
천기가 온갖 사물을 고르게 함을 아는 이 누구인가,	誰識天機均物物
제각기 시절을 좇아 정신만 희롱하고 있구나.	各隨時節弄精神24)

한식의 봄날 삼월 중,	寒食年光三月中
집집마다 붉은 살구꽃이 낙양성 동쪽에 피었네.	萬家紅杏洛城東
작은 수레 나가는 곳은 천진의 풀밭,	小車行穩天津草
봄옷 입고 기수의 바람 쐬며 돌아오네.	春服吟歸沂水風25)

하는 일 없이 책을 펴들고	無營常對卷
물음이 생기면 문을 열고 나가네.	有問始門開
사물의 자태가 유동함을 보매	物態看流動
해마다 꽃들이 절로 피고 지네.	年華自去來26)

머리는 세고 병까지 많아	白首還多病
미친 노래 부르기 40년.	狂歌四十春
무심하게 나아가니	無心干進取
맑은 즐거움이 저절로 있네.	有樂自淸眞

---

23) 『拙修齋先生詩集』, 권2, 七言律詩(215首), 「謝仲和(二首)」.
24) 『拙修齋先生詩集』, 권1, 七言絶句(145首), 「春日病中對瓶花(五首)」.
25) 『拙修齋先生詩集』, 권2, 七言律詩(215首), 「和子益(四首)」.
26) 『拙修齋先生詩集』, 권1, 五言律詩(100首), 「又和(四首)」.

객을 마주하니 권태를 잊고   對客情忘倦
시를 짓자니 붓에 절로 신이 나네.   題詩筆有神
풍화용호風花龍虎의 구절은   風花龍虎句
웃는 것인가, 성내는 것인가.   疑笑復疑嗔27)

또한 그는 소옹처럼 술을 즐긴 듯하다. 소옹의 안락와에는 항상 술이
한 동이 있었다. 소옹은 술에 태화탕太和湯이라는 이름을 부여했다. 우주의
근원적이고 포괄적인 조화를 나타내는 그 이름을 술에 부여했으니 그의
주덕酒德에 대한 칭송을 짐작할 수 있다. 이를 기억하는 조성기는 그의
집에도 술이 떨어지지 않게 했던 듯하다.

오십 년 동안 다만 미친 노래 불렀는데   行年五十但狂歌
방안에서 쓸쓸히 세월이 흘렀네.   一室蕭然歲月多
매양 누룩에 의존하는 생활로 외물의 제약을 피하며   每托麴生逃物累
때로 시구를 읊어 자연의 중화를 드러내네.   時吟詩句發天和28)

외인과의 교제가 없는 자폐적 생활 오십 년, 탁월한 재능을 지니고서도
신체적 장애로 세상에서 용납되지 못할 것을 알고는 밀려드는 울화를
미친 듯이 토해 내는 생활, 외로움과 고단한 생활의 제약을 잊기 위해
매양 기울이는 술잔, 그런 중에도 시를 읊으며 자연세계의 중화를 묘사하
는 삶이 반복되고 있었다. 이 밖에도 아래와 같이 술과 관련된 시구가
많이 등장한다.

높은 뜻은 증점의 비파소리 미친 듯이 좋건만   高志狂追曾點瑟
태화의 봄이 소노인의 술잔에 가득하네.   太和春滿邵翁杯29)

---

27) 『拙修齋先生詩集』, 권1, 五言律詩(100首), 「復和金仲和(十五首)」.
28) 『拙修齋先生詩集』, 권2, 七言律詩(215首), 「與貫之諸友分韻賦詩(六首)」.

태화탕 서너 사발에	太和三四椀
소노인은 봄을 가득 느꼈지.	邵老滿懷春
저절로 울타리 동쪽에 숨으니	自是墻東隱
문이 아니라 골짜기 입구이네.	非關谷口眞
티끌 자취 더욱 굽고	塵埃迹愈屈
쇠한 늙은이가 다시 기운이 돌아오네.	衰白道還神
진량의 사공학事功學을 웃어넘기니	却笑龍川學
천추에 언제 화내는 것을 보랴.	千秋尙見嗔[30]
집에서 빚은 술 깊이 떠내며	家釀從深酌
정원의 꽃을 홀로 읊네.	園花侑獨吟
이 가운데 한가로운 뜻이 있으니	此中聊適意
세상에 뉘라서 이 마음을 알겠는가.	世上孰知心[31]
시와 노래는 우리들의 일이요	詩歌自是吾輩事
꽃과 새가 어찌 일찍이 가난하고 천함을 싫어하리.	花鳥何嘗厭賤貧
안락와에 술동이가 있으니	安樂窩中樽酒在
영화도 치욕도 없는 한가로운 사람일세.	無榮無辱一閑人[32]
산장의 창가에 한가롭게 누워 있기 10년,	山窓閒队十年來
안락와 속에는 술이 잔에 가득하네.	安樂窩中酒滿杯[33]
군평(嚴遵)의 주렴 아래 사람은 역易을 즐기고	君平簾下人耽易
안락와 안에는 술이 동이에 가득 찼네.	安樂窩中酒滿樽[34]

---

29) 『拙修齋先生詩集』, 권2, 七言律詩(215首), 「贈林德涵(二首)」.
30) 『拙修齋先生詩集』, 권1, 五言律詩(100首), 「復和金仲和(十五首)」.
31) 『拙修齋先生詩集』, 권1, 五言律詩(100首), 「又和(四首)」.
32) 『拙修齋先生詩集』, 권1, 七言絶句(145首), 「春日會諸友看花(五首)」.
33) 『拙修齋先生詩集』, 권2, 七言律詩(215首), 「邀隣友會話(三首)」.
34) 『拙修齋先生詩集』, 권2, 七言律詩(215首), 「贈金子益(二首)」.

당연히 그는 소옹의 안락와와 그곳에서의 생활을 사모하는 내용을 소재로 시를 짓는다.

스스로 천진의 안락법이 있는데 自有天津安樂法
어찌 꼭 완적처럼 길이 막혔다고 통곡하랴. 何須阮轍哭途窮
시 짓는 사람 반평생 가슴 속에 쌓인 불만을 詩翁半世磊磈意
바람과 꽃과 눈과 달에 실어 보내리. 輸與風花雪月中35)

한가로운 사람이 누항에서 마음의 즐거움을 누리니 閒人陋巷心中樂
이부吏部(韓愈)의 문장은 붓 대면 신운이네. 吏部文章筆下神
주자 문하에서 부귀를 춘몽으로 여긴 것을 알고 喚起朱門富貴夢
소노인의 집을 찾으니 고요한 봄이네. 來尋邵閣寂寥春36)

안락와에서 요부는 흥이 났고 安樂堯夫興
봄에 기수의 바람 쐬는 이는 증점이네. 風雩點也春
옛 현인이 지금 나타나지 않음은 古賢今不見
우리의 도가 아직도 진실이 부족함일세. 吾道尙憐眞37)

이 늙은이는 안락의 의발을 이을 테니 老子欲傳安樂鉢
아우는 백공伯恭(여조겸)의 현명함을 배우게나. 卯君須學伯恭賢38)

안락동산의 작은 풀과 꽃들은 安樂園中小草花
문 앞 먼지모래 이는 것 알지 못하네. 門前不識漲塵沙
관직 높은 이에게도 한가로운 사람의 흥이 있고 要人亦有閑人興
학사는 처사의 집을 찾아오네. 學士來尋處士家39)

---

35) 『拙修齋先生詩集』, 권1, 七言絶句(145首), 「讀史有感(十一首)」.
36) 『拙修齋先生詩集』, 권2, 七言律詩(215首), 「謝仲和」.
37) 『拙修齋先生詩集』, 권1, 五言律詩(100首), 「復和金仲和(十五首)」.
38) 『拙修齋先生詩集』, 권2, 七言律詩(215首), 「贈舍弟長卿(二首)」.
39) 『拙修齋先生詩集』, 권2, 七言律詩(215首), 「贈金仲和(四首)」.

조성기는 또한 소옹의 역학 또는 선천의 경지와 하도·낙서, 서권舒卷 등 주요 개념들을 시재로 삼기도 하였다.

선천역 한 질에 　　　　　　　　　　　　　　先天一部易
작은 안락와의 봄. 　　　　　　　　　　　　安樂小窩春
상과 획은 하도낙서의 오묘함이고 　　　　　象畫圖書妙
풍화설월은 세상의 참모습. 　　　　　　　　風花雪月眞
마음을 희롱하여 조화를 다하고 　　　　　　玩心窮造化
사물에 따라 정신을 시험하네. 　　　　　　隨物驗精神
서권舒卷의 공부 익숙하기 어려우니 　　　　舒卷功難熟
사람 만나 몇 번이나 화를 냈는지. 　　　　逢人幾箇嗔[40]

위의 시어에 등장하는 서권舒卷(펼치고 거두어들임)은 때에 따라 벼슬길에 나아가기도 하고 은퇴하기도 함을 뜻하는 말로,[41] 소옹이 즐겨 다루었던 개념이다. 때를 아는 것을 중심과제로 삼은 소옹인 만큼 진퇴와 출처에 조금의 잘못도 없으려 한 것인데, 조성기 또한 이 공부가 간단치 않았던 듯하다. 소옹은 어떤 경우도 얼굴을 찡그리는 일이 없었다고 하는데 조성기는 그러지 못하고 사람들에게 짜증을 내고 화를 내곤 했던 것을 뉘우치고 있다.

조성기는 또 선천의 세계는 세상사람들이 말하는 언어문자의 재능으로 배우는 곳이 아님을 설파하기도 한다. 선천은 진실의 경계이고, 이곳은 많은 말이 필요 없는 곳이다.

재능이 남들보다 낫다고 감히 말했더니 　　敢道材過衆
오래도록 도에 들어가는 문에 어두웠네. 　　久迷道入門

---

40) 『拙修齋先生詩集』, 권1, 五言律詩(100首), 「復和金仲和(十五首)」.
41) 『晉書』, 「宣帝紀」, "和光同塵, 與時舒卷."

선천은 아무런 일도 없으니   先天無箇事
진실의 경계에 어찌 말이 많으랴.   實際豈多言[42]

   소옹의 철학방법인 관물觀物과 학문태도인 탐서耽書도 그에게 있어서
주요 시재였다.

요부는 『역』을 익혀 물리를 밝혔는데   堯夫翫易能明物
현안은 책을 읽으며 어찌 병을 안고 있었는가. 玄晏耽書奈抱痾[43]

배움은 위편의 끊어짐에 이르지도 못했거늘   未學韋編絶
늙음이 이르러 올까 헛된 근심만 하네.   空愁老境臨[44]

오래도록 고요하면 사물을 살필 수 있으니   靜久能觀物
차가운 날씨에 홀로 문을 닫네.   天寒獨閉門
다만 마음에 스스로 즐거우니   只堪中自樂
밖의 사람 향하여 말하기 어렵네.   難向外人言[45]

책 속의 천년의 일들을 생각해 보니   思量卷裏千秋事
모였다 흩어지곤 하는 몇 조각의 구름들.   聚滅空中幾片雲
안락의 술 취한 노인은 한 번 나서기도 어려워했고 安樂醉翁難一出
남양의 밭가는 노인(제갈량)은 천하삼분을 늘어놓았네. 南陽耕叟謾三分[46]

관물觀物은 요부는 흥이요   觀物堯夫興
탐서耽書는 동자董子(동중서)의 휘장이라.   耽書董子帷[47]

---

42) 『拙修齋先生詩集』, 권1, 五言律詩(100首), 「復和金仲和(十五首)」.
43) 『拙修齋先生詩集』, 권2, 七言律詩(215首), 「與貫之諸友分韻賦詩(六首)」.
44) 『拙修齋先生詩集』, 권1, 五言律詩(100首), 「又和(四首)」.
45) 『拙修齋先生詩集』, 권1, 五言律詩(100首), 「復和金仲和(十五首)」.
46) 『拙修齋先生詩集』, 권2, 七言律詩(215首), 「贈金仲和(四首)」.
47) 『拙修齋先生詩集』, 권1, 五言律詩(100首), 「贈金子益」.

지금까지 조성기의 시들을 다소 억지스럽게 몇몇 시제로 구분해 보았는데, 결국은 대부분이 소옹의 삶과 관련된 것들로 귀결된다. 하나의 시에서 여러 개의 소재들이 겹치고 있음도 사실이다. 낙양, 안락와, 태화탕, 작은 수레, 천진교, 처사, 시 짓기, 관물, 선천, 천기天機 등이 그것이다.

2) 사색과 관물의 공부

『실록』에 있는 조성기의 졸기에서는 그가 사색과 탐구를 자기 학문의 주된 방법으로 삼았다고 적고 있다. 또 김창협이 지은 「행장」에서는 그가 '이치는 생각하여 터득할 수 있다'는 것을 깊이 믿고서 항상 천지만물의 이치를 탐구함으로써 고대 삼황과 삼왕의 예의 제정(制禮) 및 음악 제작(作樂)의 근원에 통달하고 우주를 포괄하고 고금을 관통하며, 그렇게 터득한 것을 일상일용에 적용하고 사업에 발휘하는 것을 일생 학문의 표준으로 삼았다고 하였다.[48] 임영에게 보낸 편지에서 조성기는 옛것을 좋아함(好古)의 본질에 대해 말한 일이 있다.

'호고好古'라는 것은 하나의 때, 하나의 말, 하나의 행동, 하나의 일을 좋아함을 말하는 것이 아니다. 반드시 고古와 금今, 질質과 문文, 명名과 실實, 후厚와 박薄, 번繁과 간簡의 큰 구분에 대해, 그 가부와 우열과 득실의 소재를 꿰뚫어 알아야 한다. 그리고 나서야 옛일을 배우지 않을 수 없다는 인식이 마치 배고프면 반드시 먹어야 하고 추우면 반드시 입어야 한다는 것과 같게 되어, 비록 지금에 태어났을지라도 반드시 옛것을 배워야 함을 알아서 차라리 오늘을 어길지언정 꼭 옛것을 따르게 된다. 옛 현인의 언행과 일을 성심으로 좋아하여 본받고자 해서 마음속의 온갖 생각에서 징험하고 일상의 온갖 일들에서 구하고자 하되, 만약 한 가지 생각이나 한 가지 일이라도 옛사람에 미치지 못함이 있으면 반드시 내 마음을

---

48) 『拙修齋先生文集』, 권12, 附錄, 「附行狀」, "嘗自言其平日用工之事以勸人曰, 僕少時知見極淺, 資性極鈍, 自度無所猷爲, 而唯深信是理之必可以思惟也. 常以窮天地萬物之理, 達皇王制作之源, 該括宇宙, 通貫古今, 措之於日用, 發之於事業, 爲一生學問之標準."

다하고 내 힘을 다할 것을 생각한다. 그리하여 반드시 옛사람에 미친 이후에야 그치고, 미치지 못했다면 그치지 않는다. 바로 이것이 옛것을 좋아하는 실상이다.[49]

조성기는 소옹의 관물법으로 사물을 관찰했는데,[50] 소옹의 관물은 천기天機의 발견에 중점을 두었다. 정이나 주희가 리理를 찾으려 했다면 소옹은 수數를 발견하려 했고 그 수數로써 만물의 변화운행이 설명되기를 기대했다. 천리가 윤리적인 것, 의리적인 것을 전제하고 있다면 천기는 자연적인 것, 가치중립적인 것이라고 할 수 있다.

사색을 주요 방법으로 삼는 조성기는 기존의 교훈을 묵수하지 않았다. 그는 옛 경전과 송유들의 저서에서 도리의 대강령 및 요령을 체득할 곳, 물리物理, 상수象數, 정치의 요체, 예악, 법제, 문위文爲 등을 택했는데, 사리의 정밀·심오한 곳, 지극히 깨닫기 어려운 곳에 이르면 먼저 10여 개의 큰 항목을 세워 깊이 생각함으로써 마음으로 환하게 깨달을 것을 목표로 하였다. 듣고 본 것을 억지로 헤아리려 하지 않고 이치가 깊어 잘 알 수 없을 때에는 억지로 빨리 풀려 하지 않았으니, 때로 몇 달 혹은 한 해가 걸리더라도 그 공이 깊어지고 힘이 자라서 저절로 깨닫게 되기를 기다렸다.[51] 그러므로 책을 펴자마자 전일하게 정독하는 것이 아니라, 자유롭게 때에 따라 장소에 따라 읽었으며 때로는 사람을 만나거

---

49) 『拙修齋先生文集』, 권7, 「與林德涵書」, “夫所謂好古者, 非謂一時一言一行一事之好也. 必於 古今質文名實厚薄繁簡之大分, 必洞卜其可否優劣得失之所在, 然後視古之不可不學, 猶食之必 充飢衣之必救寒. 雖生於今而必學乎古, 寧違乎今而必從乎古. 凡古賢之言行事爲, 無不心誠好 之, 則而效焉. 而又必驗諸心中之百念, 求諸日用之百事, 若有一念一事之不及古人, 則必思竭 吾心盡吾力. 必及古人而後已, 不及不措. 此好古之實也.”

50) 『拙修齋先生詩集』, 권1, 五言律詩(100首), 「贈金子益」, “觀物堯夫輿, 眈書董子帷.“

51) 『拙修齋先生文集』, 권12, 附錄, 「附行狀」, “其致思之方則初不一遵古訓. 就古經傳及宋儒所著 書中, 擇凡道理之大綱領體要處, 及其他或物理或象數或治體或禮樂法制文爲諸具. 不爲臆度聞 見之知, 凡事理之精奧高深極難通曉者, 先立箇十餘大題目, 極意覃思, 必期於心通意解, 瞭然 目見, 而若知昏理奧, 猝難强通, 則亦不求速解. 或積以時月, 或遲以年歲, 俟其功深力到, 自然 通解.”

나 일을 처리하다 틈이 날 때면 읽곤 했다. 아침에 생각해서 알 수가 없으면 저녁에 다시 생각했고, 혹 생각이 막히고 권태를 느끼게 되면 그냥 놓아두었다가 며칠 후에 다시 생각하기도 했다. 그는 이런 공부를 무릇 20여 년 이상 계속했다고 한다.[52] 실제로 조성기는 서경덕이 사물의 이름을 벽 위에 써 놓고 3년을 깊이 생각했다는 일화를 가슴에 품고 살았다고 고백하고 있다. 그리하여 그는 그 공부의 깊음과 적공의 많음이 참으로 서경덕 이후 최고라는 평가를 얻기도 했다.[53]

그러나 그가 서경덕을 전적으로 존숭했던 것은 아니다. 김창흡이 우리 나라의 여러 학자들 가운데 이황과 서경덕이 어떠한지를 묻자 조성기는, 서경덕은 전일(專)하고 이황은 정밀(密)한데 서경덕이 수(數)에서 본 바는 있으나 리의 전체에 어두웠다는 점에서 이황에 미치지 못한다고 하였다.[54]

3) 천리의 즐거움

조성기가 천기天機를 중시했다고 해서 천리天理를 외면했던 것은 아니다. 그는 스스로 즐겨 소옹의 안락을 추구한다고 말했는데, 그것은 천리의 즐거움이지 사사로운 혈기의 즐거움이 아니었다. 이는 그가 말하는 천리 가 사사로움의 상대개념임을 알게 하는데, 그런 점에서 천기와 연결되는 측면이 있다. 그는 천리란 천지가 천지이고 고금이 고금이며 사물이

---

52) 『拙修齋先生文集』, 권12, 附錄, 「附行狀」, "而用工之要, 則不必待讀書開卷專精. 自在之時隨 行住坐臥之處, 接物應務之餘, 隨時隨境, 稍有暇隙, 皆可下工. 先以古訓所發明其大體者定其大 旨, 而其間精粗本末巨細曲折. 一一條分縷析, 逐段消詳朝思之不得, 則夕又思之, 夕思之不得則 明日又思之. 或意思昏塞, 厭倦難強, 則姑置之. 過數五日後復思之. 旣心絶外累, 專力此事, 而 又於一事上着意精思. 念念不置, 事與心相涵, 淹過時月, 則雖極難通曉者, 漸覺開釋分明."

53) 이승수, 「17세기 天機論의 형성과 인식의 기반」, 『한국한문학연구』 18(한국한문학회, 1995), 327~336쪽.

54) 『拙修齋先生文集』, 권12, 附錄, 「附誌銘(金昌翕)」, "先生曰花潭專, 退溪密, 有見乎數一邊而 闇乎理之全體. 此花潭不及退溪處, 然則以退溪所造詣獻與先生可復受乎. 先生笑曰, 我與我周 旋久矣. 卽此觀之, 先生之所自許, 亦其所自信也. 豈淺識所可量哉."

사물인 까닭이고 현명한 사람과 어리석은 사람이 나뉘는 까닭이라 한다. 하나의 본연의 오묘함이 천지·고금·인물·만수를 하나로 관통하는 것으로, 일용유행의 사이에서 말하면 일 따라 물건 따라 때를 따라 각각 저절로 그러한 지극히 당연한 불변의 법칙이다. 이러한 천리는 옳음과 바름, 순리順理만 있고 그름과 사특함, 역리逆理가 없다. 그것은 평실平實하고 중화中和하며 따르면 길하고 거스르면 흉한 것이다.[55]

이 천리를 깨달아 얻은 사람은 도가 일상의 기거起居 사이에도 생기고 마음이 희노애락의 경지로부터 안정된다. 반걸음 내딛고 한 번 찡그리는 사이, 일하고 멈추는 미세한 사이 등 사람은 일체의 경우에 각각 그 자연의 오묘한 작용을 따라 천리의 살아 있는 맥락을 따르지 않음이 없다. 한 몸이 여기서 명령을 듣고 있으니, 밖에 있는 만물은 아무런 상관이 없다. 호기가 절로 가득차고 참된 즐거움이 날마다 생기며, 부귀는 뜬 구름 같고 공명은 헌 신발 같다. 증점이 기수에서 바람 쐬고 돌아오는 것, 주돈이가 뜰의 풀에서 생기를 완상하는 것, 소옹이 꽃을 감상하는 것이 모두 여기서 이치를 얻는 것이다. 기수의 바람이나 뜰의 봄풀, 낙양의 꽃은 모두 세 사람의 사사로운 물건이 아님에도, 이 세 사람이 없으면 쓸쓸하고 적막하여 아무 들리는 것도 없는 듯하다.[56] 천리는 결코 이들만

---

55) 『拙修齋先生文集』, 권10, 「與金子益書」, "夫所謂天理者何物也, 卽天地之所以爲天地, 古今之所以爲古今, 賢愚之所以爲賢愚, 事物之所以爲事物, 一箇本然之妙, 而合天地古今人物事爲萬殊之不齊, 而一以貫之者也. 姑就其人生事物日用流行之際而言之, 則隨時隨事隨物, 莫不各有天然自有一定不易至當之則, 有是而無非, 有正而無邪, 有順而無逆, 平實中和, 安利祥吉. 順之則吉, 悖之則凶, 無時而不然, 無適而不在."

56) 『拙修齋先生文集』, 권10, 「與金子益書」, "人苟有得乎此, 則道生於尋常起居之際, 而心定乎喜怒哀樂之境. 雖一跬步一嚬笑一作一止之微細, 而無不各順自然之妙用運動天則之活絡, 開眼而視無他見也. 傾耳而聽無他聞也. 念之在玆, 言之在玆, 一身聽命於此, 萬物何關於外. 浩氣自充, 眞樂日生, 富貴卽浮雲, 功名若弊屣. 毁譽卽風聲之過耳. 貧賤作安身之樂地. 是以曾點之風雩, 濂翁之玩草, 邵子之看花, 皆有得乎此理, 而胸中自有一副當淸明灑落從容自在超然獨立底物事. 故其隨時玩物之際, 一段天和之在事物流行者, 適有以動其機而宜其樂耳. 不然則彼洙泗之春舞雩之風沂水之浴, 自當與魯國之人人共之, 而濂溪之春草, 洛陽之名花, 亦非周邵二子之私物. 然而何三子之外, 寥寥乎其無聞耶."

이 즐기는 것이 아니라 누구나 다 함께할 수 있는 것인데, 그러한 천리를 깨닫는 사람이 없음을 조성기는 안타까워하고 있다.

조성기는 병든 몸으로 이 이치에 대해 알지 못하여 처음에는 증점·주돈이·소옹의 일들을 배우고자 하면서 다만 밖의 외물만을 중히 여기고 안의 마음을 잊는 잘못을 저질렀다고 말한다. 그러다가 세 사람이 경물을 즐긴 참된 취지를 생각한 끝에, 꽃을 감상함에 외면의 아름다움만을 탐간眈看하지 않고 그 사물에 부여된 참된 형상과 오묘한 조화를 감상하였다는 것이다. 그는 꽃이 때를 따라 피었다가 지는 것을 보고 물색物色과 생태生態의 멈춤 없음을 알았고, 이후 시를 지음에 있어서 세인들처럼 시구나 문체를 가다듬지 않고 오직 성정性情을 도야하는 데 힘썼다고 한다.[57] 특히 그는 시를 지을 때에는 반드시 증점, 주돈이, 소옹의 세 현인을 끌어와야 만족했음을 밝히면서, 이 세 현인으로 말미암아 자신이 '리理' 한 글자로 귀속할 수 있었다고 고백한다.[58]

4. 낙천樂天과 우세憂世의 병행불패

조성기가 오랜 칩거에서 벗어나 사람들과 교제하기 시작한 것은 40세 무렵에 들어서였다. 비록 칩거의 생활을 했을지라도 그가 온축한 학식과 식견은 이미 사람들에게 알려져 있었고, 사람들은 그와의 교제를 원하고

---

57) 『拙修齋先生文集』, 권10, 「與金子益書」, "嗟乎. 三子邈矣. 今以病僕之元無得乎此理, 而竊規規乎三子之所爲. 是欲學三子而未免重其外而忘其內也. 其可乎哉. 其可乎哉. 但病僕之於此理, 實未嘗毫有心得, 而亦嘗窺覘其萬一於依俙髣髴之境. 故每對三子所嘗對之景物, 則亦未嘗不想三子所嘗樂之眞趣, 而思有以學焉. 志之所向, 旣專且久, 則氣隨以變而樂由是生. 是以僕之看花, 未嘗耽看外面之紅黃而已. 實實其隨物賦形化工無窮之妙造, 逐時榮悴物色生態之不息. 是學濂翁而效顰者也. 僕之賦詩, 未嘗如世人所尚聲病體格辭句之華藻而已. 實在於陶冶性情."

58) 『拙修齋先生文集』, 권10, 「與金子益書」, "是以僕因昨日看花賦詩之會, 而必引三賢以足之, 旣因三賢, 而又必歸宿於理之一字."

있었다. 그런데 칩거에서 세상으로 나와 사귐을 갖게 된 조성기의 마음에는 경세의 방법과 당시 학문에 대한 비판이 가득 차 있었다. 그간 그가 온축한 내용이 바로 그런 것들이었음을 알 수 있다.

그의 책상 위에는 항시 소옹의 시집 『격양집』과 『황극경세서』가 놓여 있었다.[59] 비록 출사를 하지 않았고 또 할 수도 없었지만, 그래서 소옹처럼 안락와에서 술을 즐기고 설월풍화를 시로 읊으며 지냈지만, 그의 마음속에는 경세에 대한 관심이 살아 있었다. 그가 지닌 평생의 좌우명은 소옹의 "선비가 자연에서 늙어가는 것은 참으로 바라는 바이지만 백성들이 도탄에 빠져 있다면 누구를 허물할 것인가?"[60]라는 말인데, 이는 「격양가」에서 취한 것이었다. 그의 종국적 관심은 세상에 대한 염려와 낙천의 마음이 병행불패하는 데 있었던 것이다.[61] 「격양가」에 보이는 소옹의 삶의 태도와 지향에 대해서는 조성기가 이처럼 존모와 의양의 자세를 지녔던 것이 잘 드러나지만, 『황극경세서』에 나타나는 소옹의 선천학이나 경세학 특히 상수학에 대해서는 어떠한가?

조성기는 가까이 사귀는 사람들에게 보낸 서간에서 종종 상수象數와 명물名物과 도수度數의 중요성에 대하여 언급한 일이 있다. 그 중에서도 김창흡이 지은 조성기의 묘지명에 인용되어 있는, 임영에게 보낸 세 통의 편지는 조성기의 사회적 관심과 경세론을 잘 보여 준다.

첫 번째 편지에서 그는 배우는 사람들이 위학爲學의 본말에 어두운 것을 안타까워하며 성인의 학문은 크고 작은 것, 본과 말을 모두 아우르고 있다고 강조한다. 일반 사람들은 크고 먼 것을 중시하고 작고 가까운

---

59) 『拙修齋先生詩集』, 권2, 七言律詩(215首), 「贈李重叔」, "床頭一部先天易, 染指平生邵老風."
60) 『拙修齋先生文集』, 권8, 「與吳參議貫之書」, "蓋僕平生服膺於邵堯夫, 土老林泉誠所願. 民顚溝壑諒何辜之語, 而今日隨分彌縫救時一段工夫, 專在於令公及和令一輩人. 然則僕之以此望和令者, 亦非淺之爲丈夫也."
61) 『擊壤集』, 권17, 「感事吟」.

것을 소홀히 하거나 반대로 작고 가까운 것을 엄밀히 하고 크고 먼 것을 놓아 버리는데, 그러한 태도에서 벗어나 본말을 함께 들고 크고 세밀한 것을 두루 갖춘 성인의 공부를 하는 것이 옳다는 것이다.

두 번째 편지에서는, 사람을 사사로움에 빠지게 하여 나라를 망하게 만드는 각종 폐단들을 일소하기 위해서는 바탕을 숭상하고 문식의 폐단을 없애야 한다고 강조하고 있다. 그는 말하기를, 나라를 다스리는 요령은 바탕을 숭상하고(尚質) 문식文飾의 폐단을 구제하는(救文) 데 있는데, 반드시 관대돈박寬大敦朴을 바탕으로 삼고 정심엄중精審嚴重을 작용으로 삼아야만 한다고 하였다.

세 번째 편지에서는 저술하여 후세를 깨우치려는 뜻을 밝히고 있다. 조성기는 나름 완벽에 가까운 책을 저술하고자 하는 의지를 갖고 있었다. 그는 "음양의 조화, 천지인물의 리, 성명의 근원으로부터 학문의 과정, 이단의 분별, 예악형정의 도구에 이르기까지", 삼대로부터 당대까지의 모든 우주와 인간의 법칙과 치국의 도를 널리 살펴서 그 손익을 절충할 수 있는 저술을 남기고자 한다고 밝혔다. 그는 저술의 기본 구상도 끝나 있었다. 혹 삼대의 제도라 하더라도 후세에 준행하기 어렵다면 변통하여 그 의도만을 취하고 혹 한·당·송대에 나온 국한된 소견의 것이라도 이미 폐지하기 어렵다면 보완하여 유익함이 있도록 하여, 그 책의 규모와 대략이 천天과 인人을 합하고 고古와 금今을 꿰뚫으며 리理와 사事를 관통하게 할 것이라고 포부를 밝히고 있다.[62] 짐작건대 그는 소옹의 『황극경세서』와 같은 것을 염두에 두었던 듯하다. 다만 안타깝게도 그는 병으로 인해

---

62) 『拙修齋先生文集』, 권12, 附錄, 「附行狀」, "隨時適宜, 務合人情, 必可行於末路季世……爲如何哉如就事爲制度上易見者而言之, 則雖其經營布置, 許多作設, 若固出於人爲之創造, 而範圍象法, 實有本於天地之體象. 造化之正理……府君之意, 非欲如章句文學之士發明一義理, 論次一文字, 只欲表見於世而已. 蓋欲發前人之未發, 備昔賢之未備, 彌縫三代以後天人之遺闕, 以爲天下萬世計者, 而卒以病未就焉."

그러한 꿈을 끝내 실현시키지 못했을 뿐만 아니라, 상수학적 내용을 담은 체계적인 저술조차 남기지 못했다.

≈≈

졸수재 조성기는 도하의 처사로 지내면서 17세기 조선유학자로서는 드물게 소옹의 『격양집』과 『황극경세서』를 좋아하고 또 역사 읽기를 즐겼다. 증점이 기수의 물가에서 바람을 쐬고 주돈이가 뜰에 핀 봄풀의 생기를 완상하고 소옹이 꽃을 감상하였던 것처럼 그 또한 천리의 유행을 보고 안락을 추구하였으며, 소옹과 마찬가지로 사색과 관물의 방법으로 역사와 자연을 탐구하였다. 그러면서도 그는 세상을 깊이 염려하여 나름의 대책을 마련하고 있었다. 즉 세상을 염려하는 마음과 천리의 유행을 즐기는 마음이 병행불패並行不悖하였던 것이다. 그는 태도나 취향에 있어서든 학문적 지향과 체득에 있어서든 후세의 소옹이라는 평판을 들었다. 그는 평생의 은거와 온축을 통하여 이전의 학자들이 밝히지 못한 것을 탐구하였으나 그것을 저술로 드러내는 데까지는 이르지 못했다. 물론 지병이 주요 원인이었다. 선천역과 경세론, 상수철학에 대한 그 나름의 뚜렷이 진전된 이론을 보여 주지 못한 것이 아쉽지만, 소옹의 삶의 태도 및 사색과 관물의 철학적 태도를 분명하게 보여 주었다는 점에서 그의 위상이 확실하다고 할 수 있다.

제5장 명재 윤증의 소옹 존모와 진락론

1. 기호의 퇴옹

명재明齋 윤증尹拯(1629~1714)[1]은 한 번도 과거에 응시하지 않았을 뿐만 아니라 학행學行으로 고위직에 천거되었어도 일절 사양하고 일생을 산림 처사로 지냈다. 관직은 피하더라도 학문에 대한 인정은 받고 싶어 과거에 응시한 학자들이 많이 있었지만, 윤증은 그조차도 하지 않았던 것이다. 그렇다고 윤증이 도가적 방외인은 아니다. 그는 유자였고, 세도世道에 대한 관심이 없지 않았다. 세도에 참여하는 방법은 상소를 하고 관직에 있는 친구들에게 편지를 보내어 시국이나 현안에 대한 자신의 정치적 견해를 드러내는 것이었다. 그는 노소분당과 이어진 당쟁에 영향을 끼쳤다. 아니 노소갈등의 중심에 위치했다. 특히 스승 송시열에게 보내려고 썼던 「신유의서辛酉擬書」에서 스승에 대해 "의리義利를 쌍행雙行하고 왕패王霸를 병용竝用한다"라고 비판한 것은 훗날 배사론背師論으로 지적되어 조야에 물의를 일으켰고, 이 일과 그 밖의 여러 사안이 얽혀 마침내 이른바 회니시비懷尼是非의 단서가 되었다. 그의 영향력이 심대하였기에 사람들은

---

1) 윤증은 본관이 坡平이고, 자는 子仁, 호는 明齋·酉峯이다. 尹宣擧의 아들이고 成渾의 외손이다. 그는 부친의 스승인 金集과 宋時烈에게 배우고 兪棨와 宋浚吉의 문하에도 몸을 담았으며 朴世堂, 朴世采 등과 교유하였다.

그를 얼굴 없는 재상, 백의재상白衣宰相, 산림재상 등으로 불렀다. 『실록』에 기록된 그의 졸기에서는 다음과 같이 적고 있다.

타고난 자질이 온화·순수하고 깊고 중후하였으며, 어려서부터 가학을 이어받아 외부의 유혹에 빠지는 일이 없었다.…… 오로지 내면의 수양에 힘써 깊은 못에 이르듯 살얼음을 밟듯 삼가고 조심하며 팔십 평생을 하루같이 지냈다. 그 덕성을 충만하게 길러 화순한 모습이 외면에 나타남에 미쳐서는 보는 자들이 심취되어, 비록 평일에 미워하고 질투하던 자들도 스스로 모르는 사이에 마음을 돌려 존경하고 복종하였다.…… 그 진실한 심지와 독실한 공부는 문순공文純公 이황 이후 오직 이 한 사람뿐이었으며, 문장은 온후하고 간측懇惻하여 중화中和의 명성이 있었다. 후세에 덕을 아는 자는 여기에서 참고하고 징험할 바가 있을 것이다.[2]

사관은 윤증을 "깊은 못에 이르듯 살얼음을 밟듯 삼가고 조심하며 팔십 평생을 하루같이 지내왔다"라고 했는데, 이는 무엇을 의미하는가? 이를 윤증 개인의 성정 탓이라고만 하기 어려운 사정이 있다. 윤증이 과거응시를 기피했고 주변의 천거로 조정에서 높은 관직으로 불렀으며 박세채를 비롯한 동료들이 세도의 진작을 위해 출사해야 한다는 명분으로 간곡히 권면했음에도 불구하고 한사코 사양하며 시종일관 처사형 삶을 고집한 것은 그의 가족사와 관련이 있다. 그의 나이 7세 때, 병자호란을 당해 부친 윤선거는 강화도에서 부인과 함께 순절하기로 했다가 부인만 자결하고 구차하게 살아남아 세상의 비난을 샀다. 어린 윤증에게는 어머니의 죽음도 큰 슬픔이었겠지만 세상의 비난을 한몸에 받고 있는 아버지의 은거隱居적 삶도 감당하기 힘든 짐이었을 것이다. 그는 "문밖을 나서지 않으면 허물이 없을 것"이라는 『역』 절節과 초효의 효사를 자신의 지침으로 삼는다고 한 것에서 드러나듯 아버지로 인한 비난이 자신에게 집중될

2) 『肅宗實錄補闕正誤』, 권55, 40년(1714) 1월 30일, 1번째 기사.

것을 의식하고 있었다.[3]

사관의 졸기 가운데 윤증을 이황 이후 가장 진실한 심지와 독실한 공부의 사람이라고 평한 것이 특히 시선을 끈다. 그는 기호지역의 학자로서 학맥 또한 율곡학파에 속했으면서도 이황의 학문과 인품을 깊이 존모하였다. 이는 당시 학계의 풍토에서는 쉽지 않은 일이었다. 그의 가계 또한 일찍부터 이황의 학문에 우호적이었다. 윤증의 학문을 성리학·예학·실학·심학 등의 관점에서 그 연원을 탐색한 연구들이 있는데, 이러한 윤증 학문의 복합성에 대하여 연구자들은 그의 가학家學이 그러한 현상의 연유가 되고 있음을 지적한다.[4] 어쨌든 그의 인품이 이황 이후 첫째가는 사람이라는 평이나 윤증을 연구한 학자들이 그의 학문을 퇴율退栗절충주의로 보는 시각은 근거가 없지 않다. 그의 벼슬하지 않음이나 은거자중隱居自重하며 자신을 바로잡는 삶은 '기호지역의 퇴계'라는 평에 걸맞다고 할 수 있다.

2. 소옹의 삶에 대한 존모

이황의 경우도 그러하듯 처사적 삶을 산 윤증의 마음에도 삶의 모델적 인물로 도잠과 소옹이 자리하고 있었다. 그의 시와 문장에는 요부원堯夫院과 원량금元亮琴, 희황상인羲皇上人과 안락노자安樂老子 등의 대구對句나 소로도옹邵老陶翁과 같은 표현들이 종종 눈에 띄곤 한다.

윤증의 집 뜰에 제법 품격을 갖춘 오동나무가 있어 손님들이 와서

---

3) 『明齋遺稿』, 권1, 詩, 「從兄子上氏將趁槐黃, 走筆贐之」, "豈見不鳴鳥, 元非無口匏, 行違應在量, 溫飽久知抛, 世路從妓涉, 君門直可敲, 賢愚較一藏, 水澤有初爻." 『명재유고』의 번역은 고전번역원의 양홍렬 외 번역본을 참조하였다. 아래도 모두 같다.

4) 황의동, 『명재사상의 성리학적 특성 : 무실과 실심의 유학자 명재 윤증』(청계출판사, 2001).

보고는 다들 한 마디씩 품상했는데, 어떤 사람이 이를 시로 적어 보낸 일이 있었다. 이에 대한 화답시에서 윤증은 오동나무가 서 있는 자기 집 뜰의 풍경을 "달이 있는 소요부의 집이요(有月堯夫院) 줄 없는 도원량의 거문고라네(無絃元亮琴)"라고 읊었다.[5] 소요부의 집이란 바로 소옹의 다음 시를 염두에 두고 한 말이다.

달이 오동나무에 걸리고,	月到梧桐上
바람이 버드나무 가에 불어오네.	風來楊柳邊
집은 깊숙하고 사람도 조용하니,	院深人復靜
이 풍경을 누구와 함께 말할까.	此景共誰言[6]

도원량의 거문고란, 도잠이 술을 마시고 흥이 도도해지면 줄 없는 거문고를 어루만지며 자신의 뜻을 표현하곤 했다는 일화를 말한다. 자신의 집 뜰에 선 오동나무를 도잠의 무현금無絃琴에 비유한 것이다. 윤증은 또 「유점사에서 기록하다」라는 시에서 '참된 즐거움'(眞樂)에 대해 말한 뒤 스스로 해설을 붙여 희황상인羲皇上人이라 자처한 도잠과 안락노자安樂老子인 소옹을 함께 거론했다.[7] 다음 시에서는 전원의 한가로운 삶의 풍광을 묘사하고 있다.

초탈한 읊조림과 고상한 생각	超吟高想
소노인과 도노인일세.	邵老陶翁
가난하고 비천해도 걱정이 없고	貧賤無憂
부귀영화 따위는 바라지 않아.	富貴非願
가슴에 품은 생각 서로 같은데	襟懷所同

---

5) 『明齋遺稿』, 권4, 「次崔來叔韻」.
6) 『擊壤集』, 권12, 「月到梧桐上吟」.
7) 『明齋遺稿』, 권2, 詩, 「榆岾記事」.

천년의 세월인들 멀다 하리오.	千載何遠
죽을 때까지 여유롭게 노닐 것이니	卒歲優遊
누구를 탓하고 원망하리오.	誰尤誰怨8)

그는 자신의 삶을 소옹이나 도잠과 다를 바 없다고 말한다. "누구를 탓하고 원망하리오"라고 읊고 있으나, 어찌 마음속에 원망이나 탓함이 없었겠는가! 흔히 말하는 풍운의 세월을 산 사람인 것을 누가 부인하겠는가! 그는 원망의 마음, 탓하는 마음이 생겨나지만 드러내지 않고, 이로써 남을 힘들게 하지 않고 애써 이겨 내려고 했던 것으로 보인다. 도잠이나 소옹과는 천년의 세월을 떨어져 있을지라도 그 마음과 뜻만은 마찬가지라는 자기확인은 그의 지향을 분명하게 보여 주고 있다.

비록 속세를 벗어나 유유자적하는 처사적 삶의 본보기로 도잠과 소옹을 함께 거론하고 있지만, 윤증의 마음속에는 도잠보다 소옹이 한층 높은 경지의 인물로 자리매김되어 있다. 앞의 「유점사에서 기록하다」의 시에 스스로 붙인 해설에서 윤증은 도잠이 북창 아래에 누워 희황상인羲皇上人을 자처한 것만 보면 걱정 없는 사람이라고 할 수 있겠지만 그가 「귀거래사」에서 "거문고와 서책을 즐기면서 걱정을 잊으리라"라고 한 것을 보면 걱정이 전혀 없었던 것은 아니라고 말한다. 주희가 일찍이 이를 두고 도잠에 대해 "슬프지 않았다고는 할 수 없다"라고 말했던 그 의미를 짐작할 수 있다는 것이다. 그렇다면 사람들이 바다와 산을 찾아 노는 것 역시 하나의 부질없는 흥취에 불과한 것일 수 있다. 슬픔과 근심을 잊기 위한 노력의 일환인 것이다. 윤증은 안락노자 소옹이 "숭산에서 태평연월을 누린다", "참된 즐거움에 정신 뺏겨 어찌할 수 없다"라고 한 것을 도잠에 비교해 본다면 그 기상이 과연 어떠했겠느냐고 스스로 묻는다.9) 세속사회

---

8) 『明齋遺稿』, 권1, 詩, 「田家遺興(四言)」.
9) 『明齋遺稿』, 권2, 詩, 「榆岾記事」.

에 살고 있는 사람은 걱정이 없는 듯 처신해도 근본적으로 염려와 근심이 없을 수 없다는 것을 도잠의 경우와 주희의 평을 들어 말하고, 스스로 태평한 듯 술잔을 기울이는 중에도 눈물 흘리고 있는 사연을 변명하는 것이기도 하다.

윤증은 소옹의 『격양집』이 본성을 배양하는 데 가장 좋은 책이라고 믿는다. 그가 지은 신석번10)의 묘갈명에 따르면, 신석번은 집안이 가난하여 끼니도 잇지 못할 형편이었으나 단 한 번도 근심하는 기색을 보인 적이 없었으며, 좌우에 경전이나 선현의 말을 두고 항상 연구하고 사색하였는데 특히 소옹의 『격양집』을 좋아하여 "본성을 배양하기에 이 책이 가장 좋다"라고 하였다고 한다.11) 신석번은 소옹이 살았던 '백원'을 그 호로 취하기까지 했는데, 비록 교유하던 이의 견해를 소개한 것이지만 윤증 자신의 견해라고도 할 수 있을 것이다. 윤증은 또 최유지12)의 삶을 소옹의 '행와行窩'에 비겨 위로하고 사모함을 드러내기도 했다. 그는 최유지의 삶에 대해 "강호에서 조용히 지내며 지팡이 짚고 이곳저곳 다니는 모습이 저 안락선생의 행와와 다름없으니, 우러러 위안되는 마음이 구구하게 끝이 없다"13)라고 하였는데, 상대방의 삶에서 소옹의 풍취를 읽는다는 것은 그 스스로의 마음속에 이미 이에 대한 상념이 있었음을 전제한다. 윤증은 또 소옹의 시 "재앙이라! 가을 잎은 서리 전에 떨어지고(災映秋葉霜前墜) 부귀로다! 봄꽃은 비 온 뒤에 붉다네(富貴春花雨後紅)"를 인용하여, "명命이란 서리 맞은 잎과 봄비 맞은 꽃과 같다"(命如霜葉與花春)라고 하였다. 서리 맞은 낙엽과 봄비 맞은 꽃잎은 재앙과 부귀의 상징인데, 이는 사람의 힘과는

---

10) 申碩蕃(1596~1675)의 자는 仲衍, 호는 百源이다. 정경세의 문인으로 송시열과 송준길을 흠모하였다. 저서에 『百源集』이 있다.
11) 『明齋遺稿』, 권38, 「司憲府掌令贈吏曹參議申公墓碣銘」.
12) 崔攸之(1603~1673)는 본관이 朔寧이고, 자는 子有, 호는 艮湖이다. 1662년(현종 3) 집의에 제수되었다.
13) 『明齋遺稿』, 권10, 書, 「與崔執義(辛亥四月二日)」.

무관하다. 사람이 만약 이런 명을 안다면 어떠한 상황에 처하더라도 편안해할 것이라고 그는 말한다.[14]

또한 윤증은 좋은 것은 유지하기 어렵고 나쁜 것은 제거하려 해도 잘되지 않는 세태에 대한 안타까움을 "소옹의 「극란편棘蘭篇」을 부질없이 읊조린다"라는 표현으로 드러내고 있다.[15] 「극란편」이란 소옹의 다음 시 「감사음感事吟」의 다른 이름이다.

지란芝蘭은 심어도 잘 자라지 않고	芝蘭種不榮
형극荊棘은 베어내도 없어지지 않네.	荊棘剪不去
두 가지 일 모두 어찌할 수 없어	二者無奈何
배회하노라니 해가 저물려 하네.	徘徊歲將暮[16]

이 시는 안락安樂이나 진락眞樂을 추구하는 사람들이라고 해서 세상에 대한 낙관적 태도를 지니고 있는 것은 아님을 말하고 있다. 세상의 근심과 염려는 형극과 같아서 제거하려 해도 잘 사라지지 않으며, 좋은 생각은 아무리 노력해도 잘 뻗어나가지 않는다.

소옹의 시 「소거행小車行」에서는 "작은 수레가 닿으면 사람들이 기뻐하니, 낙양성 안 가득한 집 모두가 내 집 같네"라고 하였는데, 윤증은 이를 인용하여 "소자처럼 서울이 다 내 집이나 마찬가지"[17]라고 시의 첫머리를 시작하면서 유계兪棨에게 일생 동안 지켜 나갈 교훈을 청하기도 하였다. 소옹의 고사를 빌려서 사람들이 모두 유계를 존경하여 기쁘게 맞이하는 모습을 비유한 것이다.[18] 또 윤명신尹明臣의 죽음을 애도하면서 소옹의

---

14) 『明齋遺稿』, 권4, 詩, 「又次其新居韻」.

15) 『明齋遺稿』, 권2, 詩, 「敬中改葬挽」, "長痛吾門喪此賢, 至今令我涕涓涓, 藏修有約歸何地, 志行無成奈彼天, 每憶子荊悲怒事, 空吟康節棘蘭篇, 前秋又哭堂兄逝, 不忍階庭便索然."

16) 『擊壤集』, 권16.

17) 『宋史』, 권427, 「邵雍傳」; 『擊壤集』, 권8, "小車行處人歡喜, 滿洛城中都似家."

18) 『明齋遺稿』, 권1, 「敬次市南先生石甑道中韻, 以見區區之意, 仍以請教」.

「세모음歲暮吟」을 떠올리기도 하였고,[19] 친근한 이들과 더불어 소옹의 「수미음」을 흉내 내어 시를 짓곤 하였으며,[20] "선한 말 듣기를 즐겨하며 선한 일 말하기를 즐겨하라"는 소옹의 명구를 인용하여 권면하면서 "이는 본래 본성에서 우러난 덕을 좋아하는 양심으로서 사람이면 누구나 지니고 있는 것"이라고 설명하기도 했다.[21]

3. 참 즐거움

윤증은 명망 있는 유학자의 집안에서 태어났음에도 아버지의 일로 인한 숙명적 족쇄에 매여 심하게 아파했을 것이다. 송석준은 윤증이 그의 생애에 겪고 지녔던 아픔을 세 가지로 정리했다. 첫째는 어릴 때 어머니가 병자호란에 순절한 것이고, 둘째는 부친 윤선거가 호란에서 구차하게 살아남아 세상의 비난을 받으며 은거할 수밖에 없었던 것이며, 셋째는 부친의 묘지명과 관련된 것이지만 스승을 배신했다는 비난에 시달린 것이다.[22] 어머니의 죽음은 어린 윤증에게 상처가 되었고, 부친의 일은 과거와 출사를 단념하게 만드는 결정적 동기가 되었으며, 스승과의 결별은 노소분당의 와중에 숱한 비난에 휩싸이는 계기가 되었다. 간단치 않은 아픔이었을 것이다. 실제로 윤증은 어려서부터 부친의 일로 통한을 품고서 죽을 때까지 세상에 나가지 않을 생각을 가졌다는 것을 종종 피력했다. 만일 관직에 나갔더라면 그는 극심한 경쟁의 마당에서 부친의 일로 평생 구설수에서 벗어나지 못했을 것이다.[23]

---

19) 『明齋遺稿』, 권4, 「悼傷獨吟(三首)」, "可惜奇才命忽沈, 人琴俱絶劇傷心, 邇來年少多橫夭, 每誦堯夫歲暮吟."
20) 『明齋遺稿』, 권4, 「次舍弟農窩五老詩韻, 寄呈諸兄案下」.
21) 『明齋遺稿』, 권32, 「寧城文獻跋(辛酉)」.
22) 송석준, 「백의정승 명재 윤증의 세 가지 아픔」, 『선비문화』 19(2011년 봄), 32~41쪽.

윤증은 학문과 명命을 구별한다. 그에 따르면 학문은 옷 입고 밥 먹는 것과 같은 일상성에 관여하고 '명'은 인력이 미치지 않는 것과 관련된다. 『맹자』에서는 부르지 않아도 내게 다가오는 것이 명이라고 하였다. 그가 은거자정할 수밖에 없었던 것도 그가 본래 원해서가 아니라 그에게 명으로 수용되었기 때문일 것이다.

학문은 옷 입고 밥 먹는 것과 비슷하고	學似着衣兼噉飯
명이란 서리 맞은 잎이나 봄꽃과 같지.	命如霜葉與花春
주인이 안택24)을 보존할 수 있다면야	主翁若得存安宅
성인의 세상에서 묻혀 사는 백성 된들 무방하리.	聖世無妨作逸民25)

서리 맞은 낙엽이나 봄비 맞은 꽃과 같은 처지에 놓이는 것은 사람의 책임이 아니다. 그는 그저 다행스럽게도 성인이 다스리는 세상이 된다면 야 숨어 살면서 스스로 인을 잘 실천하기만 하면 된다고 스스로를 위로하고 있을 뿐이다.

원치 않는 은거자정의 삶을 택할 수밖에 없는 윤증이었다. 그러나 그는 은둔과 학문, 은거와 생계의 문제를 함께 고려하면서 학문하는 일상사 속에 무한한 즐거움이 있다고 강조한다. 그에 따르면, 학문에 주력하면 은둔이 그 속에 있지만 은둔에 주력한다고 해서 바로 학문이 이루어지는 것은 아니다. 학문을 하는 것은 선을 밝히는 것인데, 선을 밝히는 방법은 서책 속에 있으므로 언제나 독서를 잊지 말아야 한다. 세상을 피해 문 닫아 걸고 들어앉았다 하더라도 언제나 유학의 책을 읽고 가족을 벗 삼아 학문에 정진해 간다면 바로 그 속에 한량없는 즐거움이 있다는 것이다.26)

---

23) 『明齋遺稿』, 권25, 「答鄭萬陽癸陽(乙酉閏四月九日)」.
24) 『孟子』, 「公孫丑上」, "夫仁, 天之尊爵也, 人之安宅也."
25) 『明齋遺稿』, 권4, 詩, 「又次其新居韻」.

여러 가지 큰 아픔을 지닌 윤증이었으므로 또 다른 나름대로의 즐거움을 찾아야 했을 것이다. 앞에서 논한 바와 같이 그는 자신의 삶의 모델로 도잠과 소옹을 택했고 두 사람이 누린 안락을 추구했다. 당시의 지적 풍토는 그로 하여금 자연스레 소옹을 더 친근하게 닮고자 하게 했다. 그는 즐거움을 추구했지만 슬픔과 근심에서 온전히 벗어나지는 못했다. 소옹처럼 술 마시다가 홀연히 비분강개에 젖기도 했고, 때때로 눈물을 쏟기도 했다. 초야에서 한가롭게 노닐기는 해도 그것이 참된 즐거움이 되지 못함을 고백하기도 했다.[27)]

　윤증은 무슨 재미로 산림에 사느냐는 물음을 자주 받았을 법하다. 그는 행복론이라고 할 수 있을 듯한 담론을 자주 펼친다. 곧 산림에서의 삶의 즐거움에 대한 논의이다. 즐거움에 대한 이해는 그 상대개념인 근심에 대하여 먼저 접근하는 것도 한 방법이다. 군자는 근심하지 않는다는 것이 공자의 교훈이다. 윤증의 숙부는 『논어』의 "인자仁者는 걱정하지 않는다"에서 뜻을 취하여 '불우당不憂堂'을 지었는데, 윤증은 그 기문에서 『논어』의 그 말과 "군자는 평생토록 해야 하는 근심이 있다"라는 말에 착안하여 순임금처럼 천하의 본보기가 되고 후세에 도를 전해야 하는데 그렇게 하지 못하고 있음이 근심거리라고 하였다. 두 말의 뜻을 취하면, 근심을 해야 근심 없는 경지에 이를 수 있다는 것이다.[28)]

　춘추시대 은사였던 영계기榮啓期는 사슴가죽으로 만든 초라한 갖옷에 새끼줄로 띠를 대신하고 거문고를 타며 노래를 불렀는데, 그것을 본 공자가 "선생은 무엇이 즐겁습니까?"라고 하자 그는 "사람으로 태어난 것이 첫 번째 즐거움이고, 남자로 태어난 것이 두 번째 즐거움이고, 내

---

26) 『明齋遺稿』, 권4, 詩, 「送道以翔家入荒島」.
27) 『明齋遺稿』, 권2, 「楡岾記事」, "酒中何事忽悲慨, 擧目天地腥塵蒙, 不能長往入河海, 且復遊走隨蒿蓬, 暇日逍遙豈眞樂, 有時危涕垂雙瞳, 空懷載年邵堯夫, 太平烟月嵩岑風."
28) 『明齋遺稿』, 권32, 記, 「不憂堂記」.

나이 벌써 구십오 세인 것이 세 번째 즐거움이다"라고 대답했다고 한다.[29]
이 고사를 떠올리며 윤증은 "영계기榮啓期는 새끼로 띠 삼았는데, 초라한
옷이라도 만족해야지"라고 읊었다.[30]

산림을 때로는 강호江湖로 표기하기도 한다. 그런데 윤증은 자기만족을
위한 강호의 즐거움은 진정한 즐거움이 못된다고 말했다. "강호의 즐거움
을 범문정范文正[31]은 세상사람 뒤에 했고, 농촌에 풍년 들길 주자는 원했는
데"라고 하여, 범중엄과 주희의 경우를 들며 농민의 고충은 아랑곳없이
흥에 겨워 노니는 사람들을 안타까워하고 있다.[32] 다음 시도 같은 맥락에
서 이해된다.

노을을 즐기는 고질이 있다고 말하지 말라,	休言痼疾在烟霞
도처의 벼랑에도 붙어살 수 있다.	到處山厓可着家
나이 늙어 인생에 옛 정황이 없는데	老去人生無舊況
봄 되니 풀빛에는 새싹이 돋아나네.	春來草色有新芽
강호의 만흥이 어찌 참된 즐거움이랴,	江湖漫興寧眞樂
몸이 세상에 얽혀 사는 것은 탄식할 바 못되네.	身世羈棲未足嗟[33]

윤증의 근심은 자신을 위한 근심이 아니다. 또한 그것은 종신지우終身之
憂이지 일조지환一朝之患이 아니다. 그가 추구한 즐거움은 옛 은사들이
누리던 것과 같으니, 산수간에 물러나 있어도 세도에 대한 근심은 사라지
지 않는다.[34] 그것은 그저 세속의 근신을 떨쳐 버리기 위한 강호의 만흥이

---

29) 『列子』, 「天瑞」.
30) 『明齋遺稿』, 권2, 詩, 「崔子眞挽」, "榮啓行帶索, 布褐亦云足."
31) 范仲淹의 「岳陽樓記」에 "先天下之憂而憂, 後天下之樂而樂歟"라는 구절이 있다.
32) 『明齋遺稿』, 권2, 詩, 「宿雲巖驛」, "年年大旱是何祥, 日日風埃翳日光, 底處有人憂社稷, 秪今
無力念穹蒼, 江湖後樂范文正, 畎畝願豐朱紫陽, 且爾嬉遊空漫興, 獨瞻雲漢望吾王."
33) 『明齋遺稿』, 권3, 「己未仲春, 自靑林移寓洪陽之龍頭村, 滄江金丈以二律作別, 謹步以謝」.
34) 『明齋遺稿』, 권3, 「又次李尙書韻(三首)」, "退憂非是爲吾身, 眞樂難同古逸人, 解道洛波閑臥
句, 也應雷雨起溪潯."

아니라 서책 속 성현의 말씀에서 얻는 즐거움이기도 하다. 전원에서 서책을 통해 성현을 만나는 이런 즐거움은 인간세상의 명예와 이익 따위와는 견줄 수 없는, 대그릇의 거친 밥을 먹으면서 누리는 참 즐거움이다. 그러므로 수심을 떨치기 위해서 술 마실 일도 없고, 나이 오십에 일터를 얻게 되더라도 늦음을 안타까워할 일이 없다.[35]

이 밖에도 윤증은 늘그막에 친지를 만나는 즐거움[36], 시국과 시속에 대한 염려와 아픔에서 벗어나 초탈한 지경에서 유유자적하는 즐거움[37], 비근한 일상 속에서 누리는 지극한 즐거움, 부모를 모시면서 누리는 형제간의 즐거움[38], 세속의 시비곡직을 떠나 시대와 도를 근심하고 흉중에서 천리의 유행을 살피는 즐거움[39], 자신만의 즐거움과 형제무고의 큰 즐거움[40] 등을 꼽고 있다.

그는 근심 없음(不憂)과 군자삼락 중의 첫 번째 즐거움(一樂)을 대구로 삼기도 했다. 즉 두보의 시에서 "서경이 아무 근심 없을 내가 아니, 선업善業을 많이 쌓아서 공후가 나리라"라는 말에서 '근심 없음'을 취하고 또 『맹자』에서 말한 부모가 다 계시고 형제에 아무런 사고가 없는 즐거움을 취하여 서로 대구로 삼은 것이다. 태어나면서부터 부모의 얼굴을 모르는 자도 있고 더러는 아직 열 살도 안 되었는데 부모를 잃는 슬픔을 겪은 자도 있는데, 이런 경우는 제비의 어미와 새끼가 서로 먹여 주며 재잘거리는 모자간의 즐거움조차 누리지 못한 것이니, 비록 죽을 때까지 애달픔과 슬픔을 품고 산다 하더라도 끝이 없을 것이다.[41] 그러나 자식이 부모를

---

35) 『明齋遺稿』, 권4, 「次再從弟天縱韻, 還寄(二首)」, "幾年誤逐塵緣去, 今日好尋初服來, 卷裏聖賢如舊識, 人間名利盡浮埃, 方看眞樂餘簞食, 何用閑愁借酒杯, 五十立跟猶未晚, 願君將此告靈臺."

36) 『明齋遺稿』, 권10, 「答韓汝翼」.

37) 『明齋遺稿』, 권12, 「答徐景輩(甲子九月八日)」.

38) 『明齋遺稿』, 권14, 「答羅顯道(戊辰三月二十六日)」.

39) 『明齋遺稿』, 권14, 「答羅顯道(戊辰至月十四日)」.

40) 『明齋遺稿』, 권20, 「與朴泰輔士元(乙丑八月十七日)」.

섬기는 천하의 가장 큰 즐거움을 얻느냐 얻지 못하느냐는 다만 개인의 운명일 뿐이다. 그가 출사를 포기하면서까지 한 분 남아 있는 부친에 지극한 효도를 하려 했던 것, 그리고 부친을 위해 스승 송시열과의 갈등도 마다하지 않았던 것도 모두 명이라면 명일 것이다.

한편 윤증은 붕우朋友 간에 강습하는 즐거움을 강조한다.[42] 학문을 강습하는 즐거움 속에 빠지는 것이 학자의 일 가운데 가장 절실한 것이니, 벗들과 일에 따라 이치를 강구하고 장소에 따라 실천해 본다면 지혜가 더욱 밝아지고 덕이 날로 흥기할 것이라고 그는 말한다.[43] 『논어』 첫머리에 있는, 먼 곳의 벗이 찾아오는 즐거움을 생각나게 하지만, 윤증은 더 나아가 어쩌다 먼 곳의 벗이 찾아오는 것뿐 아니라 가까이 있는 붕우들이 때때로 모여 공부하는 것의 중요성을 또한 강조한다. 이미 정자도 "학우 간의 강론도 물론 좋지만 그보다는 서로 보고 감화를 받아 심신을 선善하게 하는 공부가 더 유익하다"라고 한 바 있지만, 윤증은 벗들이 각자 흩어져 거처하면서 함께 모이는 때가 없다면 서로 도와 학덕을 닦으면서 성장해 가는 즐거움이 결코 없을 것이며, 이것은 또한 친구 간의 도리에도 맞지 않다고 하였다.[44] 그는 문 닫고 들어앉아 성현의 책을 읽는 것, 벗들과 더불어 날마다 학문에 정진하는 것 이 속에 한량없는 즐거움이 있다고 한다.[45]

윤증이 말한 여러 형태의 즐거움들은 결국 모두가 본성을 기르는 것의 즐거움이다. 세속의 명예와 이익에 필연적으로 따르는 함정과 비교해 볼 때 외부적인 일을 끊고서 본성을 기르는 공부는, 고요한 가운데

---

41) 『明齋遺稿』, 권32, 「羅顯道大夫人壽宴詩次韻序」; 『明齋遺稿』, 권27, 「上堂叔父五岡府君」.
42) 『明齋遺稿』, 권29, 「與族子元敎(乙酉六月七日)」.
43) 『明齋遺稿』, 권16, 「與成汝中(甲寅六月十三日)」.
44) 『明齋遺稿』, 권30, 「示敬勝齋諸生」.
45) 『明齋遺稿』, 권4, 詩, 「送道以挈家入荒島」.

자연스럽게 꾸준히 추구해 간 다음에야 그 참된 즐거움을 알 수 있다. 그렇지 못하다면 그 공부는 한갓 공허한 것이 되고 만다.[46]

4. 『역』의 상점象占과 선천에 대한 이해

윤증은 『역』 해석에서 주희의 상점론象占論에 비중을 둔다. 그는 상점象占의 형식으로 되어 있는 경經의 괘효사는 그에 해당하는 사실이 있지만 「계사」 이하의 전傳은 의리를 말한 것일 뿐이라고 하면서, 괘효를 이해한 뒤에야 의리를 말할 수 있다고 보았다. 다만 그는, 『주역본의』와 『계몽』이 『역』의 본뜻을 밝힌 것이기는 하지만 사리가 자세하기로는 정이의 『역전』이 가장 좋다고 말한다.[47] 실제로 그는 정이가 『역전』에서 제시한 선비의 도리를 근거로 해서 자신의 출처의리를 확정하고 이를 왕과 주변에 밝히기도 했다.[48] 윤증이 거론한 것은 고蠱괘 상9 효사에 대한 정이의 해석을 가리킨다. 정이의 해석은 다음과 같다.

선비가 스스로 고상함을 지키는 것에는 또한 한 가지 방법만이 있는 것은 아니다. 도덕을 품고서 때를 만나지 못하여 고결하게 스스로 지키는 자, 만족함에 그치는 도를 알고서 물러나 스스로 보존하는 자, 자신의 능력과 분수를 헤아려 남들이 알아주지 않아도 편하게 여기는 자, 청렴하고 깨끗하게 스스로를 지켜서 천하의 일을 좋게 여기지 않고 자기 몸만 깨끗이 하는 자가 있다. 그 처한 바는 비록 뜻을 얻거나 잃고 지위가 높거나 낮은 차이가 있지만, 모두 스스로 그 하는 일을 높이고 숭상하는 사람들이다.[49]

---

46) 『明齋遺稿』, 권27, 「答三從子大敎(庚辰二月二十六日)」.

47) 『明齋遺稿』, 권15, 「答羅顯道(戊寅九月二日)」.

48) 『明齋遺稿』, 권5, 疏狀書啓, 「承旨傳諭後書啓(五月)」.

49) 『伊川易傳』, 蠱卦 上九의 정이 註, "士之自高尙, 亦非一道, 有懷抱道德, 不偶於時而高潔自守者, 有知止足之道, 退而自保者, 有量能度分, 安於不求知者, 有淸介自守, 不屑天下之事, 獨潔

윤증은 복서卜筮는『역』에 있는 성인의 네 가지 도 가운데 하나에 불과한 것인데도 주희가 이것을 위주로 한 까닭은 상점을 주로 삼으면 의리가 그 안에 있지만 의리를 주로 삼으면 글 뜻이 통하지 않을 때가 많기 때문이라고 말한다.[50] 하지만 그는, 모든 사물의 이치가 64괘에 드러나 있으므로 곧장 64괘에서 터득하면 모든 것을 깨달을 수 있다는 견해에 대해서는 반대하면서, 학문에서는 결코 지름길을 찾으면 안 되니 주희 또한『논어』·『맹자』를 먼저 읽고 난 다음에『역』을 읽으라고 했다는 사실을 환기시킨다. 즉 학문은 평이하고 절실하며 비근한 곳에서부터 시작해야 한다는 것이다.[51] 이런 주장들은 윤증의 학문이 무실務實적이라는 평가를 낳게 한다.[52] 전체적으로 보면 그의 역학은『본의』와『계몽』을 중심으로 삼아 주희의 역학을 조술하고 있다.

윤증이 상점론적 역학관을 기본으로 한다고 해서 점술을 수용하거나 우호적으로 보았던 것은 아니다. 그는 하달해河達海라는 점술사에게 "함부로 화복을 말하고 길흉을 논하며 방외의 요망하고 거짓된 주장을 말하기 좋아하는 것은 모두 제 몸을 죽이고 집안을 망치는 길"이라고 하면서 절교를 고하기도 했다. 그가 하달해에게 준 시는 다음과 같다.

군평이 점을 친 것은 먹고살기 위함이었고	君平爲卜依人事
강절이 점을 말한 것은 모두가 천리였네.	康節言占盡天理
평소에 말해 주어도 그대 알지 못하니	平日語君君不知
다시는 내 마을에 발걸음 하지 말게나.	願君勿復來吾里[53]

其身者. 所處雖有得失小大之殊, 皆自高尙其事者也."
50) 『明齋遺稿』, 권25,「答鄭萬陽葵陽(乙酉九月九日)」.
51) 『明齋遺稿』, 권21,「答裵興祚(己巳正月十日)」, "所示易經疑義類, 皆平日思慮之所未到者, 誠不敢强不知以爲知, 率爾酬酢, 以重僭踰之罪, 而又不敢闕然無一言, 以負千里俯問之勤. 謹以別紙, 略布鄙見, 高明一覽, 可知其淺妄無足取只如此耳."
52) 남명진,「명재 윤증의 무실적『주역』관」,『무실과 실심의 유학자 명재 윤증』(충남대 유학연구소 편, 청계출판사, 2001), 277~293쪽.

한대 사람 엄준嚴遵(君平)은 성도成都에서 점을 쳐서 연명하였는데, 하루에 100전錢만 벌면 가게 문을 닫고 저술에 힘썼으며 사람들에게 충효와 신의를 가르쳤다고 한다. 또한 민간에서는 소옹을 점술의 성인으로 알고 있지만 그가 말한 것은 모두 천리로서 하달해처럼 길흉화복을 함부로 말하고 방외의 요술로 사람을 기만하는 것과는 다르다. 이처럼 윤증은 『역』에서 말하는 상점과 민간의 점술을 구별하고 있다. 이러한 자세는 민이승閔以升[54])에게 권면하는 글에서도 나타난다. 편지에서 윤증은 민이 승이 구해 온 『고금주역』이라는 책에 대해, 그 책에 보이는 귀복법龜卜法은 신기하긴 하지만 복법이 폐기된 지 이미 오래되었으니 잡박한 데에 힘을 낭비할 필요가 없다고 말한다. 비록 『역』은 포괄하지 않는 것이 없어 결국에 가서는 서로 합치하게 된다 하더라도 정이나 주희 같은 역학 대가들의 감정을 거치지 않은 것은 편안한 마음으로 읽을 수 없다는 것이다. 이치를 분별하는 것이 정밀하지 않아 혹 잘못된 곳으로 흘러가서 이단이 되고 말 수도 있기 때문이다.[55])

윤증이 소옹의 선천역에 대해 특별한 견해를 보인 것은 없다. 『격양집』의 시를 즐겨 읊은 윤증이었지만 『황극경세서』에 대해서는 크게 관심을 드러낸 적이 없다. 오히려 그는 조카가 『황극경세서』를 읽는 것을 보았을 때 절실히 묻고 비근한 것을 생각하게 하는 책으로는 사서四書가 더 낫다고 권면한 일이 있다.[56])

그러나 『격양집』이 근본을 배양함에 좋다는 말을 했던 그가 『황극경세서』에 대해서는 절문근사切問近思의 책이 아니라고 했다고 해서, 이것이

---

53) 『明齋遺稿』, 권4, 「謝別河生達海」.
54) 민이승은 윤증의 문인으로 본관이 驪興이고 호는 誠齋이다. 과거에 뜻을 두지 않고 평생 학문에만 전념하였다.
55) 『明齋遺稿』, 권19, 「與閔彦暉(丙寅十月九日)」.
56) 『明齋遺稿』, 권27, 「答三從子孝教(甲申九月六日)」.

『황극경세서』를 부정했다는 말로 연결되지는 않는다. 그렇게 말할 윤증 또한 아니다. 그의 의도는 다만 초학자가 우선적으로 힘쓸 책은 아니라는 뜻이었을 것이다. 그는 소옹의 선천역에 대해서 상당한 식견을 갖고 있었다. 당시에 부친 윤선거의 저술인 『후천설』에 대하여 문인들의 의문이 있어 여러 문답이 오가는 중에 윤증이 자신의 견해를 피력한 것이 다소 전한다. 윤선거의 『후천설』에 있는 여러 개의 그림들 가운데 복희팔괘와 문왕팔괘의 상관관계를 나타낸 「희문역상함도羲文易相含圖」가 있는데 윤증 은 부친의 이 그림에 반영된 후천설을 옹호하여, 선천은 상생相生이고 체體이며 후천은 상극相克이고 용用이라 하면서 괘효가 변하고 바뀌며 나뉘고 합하는 것은 모두 후천이라 한다.[57] 그는 또 부친의 삼색론三索論을 적극 옹호한다. 윤선거에 따르면, 선천도를 종縱으로 본 것이 곧 삼색도의 법인데[58] 후천의 차서次序를 삼색설에서 찾아볼 수 있다고 한다.[59] 한편 논란이 많은 소옹의 36궁宮에 대해 윤증은, "여러 이론이 모두 통하지만, 그 중에 건과 곤, 감과 리는 교차하지 않고 진과 손, 간과 태는 서로 교차하는데 그 합한 수가 36이라는 설이 제일 나을 듯하다"라고 하였다.[60]

~~~~~~

윤증은 명문가에서 태어났지만 출사를 단념하고 은거자정의 길을 택했다. 그는 그의 삶의 모델로 도잠과 소옹을 꼽았는데, 주자학을 기반으로 하는 당시의 지적 풍토는 그로 하여금 소옹에게 더 끌리게 하였다.

그는 세상에서 숨어살며 스스로를 바로잡는 일에 매진하였지만, 그런 가운데서도 세도世道에 대한 관심을 지속적으로 갖고 상소나 편지를

---

57) 『明齋遺稿』, 권12, 「答權知事」.
58) 『魯西遺稿』(韓國文集叢刊 120), 권13, 「後天圖說」.
59) 『明齋遺稿』, 권19, 「甲子臘月十四日」.
60) 『明齋遺稿』, 권25, 「答鄭萬陽葵陽(乙酉九月九日)」.

써서 자신의 정치적 소신을 끊임없이 피력하였다. 학계의 중망을 지니고 있었기에 그의 의견은 조야에 상당한 영향력을 미쳤고, 그 결과 얼굴 없는 재상, 백의재상 등으로 불리기도 했다.

윤증은 소옹처럼 안락을 추구하였다. 그의 안락은 강호의 만흥漫興도 아니고 자기의 울분이나 삭히려는 것도 아니다. 그것은 본성을 배양하는 데서 얻는 즐거움, 천리의 유행을 읽는 데서 얻는 즐거움이다. 이를 그는 진락眞樂 곧 참 즐거움이라 했다. 물론 그는 자신의 처지를 두고 비분강개도 하였고 술 마시며 눈물 흘릴 때도 있었으며 근심을 잊기 위한 몸부림도 쳤다. 그러나 끝끝내 그는 성현의 서책을 통해 얻는 즐거움, 붕우들과의 강습을 통해 깨닫는 즐거움, 절대의 한가로움을 통하여 우주의 본원세계를 이해하는 즐거움을 추구하였다. 언제나 그는 학문 속에 은거가 있는 것이지 은거를 목적으로 하면 학문도 이루어지지 못하고 생계도 해결되지 않는다고 경계하였다.

부친 윤선거의 후천설에 대한 윤증과 문인들 사이의 문답 내용이나 여타 서한문 등을 중심으로 살펴볼 때 윤증은 주희의 『본의』와 『계몽』 등을 중심으로 『역』을 이해하고 있었으며, 정이의 『역전』이 의리를 추구하고 완색하는 데 좋은 자료로 활용될 수 있음을 인식하고 있었다. 또한 그는 소옹의 『황극경세서』에 대해서는 큰 관심을 갖지 않았다.

제3부 조선유학의 선천역학

제1장 화담 서경덕의 소옹 철학 이해와 수용

1. 기수학자 서경덕

서경덕 사상에 대한 근래의 연구에서 주목되는 키워드는 기철학이었다.[1] 그것도 주로 '기일원론'이나 '유기론' 또는 '태허'·'선천'·'후천'·'일기장존'·'귀신사생' 등의 개념에 주목하여 소개하고 평가하거나 이에 대해 보완적 설명이나 비판을 가하는 것이 주류를 이루고 있다. 학자들은 서경덕이 정통적 주자학과 대립되는 기일원론 철학을 창립했다고 평하거나[2] 한국유학사에 있어 독자적인 기철학 체계를 정립했다고 규정한다.[3] 또 이러한 연구를 검토하면서 기일원론에 유예적 태도를 보이는 연구도 있다.[4] 그런가 하면 한국유학사의 관점에서 "수학과 역학에 정통하나 주로 치력한 것은 역시 성리의 학문이었다"라는 평가도 있고[5] 기수氣數의

---

[1] 서경덕의 기철학을 연구하는 것과 서경덕의 철학을 기철학으로 규정하는 것은 다른 문제이다. 그럼에도 종종 이 문제를 혼동하는 경우가 있다. 현상윤, 이병도, 배종호, 이남영, 이동준, 최일범, 황광욱, 이상익, 김경호 등의 논문은 서경덕이 이황, 이이의 리기철학의 先河라는 전제에서 리기론에 주력하여 탐색하고 규정하고 있다.

[2] 유명종, 『韓國哲學史』(일신사, 1976), 151쪽.

[3] 이남영, 「서경덕의 철학사상」, 『韓國哲學史』 中(한국철학회 편, 동명사, 1997), 155쪽.

[4] 최일범, 「서경덕의 理氣論에 대한 試論」, 『동양철학연구』 11집(1990), 125~142쪽; 황광욱, 「화담철학의 성격 규정에 대한 비판적 고찰」, 『한국철학논집』 9집(한국철학사연구회, 1996), 25~41쪽.

학은 소옹을 따르고 리기설은 장재의 흐름에 속하는데 독창적 자득의 창견도 있었다고 하는 평가도 있다.[6]

근래 한국철학계에서 서경덕에 대한 연구가 기철학으로 기울어 가는 현상의 원인으로 두 가지를 들 수 있다. 하나는 이황이 서경덕의 학문을 수학으로 규정하고 또 이이가 서경덕의 학문은 장재에 연원한다고 규정했기 때문이고, 다른 하나는 그간의 시류時流가 반영된 것, 즉 수학이나 소옹 철학이 조선유학의 주류집단에서 주요 쟁점이 되지 못했기 때문이다. 서경덕 이후의 조선 학계는 참으로 오랫동안 리기와 심성의 논쟁에 집중했다. 근래의 전통철학에 대한 연구도 16세기 중심의 리기심성론과 18세기 실학에 대한 논쟁 그리고 최근의 양명학에 대한 관심이 주류를 이루고 있을 뿐이다. 따라서 수학이나 소옹 철학에 관심을 가진 학자나 그 내용에 대해서는 외면하게 되었던 것이다. 이 글에서는 조선유학사에서 서경덕이 소옹 철학에 대한 본격적 이해와 수용의 첫 인물이라는 시각을 바탕에 두고 논의를 진행해 가기로 한다.

서경덕 사후 그에 대한 증직을 논의하는 자리에서 명종은 서경덕의 저술 대부분이 기수氣數를 논했고 수신修身의 일에는 미치지 못했음을 지적하면서, 본질적으로 그 학문과 공부에 의심스러운 부분이 많다고 하였다. 이때 유신들은 서경덕의 학문을 소옹·주돈이·정호·정이·주희 등과 연관시켜 논하고 있다. 그들은 서경덕의 학문을 기수학氣數學이나 수학數學 또는 상수학象數學으로 지목하면서[7] 서경덕에 대해 "조선에서의 복희역학의 일인자"[8], "손으로 월굴月窟을 탐구하고 발로 천근天根을 밟은

5) 현상윤, 『朝鮮儒學史』(민중서관, 1977년 6판), 66쪽.
6) 이병도, 『韓國儒學史』(아세아문화사, 1989년판), 179쪽.
7) 『花潭集』, 「花潭先生文集重刊跋」(洪鼐), "其所著述若原理氣理氣太虛等說及皇極經世數解. 發前聖所未發之旨, 推演象數之妙, 闡明奧義, 開示幽賾, 大有功於後學, 誠不可以泯沒而無傳也."
8) 申欽, 『象村稿』, 권52, 「晴窓軟談」, "徐花潭生質近於上知, 起自草萊, 自知爲學, 於邵易尤邃, 其推出經世之數, 無一謬誤, 奇哉……知羲易蹊逕者, 我朝一人."

진정한 소강절"9), "복희와 소강절에 닿아 있다"10), "동방의 소요부"11), "그 리수지학理數之學은 강절을 추종했다"12), "학문은 횡거에 못지않고 수학은 강절에게 양보하지 않는다"13) 등으로 평하였다.

이이는 서경덕의 학문이 장재에게서 나왔다는 주장을 펴서 허엽과 논쟁을 벌이기도 했다.14) 시호를 논하는 자리에서도 그는 "화담의 논리는 횡거의 학설을 주로 하였고 정·주와 다소 다르다"15)라고 하였다. 그러나 그는 왜 서경덕의 학문을 장재에게서 발원한 것이라고 했는지를 명확히 밝히지는 않았다. 당시 이이에게 있어서 학문적 주된 관심은 리기의 문제였을 것이다. 이황과 기대승 사이에서 발단한 사단·칠정, 리·기 논쟁은 학계의 중심 화두였기 때문에 이이 또한 자연히 서경덕을 리기의 측면에서 다루게 되고, 그 결과 서경덕이 기학자로서 장재를 이어받았다고 규정한 것으로 짐작된다. 이이는 소옹을 지극하게 존숭했다. 그는 소옹을 도통의 정맥을 이은 경세가로 보았으며, 그의 인격과 역학에 깊은 공감을 표하였다. 이처럼 소옹을 존숭하는 이이의 관점에서 어쩌면 서경덕은 소옹과는 거리가 먼 사람으로 보였을지도 모른다. 더구나 『경연일기』 등에 나타나 있는 이이의 당시 인물들에 대한 평가가 다소 각박한 느낌을 주는 것을 감안하면 더욱 그러하다.

---

9) 『花潭集』, 권4, 附錄二, 「花潭」(南龍翼), "巍然祠字壓溪潯, 再拜庭前敬慕深, 手足月天眞是邵, 妻兒梅鶴豈徒林, 看山可想仁人樂, 講道偏宜暇日尋, 理氣聲音神鬼說, 聊從多士一長吟."

10) 『花潭集』, 권4, 附錄二, 「花潭」(金昌翕), "東方實崫莽, 一有英邁士, 玄通自瑩齡 妙契羲邵旨, 周遊六六宮, 斂以一榻跪, 資深始居安, 忘飢卽林水."

11) 『花潭集』, 「花潭先生文集跋」(金用謙), "花潭徐先生, 資稟英睿, 學究天人, 寔我東之邵堯夫也."

12) 李植, 『澤堂先生別集』, 권15, 雜著, 「追錄」, "徐花潭奮起寒微, 高節終始, 理數之學, 追踵康節, 靜菴以後, 無出其右."

13) 『花潭集』, 「花潭先生文集跋」(尹孝先), "東人復有言曰, 先生學不下橫渠, 數不讓康節."

14) 『栗谷全書』, 권29, 「經筵日記」, 宣祖 8年(乙亥) 5月, "朝臣請加贈先生職, 上曰, 敬德所著書, 多論氣數, 而不及於修身之事, 乃是數學耶. 且其工夫多有可疑處. 副提學李珥啓敬德工夫, 固非初學所可法. 其學出於橫渠."

15) 『栗谷全書』, 권29, 「經筵日記」, 宣祖 8年(乙亥) 5月, "其論理, 多主橫渠之說, 微與程朱不同, 而自得之樂, 非人所可測也."

서경덕 학문의 장재연원설을 주장하는 이이에게 반발한 가장 대표적인 인물은 서경덕의 문인 허엽이다. 그는 스승의 학문이 소옹·장재·이정·주희를 겸했다고 반박했는데, 이에 대해 이이는 서경덕의 책을 읽을수록 더욱 허엽의 견해와 배치되는 것을 느끼게 된다고 대꾸하였다.[16] 물론 직접 배운 사람의 시각과 전해 들은 사람의 시각 사이에는 체감의 차이가 있을 수밖에 없다. 문인의 발언은 과장의 폐가 있을 수도 있지만, 곁에서 지켜 본 사람의 평가인 만큼 가장 적실할 수도 있을 것이다.

이이는 서경덕의 또 다른 문인 박순朴淳과도 많은 대화를 나누고 논변을 전개하였는데, 주로 리기에 관한 논변이었다. 박순은 장재의 청허일대론淸虛一大論에 대해 근원을 탐구하고 근본에 돌아가려는 것이었다고 평가한 뒤, 스승 서경덕의 학문은 "횡거가 미처 다하지 않은 말을 추론하여 지극하게 다 말했으니 고명高明의 극치"라고 높였다.[17] 이로 보아 박순은 이이와 마찬가지로 서경덕이 장재의 학문을 이었다고 생각하고 있다.

서경덕 철학의 연원이 장재에게 있다는 이이의 발언에 힘을 실어 주는 또 다른 자료는 서경덕의 제자 홍인우의 『일록日錄』이다. 이에 따르면 서경덕은 장재의 『정몽』 등을 가지고 강학에 주력했다.

8월 초9일에 화담선생이 나(홍인우)의 집으로 찾아왔다. 하도·낙서·태극도 및 『정몽』의 두 편을 배웠다.…… 12일에 화담선생을 찾아뵙고 『정몽』을 배웠는데,

---

16) 『栗谷全書』, 권29, 「經筵日記」, 宣祖 8年(乙亥) 5月, "李珥曰, 此工夫固非學者所當法. 敬德之學, 出於橫渠, 其所著書, 若謂之脗合聖賢之旨則臣不知也. 但世之所謂學者, 只依倣聖賢之說以爲言, 中心多無所得. 敬德則深思遠詣, 多有自得之妙, 非文字言語之學也. 上許贈以議政. 許曄每尊敬德, 以爲可繼箕子之統, 聞珥論敬德之學出於橫渠, 責珥曰, 君言如此, 僕所深憂. 若曰, 花潭之學, 兼郯張程朱則可矣. 君精專讀書十餘年後, 可論花潭地位. 珥曰, 恐用讀書愈久, 而愈與公見背馳也." 許曄(1517~1580)의 호는 草堂이고 서경덕의 문인이다. 1575년 동서의 대립 시에는 金孝元과 함께 동인의 영수로 활약하였으며, 개성의 花谷書院에 제향되었다. 저서에 『草堂集』이 있다.

17) 朴淳, 『思庵集』, 권4, 「答李叔獻書」, "張子所論淸虛一大, 此窮源反本, 前聖所未發也. 花潭又推張子之未盡言者, 極言竭論, 可謂極高明也."

「천도天道」편에서 「대심大心」편까지였다. 선생이 "이는 횡거의 신묘처神妙處를 발설한 곳으로, 초학자는 깨달을 수 없다. 내가 말한 것은 모두 문자 상의 찌꺼기들이다. 만약 긴요한 곳을 알고자 한다면 모름지기 정밀하게 생각하고 스스로 터득해야 할 것이다"라고 하였다.…… 14일에 박화숙이 찾아와서 함께 장자張子의『정몽』「태화」편에 대해 토론했다. 화담이 터득한 것은 모두 「태화」편에서 나온 것이다.[18]

장재의 책은 서경덕 문하의 여러 독본 가운데 하나이지만 중심적 위치에 있었던 것을 부인할 수 없다. 실제로 서경덕이 장재의 철학에 깊은 이해를 갖고 있었음을 드러내는 한 단초가 있으니, 바로 "빙화호장기택氷火互藏其宅"의 명제이다.[19] 이 명제는 장재의 "음양호장기택陰陽互藏其宅"에서 빌려 온 것으로 보인다. '호장기택互藏其宅'은 주돈이의 「태극도설」에 나오는 '호위기근互爲其根'과 함께 동양적 세계관의 핵심을 잘 드러내고 있는, 음양의 관계에 대한 함축적인 표현이다.[20] "음양호장기택"과 관련된 장재의 문장은 다음과 같다.

음양이 그 순수한 정기를 서로 상대의 집에 수장하면 각각 그 편안한 장소를 얻는다. 그러므로 해와 달의 형체가 만고에 변하지 않는다. 음양의 기 같은 것은, 순환하여 번갈아 이르고, 모이고 흩어져서 서로 부대끼고 뒤섞이며, 오르고 내리면

---

18) 『花潭集』, 권3, 附錄, 「遺事」, '洪耻齋仁祐日錄', "初九日, 花潭先生至余舍, 遂學河圖洛書太極圖及正蒙二篇.……十二日, 謁花潭先生學正蒙, 自天道至大心篇. 先生曰, 此張子發洩神妙處, 非初學能悟得也. 吾所說皆文字上糟粕, 若喫緊地則須精思自得.……十四日, 朴和叔來見, 穩討張子太和篇, 花潭所見得, 儘是自此做出來也."

19) 『花潭集』, 권2, 「溫泉辨」, "邵子曰一氣分而爲陰陽, 陰陽半而形質具焉. 陰陽偏而性情分焉. 知此則泉之溫, 無足怪也. 天未始無陰, 地未始無陽, 氷火互藏其宅, 且天之陽, 常貫乎地之虛, 而地不得而不受, 故曰, 天一而實, 地二而虛, 陽蘊於地中, 氣或輻湊於一處, 積而蒸鬱, 泉脈被他蒸薄而熱, 坎之中實, 亦見其陽潛於水中."

20) 김진근의 조사에 따르면, 문연각 사고전서에서는 이 용어가 160권에 걸쳐 206회나 나타나는데, 正文에 126권 151곳, 주석에 34권 55곳으로, 철학적 문헌에서만이 아니라 어학·역사·수학·과학·의학·예술 등 다방면에 걸쳐 사용되고 있다. 김진근, 「互藏其宅의 논리와 그 철학적 의의」(한국주역학회 주최 제3회 국제역학학술대회 '역학과 현대문명' 발표문, 고려대학교, 2007. 7. 2~3).

서 서로 요구하고, 긴밀하게 교감하여 서로 뒤흔든다. 무릇 서로 함께하고 또 서로 통제하니, 하나로 하려고 해도 불가능하다. 이것이 굽힘과 폄이 방향이 없고 운행이 멈추지 않는 까닭이니, 시킬 수도 없다. 이를 성명性命의 이치라고 하지 않으면 무어라고 할 것인가?[21]

"음양이 그 순수한 정기를 서로 상대의 집에 수장하면 각각 그 편안한 장소를 얻는다"로 번역된 첫 구절의 '호장기택'을 김진근은 "서로 (집을 바꾸어) 그 바뀐 집에 간직한다"로 풀이하고 있다.[22] 음의 정수는 양의 집에 있고 양의 정수는 음의 집에 있으며, 이럴 때 음과 양이 가장 편안하다는 것이다. 여기서 '편안하다'는 것은 그 아래 구절에 따르면 '변하지 않음'의 뜻이다.[23] 주희는 이 문단을 "음은 양을 바탕으로 삼고 양은 음을 바탕으로 삼는다. 물은 속이 밝지만 겉은 어둡고, 불은 속이 어둡지만 겉은 밝다. 장재가 '음양의 정기는 서로 그 집에 감춘다'고 말한 것이 바로 이 뜻이다"라고 하였다.[24] '호장기택'을 교역交易의 관점에서 이해하는 것은 이광지(1642~1718)이다.[25] 그는 '호위기근'을 변역으로, '호장기택'을 교역으로 풀이했다. 앞서 말했듯 '호위기근'과 '호장기택'을 음양의 대대對待·변역變易의 논리와 연관 지워 이해하는 것은 이미 상식이다. 그리고 대대와 변역의 논리는『역』또는 음양의 논리구조를 드러내는 핵심이다. 서경덕은 바로 이 명제를 끌어다가 온천 현상을 설명한다. 그는 불에는 차가운 것이 있다는 말은 들어보지 못했는데 샘에는 혹

---

21)『正蒙』,「參兩」, "陰陽之精互藏其宅, 則各得其所安, 故日月之形 萬古不變. 若陰陽之氣, 則循環迭至, 聚散相盪, 昇降相求, 絪蘊相揉, 蓋相兼相制, 欲一之而不能, 此其所以屈伸無方, 運行不息, 莫或使之, 不曰性命之理, 謂之何哉?"

22) 김진근,「互藏其宅의 논리와 그 철학적 의의」(제3회 국제역학술대회 발표문).

23) 곽신환,「주역에서 읽는 문화의 수용과 창신」,『철학연구』83집(2008년 가을), 37쪽.

24)『朱子語類』, 권1, 61조, "陰以陽爲質, 陽以陰爲質. 水內明而外暗, 火內暗而外明. 橫渠曰"陰陽之精, 互藏其宅", 正此意也."

25) 李光池,『周易通論』, 권3,「論易陰陽之序」.

따뜻한 것이 있는 것은 무슨 까닭인가 하는 물음에 소옹의 학설을 들어서 다음과 같이 답한다.[26]

> 하늘에 음이 없었던 적은 없고 땅에 양이 없었던 적은 없다. 얼음과 불은 자기의 정수를 서로 상대의 집에 저장한다. 또한 하늘의 양은 항상 땅의 빈 곳을 꿰뚫고 있고, 땅은 이를 받아들이지 않을 수 없다. 그러므로 하늘은 하나이되 실하고 땅은 둘이되 허하다고 하는 것이다.[27]

오늘의 관점에서 보면 일면 과학적이면서도 일면 관념적이기도 한 설명이다. 땅속의 양 곧 마그마와 같은 열성이 샘의 맥을 데워서 온천이 생긴다는 측면에서 볼 때 과학적이고, 물을 나타내는 감괘(☵)의 괘상은 음 속에 양이 있는 것이므로 원래 물 속에는 양의 뜨거운 성질이 있다고 본다면 관념적이다. "수화호장기택"이 서경덕의 시에서도 나타나는 것으로 보아[28] 이는 그가 지니고 있던 음양론의 중심적 신념 가운데 하나로 생각된다.

2. 동방의 소요부

서경덕의 사후 조정에서는 그에게 문강文康이라는 시호를 내렸다. 『화담집』의 서문을 쓴 원인손元仁孫은, 사람들이 조광조·이언적·이황·이이에 대해서는 정학의 연원을 이었다고 인정하면서도 유독 서경덕에 대해서

---

26) 『花潭集』, 권2, 「溫泉辨」, "天則主陽, 地則主陰. 火熱而水涼, 其性也. 火則未聞有寒者, 而泉或有溫者何也."
27) 『花潭集』, 권2, 「溫泉辨」, "天未始無陰, 地未始無陽. 氷火互藏其宅. 且天之陽, 常貫乎地之虛, 而地不得而不受, 故曰, 天一而實, 地二而虛."
28) 『花潭集』, 권1, 「再次(沈敎授見贈韻)」, "一部羲經衆理叢, 欲追三絶啓余蒙, 坎離互宅人知否, 些子天機未易通."

만 수학으로 지목하는 것은 주희가 「육선생찬」에서 소옹을 나머지 오선생과 병렬한 것과는 맞지 않다고 지적하면서, 서경덕의 시호인 '문강'은 도덕박문道德博文의 '문文'과 연원유통淵源流通의 '강康'으로 된 것인데 이미 '강'자를 썼다는 것은 소강절과 부합됨이 있음을 인정하였다는 뜻이 아닌가 하고 묻고 있다.[29] 서경덕의 학문과 인격을 높여 '동방의 소요부'라고 부른 이도 있다. 윤숙尹塾은 "화담 서선생은 정암보다는 뒤, 퇴계보다는 앞 시기에 거친 산 우거진 풀숲에서 몸을 일으켜서…… 역학에 크게 힘을 쏟았으며, 리기의 변별과 심성의 구분과 원회운세의 수에 꿰뚫지 못함이 없었다. 복희·증자·맹자를 환히 알고 염·락·관·민의 선생들을 조석으로 만나니, 참으로 우리 동국의 소요부이다"[30]라고 했다.

서경덕은 소옹을 인격적으로 존모하였다. 그는 자신의 친구에게 옛날 사마광이 천진교 근처의 안락와를 찾았듯이 자기 집을 찾아 달라고 읊기도 했고,[31] 또 자신의 공부가 소옹의 공부와 같은 관물공부인데 이 공부가 이미 십분 경지에 올랐다고 자부하기도 했다.[32] 때때로 꽃과 달을 시로 읊으며 소옹의 흉내를 내기도 했고,[33] 소옹의 「수미음」을 본떠 몇 수의 시를 짓기도 했다. 그 중 하나를 보면 다음과 같다.

---

29) 『花潭集』, 「花潭先生文集序」(元仁孫), "然世之論靜晦退栗四先生, 歸之以洛閩正源, 而至於花潭, 則必以數學目之. 此固紫陽六先生贊, 竝列邵子之意歟. 謚先生者曰, 道德博聞曰文, 淵源流通曰康, 其必曰康者, 抑有所符合於邵子歟."

30) 『花潭集』, 「花潭先生文集重刊序」(尹塾), "花潭徐先生, 後乎靜老而先乎退翁, 崛起於荒山草萊之中……迺大着力立脚於易學, 理氣之辨, 心性之分, 元會之數, 無不通貫. 曉然若必羲曾孟濂洛關閩. 朝暮相遇, 眞一吾東國邵堯夫也."

31) 『花潭集』, 권1, 「次留守朴相國韻」, "花潭特地卜幽居, 爲愛林深車馬疏, 懶向塵中回杖屨, 浴沂狂性未能除, 二 近日山齋剩讀書, 得吾邦宰樂紅餘, 擬邀司馬公靑眼, 一顧天津邵子廬."

32) 『花潭集』, 권1, 「觀易, 偶得首尾吟, 以示學易輩諸賢(又一絶)」, "觀物工夫到十分, 日星高揭霽披氛, 自從浩氣胸中養, 天放林泉解外紛, 藏乙巳閏正元夜, 獨起依枕無寐, 因記前日所見吟罷, 鷄旣鳴矣."

33) 『花潭集』, 권1, 「席上贈人」, "花下移罇松月高, 吟來堪擬邵堯夫, 況兼童子隨冠者, 笑語時喧興不孤."

화담은 소노인이 시 읊은 일 좋아하지 않으니	花巖不愛邵吟詩
읊조림은 요부가 때를 극론한 데 이르네.	吟到堯夫極論時
하나가 아직 열리지 않았으니 혼돈조차 없고	一未開來無混有
둘이 교감하는 곳에선 물이 불을 낳네.	二能交處坎生離
정신이 물처럼 고요하면 하늘의 마음을 얻고	神於水面天心得
버드나무 바람 좋아하면 오동나무 달을 벗하네.	易向柳風梧月知
가을의 낙엽 봄의 못 경치가 어찌 멀리 있는가?	秋洛春潭景何遠
화담은 소노인이 시 읊은 일 좋아하지 않네.	花巖不愛邵吟詩[34]

수미음의 시어들 속에 소옹과 관련된 용어들이 많이 등장하는 것은 자연스럽다. 소옹의 철학적 용어들, 소옹의 삶의 과정 속에 있었던 사건이나 일화 등 각종 소재들이 종종 등장한다. 단순히 시어들 속에 등장하는 데 그치는 것들이 아니라 그것은 서경덕의 생활의 일부가 되기도 하였다. 허엽에 따르면 서경덕은 산수가 좋은 곳에 이르면 문득 덩실덩실 춤을 추었다고 한다.[35] 타고난 취향이 소옹과 같았을 수도 있고, 소옹 따라하기 였을 수도 있다.

또한 서경덕은 소옹의 『황극경세서』에 있는 수를 풀이한 것, 성음도를 풀이한 것, 64괘방원도를 해설하기도 했다. 난해한 이들 저서를 풀이한 것도 당시인들로 하여금 그에게 소옹 철학의 대가, 또는 동방의 소요부라는 칭호를 부여하는 데 주저하지 않게 했다.

윤효선은 서경덕이 특히 복희·문왕의 역과 『황극경세서』에 깊은 이해가 있고 앞날을 미리 아는 신묘함을 깃추었다고 했으며,[36] 어숙권은

---

34) 『花潭集』, 권1, 「觀易, 偶得首尾吟, 以示學易輩諸賢」. 이 밖에도 다음과 같은 시들이 있다. 『花潭集』, 권1, 「笑戲」, "花巖不愛邵吟詩, 輸得堯夫閒靜時, 道不遠人須早復, 事皆方物莫教朕, 旣知性處宜溫養, 必有事來豈太持, 自在工夫曾喫力, 花巖不愛邵吟詩"; 『花潭集』, 권1, 「體述邵堯夫首尾吟, 聊表尙友千古之思」, "花巖不愛邵吟詩, 吟戲堯夫不試知, 鯤躍三千雖得地, 鵬搏九萬奈無期, 物皆藏用聖何棄, 代不乏人天有時, 閑却當年經世手, 花巖不愛邵吟詩."
35) 『花潭集』, 권3, 附錄, 「遺事」, '許草堂曄前言往行錄', "花潭遇山水佳處, 輒起舞."
36) 『花潭集』, 「花潭先生文集跋」(尹孝先), "嗚呼. 先生之學……尤邃於羲文大易, 皇極經世等書,

서경덕이 성리학으로 자임했는데 특히 『역』에 깊은 이해가 있었다고
하였다.[37] 신흠은 서경덕을 가리켜 조선 사람 가운데 복희역의 일인자라
고 하였다. 여기서 복희역이라 함은 소옹의 선천역을 말한다. 신흠의
말은 다음과 같다.

타고난 자질은 상지上智에 가까우니, 초야에서 스스로 몸을 일으켜 학문하는 방법을
알았다. 특히 소옹의 역학에 더욱 깊이가 있어서 그 경세의 수를 추출해 냄에
있어서 조금의 오류도 없었으니 기이하다. 만약 중국에 태어나서 큰 학자 큰
스승들 사이에서 배우고 익혔다면 그 고명투철함이 그가 이른 경지 정도에 그치지
않았을 것이다. 복희역의 길을 안 이로는 조선에서 일인자이다.[38]

우리나라에 본래 역학이 없어 비록 선유라 하더라도 또한 관건을 계발할 수
없었으니 논술한 것이 다만 문의의 말단일 따름이었다. 화담이 홀로 멀리 소강절을
밝히고 직접 문호를 엿보았으니, 세상에 없는 호걸이라 하겠다. 화담의 「황극경세수
해」는 우리나라 유학자들이 밝히지 못했던 것이다.[39]

서경덕의 문집에 있는 여러 시들 가운데 앞에서 본 수미음을 시재로
한 시를 포함하여 「천기天機」, 「관역음觀易吟」 2수, 「동지음冬至吟」, 「제허백당
題虛白堂」 등의 시들은 복희·문왕에 대한 그의 평가를 보여 주고 있다.
우선 그의 역학 일반에 대한 이해를 살펴보자.

而前知之妙, 千載罕聞. 嗚呼. 先生之自許則曰, 見到千聖不盡傳之地頭, 東人復有言曰, 先生學
不下橫渠, 數不讓康節, 奇哉."

37) 『花潭集』, 권3, 附錄, 「遺事」, '魚叔權稗官雜記', "徐處士敬德, 十八讀大學, 遂靜室危坐, 專以
格物爲事, 旣久, 取經傳讀之. 若有冥契, 於是, 益沈潛涵養, 以性理之學自任, 尤邃易經, 攝衣
來講者, 不絶於門."

38) 申欽, 『象村稿』, 권52, 「晴窓軟談」, "徐花潭生質近於上知, 起自草萊, 自知爲學, 於邵易尤邃,
其推出經世之數, 無一謬誤, 奇哉. 使生於中國, 薰染大儒函丈之間, 則其高明透徹, 不啻其所造
而已. 知義易蹊逕者, 我朝一人."

39) 『象村稿』, 권60, 「先天窺管」, '經世外篇解', "我國素無易學, 雖儒先亦無能啓發關鍵者, 所論
述只文義之末爾, 花潭獨能遠紹康節, 直闚門戶, 可謂不世之人豪矣. 此解是我國諸儒所未發也."

한 권의 『역』은 뭇 이치가 모여 있는 것,　　　　　一部義經衆理叢
공자의 위편삼절을 좇아 나를 계몽하고 싶네.　　　欲追三絶啓余蒙
감괘와 리괘가 서로 그 집이 됨을 사람들이 알까?　坎離互宅人知否
그대들은 천기를 쉽게 알지 못하리.　　　　　　　些子天機未易通[40]

　이 시는 『역』에 대한 그의 인식을 잘 드러낸다. 『역』은 한마디로 모든 이치가 모여 있는 경전이고 공자가 심혈을 기울여 탐구한 문헌이다. 음양론을 근간으로 하는 이 책은 감坎괘와 리離괘를 통해서 그 음양관계의 본질을 잘 드러내고 있다. 서경덕은 이 두 괘에 대하여 음과 양이 그 정수를 각각 상대방의 집에 보존하고 있음을 보여 준다고 하고, 또 문하생들에게 이러한 천기天機는 너희들이 쉬이 알 수 있는 것이 아니라고 한다. 그는 「천기天機」라는 장편의 시도 지은 바 있다.[41]
　한편 서경덕은 복희→문왕→공자로 이어지는 전통적 역학관에 대해서도 나름의 이해를 바탕으로 서술한다.

복희가 그은 팔괘는 대략 참된 상을 그려냈고　　　　羲畵略摹眞底象
문왕이 지은 『역』은 또한 그림자 속의 하늘을 말했네.　周經且說影中天
사물에서부터 연구하여 능히 조화를 알겠고　　　　　研從物上能知化
근원에서부터 찾아야만 미묘함을 알 수 있네.　　　　搜自源頭可破玄
세상에 뛰어난 인물 아니면 죽간에 쓰인 『역』으로　　不是聰明間世出
전제銓蹄를 삼아서는 안 될 것이다.　　　　　　　　難憑竹易討蹄筌[42]

　서경덕은 복희의 팔괘, 문왕의 육십사괘, 공자의 십익 등의 성격을 간략히 묘사하고, 공자가 다만 죽간에 쓰인 문자만으로 『역』을 연구한

---

40) 『花潭集』, 권1, 「再次(沈敎授見贈韻)」.
41) 『花潭集』, 권1, 「天機」.
42) 『花潭集』, 권1, 「觀易吟」.

제1장 화담 서경덕의 소옹 철학 이해와 수용　203

것이 아님을 분명히 하고 있다. 그는 이어서 복희·문왕이 모두 한결같이 귀신을 움직였다는 평가를 하고 있다.

복희의 팔괘와 문왕의 『역』이 귀신을 움직이니	羲畫周經動鬼神
하늘이 낸 공자가 이를 끌어내고 펼쳤네.	仲尼天縱引而伸
지극한 이치를 환히 알아 남김이 없으니	廓開至理無遺蘊
묵묵히 알아 마음으로 통하는 것은 사람에게 있네.	默契心通只在人[43]

『역』은 귀신을 부리는 책인데 공자는 이 책을 확대하여 지극한 이치를 드러내는 학문으로 만들었다는 것이다. 그리고 그 지극한 이치를 아는 것은 바로 그 사람에게 달려 있다고 한다. 물론 이는 「계사전」상하 각 12장에 있는 덕행德行에 대한 강조와 연결되는 부분이다.

서경덕은 복희역에 비상한 관심을 기울이면서 복희를 본보기의 대상으로 삼기도 하였다. "일생 마음과 몸에 담백하여 한 티끌도 없으니……희황상인이 되었네"라는 표현도 보인다.[44] 그가 마음으로 본받고자 하는 인물이 바로 복희였음을 보여 준다. 서경덕의 역학은 소옹의 역학이었으며, 이것이 자연스럽게 복희역에 대한 관심과 복희의 사람됨에 대한 존숭으로 이어져 나갔던 것이다.

서경덕은 소옹 역학에 관심이 있지만 『역』의 괘효사에 무심하지도 않았다. 비록 『역』의 괘효사에 대한 체계적 해석을 시도하지는 않았으나, 그에게는 괘효사를 통한 철학적 사색을 엿볼 수 있는 자료가 있다. 복復괘와 간艮괘에 대한 해석이 그것이다.

서경덕은 복괘로 상징되는 절기 동지冬至를 다음과 같이 읊고 있다.

---

43) 『花潭集』, 권1, 「觀易吟(二)」.
44) 『花潭集』, 권1, 「題虛白堂」, "虛白堂中憑几人, 一生心事澹無塵, 太平歌管來飄耳, 便作羲皇以上身."

양기가 구지九地에 불매 한 소리의 우레가 치고　　　　　陽吹九地一聲雷
기가 황종궁黃種宮에 응하매 재가 이미 움직이네.　　　　氣應黃宮已動灰
샘물 맛은 우물 속에서 오히려 담백하고　　　　　　　　泉味井中猶淡泊
나무뿌리는 땅속에서 비로소 배태되네.　　　　　　　　木根土底始胚胎
사람이 능히 돌이킴을 안다면 도는 먼 곳에 있지 않으니　　人能知復道非遠
세상이 혹 계획을 고치면 바른 다스림을 돌리리라.　　　世或改圖治可回
광대廣大한 공부는 하기 나름이니　　　　　　　　　　廣大工夫要在做
벗이 이르러 옴을 그대는 볼 것이다.　　　　　　　　　君看馴致至朋來[45]

　　서경덕은 요임금이 윤달과 윤년의 수를 말했고 공자가 천지의 마음을 논했으며 정이와 소옹 또한 이에 대한 학설을 남겼다는 점을 들어 옛 성현은 동짓날에 마음을 다 기울이지 않은 적이 없었다고 한다. 또한 동지에 크게 힘을 쏟아 공부해야 하는 까닭은, 이 공부가 소득이 심히 넓어 다른 사물을 격치하는 것에 비할 바가 아니기 때문이라 한다. 동지는 천지가 비로소 돌기 시작하고 음양이 처음으로 변하는 날이므로 『역』의 복復괘에서 천지의 마음을 볼 수 있다. 따라서 동지에 대한 공부는 곧 천지의 마음을 아는 공부가 되는 것이다.

　　서경덕에 따르면, 선유들 가운데 정이는 유독 움직임의 단서가 천지의 마음이라고 했고 소옹은 동정動靜의 사이로 천지의 마음을 말했는데, 정이와 소옹의 주장에 비록 차이가 있으나 모두 애초에 동정을 하나로 하고 음양을 겸하여 말한 것이라고 한다. 다만 소옹은 태극의 체를 가리켜 말했고 정이는 태극의 작용을 기리켜 말했다는 것이다. 또 그는, 근본으로 돌아가고 고요함으로 돌아가는 것은 곤坤의 때이고 여기서 양기가 발동하는 것은 복復의 기틀인데, 선유들이 말하는 유무有無의 극치는 바로 여기에서 연유한 것으로서 선후천의 이론을 좇아서 알 수 있다고 하였다. 『역』에

---

45) 『花潭集』, 권1, 「冬至吟」.

서 "고요하여 움직이지 않다가 감응하여 마침내 통한다"라고 한 것, 『중용』
에서 "성誠은 스스로 이루고 도道는 스스로 가는 것이다"라고 한 것, 『맹자』
에서 "반드시 일삼음이 있으니 억지로 바르게 하고자 하지 말며 마음으로
조장하지 말고 잊지도 말라" 한 것 등이 모두 이와 관련 있는 표현들이라는
것이다.46)

해가 하늘을 한 바퀴 도는 데 소요되는 시간은 조금도 줄어들거나
늘어남이 없이 만고에 항상 동일하다. 서경덕에 따르면 이것이 바로
하늘의 마음이 바뀌지 않음이니, 천지의 중용이 지극히 선하고 지극히
신뢰할 만함을 여기서 알 수 있고 신神에 방소가 없고 역易에 정체가
없음을 여기서 알 수 있다.47) 즉 그는 『역』의 '신무방역무체神無方易無體'를
동지를 매개로 하여 이해하고 있다. 해가 궤도를 따라 남으로 돌고 봄기운
이 북쪽 대륙으로 빛나며 양기가 구지에 불고 기운이 황궁에 호응하니
무방無方이라고 할 수 있고, 밤과 낮의 도수가 다르고 추위와 더위가
서로 양보하여 한 시각도 머물지 않음을 무체無體라고 할 수 있다는 것이다.
또한 그는 지중至中·지선至善·지신至信의 덕은 다른 데서도 말할 수 있지만
360일의 운행과 24절기의 나뉨은 이른바 시중時中으로서 모두 동짓날의
유행 아님이 없다고 하면서 이는 오직 동짓날로써만 말할 수 있다고
한다. 이때 천지가 다시 시작하기 때문이다. 그는 동지를 음양의 대두뇌처

---

46) 『花潭集』, 권2, 「復其見天地之心說」, "古之聖賢於至, 皆嘗致意, 堯陳朞閏之數, 孔論天地之
心, 程邵亦皆有說……先儒皆以靜見天地之心, 程子獨謂動之端乃天地之心. 邵子則以動靜之
間言之. 程邵立言有異, 初無二見, 皆就一動靜乘陰陽之上而語之, 似邵指太極之體, 程謂太極
之用也. 反本復靜, 坤之時也, 陽氣發動, 復之機也. 有無之極, 於此擬之, 而先後天之說, 從可
知也. 易所謂寂然不動, 感而遂通者謂此也. 庸所謂誠自成, 道自道者謂此也, 孟子所謂必有事
焉而勿正心勿忘勿助長, 亦於此而體之."
47) 『花潭集』, 권2, 「復其見天地之心說」, "周天三百六十五度四分度之一, 朞歲三百六十五日四分
日之一, 至日, 候之以漏箭, 測之以臬表, 度與日之分, 恰爲得本數. 若合符契, 未嘗盈縮些一毫,
萬古常常如此. 可見其心之無改移也. 天地之中庸至善至信之德, 於此而識之, 神易之無方體,
於此而見之."

206 제3부 조선유학의 선천역학

라고 하면서, 내 몸의 인仁과 지知의 본성과 충忠과 서恕의 도에도 역시 동짓날의 이치가 깃들어 있다고 하였다.[48]

서경덕은 친구 심의沈義[49]를 전송하는 즈음에 『역』 간艮괘의 '지止'의 개념을 빌려 글을 지어 준다. 세상의 모든 일과 물건에는 각각 그 지극한 이치와 항상된 모습 즉 지선至善이 있는데, 이를 그는 멈춤의 개념으로 표현한다. 물론 이는 간괘에서 따온 것으로, 그 의미는 『대학』의 "지선에서 멈춘다"와 같다. 그는 사람이 학문을 하는 목적은 바로 이 멈출 곳에 잘 멈추기 위함이라고 한다. 모든 사물에 멈출 곳이 있다는 것의 예를 들어 그는, 하늘은 위에 멈추어 있고 땅은 아래에 멈추어 있으며 산은 솟아 있음에 멈추어 있고 내는 흐름에 멈추어 있으며 새는 나는 데 멈추어 있고 들짐승은 달리는 데 멈추어 있는데 이런 것들은 모두 그 사물의 본성이자 법칙이라 하면서, 자연만 그런 것이 아니라 부자 사이의 은혜나 군신 사이의 의리와 같은 윤리적 관계 또한 그러한 멈춤 속에 있어야 한다고 말한다.[50] 즉 '멈춤'(止)의 개념으로 사물의 본성, 법칙, 윤리적 지선의 관계, 실생활에서의 실용적 측면까지도 모두 포괄하려는 것이다. 또한 그는 간艮괘에서 "때가 멈춤에 있으면 멈추어야 하고 때가 감에 있으면 가야 한다"[51]라고 한 것을 들어 실행해야 할 때는 실행하고 그만두어야 할 때는 그만두는 것이 멈춤이라고 한다. 이러한 견지에서 그는 친구 심의가 문예文藝에 종사하는 인물이고 또 관직에 있는 것을 의식하면서, 이제 멈출 때가 되었다면 굳이 더 이상 힘들게 시를 읊지 않아도 되고 힘써 일하지 않아도 되는 것이라고 하였다.[52] 일생 힘겹고도 굳세게

---

48) 『花潭集』, 권2, 「復其見天地之心說」.
49) 沈義(1475~?)는 자가 義之이고 호는 大觀子이다. 문장이 뛰어나 「大觀賦」, 「小觀賦」 등의 名文을 지었고, 서경덕과 각별한 교유가 있었다. 저서로 『大觀齋夢遊錄』이 있다. 『화담집』에 심의와 관련된 글이 몇 편 있다.
50) 『花潭集』, 권2, 「送沈敎授序」.
51) 『易』, 艮卦 卦辭, "時止則止, 時行則行."

노력하며 살아온 친구에게 이제 쉴 때가 되었으니 쉬어도 좋지 않겠는가 권유한 것으로 보인다.

3. 선천론과 수학의 이해와 수용

서경덕은 「원리기原理氣」에서 본원의 세계, 시원의 경지에 대한 관심을 피력한다. 이와 관련하여 전통적으로 사용해 온 용어는 태허인데, 그는 이 태허를 마치 맑은 물이 고요한 것 같고 형체가 없는 것 같은 경지라고 하면서 선천이라고 불렀다. 그에 따르면 이 선천태허의 경지는 들을 수 있는 소리도 없고 맡을 수 있는 냄새도 없는 것으로서, 이전의 어떤 성인도 말하지 못한 것이다. 주돈이·장재·소옹도 암시만 했을 뿐이니, 굳이 경전에서 찾는다면 『역』의 "고요하여 움직이지 않는다"(寂然不動), 『중용』의 "진실무망한 것은 스스로 이루어진다"(誠者自成)가 이에 해당할 것이고, 일기一氣나 태일太一 등이 이의 한 면을 말한 것에 상응할 것이며, 주돈이의 "무극이면서 태극이다"(無極而太極)라는 말이 이에 대한 암시가 될 것이라고 한다. 자신의 주장을 뒷받침하기 위해 경전이나 선현의 주장을 빌려 온 것이다.[53]

과연 서경덕이 취한 구절들이 경전이나 선유들의 본뜻과 같은 맥락인가에 대해서는 논의의 여지가 있다. 앞서 보았듯이 소옹의 선천은 주로 마음의 세계를 가리키는 것이었다. 그는 "선천의 학문은 심법이다", "선천

---

52) 『花潭集』, 권2, 「送沈敎授序」.
53) 『花潭集』, 권2, 「原理氣」, "太虛湛然無形, 號之曰先天, 其大無外, 其先無始, 其來不可究, 其湛然虛靜, 氣之原也. 彌漫無外之遠, 逼塞充實, 無有空闕, 無一毫可容間也. 然挹之則虛, 執之則無, 然而却實, 不得謂之無也. 到此田地, 無聲可耳. 無臭可接, 千聖不下語, 周張引不發邵翁不得下一字處也. 撫聖賢之語泝而原之, 易所謂寂然不動, 庸所謂誠者自成, 語其湛然之體, 曰一氣, 語其混然之周. 曰太一, 濂溪於此不奈何, 只消下語曰無極而太極. 是則先天."

의 학문은 마음이고 후천의 학문은 흔적이다", "선천의 학문은 성실에 중심을 둔다. 지극한 성실은 신명과 소통한다" 등으로 말했다.[54] 물론 소옹이 말하는 마음은 사람과 만물의 공통적인 마음을 가리킨다. 이 마음은 『서경』의 '도심'이나 공자가 말한 '천지지심' 등 천지인물과 소통하여 하나가 되는 마음이며, 우주 사이에 있는 보편적인 마음, 만물만사를 생성하는 마음이다. 이것은 천지가 아직 생기기 전에도 있었던 도 또는 법칙으로서, 자연 속에도 이미 존재하는 도의 세계이다.[55]

서경덕은 담연허정潭然虛靜의 선천세계에서 홀연히 문이 열리듯 사물의 세계가 열리게 되는데 이것을 후천이라고 한다고 하였다. 선천에서 후천으로 넘어가는 이것은 누가 그렇게 되도록 시키는 것이 아니라 저절로 그러하다고 말할 수밖에 없다. 곧 필연이며 자연이다. 서경덕은 이것을 '리의 때'(理之時)라는 말로써 표현한다. 여기서 때라는 말은 활동·작용·명령 등의 의미를 갖는다. 즉 리가 작용하는 것, 리가 명령하는 것이다. 결국 저절로 그러하다고 하지만 다른 말로 표현한다면 리가 그렇게 시킨 것이라고 말할 수도 있다는 뜻이다. 이를 말한 것으로 보이는 경전의 구절은 『역』의 "감응하여 마침내 천하의 일에 통한다"(感而遂通), 『중용』의 "도는 스스로 가는 것이다"(道自道), 주돈이의 "태극이 움직여 양을 낳는다"(太極動而生陽)이다. 이는 용사用事 곧 작용의 측면을 말하는 것이다. 서경덕은 태허의 세계에 동정이 없을 수 없고 열리고 닫힘이 없을 수 없음은 왜 그러한가 하는 물음에 대하여 '기틀 자체가 그러하다'고 말한다. 기틀 자체가 그러하다는 말은 더 이상 어떤 외부적 원인이 있는 것이 아니라는 의미이다.[56]

---

54) 『皇極經世書』, 「觀物外篇」, "先天之學, 心法也"; "先天之學, 心也. 後天之學, 跡也"; "先天之學主乎誠, 至誠可以通神明." 『擊壤集』 권5에 「先天吟」이라는 제목의 시가 있기도 하다.

55) 高懷民, 곽신환 옮김, 『소강절의 선천역학』, 58쪽 참조.

56) 『花潭集』, 권2, 「原理氣」.

서경덕은 하나 즉 태허에는 이미 둘이 들어 있으므로 하나는 둘을 낳지 않을 수 없다고 말한다. 둘이라는 것은 이른바 대대對待의 의미를 가진 것인데, 음양이나 동정, 감리 등의 생극生克이 바로 그것이다. 하나는 음양의 시초이며 감리의 본체이다. 또한 생이 있으면 극이 있고 극이 있으면 생이 있으니, 기의 은미한 상태에서부터 고탕鼓盪의 상태에 이르기까지 모두 생과 극의 원리가 그렇게 시키는 것이다. 생극관계에 있는 음과 양이 하늘이 되고 땅이 되고 성신星辰이 되고 수화水火가 되는데, 이렇게 되는 것을 바로 후천이라 하고 용사用事라 하며 작용이라 한다. 서경덕이 사용하는 선천과 후천의 의미가 소옹에게서의 의미와 반드시 일치하는 것은 아니라는 것을 알 수 있다.57)

하늘은 기를 운행하는데 한결같이 움직임을 주로 하여 끊임없이 돌고, 땅은 그 형체를 엉기게 하는데 한결같이 고요함을 주로 하여 그 중간에 자리하고 있다. 기의 성질은 움직여서 위로 오르고, 형의 질은 무거워서 아래로 떨어진다. 기는 형의 바깥을 싸고 있고, 형은 기의 속에 실려 있다. 올라가고 내려가는 것이 서로 붙들고 있는데, 리는 태허의 가운데 매달려서 올라가지도 않고 내려가지도 않으며 좌우로 돌아서 예로부터 지금까지 떨어짐이 없다. 이것을 소옹은 "하늘은 형形에 의지하고 땅은 기氣에 붙어 있다"라고 하였는데, 서경덕은 그 저절로 서로 의지하고 붙어 있는 기틀이 참으로 오묘하다고 하면서 그처럼 들짐승날짐승들의 형체를 싣고 있게끔 하는 것이 바로 이 리라고 하였다. 또한 장재와 정호는 "하늘은 커서 바깥이 없다"라고 하였는데, 이에 대해 서경덕은 그렇다면 태허 또한 바깥의 것이 아니며 태허가 체(=)라면 그 밖의 것들은 모두 체가 될 수 없음을 알 수 있다고 말한다.58)

---

57) 『花潭集』, 권2, 「原理氣」, "陽極其鼓而爲天, 陰極其聚而爲地, 陽鼓之極, 結其精者爲日, 陰聚之極, 結其精者爲月. 餘精之散, 爲星辰, 其在地, 爲水火焉. 是謂之後天, 乃用事者也."

58) 『花潭集』, 권2, 「原理氣」, "又曰, 程張謂天大無外. 卽太虛無外者也. 知太虛爲一, 則知餘皆非

이이는 서경덕의 학문을 장재의 기학이라고 하였지만 당시 다수의 학자들은 소옹의 수학數學으로 규정했다. 홍섬洪暹, 정종영鄭宗榮, 윤현尹鉉, 윤근수尹根壽, 유희춘柳希春 등이 모두 그러하다.[59] 박순이 유희춘에게 서경덕을 『유선록儒先錄』에 등재하지 않은 이유를 묻자 유희춘은 서경덕의 학덕은 높지만 그 학문이 수학이라서 어쩔 수 없다고 했는데, 이에 박순은 "강절은 수학으로 주자周子와 정자의 뒤에 따랐고 채원정은 수학으로 주자朱子와 장자張子의 사이에 붙었다"고 하면서 사람됨이 바르고 그 학문이 사람들을 바르게 했다면 『유선록』에 넣은들 무슨 문제가 되겠느냐고 반박하였다.[60] 제자인 박순이 스승의 학술이 수학임을 인정한 것이다. 서경덕은 생시와 사후에 대부분 수학자로 지목되었고 당시의 지적 풍토에서 수학은 소옹의 철학을 연상하게끔 되어 있었는데, 이는 유학의 정통에서 한 걸음 비껴나 있음을 의미하는 것이었다. 윤숙은 서경덕에 대한 비난을 의식하여 다음과 같이 변명했다.

> 「원리기」의 내용 중에 있는 "리理의 체(─)는 허虛하다"거나 "허虛는 기氣를 낳을 수 있다"는 주장을 가지고 선생을 공학空學으로 귀결시키거나 『황극경세』에 대한 수해數解나 성음해聲音解 같은 이론을 가지고 선생을 수학으로 몰아붙이는 것은 한갓 천박한 앎일 뿐만 아니라 나아가 아예 알지 못하는 것이다. 이것은 곧 '무극이태극'의 설을 가지고 염계를 비난하고 배척하는 것과 무엇이 다르겠으며, 복서卜筮가 마치 술수術數와 같다고 하여 강절을 깎아 내리는 것과 무엇이 다르겠는가?[61]

一者也."

59) 『栗谷全書』, 권29, 「經筵日記」, 宣祖 6년(癸酉) 5월, "知中樞洪暹, 知經筵鄭宗榮, 特進官尹鉉, 右尹尹根壽啓曰, 徐敬德雖學主於數, 然其德義立言, 高出前儒, 只贈佐郞, 請更贈. 柳希春曰, 敬德學術主數, 若邵康節, 蔡元定之於程朱, 故李滉論其不的, 然道踐履則有之."

60) 柳希春, 『眉巖集』, 권16, 「經筵日記」, 壬申, "朴思菴淳語柳眉巖希春曰, 儒先錄中, 徐某可得請於上而參入耶. 對曰, 徐某固有學行, 但其學數學也. 奈何. 曰, 邵康節以數學得隨周程之後, 蔡元定以數學亦附於張之間, 爲人大槩正, 而以學淑其徒, 得參儒先錄何妨."

61) 『花潭集』, 「花潭先生文集重刊序」(尹塾), "若以原理氣說中理之一其ем 虛及虛能生氣之說, 歸先生於空字上, 又以皇極經世數解及聲音解等說, 靠先生於數學上, 則非徒淺知, 抑是不知者爾. 何

서경덕은 자신이 수학자로 불리는 것을 원치 않았던 듯하다. 그는 생시에 사람들이 그에게 와서 학문을 하면서도 의심쩍어 하거나 존중하지 않은 이유가 수학이라는 데 있음을 의식하고 있었다. 다음 말은 그의 이러한 정황을 짐작하게 한다.

나의 공부는 고심하여 힘을 다 쏟아 터득한 것이다. 사람들은 간혹 내가 수학을 공부했다고 하는데, 나는 수학으로 깨달은 것이 아니다. 수학은 알지 않을 수 없었을 뿐이다. 리理는 종횡착종으로 수數라는 글자에 있다.[62]

수학을 배워 이를 사물에 적용한 것이라기보다는 스스로의 격물 과정에서 수를 알지 않으면 안 되었다는 것이다.

서경덕은 「황극경세수해」라는 글을 남겼는데, 이는 소옹의 『황극경세서』의 수를 해설한 글이다. 해설 글이므로 독창의 내용이 있다고 하기는 어렵고, 다만 소옹 철학에 대한 깊은 이해를 반영하는 것이라고 할 수 있다. 예를 들면 $360 \times 360 = 12,9600$년이 되고, $12,9600 \times 12,9600 = 167,9616,0000$년이 되며, $167,9616,0000 \times 167,9616,0000 = 2,8211,0990,7456,0000,0000$이 된다는 등의 해설이다.[63] 이 해설에는 이러한 숫자가 나오는 과정뿐만 아니라 한수限數·기수朞數·역수曆數·세수歲數·체수體數·용수用數·교수交數 등 『황극경세서』에 나오는 각종 수 관련 개념들에 대한 설명이 있다. 이황은 「황극경세수해」에 대하여 "이 사람은 『석의釋義』 같은 책을 보지 못하여 스스로 그렇게 탐구한 듯한데, 과연 그것이 강절의 본수와 부합하는지는 모르겠다"라고 하였고,[64] 신흠은 "화담은 홀로 멀리 소강절을 밝히고

　　異於以無極而太極, 譏斥濂溪, 亦何異於以卜筮若數術, 評議康節也哉."

62) 『花潭集』, 권3, 附錄, 「遺事」, "先生學旣成, 而學者猶未之尊之. 晩年, 稍稍進其門下, 而皆未得卒業. 嘗曰, 吾學皆苦心力得之. 又曰, 人或以我爲治數學, 我非由數學而悟, 蓋不可不知耳. 理之縱橫錯綜, 在數字."

63) 『花潭集』, 권2, 「皇極經世數解」.

64) 『退溪先生文集』, 권10, 「答李仲久」, "皇極經世數解者, 乃徐處士花潭君所著也. 似聞此人不見

직접 문호를 엿보았으니 세상에 다시없는 호걸이다. 「황극경세수해」는 우리나라 유학자들이 밝히지 못했던 것이다"[65]라고 하였다.

서경덕은 또 『황극경세서』 중의 「성음도聲音圖」에 대해서도 풀이를 시도하고 있다. 「성음해聲音解」의 앞부분은 「성음도」 전체에 대한 해설이고, 뒷부분은 여섯 개의 물음을 설정하고 이에 대해 답변하는 형식으로 되어 있다. 그는 「성음도」의 기본 입장을 다음과 같이 설명한다.

하늘에는 음양이 있으니 크고 작은 다른 기氣들이고, 땅에는 강유가 있으니 크고 작은 다른 질質들이다. 기가 위에서 변하여 상象이 생겨나고 질이 아래에서 화하여 형形이 갖추어지니, 일월성신은 하늘에서 상을 이루고 수목토석은 땅에서 형을 이룬다. 상이 하늘에서 움직여 만 가지 시時가 생겨나고, 형이 아래에서 섞여 만 가지 물物이 생긴다. 시가 물과 함께하면 수數가 있게 된다. 물에는 성聲·색色·기氣·미味가 있는데 그 가운데 성聲의 수가 가장 많다.[66]

시時와 물物이 교류하여 수가 있게 되는데, 물에 있는 성聲·색色·기氣·미味의 성질 가운데 특히 성음의 수가 가장 성대하다는 것이다. 서경덕은, 소옹은 음양과 강유의 수를 탐구했는데 근원에 대한 탐구는 체體를 미루어 봄으로써 가능하다고 하면서, 체를 미루어 가면 용用이 극대화되고 용이 극대화되면 체수體數가 물러나고 본수本數가 숨은 채 용수用數만 남게 된다고 설명한다. 그리하여 소옹은 하늘의 용수 112와 땅의 용수 152를 가지고 정성正聲과 정음正音의 자모字母를 추려서 그림으로 그렸다는 것이다.[67]

釋義等書, 而自窮到, 此亦一奇事. 第末知果合邵老本數與末也."

65) 『象村稿』, 권60, 「先天窺管」, '經世外篇解', "花潭獨能遠紹康節, 直闖門戶, 可謂不世之人豪矣. 此解是我國諸儒所未發也."

66) 『花潭集』, 권2, 「聲音解」, "天有陰陽, 大小異氣, 地有剛柔, 大小異質, 氣變於上而象生焉, 質化於下而形具焉. 日月星辰, 成象於天, 水木土石, 成形於地. 象動於天而萬時生, 形交於地而萬物成, 時之與物, 有數存焉. 物有聲色氣味, 聲之數爲盛."

67) 『花潭集』, 권2, 「聲音解」, "故邵子窮究陰陽剛柔大小之數, 原本以推體, 推體以致用, 致用則體數退而本數藏矣. 天之用數, 百有十二, 地之用數, 百有五十二. 於是, 推正聲正音之字母, 列之爲圖."

서경덕은 이러한 소옹의 「성음도」에 대한 수리적 해설을 하고 있다.

성聲의 수는 7에서 그치고 음音의 수는 9에서 그치는 것은 무슨 까닭인가? 하늘의 용수는 항상 6에서 가득 차서 7에서 지극해진다. 그러므로 하늘별의 밝기는 북두北斗에서 볼 수 있는데 그 수가 7에서 그치니, 밤낮의 수는 7을 넘어서면 변한다. 땅의 용수는 항상 9에서 그친다. 그러므로 월月의 인寅에서 개물開物하고 월의 술戌에서 폐물閉物하니, 해亥·자子·축丑 석 달은 용수가 되지 않고 9에 이르러서 변화가 지극해진다. 이러하니 성은 7개의 조열調列을 갖지 않을 수 없고, 음은 9개의 조절調切을 갖지 않을 수 없다. 성은 펼쳐져 83자字에 이르고 음은 펼쳐져 132자에 이르니, 성음의 자모는 모두 215가 되어 변화의 요령을 전부 포괄한다. 비록 2,8981,6576글자의 변화가 있지만 모두 이 구역을 벗어나지 않는다. 이것으로 그 근본을 잡고 그 모임을 기율한다.[68]

성음의 묘처는 수에 있다. 그 근원을 탐구하여 그 본체에 이르고 그 본체를 물려서 그 작용을 통달하게 하면 만물의 수를 다 알고 활용하는 데 이르게 된다. 천하의 지극한 변화가 아니라면 뉘라서 여기에 참여할 수 있겠는가?[69]

서경덕은 또 소옹의 64괘방원도에 대해서도 해설하였다. 해설은 모두 12조항으로 되어 있는데, 내도인 방도에 대한 설명에 이어 외도인 원도에 대한 설명이 뒤따른다. 우선 방도에 대한 설명은 다음과 같다.

(방도 상단의) 32괘는 내괘의 초효가 음의陰儀이다. 내괘의 제2효를 보면, 구괘姤卦에서

---

68) 『花潭集』, 권2, 「聲音解」, "聲之數止七, 音之數止九, 何也. 天之用數, 常盈於六而極於七, 故天星之明, 可見者北斗而數止七. 晝夜之數, 過七則變矣. 地之用數, 常止於九, 故開物於月之寅, 閉物於月之戌亥子丑三月. 不爲用數, 究於九而變化極. 是則聲不得不七箇調列, 音不得不九樣調列, 音不得不九樣調切. 聲衍以至於八十三字, 音衍以至於百有三十二字, 摠聲音字母之數, 二百有一十五. 括盡變化之要, 雖二萬八千九百八十一萬六千五百七十六字之變, 皆不能出此區域, 以其撮其本而紀其會爾."

69) 『花潭集』, 권2, 「聲音解」, "聲音妙處在數, 原其本而致其體, 退其體而達其用, 至於窮萬物之數, 非天下之至變, 其孰能與於此哉."

사師괘까지는 소양少陽이고 돈遜괘에서 곤괘坤卦까지는 태음太陰이다. (하단의) 32괘
는 내괘의 초효가 양의陽儀이다. 내괘의 제2효를 보면, 복復괘에서 동인同人괘까지는
소음少陰이고 림臨괘에서 건乾괘까지는 태양太陽이다.[70]

그리고 원도에 대한 설명이 이어진다.

하늘은 기제旣濟로부터 위로 가서 건乾에 이르고 땅은 건蹇으로부터 위로 가서
구姤에 이르니, 152개의 양효와 112개의 음효이다. 합하면 264가 되고 다시 비賁·간艮
의 절반인 4양 2음을 보태면 270이 되는데, 64괘 전체의 효수인 384를 열로 나누어
그 중 일곱을 취하면 대략 270을 얻게 된다. 이를 1년 12개월로써 말하면, 교수交數인
해亥·자子·축丑의 3개월을 제거하고 용수인 9개월의 수를 취하면 270일이 되는
것과 같다.…… 양(天)의 자리인 서합噬嗑에서 기제旣濟에 이르기까지, 또 음(地)의
자리인 정井에서 미제未濟에 이르기까지는 6양 6음이 열둘이고, (양의) 규睽에서
수需까지와 (음의) 건蹇에서 진晉까지는 각기 8양 4음과 8음 4양이 여섯씩이며,
(양의) 대유大有와 쾌夬 두 괘는 10양 2음이고 (음의) 비比와 박剝 두 괘는 10음
2양이다. 괘들은 각각 둘씩 짝을 이루고 있다.("둘씩 짝을 이룬다"고 할 때의 '둘'을
『성리대전』에서는 '셋'으로 적고 있는데, 마땅히 '둘'이 되어야 한다.)[71]

4. 탈언어문자의 사색과 자득

서경덕은 선배학자를 본받고 따르기보다는 자득함이 많았다. 이이는
서경덕을 조광조·이황과 비교하면서 이황은 의양依樣이 많고 조광조와

70) 『花潭集』, 권2, 「六十四卦方圓之圖解」, "內卦三十二之初陰儀. 內卦二爻, 自姤至師爲少陽, 自
遜至坤爲太陰. 內卦三十二之初陽儀. 內卦二爻, 自復至同人爲少陰, 自臨至乾爲太陽."
71) 『花潭集』, 권2, 「六十四卦方圓之圖解」, "天自旣濟以上至乾, 地自蹇以上至姤, 一百五十二陽,
一百十二陰, 合二百六十四, 加賁艮之半四陽二陰則二百七十. 三百八十四, 分爲十而七之, 得
二百七十, 以十二月言之, 去其交數亥子丑三月, 而取其用數九月之數則二百七十也.……陽自
噬嗑至旣濟, 陰自井至未濟, 六陽六陰者十二, 自睽至需, 自蹇至晉, 八陽四陰八陰四陽者各六,
大有·夬二卦, 十陽二陰, 比·剝二卦, 十陰二陽. 各二對(二對之二, 性理大全作三, 當作二)."

서경덕은 '자득의 맛이 있다고 했는데, 이는 상대적인 평가이기는 하지만 서경덕 학문의 취향을 짐작하게 하는 표현이다.[72] 서경덕의 문집을 재편하고 발문을 쓴 김용겸金用謙은 서경덕의 학문이 상수 일변에 치우쳤다고 폄하하거나 그를 순유醇儒로 대접하지 않는 것을 안타까워하면서, 특별한 사승師承도 없이 은미한 도를 탐색한 면모는 선배학자의 학설을 본받기만 하는 자들이 미칠 수 있는 바가 아니라고 극찬하였다.[73]

서경덕은 비록 장재·소옹 등에게서 영향을 받았다고 하더라도 기본적으로 자득을 중시하는 성향이 있었고 또 경전이나 기존 학자들의 해석과 학설에 얽매이지 않는 성향이 있었다. 이이는 서경덕이 신중하게 깊이 생각하고 멀리 나아갔다고 하고 또 참으로 언어문자의 학문이 아니라고 하였다.[74]

그 학문은 독서를 일삼지 않고 탐색에 전념하였으며, 이미 터득한 것이 있으면 독서로써 그것을 증명하였습니다. 항시 말하기를 "나는 스승을 얻지 못하여 노력을 지극하게 하였다. 훗날 사람들이 나를 의지한다면 나처럼 애쓸 필요가 없을 것이다"라고 하였습니다.…… 그 스스로 터득한 즐거움은 남이 헤아릴 바가 아니었으니, 항시 넉넉히 기뻐하고 즐거워하며 세간의 득실이나 시비영욕을 모두 그 마음에 두지 않았습니다.[75]

---

72) 『栗谷全書』, 권10, 「答成浩原」, "近觀靜菴退溪花潭三先生之說, 靜菴最高, 退溪次之, 花潭又次之, 就中靜菴花潭, 多自得之味, 退溪多依樣之味."

73) 『花潭集』, 「花潭先生文集跋」(金用謙), "嗚呼! 世儒多病先生之學偏於象數一邊, 不以醇儒待之, 而不知先生不由師承, 探賾道微, 有非循常依樣者所可及. 世儒固陋, 其安能窺闖先生之閫奧也. 歲乙卯, 用謙西遊舊都, 至于花潭之上, 挹高風而拜遺祠, 蓋徘徊躑躅, 久而不能去, 今於斯役, 重爲之追憶興感也. 上之二十八年壬申陽至前二日, 後學安東金用謙, 盥手謹書."

74) 『栗谷全書』, 권29, 「經筵日記」, 宣祖 8年(乙亥) 5月, "但世之所謂學者, 只倣先儒之說以爲言, 而心中無所得, 敬德則深思遠詣, 多有自得之妙, 實非言語文字之學也."

75) 『栗谷全書』, 권29, 「經筵日記」, 宣祖 8年(乙亥) 5月, "其學, 不事讀書, 專用探索, 旣得之後, 讀書以證之. 常曰, 我不得師, 用功至深, 後人依吾言, 則用功不至如我之勞矣.……而自得之樂, 非人所可測也. 常充然悅豫, 世間得失是非榮辱, 皆不以入其胸次焉."

『해동명신록』에 따르면 서경덕은 18살 때『대학』을 읽다가 격물치지格物
致知 부분에 이르러 크게 감명을 받고는 이것이 최우선의 공부라고 생각했
다고 한다. 즉 격물치지가 이루어지지 않은 상태에서 독서는 소용이
없다는 생각을 했던 것이다. 이후 그는 사물들의 명칭을 벽에 써 놓고는
궁리와 격물을 거듭하였다. 20세가 되자 낮과 밤, 추위와 더위를 불문하고
방안에 꼿꼿이 앉아 있기를 3년이나 하였는데, 워낙 사색이 지나쳐 병이
날 정도였으나 결코 사색을 멈추지 않았다고 한다.[76]

서경덕이 생각한 격물치지는 정이나 주희 등이 생각한 격물치지와는
같지 않고, 왕수인 등이 생각한 격물치지와도 다르다. 정이는 격물치지의
주요한 방법으로 고금인물의 시비是非와 현부賢否를 논하고 일의 당부당當
不當을 논하며 경전을 읽는 것 등을 제시하였다. 또 왕수인이 대나무를
며칠간 들여다보다가 결국 정주 식의 격물치지를 포기하고 마음에서
진리를 구하는 방향으로 선회하였다는 일화도 널리 전한다. 이에 비해
서경덕은 사색을 먼저하고 터득한 것이 있으면 경전 등을 통해 그 터득한
사실을 확인하곤 했다. 종달새의 날갯짓을 보고 하늘을 나는 이치를
찾으려 했다는 일화나 탐구 과제를 벽에 써 놓고 집중해서 사색했다는
일화에서 그가 다소나마 자연과학적인 관심을 지니고 있었다는 것을
짐작할 수 있다. 물론 오늘날의 과학자들이 하는 그런 실험은 아니고,
자연을 대상으로 하는 사색 중심이었을 것이다. 그리고 이것이 경전의
본래 의미에 해당하는 격물이라고 할 수 있을 것이다. 이런 탐구의 자세는
당시 유학자들 사회에서는 특이한 경우에 속한다. 당시 유학자들이 생각
했던 격물치지의 가장 주요한 방법은 독서 곧 경전 읽기였다.

어쨌든 서경덕은 사서육경 등의 책을 보기 전에 먼저 스스로 자연을

---

76)『花潭集』, 권3, 附錄,「遺事」, "年十八, 讀大學, 至致知在格物, 慨然歎曰, 爲學而不先格物, 讀
  書安用, 於是, 盡書天地萬物之名, 付於壁上, 日以窮格爲事……時年二十餘, 蓋不論晝夜, 不問
  寒暑, 危坐一室者三年. 稟氣雖剛, 思索太過, 至於成疾, 不能出戶, 雖欲不爲思索, 不可得也."

대상으로 하여 탐구하고, 이들 경전을 통해 자신이 터득한 내용에 대한 확신을 갖는 순서로 공부를 하였던 것이다.[77] 이 말이 경전의 뒷받침이 되지 않는 내용은 옳지 않은 것이라 하여 버렸다는 뜻은 아니다. 그의 경전 읽기는 다만 자신의 격물치지를 통하여 획득한 관점이나 생각을 뒷받침받기 위한 의도 속에서 이루어지고 있었다.

서경덕이 택한 경전 읽기의 방식은 언어문자에만 얽매인 일반적인 방식보다는 창의적 발상을 북돋는 효과가 더욱 많았을 것이다. 그러나 사색을 통하여 획득한 어떤 선입견이 자리하고 있는 상태에서의 읽기인 만큼 그의 독서법은 경전의 문맥을 무시하고 단장취의斷章取義하는 폐단을 종종 범할 수도 있다.

〰〰〰〰〰〰〰〰〰〰〰〰〰〰〰〰〰〰〰〰〰〰〰〰〰〰〰〰〰〰〰〰〰〰〰

서경덕은 뚜렷한 사승이 없었다. 그는 주로 『성리대전』과 육경 등의 문헌을 중심으로 독학했는데, 『성리대전』 가운데서도 특히 주돈이의 「태극도설」과 장재의 『정몽』, 소옹의 『황극경세서』 등에 많은 노력을 기울였던 것으로 보인다. 여러 정황과 후인의 기록으로 미루어 볼 때 그의 학문은 역학과 수학의 성격이 강하고 또 소옹의 영향이 가장 컸다. 그럼에도 불구하고 근래의 서경덕 연구자들은 주로 그의 기학에만 주목할 뿐 소옹 철학과의 연관에 대해서는 전문적으로 연구하지 않았다. 이는 16세기 이후 조선유학 논변의 중심이 리기심성론에 있었던 것과 무관하지 않을 것이다.

서경덕은 기철학의 측면에서는 장재의 영향을 많이 받았다. 그는 생시에 문인들과 자주 장재의 『정몽』을 강독하였으며, 그의 「리기설理氣說」이나 「원리기原理氣」 등의 글에서는 태허太虛 · 청허일대淸虛一大 · 호장기택互藏其

---

77) 『花潭集』, 권3, 附錄, 「遺事」, "先生有以自信然後乃取四書, 六經, 性理大全等書讀之, 與前日 所得於格致者, 怳然相契."

乾 같은 장재 철학의 용어와 내용들이 자주 나타난다. 이는 이미 리기론이 주류를 형성한 당시 학계의 사정을 반영하는 것이라고 할 수 있다. 그러나 실제로 그는 소옹의 수학과 역학에 더 많은 관심을 기울였다. 또한 그는 복희→문왕→공자로 이어지는 삼성三聖전승의 역학적 성과에 무심하지 않았다. 『역』은 뭇 이치의 집적이라는 생각, 복희·문왕의 『역』은 귀신을 움직였다는 것, 공자는 문자에만 의존하여 『역』을 이해한 것이 아니라 덕성으로 접근했다는 것 등의 정리된 생각을 서경덕은 갖고 있었다. 또 그는 소옹이 제기한 선후천의 개념을 나름대로 변용하여 자신의 기론적 사유의 틀을 형성하였다. 그는 소옹의 『황극경세서』에 등장하는 각종 수리 개념들을 풀이하고 「64괘방원도」와 「성음도」에 대해서도 일정한 수준의 해설을 시도하였는데, 이러한 과정들 속에 그의 수에 대한 이해가 잘 반영되어 있다.

수학의 영역에 있어서 서경덕이 어떤 새로운 경지를 열었다고 하기는 어렵다. 역학의 영역에 있어서도 마찬가지로, 비록 여러 정황으로 볼 때 그가 역학에 상당히 기울어 있었고 그 이해 또한 깊었음을 인정할 수는 있겠지만 새로운 이론이나 해석체계를 수립했다고는 볼 수 없다. 그러나 서경덕에 의하여 수용된 소옹의 수학과 역학은 이후 그의 문하생들에 의하여, 그리고 승계자들에 의하여 면면히 수용 발전되어 갔다. 특히 선천역학을 연구하고 정착시킨 신흠이나 서명응 등은 서경덕과 직간접으로 맥이 닿아 있다.

제2장 율곡 이이의 「획전유역부」와 「공중누각부」

1. 소옹 – 하늘의 시민

소옹의 선천철학에 관심을 보인 조선의 주요 인물들 중 그 첫 번째가 서경덕이라면 둘째는 율곡 이이(1536~1584)를 꼽을 수 있다. 앞에서 보았듯이 이황은 초기에는 소옹의 학문이 기본적으로 수학이기에 도학의 정통이 되지 못한다는 의견을 갖고 있다가 만년에 리수학으로 인정하였다. 그러나 이이는 처음부터 소옹에 대해 상당히 깊은 관심과 애정을 갖고 있었다. 『성학집요』, 『역수책』, 『동호문답』, 『경연일기』, 「만언봉사」 등의 저술들에는 소옹에 관한 이이의 긍정적 평가와 판단이 언급되어 있다.

이이는 소옹이 비판을 받고 있기는 하지만 실제로는 내성외왕內聖外王 도통의 정맥에 속한다고 하였다. 그는 성리학의 기본 개념을 설명하거나 논변을 벌이는 경우에 종종 소옹의 발언을 인용하였으며, 소옹의 경세사상이 유가의 기본 흐름과 같고 특히 역학에 있어서는 복희·문왕·주공·공자를 이었다고 평가하였다. 그러면서 그는 소옹의 위상을 특정한 왕조나 사상가 혹은 문파에 얽매인 사람이 아니라 하늘에 대해 책임을 지고 하늘의 명에 따라 사는 사람, 즉 천민天民이라고 정립하고 있다. 이이는 「획전유역부畫前有易賦」와 「공중누각부空中樓閣賦」라는 두 편의 부를 지어 소옹의 철학과 인격을 예찬하기도 했다.

이상과 같은 주장과 자료들이 있음에도 이이와 소옹 철학의 관계에 대한 전문적인 연구는 아직 많지 않다. 자료의 산견 및 체계적인 이해의 부족 등이 한 이유가 되기도 하겠으나, 역시 소옹 철학의 기반인 수리론에 대한 관심의 부재와 오해가 빚은 현상인 듯하다.

1) 내성외왕의 정통

이이는 『성학집요』에서 성현의 도통을 논하는 가운데 소옹이 공·맹의 정맥임을 말하면서 도통에 속함에도 불구하고 선현들에게서 인정받지 못하고 있는 현실을 지적한다.

> 신이 생각건대, 강절 소씨는 내성외왕의 학을 편안하게 여기고 성취하였으나 선현들이 일찍이 그를 도통의 정맥으로 인정하지 않았습니다. 그러므로 감히 여기에 싣지 않았습니다.[1]

소옹을 내성외왕으로 평가하고 규정한 첫 인물은 정호였다.[2] 소옹에 대한 이이의 표현은 정호의 표현을 빌린 것이지만 소옹의 학문이 왜 내성외왕에 속하는지에 대한 상세한 자료는 제시되어 있지 않다. 어쨌든 이이가 개인적으로 소옹이 도통의 정맥에 속한다는 신념을 피력하고 있음이 주목을 끈다. 그는 도통이 주희에게로 이어진 다음에는 뚜렷한 인물을 꼽을 수 없지만 주희의 사우 가운데 장식張栻과 채원정蔡元定이 있음을 거론하고 있다. 여기서 그는 채발蔡發이 정씨형제의 어록과 소옹의

---

1) 『栗谷全書』, 권26, 「聖學輯要·聖賢道統」, "臣按, 康節邵氏, 內聖外王之學, 安且成矣. 而先賢未嘗以道統正脈許之, 故不敢載于此."

2) 『宋元學案』, 「百源學案」, "明日, 悵然謂門生周純明曰, 昨從堯夫先生遊, 聽其論議, 振古之豪傑也, 惜其老矣. 無所用于世. 純明曰 所言如何 明道曰 內聖外王之道也."

『황극경세서』, 장재의 『정몽』을 아들 원정에게 주면서 "이것이 공·맹의 정맥이다"라고 말했음을 들어[3] 주희와 절친한 관계에 있는 채원정이 소옹에 닿게 된 연원을 밝히고 있다. 도통을 논하는 자리에서 주희에게 영향을 끼친 채원정에 대하여 소상하게 거론하는 데서 소옹과 수학에 대한 그의 태도를 짐작할 수 있다.

성리학적 개념을 소개하거나 설명할 때 이이는 자주 소옹의 명제를 끌어온다. 심지어 주희의 사유와 학문 틀 속에서 얼마든지 찾을 수 있는 개념에 대한 규정도 종종 소옹에게서 취하곤 한다. 성性·심心·신身·물物을 설명할 때 "성은 도의 형체요, 마음은 성을 보호하는 성곽이며, 몸은 마음의 집이요, 물은 몸이 타는 배와 수레이다"라는 소옹의 규정을 취하는 것이 한 예이다.[4] 이는 그가 소옹을 그만큼 비중 있게 읽고 있었고 개인적 선호도가 높았다는 이야기가 된다. 물론 말할 나위 없이 『황극경세서』의 「관물」 내외편에서 관련 내용을 발췌한 것이다. 물론 여러 학자들의 발언을 나열하는 가운데 나온 것이기는 하지만, 이는 적어도 그가 소옹의 글을 폭 넓게 이해하고 있었음을 증명한다. 리학의 집대성자는 주희이고 성리학의 개념들은 주희에 이르러 체계가 구축되었는데, 왜 이이는 굳이 소옹의 표현을 가져다 썼을까? 이이는 소옹이 "성이 곧 리이고, 마음은 이 리를 갖추고 있다"라는 리학적 사고방식을 갖고 있다고 믿었던 것이다. 이러한 생각은 소옹의 다음 글에서도 확인된다.

『역』에서는 "리를 궁구하고 성을 다 구현하여 명에 이른다"라고 하였으니, 리라는

---

3) 『栗谷全書』, 권26, 「聖學輯要·聖賢道統」, "蔡元定字季通, 生而穎悟, 父發, 博覽羣書, 號牧堂老人, 以程氏語錄, 邵氏經世, 張氏正蒙, 授元定曰, 此孔孟正脈也. 元定深涵其義, 旣長, 辨析益精."

4) 『栗谷全書』, 권20, 「聖學輯要·修己上」, "是乃上帝所降之衷, 烝民所秉之彝, ……邵子所謂道之形體者……邵子曰, 性者, 道之形體也. 心者, 性之郭郭也. 身者, 心之區宇也. 物者, 身之舟車也."

것은 사물의 리요 성이라는 것은 하늘의 성이요 명이라는 것은 리와 성에 처하는 것이다. 리와 성에 처할 수 있는 근거는 도가 아니면 무엇이겠는가?[5]

만물이 하늘로부터 품수하여 각각 자신의 성으로 삼는 것은, 사람에게 있어서는 사람의 성이 되고 금수에게서 있어서는 금수의 성이 되며, 초목에게 있어서는 초목의 성이 된다.[6]

소옹에게는 이미 명·성·리·심과 같은 성리학의 기본 개념들에 대한 공통된 인식이 있었다. 그의 사상이 『역』이나 『논어』, 『맹자』, 『중용』, 『대학』 등에 나와 있는 내용과 유사하다는 것은 그가 어떤 흐름 속에 있는 학자인지를 분명히 보여 준다. 실제로 소옹은 스스로가 유학자임을 천명한 일이 종종 있었고, 또 그의 저술에서는 그가 가장 존숭하는 인물로 공자가 언급되어 있다.

이이는 수신 등의 항목에서도 말보다는 행동을, 행동보다는 마음을 바르게 할 것을 주장하는 소옹의 주장을 가져 오고 있다. 그가 소옹을 존숭하고 있음을 읽을 수 있는 부분은 이 외에도 많다. 이를테면 그는 "요순은 9주를 자신들의 영토로 삼았는데 공자는 만세를 영토로 삼았다" 라는 소옹의 말을 근거로 하여 공자가 요·순보다 뛰어남을 주장하였으며,[7] 우주자연의 현상을 해명할 때 소옹의 주장에 의존하기도 했고[8] 나라를 잘 다스리는 방책을 내놓을 때 말보다는 실천을 중시해야 한다는 소옹의 말을 인용하기도 하였다.[9]

5) 『皇極經世書』, 「觀物內篇」, "易曰窮理盡性以至於命, 所以謂之理者, 物之理也. 所以謂之性者, 天之性也. 所以謂之命者, 處理性者也. 所以能處理性者, 非道而何."

6) 『皇極經世書』, 「觀物外篇」, "如萬物受於天而各爲其性也. 在人則爲人性, 在禽獸則爲禽獸之性, 在草木則爲草木之則."

7) 『栗谷全書拾遺』, 권6, 「化策」.

8) 『栗谷全書』, 권14, 「天道策」.

9) 『栗谷全書』, 권5, 「萬言封事」, "古人有言曰, 言善非難, 行善爲難, 邵雍曰, 治世尙德, 亂世尙言, 古今天下, 安有大言競進而能使風淳政擧者乎, 且殿下以大言爲是耶, 爲非耶, 如其是也, 則

2) 역학의 4성 계승

이이는 내성외왕의 도통에서는 소옹을 정맥에 두지 못함을 안타까워하였지만 역학과 관련해서 소옹을 그 정맥으로 정립하는 데 전혀 망설임이 없다. 그는 역학의 발전 과정을 밝히는 가운데 복희·문왕·주공·공자를 차례로 거론한 다음 한·당의 수많은 역학자를 건너뛰어 바로 소옹으로 연결시키고 있다.

> 천년 뒤에 태어나서 네 성인의 마음과 닿고 천인天人의 도를 궁구하여 성리에 통한 사람은 오직 소자뿐인가 합니다. 소자의 학문은 진희이로부터 나왔는데, 자기 혼자서 터득한 오묘한 경지는 스승보다 낫습니다.[10)]

「역수책」에 있는 이 글은 이어서 소옹이 복희의 괘를 미루어 방도와 원도를 지었다는 것을 소개하고 있다. 그는 소옹이 이미 역학의 리에 밝고 또 역학의 수에 정통하여, 복희선천의 학과 문왕후천의 수를 정밀히 분석하여 막힘이 없었으며 천지의 시작과 끝, 만물조화의 감응을 지극하게 궁리하여 능히 미래를 알고 지혜를 이끌었다고 하였다. 여기서 이이는 이치로써 아는 것과 수로써 아는 것을 구별하고 있다. 그에 따르면, 소옹이 천진교에서 두견새의 울음소리를 듣고 곧 소인이 권력을 잡을 것을 안 것은 이치로써 때를 관찰하여 그 닥쳐올 것을 미리 안 것이며, 마른 나뭇가지가 바람도 없는데 저절로 떨어지는 것을 보고 장석匠石이 벌목하리라는 것을 안 것은 수로써 사물을 미루어 장차 그렇게 될 것을 미리 안 것이라고 한다.[11)]

其所謂大言者, 不過引君當道, 期臻至治而已, 殿下當採用之不暇, 不當以競進爲譏諷也. 有言而不用, 則雖美而無益."
10) 『栗谷全書』, 권14, 「易數策」.
11) 『栗谷全書』, 권14, 「易數策」.

리로써 추론하면 점을 치지 않아도 알 수 있으니 어찌 천진교에서 두견새가 우는 것을 들어야만 국운이 어려워질 것을 알겠습니까? 그러나 수로써 미루어 보는 것은 점이 아니면 알 수가 없으니, 반드시 사물에 붙여 괘를 이룬 다음에야 그 사물의 수가 다할 것임을 알게 되는 것입니다. 성인은 『역』을 지어 무궁한 작용을 한 권의 책에다 붙였으니, 어찌 반드시 특정한 일에다 특정한 괘를 해당시키도록 그린 것이겠습니까? 그 리는 매우 은미하고 그 상은 지극하게 드러났으니, 오직 궁리하는 사람만이 그 변화를 다 알 수 있습니다. 원부元夫의 이름 같은 것은 우연히 안 것일 뿐 미리 아는 것은 더욱 불가합니다. 『역』의 리는 무궁하니, 반드시 하나하나 일마다 맞추려 한다면 하나의 치우친 일이 아니겠습니까?[12]

'수로써 아는 것은 반드시 점에 의해 괘를 얻어야만 가능하다'는 이이의 견해가 소옹의 수에 대한 견해와 완전히 부합하는 것은 아니다. 이 글은 애초에 책문의 대책이며 물음 자체가 역수에 관한 것이었으므로, 역수의 수로 제한하여 견해를 밝힌 것이다. 그리고 이 답문은 소옹이 점술에만 의존하는 인물이 아님을 밝히려는 의도에서 나온 것으로 보인다.

3) 하늘의 시민

경세에 남다른 관심을 가졌던 이이였기에 소옹의 경세론은 개인적으로도 매력을 가질 만한 요소가 충분하였다. 소옹이 개진한 경세론은 다른 유학자와 다른 점이 있었다. 소옹은 특유의 황제왕패론을 전개하는 가운데 "3황은 똑같은 성인이지만 덕화가 다르고, 5제는 똑같은 현인이지만 교화가 다르고, 3왕은 똑같은 인재이지만 공업이 다르고, 5패는 똑같은 술가이나 통솔함이 다르다"라고 하여 동급의 통치자라고 해도 그 시대상황에 따라서 다른 접근이 있음을 밝힌 바가 있다. 삼황에 대해서는 화化, 오제에 대해서는 교敎, 삼왕에 대해서는 공功, 오패에 대해서는 솔率이라는

---

12) 『栗谷全書』, 권14, 「易數策」.

차별화된 개념을 적용하고 있는 것이다.13) 앞선 지도자의 행적이 훌륭하다고 해도 자신이 처한 상황이 다른 만큼 그 처지에 맞게 변통할 필요가 있음을 암시하고 있는 것으로, 이는 이이가 강조하는 경장론更張論이나 변통론變通論과 같은 기조라고 할 수 있다. 이이가 소옹에 대한 일반 유학자들의 비판적인 평가에도 불구하고 그를 도통의 정맥에 두려 한 이유의 하나는 바로 소옹의 경세론적 관심 때문이었다고 할 수 있다.

이이는 소옹을 하늘의 시민 즉 천민天民으로 평가한다. 그에 따르면, 천민은 한 시대를 구제할 만한 능력을 가지고 있으면서도 홀로 도를 즐기어 마치 보옥寶玉을 상자(櫝) 속에 감추어 두고 살 사람을 기다리는 듯이 하는 자이다. 이에 비해 학자는 스스로 학력이 부족함을 헤아려 학문의 진취를 추구하고 스스로 재간이 부족함을 알아서 재능의 향상을 추구하는 자로서 경솔하게 나서지 않고 다만 수양하면서 때를 기다리되 경솔하게 나서지 않는다. 또한 은자는 고결하고 청개淸介하여 천하의 일을 탐탁하게 여기지 않고 초연하게 숨어 버려 세상의 잡다한 것을 잊고 사는 자이다. 만일 천민이 때를 만난다면 세상의 모든 사람이 모두 그 혜택을 입게 되는 데 비해, 학자는 좋은 때를 만나더라도 자신이 부족하다고 생각되면 경솔히 나아가지 않으며 은자는 은둔에만 치우치게 되니 중도中道를 가는 것이 아니다.14) 천민은 도를 행한 경우도 있고 도를 행하지 못한 경우도 있다. 도를 행한 경우에는 대신大臣도 되고 충신忠臣도 되며 간신幹臣도 되는데,15) 소옹은 때를 만나지 못해 도를

---

13) 『皇極經世書』,「觀物內篇」, "三皇同意而異化, 五帝同言而異敎, 三王同象而異勸, 五伯同數而異率."

14) 『栗谷全書』, 권15,「東湖問答」, "退而自守者, 其品有三. 懷不世之寶, 蘊濟時之具, 囂囂樂道, 韞櫝待賈者, 天民也. 自度學不足而求進其學, 自知材不優而求達其材, 藏修待時, 不輕自售者, 學者也. 高潔淸介, 不屑天下之事, 卓然長往, 與世相忘者, 隱者也. 天民遇時, 則天下之民, 皆被其澤矣. 學者雖遇明時, 苟於斯道, 有所未信, 則不敢輕進焉. 若隱者則偏於遯世, 非時中之道也."

15) 『栗谷全書』, 권15,「東湖問答」. 이이는 역사적 인물들 중 天民에 해당하는 사람을 다음

행할 수 없었던 경우이다.

맹자가 천작天爵과 인작人爵을 구별한 일이 있다.16) 소옹은 제왕이 주는 인작인 경대부의 벼슬을 얻지 못했으며, 그가 이를 얻기 위해 노력했다는 흔적도 없다. 또 낮은 벼슬이 주어지자 거부한 일이 있지만 이것을 가지고 그가 벼슬을 굳이 마다한 것이라고 할 수도 없다. 그러나 어쨌든 그가 인작을 높이 평가하지 않았던 것은 확실해 보인다. 대신 그는 하늘의 시민인 만큼 하늘이 준 작위는 잃지 않았다. 인의와 충신忠信, 선에의 기호 등 천작에 대한 추구와 실행은 어느 누구와도 비견할 수 없을 높은 수준이었다. 그는 자신의 표현대로 권卷과 서舒, 진進과 퇴退가 자재로운 가운데 근심을 잊고 안락하게 살았으며, 이런 그의 삶을 이이는 하늘의 시민으로 칭하며 높였던 것이다.

2. 「획전유역부」의 역학관

1) 팔괘 이전의 역

'획전유역畫前有易'이라는 말은 소옹의 표현으로 전해져 오지만, 현행 『황극경세서』나 『격양집』 속에는 소옹이 직접 '획전유역'을 말한 예는 보이지 않는다. 이 말은 소옹 문인들의 어록에서부터 나타나기 시작하는데, 최초의 것은 정호의 말이다. 정호는 "소요부는 '모름지기 팔괘를

과 같이 구별한다. ① 도를 행한 大臣: 臯・夒・稷・契・仲虺・周公・召公; ② 도를 행한 忠臣: 窅武子・諸葛亮・狄仁傑・司馬光; ③ 도를 행한 幹臣: 農政에 능한 趙過, 理財에 능한 劉晏, 융적 방어에 능한 趙充國, 수리에 능한 劉彝・伊尹・傅説・太公; ④ 도를 지녔으나 때를 만나지 못해 행하지 못한 경우: 濂溪・明道・伊川・康節・横渠・晦菴.

16) 『孟子』, 「告子上」, "孟子曰, 有天爵者, 有人爵者. 仁義忠信, 樂善不倦, 此天爵也; 公卿大夫, 此人爵也. 古之人修其天爵, 而人爵從之. 今之人修其天爵, 以要人爵; 既得人爵, 而棄其天爵, 則惑之甚者也, 終亦必亡而已矣."

그리기 전에 원래 『역』이 있었다'고 말했으니, 괘를 그리기 전에 어찌 천지음양이 없었겠는가?"[17]라고 하면서, '괘를 그리기 전에 역이 있었다'는 이 말은 그 이치가 매우 은미하여 후학들이 그 뜻을 파악하기가 힘들었으며[18] 그만큼 이 구절에 대한 구구한 억측들이 있어 왔다고 말한다. 실제로 어떤 사람들은 「계사상」 1장의 "하늘은 높고 땅은 낮으니……하늘에서는 상象을 이루고 땅에서는 형形을 이루어 변화가 나타난다"[19]라는 구절이 바로 '획전역'을 말한 것이라고 추정하였고,[20] 또 어떤 사람들은 "하수에서 도圖가 나오고 낙수에서 서書가 나왔다"는 구절이 바로 '획전역'에 해당한다고 추정하였다.[21] 또 양시楊時는 「계사전」에서 신농씨가 쟁기와 보습을 만든 것, 시장을 열어 교역을 시도한 것 등이 '획전역에 해당한다고 하면서, 신농씨 때에는 아직 64괘가 그려지지는 않았으나 이미 그러한 이치가 갖추어져 있었다고 보았는데,[22] 이 견해에 대하여 황진은 「계사전」의 뜻을 양시는 열세 개의 괘로써 논증하였지만 당시는 열세 개의 괘가 그려지기 전이니 비록 요·순이 성인이라 하더라도 어찌 있지도 않은 괘에서 상을 취할 수 있었을 것이며, 또한 요·순의 때는 이미 팔괘는 그려져 있던 시절인 만큼 애초에 괘가 있기 이전이라고는 할 수 없다고 말한다. 따라서 '획전유역'이란 그저 소옹이 이런 이치가 평소에 이미

---

17) 『擊壤集』, 부록, "邵堯夫曰, 須信畫前元有易, 畫之前, 豈無天地陰陽乎."
18) 『擊壤集』, 부록, "或曰畫前有易, 其理甚微, 不知何故有此語."
19) 『易』, 「繫辭上傳」, 제1장, "天尊地卑, 乾坤定矣.……在天成象, 在地成形, 變化見矣."
20) 『御纂周易述義』, 권8 "此明畫前有易也. 天確然處上而尊, 地隤然處下而卑, 不待奇耦之畫, 而乾坤已定矣. 天地萬物由卑至高以序而陳, 不待六畫之次而貴賤已位矣."
21) 任啓運, 『周易洗心』, 「讀易法」, "讀易之法, 莫備于繫辭傳, 孔子大聖且韋編三絶, 況末學乎. 故讀易而不循聖人之法, 未有能得焉者也. 讀易須先從河圖洛書探玩. 孔子曰河出圖洛出書聖人則之, 圖書者卦畫所從出, 讀易不從圖書探玩, 全不見畫前有易意思."
22) 納喇性德, 『大易集義粹言』, 권76, "龜山楊氏曰, 或問邵堯夫云須信畫前元有易, 自從刪後更无詩, 畫前有易, 何以見. 荅曰, 畫前有易其理甚微. 然即用孔子之已發明者言之. 未有畫前, 蓋可見也. 如云神農氏之耒耜蓋取諸益, 日中爲市蓋取諸噬嗑, 黃帝堯舜之舟楫, 蓋取諸渙. 服牛乘馬蓋取諸隨, 益噬嗑渙隨重卦也. 當神農黃帝堯舜之時, 重卦未畫, 此理已具, 聖人有以見天下之蹟, 故通變以宜民, 而易之道得矣. 然則非畫前元有易乎."

있었다는 것을 말한 데 지나지 않는다는 것이다.[23]

획전역이라는 용어는 어쨌든 『역』에 대한 이해에 있어서 새로운 세계를 열어 줌으로써 훗날 역학자들에게 상당한 자극을 주었다. 괘상으로 드러난 것만이 『역』이 아니라 아직 그 모습을 드러내지 않고 형태를 갖추지 않은 상태에도 이미 『역』이 있었다는 개념이 나왔고,[24] 기존의 도형에 한정되지 않고 향후 얼마든지 다양한 형태의 『역』이 다시 나올 수 있다는 논리적 가능성이 제시되기도 한 것이다. 그래서인지 많은 학자들이 '획전유역'이라는 제목으로 철학시를 쓰곤 했는데,[25] 이이는 몇 줄의 시가 아니라 장문의 부를 지었다.

「획전유역부畫前有易賦」의 서두에서 이이는 태허의 세계를 '고요한 성곽' (寥廓)이라고 부르면서, 그것은 비어 있는 것 같으나 결코 비어 있는 것이 아니라고 한다. 적료하다는 이 표현은 장재가 태허선천의 세계를 묘사한 것과 같다는 느낌을 준다. 이 표현은 소리가 없다는 것만을 의미하지 않는다. 이른바 소리도 냄새도 빛깔도 형상도 모두 없다는 것으로, 감각으로 접근할 수 있는 세계가 아님을 의미한다. 이치는 상象을 통하여 밝게 분석되니, 상이 없으면 이치를 드러낼 길이 없다. 이 태허의 세계는 접근 가능한 아무런 상이 없으므로 표현의 수단도 없고 생각의 단초가 없다.

---

23) 黃震, 『黃氏日抄』, 권41, "堯夫言畫前有易, 龜山以十三卦爲證言, 此時十三卦未畫也. 按繫辭作於十三卦已具之後 所云蓋取諸乾坤云者殆謂其義合於此耳. 蓋非定辭也. 堯舜雖聖, 豈能未有此卦而預指定名以取象之乎. 且堯舜之時, 八卦已畫, 亦不可言畫前之易, 而十三卦乃演卦, 非畫卦也. 畫前有易, 堯夫不過言此理素具耳. 何以證爲."

24) 『周易傳義』, 「易序」. 서사 미상의 이 글은 程頤의 「易傳序」와 함께 가장 탁월한 易序로 손꼽힌다. 글의 말미에서 '未形未見易' 곧 '아직 드러나지 않고 형체를 갖추지 않은 역'을 거론하고 있는데, 畫前易과 상응하는 개념이라고 할 수 있다.

25) 鄭夢周, 金昌翕 등이 대표적인 경우에 속한다. 『圃隱集』, 권2, 「讀易(二絶)」, "石鼎湯初沸, 風爐火發紅, 坎離天地用, 卽此意無窮"(五言); "以我方寸包乾坤, 優游三十六宮春, 眼前認取畫前易, 回首包羲迹已陳"(七言); 『三淵集』, 권9, 「講易吟示士敬」, "昨夜水聲洞, 今日城南社, 高峨微酕氷雪中, 天機與之俱上下, 聞君讀易已鼓舞, 欲把韋編作譜話, 須知圖書是筌蹄, 天馬何異賣兎者, 眼中無物不是卦, 畫前有易會者寡, 頭頭三十六宮春, 滿目氤氳不盈把, 伏羲頂上須去來, 邵翁脚下休徘徊, 若推明年何處雷, 君其問諸南枝梅."

그러니 생각만 아득할 뿐이다. 그래서 이이는 괘상을 그리기 전의 상태를 '고요히 사유해'(冥思) 보니 자연의 변역을 볼 수 있었다고 말한다.[26] 물론 여기서 말하는 자연은 이른바 대상적 자연이 아니다. 저절로 그렇게 전개된다는 의미이다. 아무런 매개체나 대상이 없이 사유하는 상태를 '명사冥思'로 표현한 것이 주의를 끈다. '획전역'의 세계는 곧 고요한 사유, 무상無象의 세계이다.

2) 괘상의 의미

이이는 8괘의 생성 과정을 홍몽鴻濛의 세계, 곧 천지가 생겨나기 이전의 상태에서 질서가 들어서는 과정으로 본다. 8괘 가운데 음양이자 양의兩儀인 건乾·곤坤괘는 만물의 창고로 들어가는 대문이 되고 간艮괘와 태兌괘는 서로 기를 통하며(通氣) 진震괘와 손巽괘는 서로 얽혀 있고(相薄) 감坎괘와 리離괘는 서로 꺼리지 않는다고(不相射) 하는데, 이것은 바로 「설괘전」에 나오는 8괘의 상호관계를 수용한 것이다. 또 8괘는 크게는 천지의 광대함을 표현하지만 동시에 작게는 새나 짐승의 무늬도 들어 있다는 언급은 「계사전」의 기술을 그대로 수용한 것이다. 이처럼 이이는 십익의 언급들 가운데서 복희8괘의 내용에 해당한다고 판단하는 구절들을 가져다가 획전역이 아닌 획역의 의미를 기술하고 있다.[27]

그는 형상을 지닌 것들 속에서 형상과 무형상을 함께 본다. 어떤 것이 형상을 가지면 이치는 저절로 드러나는데, 형상을 통해 드러나는 이치를 알아내는 것은 바로 인간이다. 즉 천지 사이에서 가장 영험한 존재인 인간이 형상 속에 담겨 있는 그 이치를 드러내는 것이다. 이치를 드러낸 인간은 그 이치를 실천하고 자연의 부족한 부분을 보충하고, 그렇게

---

26) 『栗谷全書』, 권1, 「畫前有易賦」.
27) 『栗谷全書』, 권1, 「畫前有易賦」.

함으로써 천지의 작업을 돕는다. 결국 인간의 그 영험성이 그로 하여금 천지와 더불어 삼재三才가 되게 하는 것이다. 이미 인간이 삼재적 존재가 되었다면 사실 괘획 같은 도상은 필요 없다. 한 포기 풀과 한 그루의 나무조차도 모두가 다 지극한 이치의 소재이다.

삼재적 인간은 『중용』에서 구체적으로 규정하고 있다. 오직 세상에서 가장 지극한 성실을 지닌 사람만이 능히 자기의 본성과 타인의 본성과 만물의 본성을 다할 수 있고, 그런 다음에라야 천지의 화육을 도울 수 있으며, 천지의 화육을 도울 수 있어야만 천지와 더불어 셋이 될 수 있다고 한 것이 그것이다.[28] 이것이 삼재의 의미이니, 삼재적 인간이 되면 도상이나 문자역이 필요 없다는 이이의 견해는 마땅하다. 사람이 천지만물에 대하여 훤히 알고 그 실천하는 것이 마땅하지 않음이 없으면 그와 천지는 이미 일체가 되어 있다. 그러하니 달리 어떤 특별한 것에서 진리를 찾으려고 할 필요가 없다. 천지는 이미 대상이 아니다. 삼재는 하나의 이치에 의하여 포괄되는 체계이다.

왜 황하에서 신비한 도圖가 나왔는가? 성인이 본받았다는 하도를 이이는 『역』의 거울에 비친 만물의 상으로 본다. 그 상은 '하늘을 우러러 보고 땅을 굽어 살피고 가까이 몸에서 살피고 멀리 사물에서 살핀' 그 결론이며, 그것은 결국 삼천양지參天兩地 강유剛柔, 음양, 기우奇偶의 이치에 지나지 않는다. 이이에 따르면 『역』의 상이란 결국 이것이다.[29] 당연한 일이지만 이이는 복희8괘를 언급함에 있어서 낙서를 배제하고 있다. 이는 낙서에서 문왕8괘가 나왔다는 역학사의 흐름을 수용하고 있음이다.

성인이 깊은 곳에 있는 이치를 끌어올려 보이고 어둠 속에 있는 실체를 밝은 곳에 노출시켜[30] 만물의 원리와 상이 뚜렷이 드러났건만, 보는

---

28) 『中庸章句』, 제22장.
29) 『栗谷全書』, 권1, 「畫前有易賦」.
30) 『栗谷全書』, 권1, 「畫前有易賦」.

사람마다 제각기 자기의 안목으로 그 상을 해석한다. 어떤 사람은 사랑과 관용의 관점으로, 어떤 사람은 지적 분석을 중시하여[31] 각자 자기의 프리즘대로 8괘의 상을 해석한다. 현명한 사람들이 이러하다. 어리석은 사람들은 심한 경우 그 속에서 그것을 나날이 사용하고 있으면서도 그것이 무엇인지조차 모른다.

8괘의 상이 의미하는 바를 아무나 다 알 수 있는 것이 아니다. 이이에 의하면 『역』의 8괘상은 세상사람들에 대한 하늘과 성인의 극진한 배려이고 우환이다. 여기서 말하는 세상사람이란 성인도 아니고 일반인도 아니다. 현자들이다. 일반 백성은 이를 알지 못하고 살아간다. 성인은 8괘로 알려 줄 필요도 없는 존재들이다. 결국 장재의 말과 같이 『역』은 군자를 위한 도모책이다.[32] 성인은 괘상이 필요 없고, 우매한 대중은 이를 이해하지 못한다. 결국 획전역은 성인의 경지를 도모하는 사람에게 의미 있는 개념이다.

3) 계사繫辭와 전제筌蹄

이이에 따르면, 성인이 상을 세운 뜻이 흐려지고 역학이 혼란 속에 빠지게 된 이유는 후세 사람들이 『역』을 공부하면서 오로지 단사와 효사 즉 계사에 얽매이게 되었기 때문이다. 장자는 통발과 올가미의 비유를 들어 언어문자에 얽매이는 폐단을 경계한 일이 있다. 비록 올가미와 통발이 있어야 토끼와 물고기를 잡을 수 있지만 잡고 난 다음에는 올가미와 통발은 잊고 토끼와 물고기에 관심을 집중해야 하듯이, 상象을 통하여 의미를 얻었거나 괘효사의 지시를 터득하였다면 이제는 상과 계사에

---

31) 『易』, 「繫辭上傳」, 제5장, "仁者見之, 謂之仁. 知者見之, 謂之知."
32) 張載, 『張子全書』, 권3, 「大易篇」14, "易爲君子謀, 不爲小人謀, 故撰德於卦雖爻有小大, 及繫辭其爻必諭之以君子之義."

더 이상 얽매이지 말아야 한다. 이이는 소옹이 획전역을 말한 것에서 그가 장자가 말한 '말을 잊은 자와 대화를 나누고 싶어 하는' 인물임을 읽어낸다. 그리고 그를 '바뀌지 않는 역을 조용히 찾고' '물건이 될 수 없는 물건을 진지하게 탐구하는' 사람으로 묘사한다.[33] 여기서 '명수冥搜' (조용히 찾음)라는 단어에 주목할 필요가 있다. 괘획을 긋기 이전의 세계를 명사冥思하듯, 이제 변역變易이 없는 변역을 말없이 개념에 의존하지 않고 모색하는 것이다. 이것은 사물일 수 없는 것에 온 마음을 기울이는 것이다. 그 대상, 곧 '변역 없는 변역'과 '사물일 수 없는 사물'은 무엇인가? 그것은 바로 태극일 것이다.

이이는 여기서 한 걸음 더 나아가 소옹을 인간의 순연한 성정을 노래하고 오묘한 경지를 전파하는 인물, 결국 '이전의 어떤 성인도 미처 밝혀 내지 못한 것을 밝혀 낸' 인물로 그리고 있다.[34] 획전역은 인간의 성정을 노래하는 것과 어긋나지 않고, 천지자연의 역과 상치하지 않으며, 8괘의 괘상을 가진 『역』과의 정합성을 잃지 않는다. 그리고 이런 것을 말한 사람은 소옹 이전에는 없었다.

이이는 스스로 비록 성인보다 천년 후에 태어났지만 마음만은 옛 성인이 지닌 그 마음이 분명하니 참된 근원에 가 닿을 수 있음을 인지하고 있었다. 그러나 동시에 그는 어쩌다 나무에 부딪혀 죽은 토끼를 기다리는 농부처럼 스스로 어리석고 피곤한 존재임도 깨달았으니, 여태까지 나타 난 역학적 업적들이 모두 우연의 산물일지도 모른다고 하면서 현명한 사람이라면 그 자리를 벗어나 산과 들을 뛰노는 토끼를 잡을 궁리를 할 것이라고 생각하였다. 창조적인 사고를 통해 실재하는 진리를 터득해야 할 것을 강조하는 것이리라. 그는 '긴 말'(永言) 곧 노래의 형식을 빌려

---

33) 『栗谷全書』, 권1, 「畫前有易賦」..
34) 『栗谷全書』, 권1, 「畫前有易賦」.

자신의 뜻을 보이는 가운데 '마음에 태극을 갖고 노는'(弄丸)[35] 부질없는
짓을 한다면서 다음과 같이 노래한다.

천지의 역은 복희를 필요로 하지 않네.	天地之易, 不待庖義
상은 지극히 드러나고, 이치는 지극히 은미하네.	象兮至顯, 理兮至微
8괘가 이미 그려지니 현기를 누설했네.	八卦旣畫, 聿洩玄機
도도하게 말단을 좇으니 근본에 이르는 자 드물구나.	滔滔逐末, 達本者稀
안락와가 비었으니 나는 누구와 더불어 돌아갈까?	安樂窩空, 吾誰與歸
네게는 숨길 수가 없구나, 물고기 뛰고 솔개 낢을.	無隱乎爾, 魚躍鳶飛[36]

시에 따르면, 천지자연의 역은 그 자체가 하나의 『역』이기 때문에
굳이 8괘를 가지고 이해하려 할 필요가 없다. 복희가 그린 8괘는 매우
선명하게 자연의 역을 표현하고 있다. 그 상을 통해 드러나는 이치는
보통사람으로서는 알 수 없는 지극히 은미한 것이지만, 그 은미한 이치를
8괘가 표현하고 있으니 8괘는 결국 천기를 누설하고 있는 셈이다. 세상에
는 지엽이나 말단 을 좇는 자들만 많고 근본을 이해하는 사람은 별로
없다. 있다면 그것은 '안락와'의 주인 소옹일 텐데, 안타깝게도 그 역시도
이미 죽고 없다. 그러나 이이는 자연현상 속에서 다시 역을 본다.『중용』에
서는 '물고기가 연못에서 뛰어오르고 솔개가 하늘을 나는' 바로 그것이
'도체道體가 상하에 환하게 드러난 것'이라고 하였는데,[37] 이것이 바로
소옹이 말한 '획전역'이다. 즉 획전역은 하늘과 연못에, 천지상하 사이에
환하게 드러나 있는 것이다.

---

35) 『莊子』「徐无鬼」에서는 구슬던지기 놀이를 '弄丸'이라고 하였다. 이 표현을 소옹이 즐
  겨 썼는데, 주로 태극을 논하는 의미로 사용하였다.
36) 『栗谷全書』, 권1, 「畫前有易賦」.
37) 『中庸章句』, 제12장.

3. 「공중누각부」의 소용관

1) 광활한 마음과 사통팔달의 철학

소용철학과 관련된 이이의 또 하나의 부는 「공중누각부空中樓閣賦」[38]이다. '공중누각'이란 본래 정호가 소용 철학의 사통팔달적 성격을 묘사한 용어이다.

> 요부는 방임의 태도를 지니고 마음에 광활함을 품었으니, 마치 공중의 누각과 같이 사방팔방으로 두루 통달했다.[39]

공중누각은 소용 철학에 대한 묘사이지만 동시에 소용의 인간됨에 대한 표현이기도 한데, 그 표현이 적실하다고 하여 소용 철학에 관심 갖는 사람들이 주목하였던 용어이다. 조선유학자들 가운데 이를 제목으로 부賦를 짓거나 기記를 지은 사람은 이이 말고도 여럿이 더 있었다.[40] 또한 이항복은 정호가 소용을 일러 '공중누각'과 같다고 한 것이 바로 이이의 사람됨을 가리키는 것이기도 하다고 말했다.[41]

「공중누각부」에서 이이는 소용을 홍진을 끊고 하늘 높이 올라가 하늘거리(天衢)에서 노닐던 사람으로 평가한다. 하늘거리에서 노니는 사람이란 곧 천민天民을 말한다. 홍진에서 벗어나 하늘거리를 노니는 이 사람의

---

38) 『栗谷全書拾遺』, 권1.
39) 『二程遺書』, 권7, "邵堯夫猶空中樓閣"; 『二程粹言』, 권2, 「聖賢」, "堯夫襟懷放曠, 如空中樓閣, 四通八達也."
40) 張顯光의 『旅軒集』 권1과 河沆의 『覺齋集』 상, 李時發의 『碧梧先生遺稿』 권1에 각각 「空中樓閣賦」가 있고, 朴英의 『松堂集』 권1 및 尹綱의 『雪峰遺稿』 권23, 李尚馨의 『天黙先生遺稿』 권3에 또한 각각 「空中樓閣記」가 있다.
41) 『栗谷全書』, 권36, 「神道碑銘」(李恒福), "其立也猶蜃閣之浮于海, 無斤斧繩削之痕, 而不可窮其間架. 昔程子謂邵堯夫空中樓閣, 朱子謂張敬夫不歷階級而得之, 抑謂是者非耶. 不由知索m 暗合道妙. 開闢啟鑰, 洞視本體."

거처는 땅에 있지 않다. 그의 집은 시끄러운 저잣거리에 있지 않고 허공을 넘어 있는 곳에 있다. 또한 이 고요한 누각은 보통사람들이 사는 집과는 그 구조가 다르다. 위로 이웃도 없고 아래로 의거할 곳도 없으며, 기술자에 의해 나무로 지어진 것도 아니다. 집 지을 터를 정하기 위해 일반인들처럼 거북에게 점쳐서 물어보지도 않았고, 눈이 밝은 이루離婁가 먹줄을 튕겨 자른 나무로 기둥을 만든 것도 아니며, 노반魯般이나 공수工倕 같은 탁월한 장인에게 자문을 받아서 지은 것도 아니다. 그 누각의 재료는 호기顥氣이고, 그 집의 기초는 강풍剛風이다.[42]

이이가 이렇게 묘사한 것을 보면 공중누각은 누각은 누각이되 세상사람들이 사는 집과는 다르다. 비록 형상을 가진 것으로 비유는 하였으되 재료도 다르고 위치도 다르다. 소옹은 자신의 집을 '안락와'라고 불렀는데, 오랜 세월 '안락와'를 드나든 정호가 소옹의 집을 공중누각으로 비유하였다는 것은 무엇을 뜻하는가? 비록 낙양의 모퉁이에 위치해 있었지만 '안락와'는 낙양의 문인들이 즐겨 찾는 집이었다. 정호가 보기에 소옹의 인간됨이 마치 공중에 떠 있는 누각과 같이 사통팔달로 탁 트여 있었던 것이리라. 이것이 이이의 공중누각에 대한 이해의 근간이다.

2) 탈속과 진애

이이는 공중누각이 마치 해와 달처럼 높은 데 있어 사람의 어깨 높이 정도나 되는 담장과는 견줄 수도 없기에 속인들이 엿볼 수 없다고 하였다. 이는 소옹의 경지가 범인들이 이해하지도 못하고 흉내 내지도 못할 이른바 탈속의 경지임을 말해 준다. 이이는 이 집에 들어가는 방법으로 선불교적 표현을 빌려 온다. 즉 장대 끝에서의 활보[43]가 아니라면 구름길

---

42) 『栗谷全書拾遺』, 권1, 「空中樓閣賦」.
43) '百尺竿頭進一步'의 의미이다. 장대 끝에 매달려 전전긍긍할 것이 아니라 과감히 한

과 같은 소옹의 철학에 동승할 수 없다는 것이다. 백 척 높이의 장대에 올라서 있는 것은 여전히 장대에 의지하고 있는 것이니, 그런 것에 의지하고 있는 한은 영원히 구름을 밟을 수 없다. 진정한 평안과 자유는 장대 끝에서 한 걸음 더 내디딜 때 비로소 얻어지며, 이때 이곳이야말로 참으로 편안하게 거처할 자유의 집이 된다.[44] 이이는 공중누각을 안택安宅이라고 불렀다. 이것은 집주인 소옹의 인仁을 설명한 것인가, 아니면 공중누각의 인을 설명한 것인가? 일단 두 설명이 다 가능할 것 같다.

이이는 다시 공중누각을 세속인이 사는 집과 비교하여 설명한다. 높은 곳에 있는 이 집에서 저 아래 세상을 내려다보니 참으로 어지럽기 짝이 없다는 것이다. 저 아래 인간세상은 마치 나나니벌이 뽕나무벌레를 업고 앵앵대며 날아다니듯이, 옛날 묵적이 굴뚝에서 연기를 낼 겨를도 없었듯이[45] 어지럽지만, 또한 달팽이가 제 집에 몸을 숨기듯이, 양주가 남을 위해서는 정강이의 털 한 올도 뽑지 않았듯이, 똥냄새 맡고 쉬파리 꼬여들 듯이 공리功利를 좇는 자들의 권모술수만이 분주할 뿐이라고 한다. 그러나 그것들은 공중누각에서 보면 결국 바다에 떠 있는 신기루와도 같은 허무와 적멸의 학문일 따름이다. 공중누각에서는 그러한 범인들의 삶은 한바탕 웃음거리도 되지 못한다. 그곳은 보통사람의 장척丈尺으로는 도무지 측량할 수 없는, 이른바 초월의 세계이다.[46] 여기서 권모술수와 공리라는 표현에 주목할 필요가 있다. 이는 공중누각의 주인은 권모술수나 공리와는 전혀 거리가 멀다는 뜻을 함축하고 있기 때문이다. 동시에 권모술수와 공리를 한갓 신기루쯤으로 보는 이이 자신의 시각이 그대로

발 더 내디뎌서 의지하던 것을 떨쳐 버린 진정한 자유인이 되라는 뜻이다.
44) 『栗谷全書拾遺』, 권1, 「空中樓閣賦」.
45) 班固, 『苔賓戲』. 墨翟은 兼愛의 도를 실천하느라 여기저기 바삐 다니는 통에 불을 피워 밥 지을 새도 없었다고 한다.
46) 『栗谷全書拾遺』, 권1, 「空中樓閣賦」.

드러나 있기도 하다. 그는 이런 집에 살 만한 사람으로 소옹을 꼽는 데에 전혀 이의를 제기하지 않는다. 아니 소옹의 철학을 이런 경지로까지 이해하고 존모하고 있는 것이다.

3) 허명한 마음·풍월의 정회

이이는 소옹의 학문적 경지를 낮은 곳에서부터 높이 올라간 것으로 평한다.[47] 이는 『논어』의 "아래의 평이한 것을 배워 위의 것에 통달한다"의 의미도 될 것이고, 『중용』의 "높은 곳에 오르는 자는 낮은 곳으로부터 시작하고, 먼 데 이르고자 하는 사람은 반드시 가까운 데서부터 출발한다"라는 가르침을 떠올리게도 한다. 이이에 따르면 소옹은 결코 높고 멀어서 실천하기 어려운 경지를 말하는 철학자가 아니었다는 것이다. 그런데 이이는 "애초에는 고요함을 기초로 삼았다가[48] 마음 밖의 세계로 내달려 갔다. 무너진 것 맑히고 찌꺼기 없애니 하늘과 세상에 부끄러움 없다"[49]라고 하여, 소옹 철학의 출발점을 고요함으로 보았다.

실제로 소옹은 무극의 앞 단계를 陰陰·고요함(靜)으로 설정한 일이 있었는데,[50] 이는 우주론인 동시에 그의 수양론이기도 했다. 100미터 달리기를 하는 선수가 출발선에서 고요한 자세를 취하듯, 세상사람들은 어떤 행동을 하기 전에 대부분 일단 정지하여 심호흡을 하면서 목표에 전념하는 자세를 취한다. 소옹도 그리 했을 것이다. 출발점을 고요함으로 삼은 데에는 우주론적 인식의 의미뿐만 아니라 세상일에 임하는 자세에 대한 권고의 의미도 있는 것으로 보인다. 아무튼 그런 소옹은 무너져

---

47) 『栗谷全書拾遺』, 권1, 「空中樓閣賦」.
48) 『栗谷全書』, 권9, 「答朴和叔」, "且邵子所謂無極之前, 陰含陽者, 亦截自一陽未動之前言之耳. 非謂極本窮源而實有陰陽之始也."
49) 『栗谷全書拾遺』, 권1, 「空中樓閣賦」.
50) 『皇極經世書』, 「觀物內篇」.

내린 것을 추스르고 찌꺼기들을 제거한다. 물론 이는 세상의 물리적 찌꺼기가 아니라 그의 마음의 문제였을 것이다. 소옹이라고 해서 실패의 쓴 잔이 왜 없었겠으며, 일을 끝마친 뒤의 앙금이나 찌꺼기가 왜 없었겠는가? 마찬가지로, 재능이 뛰어난 이이였지만 대관大官으로서 각종 국가대사들을 수행하는 과정에서 생겨난 여러 가지 찌꺼기 감정들이, 무너진 산사태 같은 마음의 붕괴가 있었을 것이다. 그래서 이이는 저 소옹이 깨끗이 정리하고 찌꺼기를 제거하여 마침내 하늘과 세상에 한 점 부끄러움 없는 청명하고 정대한 경지에 서게 되었던 것을 부러워하고 목표로 삼았을 것이다.

소옹에 대한 이이의 칭송은 계속된다. 그에 따르면, 장자가 텅 빈 방안에 햇살이 비칠 때 아지랑이처럼 먼지가 움직이는 것을 보았듯이 소옹은 드넓은 우주에 만사만물이 모두 수용되는 것을 알았기에, 세상에 이루어지는 그 무쌍한 변화의 근원을 살피고 운행의 오묘함을 찾고자 끊임없이 노력하여 음양의 도수와 원회운세의 시종을 추리하였다. 문득 그는 마치 갑자기 번개가 치고 바람이 몰아치는 가운데 아득히 먼 곳을 유람하듯이 그 마음의 눈이 환하게 열리게 되어 한 점도 가리는 것이 없는 경지에 이르렀다. 그리하여 천근天根을 밟을 만큼 높은 곳, 월굴月窟을 더듬을 만큼 먼 곳에까지 가 닿았으니, 은밀하게는 귀신과 소통하고 드러나게는 세상의 모든 까닭을 알게 되었다.[51]

천근과 월굴은 비록 소옹이 처음 지어 낸 용어는 아니지만 소옹의 철학을 드러내는 데 사용된 중요한 개념이다. 이것은 수로 음양·천지·일월의 쉼 없는 운행과 간단없는 생성·소멸을 설명하는 개념으로 사용되었다. 이이는 소옹이 귀신과 소통하고 세상의 모든 일을 알 정도에까지 이르렀다고 하였는데, 이는 소옹의 역학공부에 대한 최고의 찬사인 동시

---

51) 『栗谷全書拾遺』, 권1, 「空中樓閣賦」.

에 소옹이 자아완성에 있어 최상의 경지를 이루었다는 칭송이기도 하다. 세상의 온갖 일들이 생성·소멸하는데, 그 어느 것도 잔잔한 물이나 밝은 거울 앞에서는 그 형상을 숨길 수 없다. 이러한 물이나 거울과 마찬가지로 소옹 또한 드러내지 못하는 것이 아무것도 없다고 이이는 생각하였다. 그에 따르면 소옹은 '한 말 들이의 작은 방'(斗大之室)52)에 앉아서 '북두칠성의 손잡이(斗柄)를 잡고 있는' 인물이며, 그런 사람은 세상에 오직 한 사람 소옹뿐이다. 소옹은 좁은 집 안락와에서 책을 읽고 술잔을 기울이면서 시를 읊고 향을 피우다가도, 때때로 낙양 거리로 나가 아이들이 뛰어노는 것을 지켜보곤 하였다. 아이들이 뛰노는 것을 좋아했다는 것은 생기生氣를 사랑하고 중시하였다는 뜻이 될 수 있다. 그는 임종의 자리에서 문인들이 지켜보는 가운데 괴로운 숨을 내쉬면서도 결코 해학을 잃지 않았다. 가슴에는 언제나 태극을 갖고 놀면서 천지에 가득 찬 호연지기를 토해 내곤 하던 것이 그의 삶이었다.53)

이이는 소옹을 참으로 명세命世의 재능과 지혜를 지닌 인물이라고 평했다. '명세'에 대해서는 이미 소옹 나름의 규정이 있다.54) 소옹은 두견새의 울음을 듣고 세상에 일어날 일을 예견할 만큼의 능력을 지니고서도 한 번도 제대로 쓰이지 못했다. 그저 그는 가슴 속에 봄기운을 가득 머금고 임시로 마련한 안락와에서 평안하게 지냈을 뿐이었다. 이이는 그 자신의 마음도 본래 비고 맑아 소옹과 전혀 다르지 않음을 알고 있었다. 그는 소옹처럼 진리의 집에 승당昇堂하거나 입실入室하는 것이 모두 스스로

---

52) 소옹의 '안락와'를 지칭한다.
53) 『栗谷全書拾遺』, 권1, 「空中樓閣賦」.
54) 『皇極經世書』, 「觀物內篇」, "所以自古當世之君天下者. 其命有四焉. 一曰正命, 二曰受命, 三曰改命, 四曰攝命. 正命者因而因者也. 受命者 因而革者也. 改命者 革而因者也. 攝命者 革而革者也." 황·제·왕·패는 천세, 백세, 십세, 일세의 사업을 담당하는 자를 말하는데, 이는 命世의 재능과 지혜에 의해 정해진다. 소옹은 공자는 만세의 사업을 담당할 재능과 지혜를 소유하고 있기에 世가 아니라고 하였다.

의 문제임을 자각하고 독려한다. 소옹처럼 설雪·화花·풍風·월月에의 정회를 갖고 지내는 것이 바로 고명高明의 세계에서 노는 것임을 알고 있었던 것이다.[55)]

~~~~~~

이이는 문집 여러 곳에서 소옹을 도통의 정맥으로 보면서 역학 4성의 후계자로 칭송하였고, 그가 하늘의 시민으로서의 풍취를 지니고 있었으며 그 수학은 우주의 이치를 드러내고 경세에 활용되었다는 것을 강조하였다. 그리고 이런 내용을 「획전유역부」와 「공중누각부」의 두 부를 통해 종합적으로 그려내었다.

「획전유역부」에서 이이는 8괘와 천지자연의 관계를 해명한다. 그는 8괘의 생성을 천지가 생겨나기 이전 상태로부터 질서가 들어서는 과정으로 보고, 태극의 세계는 사려가 절단된 곳 곧 무상無象의 세계로서 명사冥思의 대상이라고 본다. 그리고 참다운 인간은 천지와 더불어 셋이 되는 존재 곧 삼재로서의 인간이며, 삼재적 인간은 천지와 일체를 이루었기에 괘도와 같은 것이 없어도 이미 천지의 이치를 알 수 있다고 한다. 따라서 성인이 8괘를 그린 것은 자신 같은 성인이나 아직 지혜가 부족한 일반인을 위해서가 아니라 천도인 지성至誠에는 못 미친 군자, 즉 인도를 추구하는 성지자誠之者를 위해서라고 하면서, 『중용』에서 말한 "솔개가 하늘을 날고 물고기가 연못에서 뛰어오르는" 바로 그것이 획전역에 해당하는 것이라고 말한다.

「공중누각부」에서 이이는 소옹을 탈속하여 하늘거리에서 용납되는 인물, 백척간두에서 한 걸음 더 나아간 인물로 그리고 있으며, 또한 마음에서 일체의 찌꺼기를 제거하고 천근과 월굴에서 노닌 명세命世의 인물로

55) 『栗谷全書拾遺』, 권1, 「空中樓閣賦」.

그리고 있다. 그는 소옹이 인간세속의 잡다한 것에서부터 공부하여 위로 천리에 도달했으며 고요함을 철학의 기초로 삼았다고 평한다.

이이 이후 조선의 유학자들 가운데 소옹에 우호적인 인물들은 대체로 기호지역에 속한 학자들이었다. 상당수의 학자들이 이이처럼 '획전역'이나 '공중누각'을 언급하였고, 또 소옹 철학의 주요 개념들을 논하거나 소송의 「격양시」를 읊곤 했으며, 소송이 지닌 안락의 철학, 돈세무민遯世無悶의 태도를 존모하였다. 여기에는 소옹이 지닌 인간적 매력과 학문적 성취에 따른 흡인력도 작용했겠지만 소옹에 대한 이이의 태도 또한 이와 무관해 보이지는 않는다. 한편, 소옹의 경세사상 또한 소옹이 조선 후기에 새롭게 주목받는 계기로 작용하였다고 할 수 있다. 이때 집권층의 학인들은 소옹의 경세사상에 주목하게 되는데, 황극이니 경세니 하는 용어는 정권을 담당하고 있는 자들에게는 관심의 대상이 아닐 수 없었다. 더구나 그 방법이 수학이었고, 이것은 때마침 서구에서 들어온 역법 등에 대한 관심과 연결되기도 하였다.

후인들이 소옹의 철학을 연구하는 데 있어 수학은 심각한 장애 요소가 되었다. 상당수 학자들은 소옹의 수학을 술수術數류에 속하는 것으로 분류하였다.[56] 그런데 이이는 소옹의 수학을 술수가 아닌 리수理數의 수학으로 보고, 그가 이 방법을 통하여 유학의 종지를 성공적으로 천명했다고 생각하고 있었다. 곧 소옹이 수학을 통해 경세론을 펼쳤다는 점을 적극 긍정하는 것이다. 「역수책」에 나타나듯 이이는 이 문제에 대해 열린 마음을 갖고 있었다.

정치적 상황에 대한 소옹의 평가와 기술은 그가 역사와 정치에 결코 무심하지 않았다는 것을 입증한다.[57] 황·제·왕·패로부터 오대까지

---

56) 사고전서에서는 소옹을 術數類로 분류하였다.
57) 『擊壤集』, 권8, 「書皇極經世書後」.

이어지는 각 시기의 역사에 대한 소옹의 평가는 그의 경세적 관심, 역사철학적 안목을 드러내기에 부족함이 없다.[58] 그러나 그는 권卷과 서舒의 쌍개념의 논리와 원칙을 지키면서 정치일선에는 나아가지 않았다. 이를 이이의 입장에서 본다면 때가 주어지지 않은 것이다. 대신 소옹은 그 누구에게도 소속되지 않았고 어떤 좁은 방향의 의무에 얽매이지 않았다. 오직 하늘에 대해서만 책임을 지는 천민, 곧 하늘의 시민으로 살았던 것이다. 이이는『석담일기』라는 주목할 만한 당대 역사의 기록과 평가서를 남겼는데, 이는 그에게 있어서『춘추』와 같은 의미를 갖는 것이었다. 평생 벼슬하지 않았던 소옹이 지나간 오랜 역사에 대한 평가의 글을 남겼고 일생의 대부분을 조정의 대관으로 있었던 이이가 자기 시대를 평가하는 사찬실록을 남겼으니, 양자는 서로 다름에도 불구하고 상통하는 점 또한 있는 것 같다. 그가 소옹을 그렇게 존모하였고 내성외왕의 정통으로 삼고자 했던 것은 이런 점에서 어떤 납득되는 시사를 얻을 수 있을지도 모르겠다.

---

58)『擊壤集』권4와『황극경세서』「관물내편」에 皇帝王霸의 시대에서 5대까지의 각 朝代에 대한 평가의 시가 있다.

제3장 상촌 신흠의 『선천규관』

1. 소옹・서경덕에 심취한 철학적 문장가

상촌象村 신흠申欽(1566~1628)[1]은 문장가로 널리 알려져 있다. 그는 고문古文에 뛰어나 월사月沙 이정구李廷龜, 계곡谿谷 장유張維, 택당澤堂 이식李植과 더불어 월상계택月象溪澤으로 일컬어졌던 한문사대가漢文四大家의 한 사람이다. 그러나 그는 소옹과 서경덕의 철학에 심취한 철학자이기도 하다. 그의 가학을 보면 친가나 외가, 처가가 모두 서경덕 혹은 성혼・이이 계열의 학통을 잇고 있었다. 그에게는 경당敬堂・백졸百拙・남고南皐・현헌玄軒・상촌거사象村居士・현옹玄翁・방옹放翁・여암旅菴 등의 여러 호가 있다. 경당・백졸・남고 등은 전반기 주로 유학과 문장에 종사할 때 사용한 호이고, 여암은 『역』과 관계있으며, 현헌・현옹・방옹은 그의 도가적 취향을 드러내 준다. 특히 방옹은 그가 정계에서 물러난 다음에 스스로 지은 호로서, 여기에는 그의 명교名教에 대한 실망이 드러나 있다. 그는 속세를 버리고 정사에 관여하지 않게 된 이후로 명분적 가르침을 공연한

---

1) 신흠은 1572년 일곱 살 때 양친을 모두 잃고 줄곧 외가에서 자랐다. 1586년 별시문과에 장원급제한 다음 40여 년간 조정의 각종 드러난 직책을 두루 역임하였다. 그는 왜란기에 접한 명나라 군관 등의 지도자 및 절강 출신의 양명학자들과 활발한 교류를 가져 당시로서는 드물게 국제적 감각을 갖춘 학자였다.

교훈이라고 했으니, 방옹에는 '쫓겨난 사람'의 뜻도 있고 '자유롭게 된 사람'의 뜻도 있다. 일찍부터 경사자집에서부터 율력律曆·산학算學·의복醫卜 등에 이르기까지 폭넓은 독서를 하였는데, 경전 중에서도 특히 『역』을 집중적으로 연구하였다.[2] 저술로는 『선천규관先天窺管』 1책, 『구정록求正錄』 1책, 『화도시和陶詩』 3책 등이 있으며, 문집으로 63권 22책 분량의 『상촌집象村集』을 남겼다.[3]

신흠의 문장에 대한 연구는 매우 활발한 데 비해 그의 철학이나 사상에 대한 연구는 많지 않다.[4] 사상적 내용의 저술이 많지 않은 데다가 그가 관심을 두고 쓴 철학사상 관련 저술, 예컨대 『선천관규』 등의 내용이 당시 학계는 물론 오늘날까지도 비주류 또는 소집단의 학문에 속한다는 판단 때문이라고 추정된다. 물론 그의 사상이 완결에 가깝다거나 어떤 제대로 된 체계를 갖추었다고 판단하기 어려웠기 때문이기도 할 것이다.

신흠의 삶과 학풍, 인간됨 등에 대해서 살필 수 있는 자료는 비교적 넉넉하다. 신흠과 동시대의 사람들이나 후학 등 그와 직간접으로 관련된 사람들이 남긴 여러 평들이 문집이나 여타의 글들 속에 전하는데, 특히 『상촌집』[5]에는 이채롭게도 진근린陳瑾轔, 강왈광姜曰廣, 왕집몽王楫夢 등 중국 관리들이 쓴 서문이 있다. 다음은 이들 서문의 일부이다.

---

2) 신흠의 생애와 문집의 내용은 『국역상촌집』 7권 색인 및 임승표의 「상촌집 해제」에 상세하게 기록되어 있다.

3) 『象村稿』, 附錄2, 「行狀」(金尙憲).

4) 문장에 대한 연구는 김주백, 「상촌 신흠의 和陶詩 硏究」(『漢文學論集』 10, 단국한문학회, 1992, 121~151쪽) 등 수십 편에 이르고, 철학사상에 대한 연구 논문들은 다음을 들 수 있다. 박희병, 「申欽의 學問과 그 思想史的 位置」, 『민족문화』 20(민족문화추진회, 1997) 3~50쪽; 서근식, 「象村 申欽의 先天易學에 관한 硏究」, 『東洋古典硏究』 제20집(동양고전학회, 2004), 195~218쪽; 지두환, 「17C 理氣觀의 심학적 경향: 신흠·장유·장현광을 중심으로」(서울대학교 석사학위논문, 1981).

5) 『象村稿』는 『(新編 국역) 상촌 신흠 문집』 1~7(민족문화추진회 옮김)로 국역되어 있다. 이 글에서 인용한 시 등은 이 국역본을 참조하였다.

(상촌은)『역』에 더욱 정통하여 그의 오묘한 말들은 강절선생의 문 안에 들어갔다. 나는 그 「화도시和陶詩」의 세속을 초월한 고상함과 맑은 운치를 유독 좋아했는데, 이는 심지어 소식蘇軾을 학우로 삼고 도잠陶潛을 스승으로 삼으려고까지 했으니 그 생각이 무척 깊었다.6)

재질과 품성을 정묘하게 다스리고 호연지기를 충만하게 기름으로써 뜻과 형상이 합치되고 이름과 실질이 균평해졌다. 남에게 견주거나 아로새겨 꾸미는 것을 일삼지 않았으며…… 천기天機가 있다고 여겨지면『역』을 관찰하고 점占을 완미하되 하도·낙서의 상수에 이르기까지 일체 강절의 법칙을 표준으로 삼고 정주程朱의 학설을 절충하여 급속히 매진해서 리학의 테두리를 엿보았으니, 충분히 군자 경지의 인물이라고 칭할 만하다.7)

그 시의 격조는 백설白雪8)을 능가하였고,『역』에 대해서는 매우 현묘한 이치를 파헤쳤다.9)

이들 중국인의 서문에서 공통적으로 나타나는 것은 신흠이 역학 특히 소옹의 역학에 조예가 깊었다는 점이다. 문학에서는 소식과 도잠을 친구와 스승으로 삼았다고 하였으며 또 문학보다『역』에 대한 언급이 앞서는데, 이는 어떤 의미를 가질 수도 있다. 문집의 서문으로 작성된 글인 만큼 객관성이 확보되었다고 보기 어려우나 대체적 평가는 이루어졌다고 하겠다. 이들의 평가는 그저 피상적 찬사의 나열이려니 하는 선입견을 갖게 하지만 강왈광姜曰廣의 서문은 자못 훌륭한 관찰에 토대를 두고 있는 듯하다. 그의 서문에서 우리는 "뜻과 형상이 합치되었다", "남에게 견주거나 꾸미는 일에 힘쓰지 않았다", "강절을 표준으로 삼고 정주를

---

6)『象村稿』,「象村集序」(陳瑾瓈玉甫).
7)『象村稿』,「申相國象村稿敍」(姜曰廣).
8) '白雪'은 춘추시대 楚나라의 가곡 제목으로, '陽春'과 함께 남이 따라 부르기 어려운 고상한 시를 가리킬 때 쓰는 말이다.
9)『象村稿』,「象村集序」(王楫夢符甫).

절충한 리학" 등의 표현에 주목하게 된다. 어떤 사람이 지향하는 바가 있고 그 지향이 그의 얼굴이나 태도에 그대로 나타난다면, 그래서 "속에 들어있는 것은 반드시 밖으로 드러나게 마련이다"라는 명제의 진리성을 확인하게 한다면 얼마다 좋겠는가! 강왈광은 신흠에게서 이를 보았다고 고백하고 있다.

신흠과 교유했던 조선 학자들이 쓴 서문은 좀 더 상세한 정보를 제공한다. 장유가 쓴 서문에서는 신흠의 삶 및 문학적 재능과 업적을 소개한 다음에 『선천규관』 1편은 소옹의 내면 깊은 곳까지 들여다본 경지로서 문자로는 논할 수 없다고 하였고, 또 공명과 언론 혹은 시詩와 문文은 대체로 두 가지를 겸할 수 없는 법인데 신흠의 경우는 "논리는 사림의 표준이 되고 지위와 명망은 국가의 안위를 좌우하였다"라고 하였다.[10] 평생의 지기였던 이정구 역시 『상촌집』의 서문에서 "위로는 선천에 대한 오묘한 이치와 아래로는 야사野史·소설小說에 이르기까지 모든 체體를 다 갖추어 일가의 학설을 이루었는데, 대체로 곤궁한 데서 얻은 것이 더욱 많았다"[11]라고 하였다. 김상헌은 행장에서 다음과 같이 기술하고 있다.

성명性命의 근원에 대한 통찰이 뛰어나 자득의 경지에 이르렀고, 속유의 형태에 구애받지 않으면서도 아정雅正하게 법도를 지녔다. 선유가 이치를 강론한 책에 대해서는 모두 밑바닥까지 깊이 내려가 탐구하였으며, 근세 학자들의 설에 대해서도 미진한 점 없이 모두 이해하였다. 그 중에서도 정명도와 소요부를 사모하였는데, 항상 "명도는 성인의 자질을 지녔고 요부는 성인의 재주를 가졌다"라고 하였다.[12]

신흠은 「현옹자서玄翁自敍」라는 글을 써서 자기의 삶을 기술한 일이

---

10) 『象村稿』, 「象村先生集序」(張維)
11) 『象村稿』, 「象村集序」(李廷龜).
12) 『象村稿』, 附錄2, 「行狀」(金尙憲).

있다. 자기 삶에 대한 변명도 있고 억울함에 대한 호소도 담긴 이 글에서 그의 삶의 한 특이성이 드러난다.

현옹玄翁이란 어떤 사람인가? 문장으로 세상에 이름이 났으나 옹 자신은 문장을 일삼지 않았고, 벼슬로 조정에서 두각이 드러났으나 옹 자신은 벼슬에 마음을 두지 않았으며, 죄를 짓고 외지로 귀양을 갔지만 옹 자신은 그 죄로써 흔들리지도 않았다. 특별히 즐기거나 좋아하는 것도 없고 별달리 경영하는 일도 없이 가난해도 부자처럼, 많아도 적은 듯이 하는 사람이다. 남과 사귀어도 남이 함부로 가까이하거나 멀리하지 못하고, 사물을 접하여도 그 사물이 옹을 얽어매지 못한다.…… 소년시절에는 학문에 뜻을 두어 널리 구류九流에 이르기까지 비록 그 뿌리까지 다 캐지는 못했으나 줄거리만은 대강 섭렵하였고, 늘그막에는 복희역을 좋아하여 소노인의 학설인 천지만물의 수에 관해 마음에 깨달은 바 있었으나 역시 대강을 알 뿐이었다. 서책이라면 보지 않은 것이 없고 서책 이외에는 마음 쓰는 곳이 아무데도 없었으니, 종일토록 속물이 감히 범접하지 못한다.13)

남이 쓴 예찬인지 자신이 그렇게 되기를 원해서 쓴 글인지 분간이 안 갈 정도이다. 자찬이라 하지만 그 철학적 경지에 대한 표현은 놀라운 수준이다.

남들의 평가와 자신의 서술에서 공통적인 부분은 신흠이 소옹의 역학을 좋아하여 깊이 있는 연구를 하였고 『선천관규』라는 저술을 남겼다는 것, 그리고 문장에 뛰어났으며 도잠과 소식을 스승과 친구로 삼을 만했다는 것 등이다. 이후에 이루어진 평가들도 대체로 이런 테두리를 벗어나지 않는다. 압축한다면, 신흠은 소옹의 선천학에 심취했으며 도陶·소邵를 겸한 문장대가였다고 할 수 있다.

---

13) 『象村稿』, 「玄翁自敍」.

2. 복희역학에의 경도와 도가적 취향

신흠은 희황 곧 복희의 삶을 희구했다. 그의 「자찬自讚」이라는 시에 의하면 신흠은 스스로를 복희의 모습으로 그려보곤 했다.

책상에 기대앉으면 쓰러진 듯 그 형체요	隱几而坐, 頹乎其形
갓을 벗고 누웠으면 멍청한 듯 그 뜻이네.	科頭而臥, 嗒乎其情
세속 사람 한 무리로 몸이야 벼슬 누려도	與世爲徒, 軒冕其身
세속 밖에 노니나니 수월 같은 정신일세.	遊方之外, 水月其神
거듭거듭 현묘하니 그 진상을 뉘가 알리	玄之又玄, 孰知其眞
그런대로 가깝도다, 희황시대 사람에게.	庶幾近之, 義皇上人[14]

비록 벼슬길에 있었지만 그의 마음은 방외方外에 노닐고 있었다는 것과, 그 정신이 소옹이 읊조렸듯 물과 달 같았으며 『도덕경』에 나오는 '현묘하고 현묘한 것'을 추구하였다는 것, 그래서 복희시대 사람에 근접했음을 남들은 잘 모를 것이라는 자부심을 피력하고 있다.

시에서 드러나듯이 신흠의 모습은 유자이면서도 도가적 취향이 있었다. 당시 조선의 정치적·지적 환경에서 도가적 취향을 유지한다는 것은 용이한 일이 아니다. 벽이단정신이 다른 어느 곳보다도 강한 곳이 조선이었기 때문이다. 신흠의 이러한 모습은 소옹이 도가와 유가의 두 지대에 걸쳐 있다는 점과 관련하여 주의해서 볼 부분이다. 또한 그가 복희를 희구한 사실 역시 소옹의 철학과 관련이 있다. 역학사에서 복희의 위상을 높이는 데 결정적으로 기여한 것은 소옹이기 때문이다.

신흠은 자신의 호 현헌玄軒에 대한 명銘에서 "혼돈의 즈음에 태초의 그 상태라, 군자가 이를 본받으니 그 동정이 곧고 비었네"[15]라고 하였다.

---

14) 『象村稿』, 권31, 「自讚」.

또 그는 『역』에서 말한 무위無爲는 노자가 말한 무위와 차이가 없음에도 후세의 유자들이 일부러 다르게 본 것이라 했고, 노자의 "함이 없지만 하지 않음이 없다"는 말 역시 「계사전」의 "감응하여 드디어 천하의 일들을 통한다"는 구절과 같은 뜻이라고 하였다.16) 『역』의 내용과 『노자』의 내용의 일치를 말하는 사람이 많고 또 적극적으로 『노자』가 『역』의 일종이라고까지 말하기도 하는데, 신흠 또한 『역』과 『노자』를 연결시켜서 보려는 시각을 갖고 있었던 것이다.

「대각부大覺賦」 역시 도가에 대한 그의 조예를 잘 드러내고 있다. 이 부에서 그는 스스로 "장차 유유자적하고 온화하게 궤거几遽를 벗삼고 복희와 신농을 내려다보며 조물주의 경지에 나아가려 했다"라고 기술하고 있다. 이어서 그는 어떤 나그네의 "잠자는 것은 지극한 음陰이어서 엄숙하고 잠깨는 것은 지극한 양陽이어서 혁혁한데, 사람의 형체를 지니고서 이처럼 자연에 합류할 수 있도록 만드는 그 도의 소종래는 무엇인가"라는 물음에 대하여 이렇게 답한다.

그대 또한 잠자는 것과 잠깨는 것을 아는가, 그대 또한 도가 하나라는 것을 들었는가. 만일 하나라는 것을 들었다면 무엇이 잠이고 무엇이 깸이겠는가. 물物은 하나에서 근본하고 하나는 하늘에 근원하였으니, 대상과 내가 곧 하나인데 무엇이 뒤이고 앞이겠는가.…… 그대는 나를 잔다고 말하지만 나의 자는 것은 자는 것이 아니요, 그대는 나를 깬다고 말하지만 나의 깨는 것이 또한 무엇을 가리키겠는가? 자고 깨는 데에 대해서 그대는 그토록 수다스럽게 비유하지 말라.17)

신흠의 도가적 취향은 도잠에 대한 예찬에서도 잘 드러난다. 그는 「도연명의 귀거래사에 화답함」이라는 시에서 전원으로, 즉 근원의 세계로

---

15) 『象村稿』, 권31, 「玄軒銘」.
16) 『象村稿』, 권42, 外稿1, 「彙言一」.
17) 『象村稿』, 권1, 「大覺賦」.

돌아가자는 심경을 표현하고 있다. 여기서는 일체를 천지조화의 기틀에 내맡겨 근심하거나 슬퍼하지 말자고 하면서, "맑은 바람과 밝은 달이 있는 따스한 봄날에 남녘의 땅에서 농사를 짓다가, 혹은 산에 올라 꽃을 찾기도 하고 혹은 술병을 차고 시를 읊으며 지낸다면, 비록 도연명보다 천년이나 뒤에 났지만 그와 정신이 교류하게 될 것임을 믿어 의심치 않노라"[18]라고 노래하고 있다.

신흠은 삶의 과정에서 많은 변고를 겪고 보니 역사에 대한 흥취를 상실하게 되었으며, 옛날의 역사를 보면 대체로 잘 다스려지던 때는 적고 어지러웠던 시기가 많아 가슴만 아프다고 했다. 그는 어떤 시에서 "마음에 맞는 책은 오직 『역』뿐, 상고시대 논할 때도 탕湯은 언급 않겠네"라고 하면서, 이것이 자신의 진정한 생각이라고 밝혔다.[19] 탕에 대한 언급을 않는 까닭은 그가 비록 명분 있는 혁명은 했어도 또한 훗날 탕을 빙자한 혼란도 없지 않았기 때문으로 보인다. 그가 보는 세상은 정의가 실현되는 곳도 아니고 사필귀정에의 확신을 가질 수 있는 곳도 아니다. 오히려 그는 현실 세상은 악하다고 보았던 것 같다. 어쨌든 그는 세태를 고달파하는 심정을 자주 피력하였다. 참소와 모함에 시달리던 그는 「산에 물고기가 있다」라는 시에서 자신의 억울한 심정을 토로하고 있다.

산에는 물고기가 있고 물에는 새가 있다 하네.	山有魚矣, 水有禽矣
사람들의 참소하는 말은 또한 매우 간사하구려.	人之爲言, 亦孔之任
산에는 물고기가 있고 물에는 새가 있다 하네.	山有魚矣, 水有禽矣
또한 그만두어 버리리라, 이것이 누가 알 것인고.	亦已焉哉, 云誰之斲[20]

---

18) 『象村稿』, 권1, 「和歸去來辭」, "任化機之推遷, 胡戚戚而空悲……竊獨樂夫天遊, 寧爲遲之學稼, 耻作宰之冉求.……驚濤縱險, 未覆虛舟, 雕籠之綵禽, 孰放爾於林丘.……淸風兮明月, 與我有幽期, 南陸之靑陽, 蕙宜耘而宜籽.……或陟巘而尋芳, 或提壺而詠詩, 後元亮蓋千祀, 托神交而不疑."

19) 『象村稿』, 권49, 「山中獨言」, "書到會心惟有易, 時論上世不言湯."

20) 『象村稿』, 권2, 「山有魚矣」.

「시귀蓍龜」라는 시에도 그는 세상사람들의 거짓에 대한 환멸을 담았다. 시초점이나 거북점을 쳐서 시의를 알 수도 있겠지만 지금은 맞지 않으니 그만두겠다고 하면서, "도가 비색否塞해졌건만 더불어 회복시킬 수 없고, 사람이 거짓말을 하건만 더불어 충고할 수 없구나"[21]라고 읊음으로써 절망적 심정을 드러내고 있다. 그는 또 세상살이 어느 곳에나 장애가 있음을 말하기도 한다. 산을 오르면 범이 달려들고 물을 건너면 용이 발가락을 물게 마련이니, 먼 길을 가야 하는데 어느 길이 평지일 것인가 고민하고 있다.[22] 그런가 하면 굴원 같은 충신도, 자서 같은 모사도 모두 물고기 뱃속에 장사지내지고 만 역사적 사실을 그는 슬퍼한다.[23] 이러한 세태는 동가식서가숙하는 여인이 망부석이 된 정절녀를 비웃는 꼴이다.[24] 그러나 비록 그의 삶이 객관적으로도 간난했다고 할 수 있겠지만, 그렇다고 그가 항상 피해자였다고 할 수만은 없을 것이다. 그도 가해자였을 수 있고, 그로 인해 고통 겪는 사람들도 있었으리라.

어쨌든 그가 『역』을 마음에 맞는다고 한 이유는 무엇일까? 현실 역사는 치治보다는 난亂이 많지만 『역』은 길吉과 선善을 지향하는 희망의 철학이라고 보았기 때문이요, 부조리한 현실 속에서 올바르게 처신할 수 있는 행동의 지침을 내려준다고 믿었기 때문이라고 생각된다. 또한 그것은 철저히 자기 자신을 비우는 것이었으리라. 이를 엿볼 수 있는 자료가 『역』 감坎괘와 간艮괘에서 취한 「감지와명坎止窩銘」이다. 신흠은 김포에 머물던 시절 상두산象頭山 아래에 정자를 짓고 감지와坎止窩라는 이름을 붙였다. 계곡물이 웅덩이를 만나 멈춘 곳에 지은 띳집이라는 뜻이다.

---

21) 『象村稿』, 권2, 「蓍龜」, "道之否也, 不可與復也, 人之詟也, 不可與告也."
22) 『象村稿』, 권2, 「危語」, "登山虎攬袂, 涉水龍囓趾, 我欲遵長途, 那箇是平地."
23) 『象村稿』, 권3, 「怨歌行」, "忠莫若屈原, 冤莫若子胥, 世間那有此, 俱是葬江魚."
24) 『象村稿』, 권3, 「西家娘」, "朝作西家娘, 夕作東家娘, 笑他望夫石, 千秋永相望."

멈추어야 할 때 멈추는 것은 위로 공자만 못하고, 붙들어야 멈추는 것은 아래로 유하혜25)에 부끄럽네. 구덩이에 빠지고야 멈추었으니 그 행동이 부끄럽지만, 마음만은 형통하니 그 평상시의 행실이여. 멈출 곳에 멈추었으니 낙천지명樂天知命의 군자에 가까웠도다.26)

내용은 『역』 간艮괘 괘사의 '지止'자를 토대로 한 것이다. 감坎괘에는 거듭 험난함에 빠지는 형상이 있는데, 험난한 상황에 이르렀을 때 취할 처신으로 「단전」과 「상전」에서는 믿음을 잃지 말 것, 그리고 상덕常德을 행할 것을 권유하고 있다.27) 신흠의 아들 신익성申翊聖(1588~1644)은 부친의 이 정자에 기記를 지었다.

오직 마음이 형통하니 그 처신에 숭상하는 바가 있음이다. 간험한 상황에 처하는 도리는 그 때와 쓰임이 매우 크다. 군자는 때를 얻으면 말을 몰고, 때를 얻지 못하면 멈추되 각기 그 멈출 곳에서 멈춘다. 재앙과 화난을 만난 경우에는 어찌 말할 것인가? 천행으로 문망文罔에서 벗어나고 또 이렇게 거처할 집을 이루었으니, 부자 사이에 훈훈하고 서로 기뻐하였다. 문득 흘러가고 웅덩이에 멈춤의 뜻을 깨달아 처한 곳에 편안하여 염려하지 않고 천명을 즐기고 거스르지 않는다. 『역』에 습감習坎에는 상덕常德으로 하라 했고, 또 물이 흐르되 고이지 않으며 험한 곳을 가도 믿음을 잃지 말라고 했으니, 우리 정자의 뜻을 이름한 것이 아닌가! 나는 이에 붙인 뜻이 지극하고 깊다고 하겠다. 굳세고 중용을 취하면 유약함에 빠지더라도 오래되면 마침내 형통하게 되니, 곧 리괘의 밝음의 상이다. 기미를 연구하여 신명과 계합하고 사물을 열어 본성을 다하는 것은 곧 도의 문을 보는 것이다.

---

25) 柳下惠는 본명이 展禽이다. 判官의 長인 士師를 지내면서 세 번이나 직책에서 쫓겨났는데, 그는 이에 대해 "만일 정직한 도리로 섬긴다면 어디를 가도 세 번 이상 쫓겨날 수밖에 없다"라고 하였다.

26) 『象村稿』 30권, 「坎止窩銘」, "時止而止, 上不及仲尼. 援之而止, 下作於士師. 坎而後止, 其行耻也. 維心之亨, 其素履也. 止於所止, 竊庶幾樂天知命之君子"

27) 『역』 坎괘의 괘사 "習坎有孚, 維心亨, 行有尙"에 대해 「단전」에서는 "習坎, 重險也. 水流而不盈, 行險而不失其信, 維心亨, 乃以剛中也. 行有尙, 往有功也……"라고 하였고, 「상전」에서는 "水洊至, 習坎, 君子以常德行, 習敎事"라고 하였다.

사시가 이루어지는 차례를 보니 나의 느낌이 많음을 붙일 수 있다.[28)]

감지와에서 지내는 신흠의 모습은 안락와에서 지내는 소옹의 모습과 겹쳐진다. 감지와는 물론 벼슬길에서 낙마하여 힘든 시절을 보내는 신흠 부자의 마음을 달래 주는 와명窩名이지만, 그들이 가현산에서 듣고 보던 새소리나 풍월은 소옹이 소문산에서 즐기던 것과 다를 바 없었을 것이다. 신흠이 『역』 관觀괘를 읽고 피력한 소감은 세상을 보는 철인의 명철보신明哲保身과 근원적 진리에 대한 권면이라고 할 수 있다.

철인哲人은 통달하게 보고　　　　　　　　　　　　哲人達觀
소인은 아이들 시각으로 보니,　　　　　　　　　　小子童觀
달관達觀하면 두루두루 끝없이 비춰 알고　　　　　達觀則旁燭無疆
동관童觀하면 우연에 기대어 안주하네.　　　　　童觀則守株自安
아하! 동관이여.　　　　　　　　　　　　　　　　吁嗟乎童觀[29)]

3. 사성삼현의 역학사

신흠은 역학사를 사성삼현四聖三賢의 틀로 이해한다. 『역』이라는 책은 네 성인을 거치면서 큰 뜻이 드러나고 세 현인을 지나면서 은미한 뜻이 밝혀졌다는 것이다.[30)] 4성3현이 누구인지 명시하지는 않았는데, 역학사에

---

28) 申欽聖, 『樂全堂集』, 권7, 「坎止亭記」, "夫維心亨, 行有尙者, 處坎之道, 而時用之義大矣. 君子得其時則駕, 不得其時則止, 各止其所止也. 至若遇禍災, 曷可道哉. 天幸得脫於文罔, 而又得此居室之有成, 則父子煦煦然相悅, 輒喩以流行坎止之義, 安於所遇而不愊, 樂夫天命而不違. 易曰習坎, 以常德. 又曰, 水流而不盈, 行險而不失其信, 非名吾亭之義乎. 小子於是而意寓蓋極深矣. 剛中而陷柔, 久而遂通者, 離明之象也. 硏幾而契神, 開物而盡性者. 見道義之門也. 閱四時成功之序, 足以寓我之感者多矣."

29) 『象村稿』, 권30, 「觀銘」.

30) 『象村稿』, 권31, 「進古經周易箚」.

서는 통상 복희·문왕·주공·공자를 4성이라고 하므로 일단 4성은 이를 수용한 것이라고 할 수 있다. 신흠은 복희의 『역』을 천역天易, 문왕·주공의 『역』을 성역聖易, 공자의 『역』을 심역心易으로 부르면서 이들 각각을 다음과 같이 규정하고 있다.

> 기氣의 소장과 시時의 승강과 운運의 비태否泰와 도道의 통색에 대해 말해 주는 것은 천역이다. 괘의 길흉과 효의 득실과 사辭의 험이險易와 상象의 정회貞悔에 대해 말해 주는 것은 성역이다. 명命의 궁달窮達과 세世의 성패와 위位의 안위와 신身의 진퇴에 대해 말해 주는 것은 심역이다.[31]

신흠은 『역』은 천지의 실리實理이며 그것은 천지 사이에 가득 차 있어 어느 것 하나 『역』 아닌 것이 없다고 한다. 눈을 뜨면 보이고 발을 들면 밟게 되는 것이 실리이다. 이러한 실리로서의 『역』은 작자作者인 복희에 의해 드러나고 술자述者인 문왕에 의해 완성되었는데, 먼저 어긋나지 않게 한 것이 복희요 뒤에 제대로 받든 것이 문왕이라 하여 복희와 문왕 두 사람의 관계를 규정하고 있다.[32]

물론 복희와 문왕의 차이도 규정한다.

> 복희의 『역』은 언어도 없고 문자도 없지만 하늘에 일·월·성·신이 밝게 드러나 죽 늘어서 있는 것과 같아서 사람들이 스스로 살펴볼 수 있다.…… 문왕의 『역』은 이미 단사象辭를 붙이고 효사爻辭를 가한 위에 또 상사象辭까지 얹어 놓았는데, 한 번 말해 놓고는 또 덧붙여 말하고 하나의 글로는 부족해서 또 다른 글로 보중해 놓은 것이 꼭 법률이나 조명詔命과 같다. 또한 건乾과 곤坤을 후되시키고 육자六子를 진출시킴으로써 이루 헤아릴 수 없는 세상의 변화를 암시하였으니, 문왕의 우려하는 뜻이 애처롭다. 아, 복희로부터 아래로 순舜·우禹에 이르기까지는 순조로웠기 때문에 복희의 『역』에서 말을 하지 않고 문자로 나타내지 않은 것이

---

31) 『象村稿』, 권48, 外稿8, 「野言二」.
32) 『象村稿』, 권42, 外稿1, 「彙言一」.

당연하다 하겠는데, 문왕의 때를 보면 그 이전에는 예羿·착浞이 최초로 난을 일으키고 걸桀·주紂의 포악한 정사가 있었으며 문왕 이후로는 더더욱 논할 것이 없게 되었으니, 문왕의 『역』에서 누차 중복해서 말하게 된 것 역시 부득이한 일이었다. 공자가 "『역』을 만든 이는 근심걱정에 쌓여 있었다"라고 말한 것은 대개 문왕의 『역』을 가리키는 것이었다.[33]

문왕이 염려한 것은 쇠퇴한 세상인데 그 문왕이 염려한 주나라도 쇠퇴하였으니 그 후의 세상이 혼탁한 것은 말할 나위가 없다는 것이다.[34] 신흠은 복희8괘와 문왕8괘의 방위가 다른 이유를 제帝와 왕王의 때가 다르기에 도가 달라진 것이며, 이제 문왕의 때로부터는 덕 있는 사람이 아니라 통치자의 장자長子에게 천하를 선양하게 될 것임을 문왕이 미리 알았기 때문이라고 하였다.[35] 또한 "복희의 괘는 생성을 순서로 삼고 문왕의 괘는 돌이킴을 순서로 삼는다. 복희는 건乾이 남면南面하게 한 반면에 문왕은 진震이 장자長子의 자리에 처하게 하였으니, 바로 관천하官天下와 가천하家天下가 구별되는 곳이 아닌가! 상세上世와 중고中古의 시대적인 의미가 여기에 결부되어 있으니, 인혁因革에 대한 성인의 뜻이 은미하다"[36] 라고도 하였다.

신흠은 공자의 「계사전」은 복희와 문왕의 『역』을 겸한 것이라 한다.[37] 이러한 주장은 새로울 것이 없다. 그러나 신흠의 이 발언의 실제 의미는 공자의 『역』이 복희의 상수와 문왕의 문의文意를 겸하고 있다는 뜻이다. 물론 신흠이 복희역만을 집중적으로 다루는 소옹 역학에 기울어져 있어서 인지, 그는 역학사에서 공자의 역할에 대해 크게 주목하지 않았던 것으로

33) 『象村稿』, 권55, 「先天窺管」.
34) 『象村稿』, 권17, 「題文王易」, "天下何思慮, 文王乃有憂, 殷周亦衰世, 後季不須尤."
35) 『象村稿』, 권17, 「文王八卦」, "羲文方位易, 帝道異王時, 誰識官天下, 無論長子治."
36) 『象村稿』, 권55, 「先天窺管」.
37) 『象村稿』, 권55, 「先天窺管」.

보이기도 한다. 그런데 신흠은, 문왕의 시대 이후로 학자들이 『역』의 문자만을 주해하고 상수에 대해서는 언급하지 않아 문의文義만 밝혀지고 상수는 없어져 버렸는데 홀연 공자가 나타나 대연大衍에 관한 설을 내걸어 알렸다고 말하거나, 복희와 소옹에게서 상수를 구하고 문왕과 정이에게서 문의를 구하여 공자를 통해 집대성시킨다면 조화의 오묘한 이치가 손바닥 안에 있게 될 것이라고 말하였다.[38] 분명 공자를 상수역과 의리역의 집대성자로 파악하고 있는 것이다. 그는 복희·문왕의 『역』을 '신의 가르침'(神敎)이라고 부르면서, 공자가 『역』을 묶은 가죽 끈이 세 번이나 끊어질 정도로 깊이 공부하였음을 강조한다. 즉 신교에 대한 최고의 해석자가 공자라는 것이다.

사특함이 없음은 『시』 전체의 교훈이요	無邪詩蔽訓
중도를 잡음은 『서』가 게시한 법칙이라.	允執書揭法
『춘추』는 곤월袞鉞과 같이 엄격하고	春秋袞鉞嚴
삼례는 떳떳한 법이 세워져 있네.	三禮彝典立
복희역이 신의 가르침을 베풀었으니	犧易設神敎
누가 그 경지를 엿볼 수 있으랴.	誰能覰閫域
공자도 가죽 끈이 끊기었는데	宣尼絶韋編
어리석은 선비야 백배 노력을 해야지.	蒙士盍倍百[39]

신흠은 『역』에 대한 공자의 접근 방식을 '세심洗心'으로 이해한다. 「계사전」에 "성인이 이로써 마음을 씻어서 은밀한 곳에다 저장한다" 하였으니, 『역』을 연구하되 마음을 먼저 씻지 않으면 연구할수록 더욱 알지 못하게 된다는 것이다. 무엇보다 역학은 마음이 깨끗해야 가능하다는 것을 강조하고 있다. 그는 마음과 몸이 적연寂然하여 본성이 어둡지 아니하고 본원이

---

38) 『象村稿』, 권55, 「先天窺管」.
39) 『象村稿』, 권6, 「冠孫晃」.

항상 고요해진 다음이라야 비로소 일이나 사물을 접할 때에 흔들리지 않을 수 있다고 하여, 역학 공부의 방향을 점술이 아니라 본성에 대한 공부, 마음의 공부로 이해하고 있다.[40]

성인의 마음을 보지 못했거니 未見聖人心
성인의 일을 어떻게 알 것인가. 焉知聖人事
어찌하여야 마음 깨끗한 사람을 만나 安得洗心人
선천의 이치를 다 풀어 볼까. 析盡先天理[41]

이런 성인들의 작역作易과 술역述易, 찬역讚易의 과정을 거쳐서 "괘효의 강유와 상수의 변역, 유명幽明의 현상과 귀신의 실정과 삼극三極의 도리가 환하게 나타나고 숨김없이 망라되어 길흉과 회린의 길이 마치 손바닥을 가리키는 것처럼 분명해졌고", 그리하여 삶의 과정에서 "혐의가 판결되고 의문점이 확정되자 사람이 비로소 미혹되지 않게 되었다"는 것이다. 그런데 그는, 역학은 "그 말이 오묘하고 그 가리킴이 원대하며 그 변화가 무궁하니" 성인의 마음을 보아 올바른 의리를 얻은 자가 아니라면 비록 그것을 탐구하였다 하더라도 딴 길로 흘러 들어가지 않을 수 없다고 경고한다. 그 예로서 든 것이 바로 "그 수를 도둑질하여 점치는 것을 전업으로 삼고 그 신비함을 훔쳐 노정爐鼎에 깃발을 세운 경방과 위백양의 무리"들이다. 술객과 단약 짓는 도사들을 역학에서 벗어난 무리들로 규정하고 있는 것이다.[42] 신흠에 따르면 한당의 역학은 암흑이 덮여 있었다. 그래서 등장하는 것이 역삼현론易三賢論이다.

역사성론은 통념처럼 굳어 있지만 역삼현론은 일반화되어 있지 않은 데, 신흠의 글에서 찾는다면 삼현은 소옹·정이·주희를 가리키는 듯하다.

---

40) 『象村稿』, 권31, 「進古經周易箚」.
41) 『象村稿』, 권17, 五言絶句, 「易」.
42) 『象村稿』, 권31, 「進古經周易箚」.

이는 신흠의 독창이라고 할 수 있다. 신흠이 말하는 삼현은 앞의 경방·위백양 등의 점술이나 단약의 길과는 달리 공자의 올바른 의리를 얻은 자들이다.

> 공자의 「계사전」은 복희와 문왕의 『역』을 겸한 것인데, 이천이 이를 서술하여 『전』을 만들었고 요부가 이를 서술하여 『경세서』를 만들었으며 주자가 이를 서술하여 『본의』와 『계몽』을 만들었다. 그런데 이 중에서도 요부가 서술한 것은 창작한 공이 있으니, 요부가 없었더라면 복희의 선천도가 깜깜해질 뻔했다.[43]

신흠은 소옹이 "선천의 학문은 마음을 근본으로 삼는다", "선천도는 곧 심학心學이다"라는 말들로써 성인들이 밝힌 여러 이론들의 내용을 통합하였고 정이의 『역전』이 이것을 유창하게 드러내었으며, 또 주희의 『본의』가 세밀하게 분석하여 이치로써 열어 주지 않았다면 정결하고 정미한 이치가 드러나지 않았을 것이라고 하였다.[44] 소옹이 의리를 통합하였고, 정이는 이를 유창하게 표현하였으며, 주희는 세밀하게 분석하여 이치로써 열어 주었다는 것이다.

신흠은 역삼현의 내용과 의의뿐만 아니라 등장의 과정과 그 배경을 역사적으로 설명하기도 한다. 그에 따르면, 선천의 자연역이 복희에 의하여 드러나고 후천이 문왕에 의해 암시되면서 『역』이 등장하였는데, 이에 의하여 때(時)의 의미가 드러나게 되었다. 그러나 한대를 거치면서 시수施讎·맹희孟喜·양구하梁丘賀·경방京房 등이 나와 모두 『역』을 통해 과거를 점치고 미래를 예측하는 데 종사하였다가,[45] 송대에 이르러 정이가 『역전』을 지은 뒤로 그나마 『역』의 문의文義는 다시 드러났지만 상수象數

---

43) 『象村稿』, 권55, 「先天窺管」.
44) 『象村稿』, 권42, 外稿1, 「彙言一」.
45) 『象村稿』, 권55, 「先天窺管」.

가 은폐되어 세상에는 『주역』만 있고 복희역이 사라지게 되었다. 바로 이때 소옹이 나와 복희역을 다시 밝혔으며, 주희가 주로 소옹의 『역』을 조술하여 『계몽』 및 『본의』를 지었다는 것이다.[46]

신흠에 따르면, 문왕의 시대에는 상수학이 분명하게 정립되어 사람들 모두가 알 수 있었기에 미비된 효사爻辭와 단사彖辭만을 특별히 문자로 드러내었는데, 주나라가 쇠퇴기에 들어서면서부터는 경전이 없어지고 진정한 학술이 분열되고 말았다고 한다. 그래서 진晉의 명신이었던 한선자 韓宣子마저도 상수에 대해서는 얻어들을 수 없었다는 것이다. 이 때문에 공자가 특별히 대연大衍에 관한 설을 내걸어 알렸으며, 소옹은 이를 서술한 것일 뿐이다. 즉 소옹은 문의는 놓아두고 상수만을 다루었으니, 이것은 문왕이 상수를 놓아둔 채 효사와 단사만을 드러낸 것과 같다. 그렇다면 결국 복희·문왕·정이·소옹·주희가 모두 다를 것이 없게 된다. 그리하 여 신흠은, 만일 복희와 소옹에게서 상수를 구하고 문왕과 정이에게서 문의를 구하여 공자를 통해 집대성시킨다면 조화의 오묘한 이치가 손바닥 안에 있게 될 것이라고 말한다.[47] 바로 여기서 복희·소옹 및 문왕·정이를 공자를 통해 집대성하는 것이 바로 역학의 바른 공부라고 보는 그의 상수·의리 절충의 입장을 확인할 수 있다.

4. 수數와 시時, 명命

『역』을 신의 가르침으로 이해하고 최고의 경전으로 받아들이는 신흠은 역학을 연구하려면 『계몽』과 「관물」편을 먼저 읽어야 한다고 주장한다.

---

46) 『象村稿』, 권55, 「先天窺管」.
47) 『象村稿』, 권55, 「先天窺管」.

역학 이해의 길은 소옹과 주희를 길잡이로 삼아야 한다는 것이다. 그는 다음과 같이 말한다.

『역』을 읽는 자는 먼저 『계몽』과 「관물」 등의 편을 읽어 하도·낙서 및 괘획과 대연수大衍數가 나오게 된 연유를 대략적으로 알아야만 한다. 그런 뒤에라야 비로소 문왕과 공자가 지은 단象·상象·효爻·계繫 등의 사辭를 탐구해 들어가서 인사의 득실을 대조해 볼 수 있다. 하도·낙서 및 괘획 등을 먼저 알아보지 않고 단지 『역』에만 공력을 쏟으려 든다면, 이는 위쪽 반절의 도리를 끊어내어 버리는 것이니 어찌 성인이 밝힌 신령스러운 묘체妙體를 얻을 수 있겠는가.[48]

소옹 역학에 대한 신흠의 태도가 잘 나타나 있다. 여기서 그는 주희의 역학에서도 『본의』보다 『계몽』을 먼저 읽어야 한다고 말하고 있는데, 복희의 선천역에 대한 높은 관심을 다시 한 번 확인할 수 있다.

신흠은 어릴 때부터 소옹 역학을 공부했으나 내용도 어렵고 선생도 없어 이해가 되지 않은 채로 보내다가, 1613년(광해군 5) 죄를 얻어 시골로 쫓겨날 때 오직 『성리대전』만을 가지고 가서 밤낮으로 읽었다고 한다. 이때 『황극경세서』에 요약된 법수法數를 살펴보다가 홀연히 환하게 깨달아지는 점이 있었고, 이것을 토대로 유추하며 연구해 본 결과 그것이 소옹의 '가배법加倍法'이라는 것과 또 여타의 내용이 전혀 알지 못할 성질의 것이 아님을 확신하게 되었다는 것이다. 그러다가 신흠은 북경에서 들여온 『소자전서邵子全書』를 구하여 『황극경세서』의 내·외편의 내용이 자신이 이해한 내용과 부합됨을 확인하고,[49] 역학사에 있어 공자 이후로는 소옹의 역할이 단연 돋보인다는 점을 확신한다.

신흠은 소옹의 『역』에는 창작의 공로가 있다고 보았다. 그는 정이와 소옹을 대비시켜서, 정이의 『역』은 해석과 주석에 머물렀지만 소옹의

---

48) 『象村稿』, 권55, 「先天窺管」.
49) 『象村稿』, 권55, 「先天窺管」.

『역』은 일가를 이룬 공이 있다고 하였다. 곤坤과 복復이 자시子時의 한가운데 곧 자정에서 일어난다는 주장은 옛날에 없던 것으로서 소옹이 처음 말한 것인데 정이는 이에 대해 생각해 보지도 못했을 것이라고 하면서, 그는 소옹 『역』의 위상은 복희역과 더불어 어깨를 나란히 해야 마땅하다고 강조한다.[50]

신흠은 소옹이 주창한 '가일배법加一倍法'이라는 선천역수의 방법론은 천고의 흥망을 하루의 일처럼 알 수 있게 해 준다고 찬탄하였다.

한 번씩 곱을 하여 일원을 만드니	一倍乘之作一元
천고의 흥망성쇠 아침저녁의 일과 같아.	興亡千古卽朝昏
맑은 한낮 북창 아래서 말을 잊고 있을 때에	北窓淸晝忘言處
어찌하면 요부와 함께 토론이나 해 볼는지.	安得堯夫與討論[51]

신흠은 또 「전유前有」[52]라는 시를 지었는데, 이 시는 그가 소옹을 평소 얼마나 흠모하였는지를 가늠하게 해 준다. 시에서 그는 소옹을 12만6천 년의 중간, 전후로 6만 년을 둔 가운데의 우뚝한 사람으로 묘사한다. 그의 눈에 비친 소옹은 설월풍화雪月風花 속에서 손에 방원도를 쥐고 복희의 뜻과 오묘하게 계합한 인물이다. 비록 소옹보다 오백 년 뒤에야 태어나서 자취가 해동에 국한되었지만 마음은 태고의 무렵에 노닐고 있노라고 하면서, 그는 만물이 폐색되는 때는 아니지만 양이 소멸되는 시절이므로 그저 인연 따라 노년을 보내겠노라는 뜻을 술회하고 있다.

그는 소옹의 글에는 4경經이 갖추어져 있다고 한다. 천지와 만물의

---

50) 『象村稿』, 권42, 外稿1, 「彙言一」.

51) 『象村稿』, 권20, 「閱邵易有感」.

52) 『象村稿』, 권6, 「前有」, "前有六萬年, 後有六萬年, 中有獨立人, 胸藏天地權, 姓邵字堯夫, 雪月花花裏, 手握方圓圖, 妙契犧皇旨, 天津杜鵑啼, 萬事吾不管, 誰知一生二, 便是混元判, 我生堯夫後, 又已百五歲, 迹局鰈海東, 心遊太古際, 雖非閉物會, 奈此陽消節, 隨緣聊送老, 曦娥盈復缺."

수를 확립했으니 『역』의 도가 드러났고, 역대 치란의 자취를 기술했으니 『서』의 도를 간직하였으며, 자연의 풍광을 읊어 지었으니 『시』의 도가 나타났고, 정통과 탈취한 역사적 사실을 명확히 분별했으니 『춘추』의 도가 행해졌다는 것이다.[53] 이런 식이라면 소옹의 글만 읽고 나머지 경전은 읽지 않아도 그만이라는 생각이 들 수도 있다. 그러나 신흠의 말뜻은 결코 그것이 아니다. 그는 다만 『황극경세서』의 수준 높은 포괄성을 드러내고자 했을 따름이다.

소옹 역학에 대한 신흠의 관심은 리철학의 당위적 기대에 대한 실망과도 연관이 있다고 생각된다. 이는 시時와 명命의 문제와 관련된 것으로, 리철학이 해명하지 못하는 역사의 부조리한 현실에 대한 실망과 관련이 있는 것이다. 안연의 요절과 도척의 장수를 어찌 설명할 것인가? 비렴과 악래의 등용, 오자서의 자결, 굴원의 멱라수 투신과 같은 일은 도대체 누가 좌우하는 일인가? 구름이 태양빛을 가리는 일도 있고 두꺼비가 달빛을 침해하기도 하는데, 이런 현상이 생기는 까닭은 하늘 때문인가 사람 때문인가, 그것은 시時인가 명命인가?[54] 신흠이 볼 때, 이 시時와 명命의 문제를 해결하기 위해 필요한 것이 바로 수數이다.

사람이 되어 리理를 알지 못하면 하늘로부터 품부받은 성性을 잃어버리게 되고, 사람이 되어 수를 알지 못하면 하늘의 뜻과 어긋나서 제멋대로 하게 된다. 리에 관해서는 과거의 철인들이 이미 모두 말한 반면에 수에 관해서는 성현들이 말해준 것이 드문데, 수에 통해야만 비로소 리를 분명하게 알 수 있다. 탕왕이나 문왕 같은 성인이 하대夏臺와 유리羑里의 옥에 갇힌 것이 수가 아니면 무엇이며, 미자微子·기자箕子·비간比干 같은 어진 사람이 죽임을 면치 못하거나 쫓겨난

53) 『象村稿』, 권42, 外稿1, 「彙言一」.
54) 『象村稿』, 권7, 「忼慨行」, "顔何爲而夭, 跖何爲而壽, 此理茫茫兮, 吾安所咎, 飛廉惡來何爲而登庸, 胥何爲而劍決, 平何爲而沈湘, 此理茫茫兮孰主張, 雲蔽日兮日光瞳, 蟆食月兮月魄亡, 噫吁噓天耶人耶, 時乎命乎, 胡使我而永傷."

것, 또 공자 같은 성인이 진陳·채蔡에서 환란을 면치 못한 것이 수가 아니면 무엇인가? 기미를 보고 미리 처신하는 성인도 오히려 피할 수 없는 것이고 보면, 수가 뜻밖에 닥쳐올 경우 보통사람으로서는 어떻게 할 수가 없는 것이다. 평안한 마음으로 명命을 기다리는 자는 리에 순응하고 수에 잘 대처하는 자요, 곤란한 처지를 당했는데도 말만 앞세우는 자는 리를 거스르고 명을 알지 못하는 자이니, 이것 또한 『역』을 배우는 자들이 힘써 노력해야 할 점이다.[55]

신흠이 이해한 『역』의 진리는 실리實理이다. 그는 천지만물이 모두 『역』의 표현이라고 믿는다. 이 천지자연의 실리는 만물의 근원이 되지만 수를 떠나 홀로 펼쳐질 수 없고, 수는 만물의 궁극이지만 리를 떠나 홀로 드러날 수 없다. 이것을 알아 처음으로 수로 드러내려 한 것이 복희이고, 그 결과물이 바로 8괘이다. 「계사전」에서 공자는 "성인은 만물의 혼잡성(賾)을 본 바가 있어서"라고 했다. 리는 정미하고 기는 혼잡한데, 기의 혼잡성 때문에 삼라만상이 펼쳐진다. 그리고 성인만이 복잡한 현상들을 상象으로 정리할 수 있으며, 이 상이 있게 된 뒤에야 비로소 수가 펼쳐져 나오는 것이다.[56]

하도의 한 중앙에 위치한 5는 생수生數의 극한으로서 대연수大衍數를 이루는 어미 격이 되고, 10은 성수成數의 극한으로서 대연수를 성립시키는 아들 역할을 한다. 천지의 수 또한 모두 대연수를 벗어나지 못하는데, 후세의 점치는 자들의 점괘가 현실적으로 일치하지 않는 이유는 무엇인가? 그 까닭을 신흠은 점치는 사람이 신명하지 못하기 때문이라고 본다. 이는 공자가 「계사」 상 1장과 하 12장에서 한 말을 그대로 연상시키게 한다. 점이 맞고 맞지 않음은 수의 문제에 원인이 있는 것이 아니라 신명성을 갖추지 못한 데에 원인이 있다는 것이다.

---

55) 『象村稿』, 권55, 「先天窺管」.
56) 『象村稿』, 권42, 外稿1, 「彙言一」.

신흠은 복희의 선천시대가 지나고 문왕의 후천시대가 오게 된 것을 다음과 같이 설명한다.

주나라의 때는 이미 『역』의 도수가 쇠퇴해진 시대였기 때문에 문왕은 유리羑里의 옥에 갇혀 있을 때에 온갖 변화를 두루 다 징험하였으며, 계사에 나타나 있는 것 또한 그러하다. 『역』의 계사는 대개 하나의 역이며, 도圖라는 것은 그것을 드러낸 상일 뿐이다.[57]

선천과 후천은 통상 다음과 같이 구별된다. 선천도는 마음을 가지고 현상을 나타낸 것이고 후천도는 현상을 통해서 마음을 탐구한 것이다[58] 선천은 천지의 시발점을 보여 주고 후천은 천지의 완성태를 드러내는데, 시발점이 되기 때문에 바로 여기에서 지나침을 억제하고 부족함을 보충하는 도가 비롯되며, 완성태가 되기 때문에 바로 이 속에 쇠퇴함을 일으키고 사욕을 억누르는 뜻이 있게 된다.[59] 또한 선천은 그 뜻이 언어 이전에 있고, 후천은 언어를 빌려 그 뜻을 유도하는 것이다.[60] 이는 소옹의 생각이기도 하고, 신흠이 소옹을 이해한 것이기도 하다.

복희8괘방위도에 대해 신흠은 다음과 같이 설명한다.

하늘과 땅이 자리를 정하니 건남乾南·곤북坤北이 된다. 천둥과 바람이 서로 일으키니 진震과 손巽이 서로 대가 되고, 산과 연못이 기운을 통하니 태兌와 간艮이 서로 대가 되며, 물과 불이 서로 다투지 않으니 감坎과 리離가 서로 대가 된다. 천둥은 동북쪽에 있고 바람은 서남쪽에 있으며, 산은 서북쪽에 있고 연못은 동남쪽에 있으며, 물은 서쪽에 있고 불은 동쪽에 있다. 이것이 바로 복희의 선천방위도가 만들어진 내력이다. 이 어찌 바뀔 수 없는 정위正位가 아니겠는가?

---

57) 『象村稿』, 권42, 外稿1, 「彙言一」.
58) 『象村稿』, 권55, 「先天窺管」
59) 『象村稿』, 권42, 外稿1, 「彙言一」.
60) 『象村稿』, 권55, 「先天窺管」.

신흠의 설명은 소옹과 대동소이하다. 의미가 달라지지 않았다. 그런데 후천방위도에 이르러서는 "건과 곤이 정위正位를 양보하고 제帝가 진震에 서 나와 장자가 일을 주도하게 되었으니, 이 어찌 가천하家天下하는 시대의 뜻을 담은 것이 아니겠는가"라고 말하고 있다.[61] 문왕의 후천8괘방위도에 서 건乾을 서북방으로 물러나게 하고 진震을 진출시켜 제위帝位에 앉힌 것은 바로 천하를 통일시키려는 미의微意이니, 곧 후세에서 서로 다투는 난리가 일어날까 염려함에서였다는 것이다.[62] 신흠의 이런 해석은 훗날 일부一夫 김항의 『정역』에서 지시하는 문왕후천을 이해하는 데에도 그대 로 전승되고 있다.[63]

64괘방원도에 대해서는, 중괘重卦가 단괘單卦로부터 나오듯 방도와 원도 는 모두 팔괘도에서 연역된 것이라고 말한다. 선천원도先天圓圖 즉 복희의 64괘방위도는 단지 8괘방위도에 따라 부연한 것일 뿐이며, 64괘방도 역시 8괘의 차서도와 방위도의 배열방식을 확장시켜서 나왔다는 것이다. 신흠 은 이러한 부연이 결코 인위적으로 안배해서 나온 것이 아니라 자연스러운 결과일 뿐이라고 말한다.

역사에 대해서는 대체로 소옹의 『황극경세서』에 나와 있는 내용에 약간의 변화를 주어 풀이하고 있다.

> 복희와 헌원은 하늘과 같고, 요와 순은 태양과 같고, 탕왕과 무왕은 달과 같고, 오패와 한·당·송은 별과 같고, 춘추 열국과 육조六朝와 오대五代는 바람이나 비와 같다.[64]

---

61) 『象村稿』, 권55, 「先天窺管」.
62) 『象村稿』, 권55, 「先天窺管」.
63) 정역학자 이정호는 이를 己位親政이라고 하였다. 이정호, 『주역정의』(아세아문화사, 1980), 183쪽 참조.
64) 『象村稿』, 권42, 外稿1, 「彙言一」.

공자는 요·순과 같고, 안자는 우禹와 같고, 맹자는 탕왕이나 무왕과 비슷하다. 요는 건乾의 시대를 얻었고, 공자는 곤坤의 시대를 만났다. 요와 공자는 둘 다 성인이라는 것은 동일하나, 그 시대가 같지 않은 것이다.[65]

소자邵子는 "복희역은 황皇의 글이요, 『서』의 요전과 순전은 제帝의 글이며, 『시』의 주남과 소남은 왕王의 글이고, 『춘추』는 패자霸者 시대의 글이다"라고 하였으니, 도가 한 차원 낮아지면 덕이 되고 덕이 내려오면 공功이 되며 공이 강등되면 역力으로 전락한다. 도와 덕은 그 차이가 한 칸에 불과하지만 덕에서 공은 하늘과 땅처럼 벌어져 있다. 그 다음에 이어지는 것은 당연히 역力인데, 공功과 역力이 일어나게 되어서는 도와 덕을 다시는 볼 수 없게 되었다.[66]

신흠은 삼대 이전은 성현의 시대이고 성현의 도수度數인 데 반하여 삼대 이후는 그와 정반대라고 한다. 따라서 삼대 이후의 도수는 이미 정해져 있기에 아무리 지혜를 동원해도 바꿀 수 없다는 것이다. 일종의 숙명론 같은 생각이다. 그의 이러한 생각은 앞서 거론했듯이 현실세계 속에서의 여러 부조리한 현상에 대한 나름의 해소책이었다. 그러나 그는 때가 되면 변전變轉이 일어난다는 것을 또한 제시한다.

일일一은 건乾이며 일일ㅂㅂ 또한 건이다. 어떻게 일일의 사람과 일일의 사물을 얻어 일일일일一ㅂㅂ의 세상이 될 수 있겠는가? 그러나 이때에도 또한 구姤괘의 근심은 있게 마련이다. 팔팔ㅅㅅ은 곤坤이고 수수水水 또한 곤이다. 팔팔의 사람과 수수의 사물이 되어 팔팔수수ㅅㅅ水水의 세상을 만나는 것은 누구도 원하지 않는 것이다. 그러나 이때에도 또한 복復괘의 길함은 있게 마련이다.[67]

팔괘의 첫 번째인 건괘가 겹쳐져서 일일一 즉 중괘 건괘가 되고

---

65) 『象村稿』, 권42, 外稿1, 「彙言一」.
66) 『象村稿』, 권42, 外稿1, 「彙言一」.
67) 『象村稿』, 권42, 外稿1, 「彙言一」.

팔괘의 여덟 번째인 곤괘가 겹쳐져서 팔팔八八 즉 중괘 곤괘가 된다. 이 두 괘는 복희64괘방위도에서 각각 북과 남에 위치하고 있으며, 건 다음에는 구姤괘가 나타나고 곤 다음에는 복復괘가 오는 것이 자연의 순리이다. 선천역은 바로 이것을 선명히 드러내고 있다. 복괘가 소옹 철학에서 차지하는 위치가 매우 중요하다는 것은 이미 상식이다. 신흠 역시 복괘가 상징하는 동지冬至를 다음과 같이 읊고 있다.

> 한 양이 생겨나면 나아가 건괘에 이르고 한 생각이 선하면 확충하여 성인에 이르니, 음은 양에 뿌리를 두고 동은 정에서 일어나네. 군자가 이를 본받아 성실하고 돈독히 하니, 생각에 사특함이 없으면 머지않아 본성을 회복하리라.[68]

동짓날, 혹독한 흑암이 치성한 시점에 이미 하나의 양陽이 태동하여 힘차게 전진하고 있는 현상은 현실의 각종 부조리에 해소책을 찾지 못하고 있던 지성들에게 종종 희망의 메시지를 상징하는 것으로 활용되곤 했음을 다시 확인할 수 있다.

≈≈

조선의 16세기는 리학理學이 만개하는 시대이다. 그러나 학계에는 여전 히 문장을 중시하는 풍조가 있었다. 16세기 후반과 17세기 전반을 살았던 신흠은 성리학자들이 때로는 타매唾罵하기까지 하는 문장 분야의 대가였 고, 그의 또 다른 관심은 당시 리학자들 상당수가 이단으로 규정하여 배척하는 소옹의 선천역학과 수학에 있었다. 또한 그는 서경덕의 삶과 인격을 존숭하고 그의 철학을 조술하였다. 그는 서경덕이 소옹의 『역』에 조예가 깊었으며 서경덕의 「황극경세수해」에는 잘못된 곳을 하나도 찾을

---

68) 『象村稿』, 권30, 「至日箴」, "一陽生而進而極於乾, 一念善而充而至於聖, 陰根乎陽, 動發乎靜, 君子以之, 曰誠曰篤, 思無邪, 不遠而復."

수가 없었다고 하면서 복희역의 오솔길을 제대로 찾아낸 자는 조선에서 서경덕 한 사람뿐이었다고 했다.[69] 기존의 유학사적 통념이나 시각에 따르면 신흠의 위치는 학계에서 주류에 속하는 것이 아니라 주변에 있었다. 소옹이 그러하고 서경덕이 그러하듯 신흠 역시 유가와 도가의 경지를 넘나든다. 절충이라기보다는, 유가를 가능하게 하고 도가를 가능하게 하는 원천을 그는 복희의 선천역에서 찾고 있었다.

신흠은 전통적인 역학의 사성론을 받아들이고 나름의 역학삼현론을 주창한다. 물론 이 삼현은 소옹·정이·주희이다. 그에 따르면, 천지의 실리實理를 복희는 오직 상수만을 취하여 드러냈고 문왕은 효사와 단사만으로 드러냈는데, 문왕역을 주해한 사람들이 잃어버렸던 복희선천의 상수를 소옹이 밝혔고 문왕의 의리를 정이가 밝혔으며 주희가 소옹의 상수론을 공자와 연결하여 밝혔다고 한다. 그리하여 그는, 만일 복희와 소옹에게서 상수를 구하고 문왕과 정이에게서 문의를 구하여 공자를 통해 집대성시킨다면 조화의 오묘한 이치를 얻을 수 있을 것이라고 주장한다. 신흠 나름의 독특한 주장이라고 할 수 있다.

어느 시대인들 시비是非와 정사正邪가 뒤집히고 충역忠逆이 바뀌며 각종 모함과 기만이 없었겠는가마는, 신흠은 남보다 더 혹독하게 이러한 시련에 시달렸던 것 같다. 그의 시문 속에 현실의 정치와 역사에 나타나는 각종 부조리에 대한 해소책을 찾지 못하고 고뇌하는 모습이 자주 나타난다. 심지어 그는 정사와 시비가 뒤집어지는 일을 기록한 역사책은 읽기 싫고 대신 『역』이 마음에 맞는다고 하였다. 이런 그가 복희의 선천세계를 동경함은 자연스럽고, 또 시비를 떠나는 도가적 자연주의에 경도됨도 이상할 것이 없다. 소옹이 동지冬至에서 천지의 긍정적 마음을 상징적으로 강조할 때 그가 여기에 흔연히 동조했던 것도 현실 속에서 희망의 메시지

---

69) 『象村稿』, 권52, 「晴窓軟談」.

를 발견하고 싶어서였다.

중국철학사에서 도통을 논할 때 공자 이후의 흐름으로 자사→맹자→정이→주희의 계보에 맞서 안연→맹자→정호→육구연→왕수인을 꼽는 경우가 있다. 소옹은 공·맹을 모두 존숭하되 안연에 대한 관심이 지극하였고, 문왕보다는 복희를 도의 비조로 숭앙하였다. 그리고 정호는 소옹을 존숭하였으니, 이를 별도의 한 계보로 설정할 수 있을 것이다. 따라서 조선유학에서는 복희→공자→안연→소옹→정호를 이은 서경덕→이이·신흠 등의 라인이 드러나고 있다.

제4장 보만재 서명응의 『선천사연』

1. 선천4도에 대한 언・상・수・의의 개념적 해설

보만재保晩齋 서명응徐命膺(1716~1787)은 18세기의 대표적 선천역학자이다. 그는 조선 중후기 이른바 새로운 문화시대라고도 일컬어지는 영・정조대에 이조판서・대제학 등의 관직을 역임하였고, 정조의 뜻에 따라 규장각을 중심으로 나라의 각종 편찬사업을 주도했다.[1] 그는 서울에 기반을 가진 사족이었지만 뚜렷한 사승관계가 없고, 소론에 속했지만 상대적으로 당색도 강하지 않았다. 『참동고參同攷』, 『도덕지귀道德指歸』 등의 저술에 나타나듯 비교적 자유롭게 도가와 유가의 영역을 넘나들었고, 그만의 독특한 개념을 빈번하게 사용하였다. 그는 학문을 소속집단의 이익을 지키는 데 사용하거나 그러한 학문에 종사하지도 않았다.

서명응은 성리학을 익혔지만 또한 소옹의 선천역학에 심취하였다. 소옹의 학문이 그러하듯 그도 사색에 의한 자득이 많았고 그 나름의 독창적인 이론을 제시하였다.[2] 17세기 이래로 조선 학계에서는 소옹에

---

1) 서명응은 68세 때인 1783년에 자신의 저작들을 종합 정리하여 편찬하였다. 이를 『保晩齋叢書』라고 한다. 모두 60권 30책이다. 1980년대부터 『보만재총서』에 대한 연구가 서지학, 역사학, 과학철학, 음악, 문학 등에서 이루어져서, 맹천술이 1987년에 『선천사연』을 번역하였고, 조희영이 『서명응의 선천사연 연구』(숭실대학교 대학원, 2011년)로 박사학위를 취득하였다.

대한 관심이 높아지기 시작하여, 소옹 선천역학의 경세론·원회운세설·
성음론·수리학·역산학曆算學 등 다방면에 걸쳐 눈길을 주고 있었다.
이런 흐름 속에 그는 학문적 관심을 소옹 역학에 기울였고 저술활동도
활발히 펼쳤는데, 그 분량은 총서가 꾸려질 정도로 많았다.

그의 저술 가운데 사람들의 이목을 끄는 『선천사연先天四演』, 『참동고』,
『역학계몽집전易學啓蒙集箋』, 『황극일원도皇極一元圖』, 『계몽도설啓蒙圖說』 등
의 『역』 관련 저술이 있다. 『선천사연』이 서명응 선천론의 체體라면, 『참동
고』는 선천론을 근거로 인체관과 수양론을 담아낸 용用이라고 할 수
있다. 원래 그에게는 『역선천학』이라는 역학 관련 저술이 있었다.[3] 이
책은 『선천사연』보다 20년 전에 이루어졌는데, 이를 수정 보완한 결과가
바로 『선천사연』이다. 『역선천학』 서문에서 서명응은 자신의 견문이 심히
고루한 데다 늦게 태어나 선진의 문하에 집지하지도 못했기 때문에
하릴없이 4도를 끌어안고 세월만 보내다가, 50세를 넘은 나이로 더 이상
선생을 얻어 물어보지 못할 것을 알고는 그 의심스런 바를 기록하여
후세의 군자를 기다린다고 했다. 그리하여 도를 세상 모든 사람들의
소유가 되게 하자는 취지에서 『역선천학』 1권을 저술하게 되었다는 것이
다. 이 책의 체제는 도圖 4편, 입괘立卦 8편, 전학傳學 3편으로 된 경經의
부분과, 그 말을 살피고 그 상을 밝히며 그 수를 다하고 그 뜻을 종합한
위緯의 부분으로 되어 있다.[4]

---

2) 한민섭, 「徐命膺 一家의 博學과 叢書·類書 編纂에 관한 硏究」(고려대학교 박사학위논
   문, 2010).

3) 『保晩齋集』, 跋, 「保晩齋集識」(徐有榘), "先王考著述四集爲內編. 叢書爲外編. 四集之目. 曰前
   後左右. 休致前詩文爲前集. 休致後詩文爲後集. 此卽丁未編定之原本也. 風簷考, 暘谷志, 月令
   義, 啓蒙通, 爐熏筆, 竹林話爲左集. 鍾律全書, 韻瑞三秤爲右集. 叢書之目, 分經史子集, 經翼
   曰, 先天四演, 尙書逸旨, 詩樂妙契, 大學直指, 中庸經緯, 史別曰, 疇史, 緯史, 本史, 子餘曰,
   髀禮準, 先句齊, 元音鑰, 參同攷, 集類曰, 攷事十二集. 又有易先天學, 仁書, 詩史八箋等書. 卷
   裒浩穰, 有難一時鋟梓, 謹繕寫藏弆, 以俟嗣刻云, 孫有榘又識."

4) 『保晩齋集』, 권7, 「易先天學序」, "命膺自夫蚤歲, 卽嘗硏求, 師承無所, 見聞甚固, 又恨生晚,

서명응의 대표적인 역서易書라고 할 수 있는 『선천사연』은 『보만재총서保晚齋叢書』의 1권과 2권에 있는데, 이것이 머리 부분에 배치된 것은 그의 많은 저술 가운데서 가장 중요하다는 뜻이기도 하겠지만 무엇보다도 '선천'이 만물의 기강紀綱이 된다고 보았기 때문이다.[5] 그는 선천을 분명히 알아야만 후천세계를 제대로 파악할 수 있다고 여겼다. 제목이 표시하듯 『선천사연』은 선천을 네 가지 개념으로 해설해 낸 책이다. 그에게 있어 선천은 「선천도」와 다르지 않은데, 그것은 「팔괘도」, 「방위도」, 「차서도」, 「방원도」이다.[6] '사연四演'이란 이 네 개의 도에 담긴 사상을 언言·상象·수數·의意라는 네 가지 관점에서 해석하는 방식이다.

『선천사연』의 첫 장은 서문이고, 이어서 본문에서는 전체를 전연箋演과 도연圖演으로 나누어 설명하는데, 전연에서는 「선후천전先後天箋」과 「하도전」을 먼저 다룬 뒤 4도를 언·상·수·의의 차례로 설명하고, 도연에서는 16개의 그림을 통해 선천4도를 상세히 설명한다.

서문에서 서명응은 선천사연이란 언·상·수·의의 네 가지 방법으로 복희의 선천4도를 부연한 것인데, 공자가 전한 이 선천4도가 도가로 전해졌다가 다시 소옹이 이어받았다고 말하고 있다.

본문의 처음은 「선후천전」이다. 선천과 후천의 구분을 논하는 이 글에서는 일월의 운행과 만물의 조화 속에서 배열의 위치와 상을 취하는 것의 차이에서 선후천이 나뉜다고 설명하고 있다. 이어서 하도를 언·상·수·의의 차례에 따라 해설하는 글이 있는데, 중간의 「하도상전河圖象箋」 다음에

不能執贄於先進之門. 徒抱四圖, 反復累載, 及夫年蹐知命, 自度其終不得明師而就質之, 則記其所疑, 以俟後之君子. 是亦公天下之道, 故敢述先天學一書, 則圖四篇, 象四象也. 立卦八篇, 象八卦也. 傳學三篇, 象六位之三才也. 經旣正矣, 又以考言明象極數會意爲之緯."

5) 『保晚齋叢書』의 「凡例」 참조.

6) 『先天四演』, 「河圖言箋一」, "先天圖有四, 曰八卦圖, 曰方位圖, 曰次序圖, 曰方圓圖, 而四圖皆出於河圖. 河圖已具乎言象數意之四道, 故四圖亦各具其乎言象數意之四道, 而言有言之言, 言之象, 言之數, 言之意, 象有象之言, 象之象, 象之數, 象之意, 其於數意亦然."

「후천상전後天象箋」이 끼여 있다. 「하도언전河圖言箋」은 하도의 기원과 원리를 설명한 것으로서, 선천4도가 모두 하도로부터 나왔으며 하도는 상수象數로부터 나온 것이라고 했다. 「하도상전」은 하도 각 부분의 수와 음양의 변화를 설명하고 있으며, 「후천상전」은 문왕의 후천도가 선천도와 체용관계에 있음을 말하면서 후천도의 음양과 괘의 변화를 설명하고 있다. 「하도수전河圖數箋」은 하도의 각 위치에 있는 수의 조화를 설명한 글이고, 「하도의전河圖意箋」은 하도에 담긴 뜻에 대해 논한 글이다. 이상에서는 선후천의 개념 및 하도와의 관계를 밝히면서 서명응 자신의 선천학의 기조를 제시하고 있다.

이어지는 글은 「경괘사전經卦四箋」이다. 여기서는 복희가 8괘를 그렸다는 「계사전」의 말을 후인들이 오해하여 복희가 8괘를, 문왕이 64괘를 지었다고 보는 것은 큰 잘못이라고 말하고, 8괘 각 괘의 의미와 상호변화를 풀이하고 있다. 「방위사전方位四箋」은 8괘의 방위에 대하여 논한 글이다. 이어서 「차서도」와 「방원도」를 각각 언·상·수·의에 의해 차례로 풀이하고 있는데, 특히 「방원도」에 대해서는 언·상·수·의에 각각 9, 8, 7, 6편의 글이 있다. 「방원도」를 설명한 글이 가장 많은 것은 방원도가 선천역의 내용을 가장 다양한 방식으로 표현하고 있기 때문이다.

도연圖演에는 모두 16개의 그림이 있는데, 이는 앞의 전箋에서 설명한 내용을 도식으로 나타낸 것들이다. 16개의 도圖는 각각 「하도양의河圖兩儀」, 「하도사상河圖四象」, 「하도후천河圖後天」, 「경괘사도經卦四道」, 「차서착종次序綜錯」, 「방원위치方圓位置」, 「방원호괘方圓互卦」, 「방원순역方圓順逆」, 「방원육육方圓六六」, 「방원입극方圓立極」, 「방원적경方圓赤經」, 「방원황위方圓黃緯」, 「방원평호方圓平弧」, 「방원체용方圓體用」, 「방원구고方圓句股」, 「방원비례方圓比例」이다.

2. 선천학의 전승 – 복희 · 공자 · 진단 · 소옹

『선천사연』의 저술 의도는 선천의 4도를 연출하는 방식을 제시하여 사람들로 하여금 선천에 이르게 하기 위해서이다. 서명응에 따르면, 소옹을 비롯한 이전의 학자들 가운데 어느 누구도 선천4도를 글로써 풀어낸 일이 없었다. 선천과 후천 사상의 근거와 유래에서는 공자가 주요한 위치를 차지한다. 공자는 선천역과 후천역 모두 알고 있었고 이를 각각 따로 전했는데, 후천역은 세상에 성행했으나 선천역은 은자나 방외인들에게로 전해져서 세상에 잘 드러나지 않았다. 서명응은 복희역을 선천, 문왕역을 후천이라 한 것은 소옹이지만 사실은 공자가 이미 그렇게 말했다고 본다. 그러한 추단의 근거로 서명응이 제시하는 것은 건乾괘 구오九五 「문언」의 "대인은 천지와 그 덕을 합하고 일월과 그 밝음을 합하고 사시와 그 질서를 합하고 귀신과 그 길흉을 합한다. 선천에서 하늘이 어기지 않고 후천에서 천의 때를 받든다"라는 구절이다. 서명응은 「문언」을 공자의 저작으로 보는데, 이 구절에 근거하면 선천에서는 하늘을 헤아릴 수 있고 해와 달을 매듭지을 수 있으며 사시를 재단할 수 있고 귀신처럼 길흉을 알릴 수 있다고 한다. 이미 후천보다 선천이 훨씬 더 크다는 것을 알 수 있다.

서명응은 선천 · 후천은 문왕이 이름 붙이고 공자가 찬탄한 것이라고 말한다. 이 주장은 충분한 논거가 제시되어 있지 않는데, 그럼에도 그는 『역』을 지은 뜻을 미루어 가면 그것을 알 수 있다고 한다. 왜냐하면 선천은 대대對待인데 후천은 반대反對이기 때문이다. 대대는 하늘에 있고 반대는 땅에 있는데, 하늘의 운행이 좌로 돌고 해와 달이 우로 도는 것은 하늘에 있어서의 대대이며, 낮과 밤이 남과 북에서 서로 반대이고 시각이 동과 서에서 서로 반대인 것은 땅에 있어서의 반대라는 것이다.

따라서 선천에서 상을 세울 때는 모두 대대이니, 횡도는 좌우로 대대이고 원도는 주선周旋으로 대대이며 방도는 표리表裏로 대대이다. 반면에 후천에서 상을 세울 때는 모두 반대이니, 그 상하로 편을 나눈 것도 반대이고 그 괘의 순서도 반대이며 그 위치를 나열한 것 역시 반대이고 그 상을 취한 것도 오직 반대이다. 대대는 하늘이 본래 갖고 있는 본체이고, 반대는 반드시 땅에서 말미암아 생기는 작용이다.[7] 문왕은 그 가운데 대대인 선천을 놓아두고 반대논리로서의 『역』을 제시하였다는 것이다. 그러나 현행 『역』의 경문에서 문왕이 선천·후천이라는 이름을 사용한 예는 찾아볼 수 없다.

서명응에 따르면, 문왕은 선천을 천지만물 조화造化의 시작으로 보았지만 이를 인사에 수용하기가 어려우므로 다시 후천의 『역』을 만들었다. 그 방식은 상하를 우러러보고 굽어보아 조화가 반대되는 것을 보는 것이었다. 즉 선천을 반대로 하여 마침내 후천의 『역』을 만들어 낸 것이다. 선천으로 천지에 앞서는 본체를 세우고 후천으로 천지 이후의 작용을 일으켰으니, 천에 앞서는 것을 선천이라 하고 천에 뒤따르는 것을 후천이라 했다. 이것이 세대를 거듭하다가 공자에 이르러서 높이 드러나고 그 의미가 빛났으며, 공자는 선천·후천의 학문을 모아 대성하여 「계사전」에다 그 이치를 밝혀서 후대의 학자에게 전했다. 그런데 공자가 죽은 후 후천의 학은 상구, 교비, 간비, 주추, 전하 등으로 이어져 세상에 성행했으나, 선천의 학은 문자를 사용하지 않은 까닭에 오직 4도가 방외가들 사이에서 유전할 따름이었다.[8] 소옹은 이처럼 방외가를 통해 은밀하게

---

7) 『保晚齋集』, 권7, 「易先天學序」, "先天對待也. 後天反對也. 對待者, 必其在天者也. 反對者, 必其在地者也. 天行左旋而日月五星右旋, 非在天之對待乎. 晝夜以南北而相反, 時刻以東西而相反, 非在地之反對乎. 對待, 天之所本有, 故體也. 反對, 必因地而有之, 故用也. 是以先天立象, 皆以對待. 而橫圖以左右對待, 圓圖以周旋對待, 方圖以表裏對待, 變化推移密合造化之運, 而其于學也, 以簡易立其心法, 成位于中者, 是亦體而已矣."
8) 『保晚齋集』, 권7, 「易先天學序」, "後天立象, 皆以反對, 而以其分篇則惟曰反對, 以其序卦則惟

전해지던 선천역을 공자 사후 1500년 만에 방외인 진단에게서 얻었는데, 그 지결旨訣은 의·언·상·수를 위주로 음양의 소장을 탐구함으로써 마침내 심법으로 돌아가는 것이었다. 그리고 정이를 거쳐, 주희가 『계몽』을 지어 그 유서遺緒를 조리 있게 함으로써 이후 많은 학자들이 이것을 기술하여 각각 새로 밝혀낸 것이 있게 하였다.

서명응은 선천4도가 언·상·수·의의 4방법을 갖추었다는 것을 공자가 전했고 후일 진단이 받았다고 주장한다. 그에 따르면, 진단은 그동안 은사와 술사들 사이에서 사사로이 전해져 오던 선천4도가 더 이상 방외인들만의 것이어서는 안 되며 때마침 송의 문운文運이 열렸으니 세상에 드러내 놓아야겠다고 생각하여 단가丹家의 연단술로부터 이를 뽑아내었다. 이것이 한 번 전환하여 주돈이가 태극의 학문을 열었고, 다시 한 번 전환하여 소옹이 경세의 학문을 이루었으며, 세 번째로 전환하여 주희가 4도를 표창하였으니, 주희는 이를 후천역서(『주역본의』)의 머리에 배열하여 육경의 마루로 삼았다.9) 이처럼 서명응은 공자에서 소옹으로 이어지는 선천역의 흐름 속에 진단과 주돈이를 언급하고, 그것과 후천역 사이의 관계를 주희를 통해 밝히고 있다.

「선후천전」은 『역선천학』이나 『선천사연』의 서문에 나오는 내용과 별 차이가 없다. 여기서는 다만 공자 사후 1500년이 지나 진단이 위백양에게서 선천역을 얻어 소옹에게 전했다는 것과 후천역인 문왕역은 공자

曰反對, 以其列位則惟曰反對, 以其取象則惟曰反對,……故就先天而反對之, 遂爲今之周易. 然後以先天體立天地之先, 後天用起天地之後, 故先天曰先天, 後天曰後天. 歷代相傳, 以至於夫子, 表章而發揮之. 嗚呼希矣. 夫子旣得先天後天之學, 集其大成, 又著其理於繫辭, 以詔後之爲其學者. 及夫子歿, 後天之學, 傳于商瞿橋庇馯臂周醜以及田何盛行於世, 而先天之學則不立文字, 只有四圖流傳方外家."

9) 『先天四演』, 「序」, "先天四演以言象數意之四道, 演伏羲先天之四圖也. 四圖之具四道, 孰傳之, 孔子傳之也. 孰聞之, 希夷聞之也.……希夷知四圖終非仙家私有之物, 且意宋文運將啓四圖可出也. 抽之丹竈, 大彰斯世, 一轉而開濂溪太極之學, 再轉而爲康節經世之學, 三轉而朱子表章四圖 首列于後天易書以爲六經之宗."

문하에서 상구-교비-전하로 전해지면서 드디어 세상에 성행하였다는 것을 말하고 있다.[10] 선천역의 전승과정에 위백양이 들어가고 후천역의 전승경로가 상세히 언급되었다는 차이가 있지만, 중요한 것은 서명응이 공자를 선천역과 후천역 모두와 관계있는 것으로 인식하고 있다는 사실이다. 마치 불교의 교종과 선종이 모두 석가에 내원을 두고 있는 것과 같은 느낌을 준다.

소옹은 『격양집』 「선천음先天吟」에서 "만약 선천에 대해 묻는다면 일사一事도 없으니, 후천에서 비로소 공부를 시작하네"라고 했는데, 여기서 말하는 '일사무一事無'를 서명응은 '애써 경영하거나 힘을 쏟는 일이 없음'이라고 하였다.[11] 선천역인 복희역이 인간의 어떤 의도에 따른 안배나 조작이 없이 힘을 낭비하지 않는, 아무 일도 없는 상태에서 이루어진 것인 데 반하여 후천역인 문왕역은 안배와 조작과 힘의 소모를 요구하는 『역』이다. 그런데 서명응은 "선천과 후천은 천지와 더불어 같다"(先後天與天地同如)라는 말을 한다. 이는 건乾괘 「문언」 구오九五효에서 "대인은 천지와 더불어 그 덕을 합한다"라고 하면서 선천의 경우와 후천의 경우의 행동양식을 들어 말한 것을 염두에 둔 표현일 것이다.

진단이 선천4도를 풀어낸 방법을 알 수는 없다. 소옹의 아들 소백온邵伯溫은 진단의 역학은 의언상수意言象數를 주로 했고 번거로운 문자해설이 없이 그림 하나가 있을 따름이라고 했다. 서명응은 진단이 사용한 방법을 찾을 곳은 진단이 선천이라고 간주한 곳이어야 한다고 주장하면서 "비록 백세 이후라도 알 수 있다"라는 공자의 말로써 자신의 주장을 뒷받침하려

---

10) 『先天四演』, 「先後天箋」, "後天之易, 自孔門傳于商瞿驕庇以及田何, 遂盛行於世. 而其先天四圖 則自孔門傳于隱逸家, 千五百年之後希夷先生陳摶圖南得之於魏真人伯陽, 以傳于康節先生."

11) 『先天四演』, 「方圓言箋」(變橫成圓), "邵子先天吟云, 若問先天一事無. 後天方始着功夫. 所謂一事無者, 謂無所營爲費力也." 어떤 판본에서는 一事無가 一字無로 되어 있기도 하다.

한다. 즉 4도의 해석법과 관련하여 그는 천지의 원·형·이·정 사덕과, 선천의 언·상·수의 사도四道와, 후천의 사辭(말하기)·변變(행동하기)·상象(문명의 利器를 제작함)·점占(길흉을 앎)의 사도四道를 병칭하면서,[12] 공자가 선천4도만 전하고 그 4도를 펼치는 방법을 주지 않았을 리가 없다고 했다.[13] 이는 소옹과 공자를 직접 연결하는 방식을 통해 자신의 견해를 공자에까지 연결시킨 것이다. 결국 서명응의 4연론은 소옹의 의·언·상·수의 이론과 관련이 있다. 소옹은 "상象은 형形에서 일어나고, 수數는 질質에서 일어나고, 명命은 언言에서 일어나고, 의意는 용用에서 일어나니, 세상의 수數는 리理에서 나온다. 리를 어기면 술수에 들어간다. 세상사람들은 수를 가지고 술수에 빠지므로 리를 잃는다"[14]라고 하였다. 순서와 용례는 차이가 있지만 상·수·언·의를 언급하고 있음에 주목할 필요가 있다. 서명응이 언·상·수·의로 차례를 정한 것은 "문자가 없을 때 생긴 선천도를 후천에서 이해하자면 우선 선천에 관한 그림을 말로써 설명해야言) 하고, 그림에 나타난 상을 살펴야象) 하며, 이어서 그림의 상과 수를 헤아려야數) 하고, 마지막으로 선천4도 전체의 사상과 뜻을 파악해야意) 하기" 때문이라 한다.[15]

서명응은 선천과 후천의 관계는 한마디로 '오행 이전의 음양'(純陽純陰)과 '오행 이후의 음양'(相感相交之陰陽)으로 나뉘는데 둘은 본질적으로 체와 용의

---

12) 『先天四演』, 「後天象箋」, "天地有元亨利貞之四德. 先天有言象數意之四道, 後天有辭變象占之四道."

13) 『先天四演』, 「序」, "孔子嘗曰, 雖百世可知也. 四圖顯晦, 孔子蓋已豫知於百世之前也. 雖然四圖之顯, 今固無憾, 若其演圖之法, 則愈往而愈晦. 世徒以四圖爲紙上之一玩物, 茫然不知其發揮運用, 反不若寄寓丹竈之爲近. 實孔夫子辛勤別傳之意, 豈止於是而已哉. 然去聖日遠, 希夷不可復作演圖之法, 將於何求之, 求之於希夷所以爲先天 則可矣. 史稱希夷易學不立文字, 只有四圖主於意言象數, 不可闕一. 是夫子所稱易有聖人之道四焉者, 信乎傳圖之時, 並與演圖之法而授之也. 嗚呼爲先天而不知演圖之法, 惡乎先天哉."

14) 『皇極經世書』, 권5, 「觀物外篇上」, "象起於形, 數起於質, 名起於言, 意起於用. 天下之數出於理, 違乎理則入於術. 世人以數而入術, 故失於理也."

15) 조희영, 「서명응의 先天四演에 관한 연구」(숭실대학교 박사학위논문, 2011), 27쪽.

관계에 있다고 말한다. 선후천을 체용의 관계로 나누는 것은 다른 학자들도 흔히 말하는 것이지만, 오행을 기준으로 삼아 선후천을 나누는 것은 그의 독특한 관점으로 보인다.

조화의 처음은 비록 지극히 은미하고 그윽하여 모두 오행 중의 가볍고 맑은 것이 그 바탕과 시초가 되지만 오행의 생겨남은 반드시 먼저 일양일음이 있어서 서로 교감한 다음에 생겨나는 것이니, 오행이 생기기 전에는 순수한 양과 순수한 음이 참으로 스스로 존재할 뿐 서로 뒤섞이지 않는다. 「하도」는 조화의 완전한 본체여서, 오행 이전의 음양과 오행 이후의 음양을 포함하고 있다. 그러므로 복희가 효칙한 것은 오행 이전의 음양이지만 오행 이후의 음양을 그 속에 포괄하고 있고, 문왕이 효칙效則한 것은 오행 이후의 음양이지만 오행 이전의 음양이 그 속에 갖추어져 있다. 이것이 선천과 후천이 체와 용으로 나뉘는 까닭이다.[16]

따라서, 비록 선천의 사상四象은 음양의 사상이고 후천의 사상은 오행의 사상이지만, 이미 선천은 후천을 그 속에 담고 있고 후천은 선천을 근본으로 삼는다.[17]

3. 하도 - 획전역론

한대의 공안국이나 유흠, 당대 공영달 및 송대 선천역학자들은 모두 하도를 『역』의 시원처로 생각하였는데, 서명응 또한 네 개의 선천도가

---

16) 『先天四演』, 「後天象箋三」, "造化之初, 雖至微至幽, 皆五行之輕淸者爲其本始, 然五行之生, 亦必先有一陰一陽, 相感相交然後乃生, 而五行未生之前, 純陽純陰, 固自有不相雜者矣. 河圖是造化之全體, 而幷包五行以前之陰陽, 與五行以後之陰陽. 故伏羲之則, 則其五行以前之陰陽, 而五行以後之陰陽, 包括於其中, 文王之則, 則其五行以後之陰陽, 而五行以前之陰陽, 含具於其中, 此所以有先後天體用之分也."
17) 『先天四演』, 「後天象箋三」, "雖然造化渾渾沌沌, 微著一致, 隱顯罔間, 故命含乎性, 性具乎命, 先天兼包後天, 後天本原先天."

하도에서 나왔다는 주장을 수용한다. 복희는 하도의 중궁을 기점으로
양의-사상-팔괘로 이어지는 『역』의 골격을 세우는 한편 하도로써 인문
제작의 근본으로 삼았다는 것이다. 그는 하도의 한가운데는 심心이자
극極인데 여기서 만상萬象이 나오고 만법萬法이 나온다고 본다. 중中과
심心은 서명응 선천역의 근간이다. 하도를 읽는 그 마음이 중에 도달해
있다면 복희의 마음에도 닿을 수 있고 '단 하나의 일도 없는'(一事無) 선천의
경지를 깨달을 수 있어서 지금 여기에서 바로 선천을 인식할 수 있다고
그는 말한다.

　　선천4도의 근거가 하도인 만큼 '언·상·수·의' 네 방법 또한 당연히
하도에 있다. 서명응은 다음과 같이 설명한다. 복희가 하늘과 땅을 관찰하
고 그 사이의 만물을 분류함으로써 신묘한 지혜가 8, 9할은 열렸으나,
단지 천지자연의 상象과 법法에 의거했을 뿐이어서 인문을 제작할 근본은
아직 얻지 못하고 있었다. 이때 황하에서 용마가 나왔는데, 그 등에는
55개의 점이 있었다. 그 55개의 점에는 기수(양) 및 우수(음)의 상과 1·3·7·9
및 2·4·6·8의 수가 있고, 또 5의 수가 가운데에 있어 태극이 되니 사방의
모든 수를 통괄한다는 뜻이 있었다. 복희가 그것을 보고 심사숙고하여
먼저 음의와 양의를 긋고, 이어서 4상을 긋고, 이렇게 마디마디로 나누어
64괘를 만들었다. 이때 복희는 언·상·수·의의 네 방법으로 하도의
본래 쓰임을 미루어 펼쳤기에 후대 사람들도 네 가지 방법으로 선천을
미루어 펼치게 된 것이다.[18]

---

18) 『先天四演』, 「河圖言筌一」, "大抵伏羲氏仰觀俯察中類萬物神智已八九分開. 但未得天地自然
之法象以擄依, 而爲人文制作之楨幹. 於是, 天生龍馬出於縈河, 及其牽來赤堰, 則伏羲見馬背
之旋毛, 有如星象者凡五十五點, 而是五十五點, 有䬃陽偶陰之象, 有一三七九二四六八之數,
又有五數居中爲太極, 以統四方諸數之意. 伏羲點識心融, 遂傳寫其狀於版. 沉思講究, 先畫陰
陽之兩儀, 次畫二太二少之四象, 節節加倍, 以成六十四卦. 盖伏羲之推演河圖本用此四道, 故
後人亦以四道推演先天也. 其黑白圈圖, 伏羲傳寫之時, 計必從簡, 爲是黑白之圈. 故康節所傳
於希夷者亦然, 而希夷之前, 亦班班見於孔安國劉歆關朗之說. 其旋毛圈圖, 不知出於何人."

하도는 '획전역畫前易'이라고 한다. 하도에는 다만 양의와 사상과 양의만 있을 뿐이므로 8괘를 말할 수는 없다.19) 서명응은 소옹이 말한 획전역에는 8괘가 없었다고 말한다. 이미 주희는 획전역을 "괘획을 짓기 전에도 『역』이 있다"로 해석한 바 있으니, 획을 짓기 전에 그 추세가 태극의 혼연함에 갖추어져 있었고 이로부터 사려나 작위가 없는 가일배의 방법을 통해 8괘를 얻고 64괘를 얻게 된 것이라고 말한다. 이에 비해 호방평과 같은 이는 획전역을 하도가 아닌 하나의 태극과 같은 것으로 보아, 8괘가 나타나기 이전이긴 하되 상象과 수數가 아직 갖추어지지 않고 하도와 낙서조차 아직 출현하지 않은 상태의 역이라고 설명하였다.20)

4. 선천4도론

선천4도의 첫 번째는 「팔괘도」이다. 주희가 말한 「복희팔괘차서도」가 곧 「팔괘도」인데, 팔괘를 달리 경괘經卦라고도 한다. 경괘란 곧 건乾(☰) · 태兌(☱) · 리離(☲) · 진震(☳) · 손巽(☴) · 감坎(☵) · 간艮(☶) · 곤坤(☷)의 소성팔괘를 가리키고, 64괘는 이 8괘를 그어 나가는 원리 즉 가일배법에 의한 산물이다. 공자는 『역』「계사전」에서 복희가 괘를 그은 것을 찬술하였는데 8괘만 말할 뿐 64괘는 언급하지 않았다. 이 때문에 많은 사람들이 복희는 8괘만을 긋고 문왕이 64괘를 지었다고 생각하였으나, 서명응은 복희가 괘를 그을 때 둘이 넷이 되고 넷이 여덟이 되는 식으로 하여 이미 64괘까지 그려내었다고 생각한다.21) 이미 선천도에 「64괘방원도」가 있다는 사실이

---

19) 『先天四演』, 「河圖象箋二」, "若河圖, 則只有兩儀四象兩儀而已, 不可名爲八卦, 夫何故? 以其畫前之易也."

20) 『易學啓蒙』, 「原卦畫」, "玉齋胡氏曰, 畫前之易, 一太極耳. 橫圖所該儀象卦以至六十四者, 皆自此而生也. 象數未形者, 言圖書未出, 卦畫未立."

21) 『先天四演』, 「經卦四箋」, "夫子繫易, 贊伏羲之畫卦, 一則曰八卦, 二則曰八卦. 未嘗及六十四

복희가 64괘를 그었다는 충분한 근거가 된다는 것이다.

서명응은 "『주례』에서 '3역의 경괘는 모두 8이고, 별괘는 64이다'라고 했는데, 이것이 바로 「팔괘도」의 '언'이다"[22]라고 하였다. 『연산역』, 『귀장역』, 『주역』의 삼역 모두가 경괘를 8괘로, 별괘를 64괘로 본다는 것은 64괘의 근간이 되는 것은 8괘라는 뜻이다. 조희영은 여기에 서명응 주장의 독창성이 있다고 본다. 즉 서명응은 "하도의 구조를 3층으로만 보지 않고 6층으로 본 것이다. 그래서 3효의 소성괘를 추출하여 8괘만 생성된다고 보지 않고, 6효의 대성괘가 생출되므로 64괘 모두를 「하도」로부터 그을 수 있다고 본다."[23]

「차서도」에 대한 설명에서 서명응은 양의에서 사상과 팔괘가 이루어지는 원리와 그 수에 주목하고, 또 소성괘와 대성괘의 개념이 확정되기까지의 과정을 설명하고 있다. 우선 그는 복희가 괘를 그은 것은 「팔괘도」에서 시작한 것이 아니라 「차서도」에서 시작한 것이라고 하면서, 이는 복희가 괘를 그을 때 하도를 바탕으로 삼았기 때문이라고 했다. 이어서 그는 다음과 같이 말한다.

하도 속에는 단지 하나의 기수와 하나의 우수가 서로 간섭하고 서로 뒤섞여 있으니, 그 안에서부터 바깥에 이르기까지 양의와 사상 아닌 것이 없고 사상은 다시 위로 양의를 낳는다. 애초에 8괘의 자리는 따로 있지 않았으니, 복희가 어떻게 그 그림 속에 있지도 않은 자리를 미리 정하였겠는가?…… 그림이 이루어진 다음에 복희가 가만히 안의 세 층을 살펴보니 다음과 같았다. 제1층은 양의가 9·1이고 음의가 4·6이다. 제2층의 경우, 본래의 자리에 그대로 있는 것(9·1, 4·6)은 태양과 태음이 되고, 양의인 7·3은 음의와 뒤섞여 음의의 위에 있고

卦. 故後之人因此, 徃徃疑伏羲但畫八卦, 其六十四卦文王所作. 此大不然也. 伏羲畫卦, 兩而四, 四而八, 以至於六十四, 節節加倍."

22) 『先天四演』, 「經卦四箋」, "周禮三易, 稱經卦皆八, 其別六十有四者, 盖已指示用易圖之法門, 此八卦圖之言也."

23) 조희영, 「서명응의 先天四演에 관한 연구」, 50쪽.

음의인 2·8은 양의와 뒤섞여 양의의 위에 있으니 각기 소양과 소음이 된다.……
제3층을 보면, 건乾은 1을 얻고 곤坤은 남은 8을 차지하여 좌우로 마주 보면서
본래의 자리를 잃지 않고, 태兌는 2를 얻고 간艮은 남은 7을 차지하여 건·곤의
안쪽에 마주하며, 리離는 3을 얻고 감坎은 남은 6을 차지하여 태·간의 안쪽에
마주하고, 진震은 4를 얻고 손巽은 남은 5를 차지하여 리·감의 안쪽에 마주한다.
이 제3층 또한 하나의 양과 하나의 음이 서로 간섭하고 있으니 사상의 위에
그 자리가 이루어졌으며, 진·손의 두 괘가 가운데에서 서로 변하는 것도 또한
사상 중의 소양·소음과 마찬가지였다. 이것은 기氣가 삼변三變한 것으로, 각각
천지天地·수화水火·뇌풍雷風·산택山澤의 모습을 본뜬 것이다. 복희가 다시 바깥
의 세 층을 가만히 살펴보니 제4층의 사변四變에서부터 제6층의 육변六變에 이르기
까지 이 팔괘 아닌 것이 없었다. 혹은 두 배로 하고 혹은 네 배로 하고 혹은
여덟 배로 하지만, 또한 각각 일음일양이 서로 간섭하여 팔괘의 위에서 이루어지되
건·곤·진·손 등은 모두 본래의 자리에서 바뀜이 없었다. 복희가 이를 통해
그 조화를 알았으니, 음양이 삼변에 이른 다음에는 다만 이 여덟 개의 상이 동정을
반복할 뿐이었다. 그 과정과 절차가 견실하여, 사람은 이것으로써 형질을 이루고
초목은 이것으로써 껍질을 이루며 금수는 이것으로써 깃털과 치아와 가죽을
이룬다. 하도가 단지 사상 밖에 있는 8의 수만을 드러낸다는 것을 복희는 명확하게
이해하였으니, 마침내 그는 안의 3효를 끊어 내어 소성小成이라 부르고 바깥의
3효를 대성大成이라 불렀으며, 다시 안의 그림에 있는 소성小成을 꺼내어 별도로
「팔괘도」를 만들고 이를 「차서도」와 병행시킴으로써 사람들로 하여금 두 그림을
통해 기화의 은미함과 드러남이 나뉘는 경계를 알게 하였다.[24]

---

24) 『先天四演』, 「次序言箋」, "今河圖之中, 但有一奇一偶, 相間相錯, 自裏至表, 無非兩儀也, 四象
也, 四象又上生兩儀也, 而初無八卦之位置, 則伏羲, 何以預定其圖中, 所無之位置乎.……圖旣
成後, 伏羲黙觀於内三層, 則其第一層, 陽儀之九一, 陰儀之四六, 至第二層, 猶居本位者, 名爲
太陽太陰. 其陽儀之七三, 與陰儀相交, 而來居于陰儀之上. 陰儀之二八, 與陽儀相交, 而徃居于
陽儀之上者, 名爲少陰少陽.……以觀于第三層, 則乾得其一, 坤分餘八 故對居左右不改本位,
兌得其二 艮分餘七 故對居乾坤之内, 離得其三 坎分餘六 故對居兌艮之内, 震得其四巽分餘五
故對居離坎之内 亦各以一陰一陽相間 成位于四象之上, 而震巽二卦 居中交變 亦如四象之二
少, 是盖氣之三變 而各成天地水火雷風山澤之肖像矣. 伏羲又黙觀於外三層, 則自第四層之四
變, 以至第六層之六變, 無非此八卦, 或兩倍, 或四倍, 或八倍, 亦各以一陰一陽, 相間成位, 于
八卦之上, 而乾坤震巽, 皆不易其本位. 伏羲因知造化, 陰陽至三變以後, 只是八者之象又復動
靜, 經緯節次堅實, 人以之成形質 草木以之成苞甲, 禽獸以之成羽毛齒革, 河圖之但示八數於四

「방원도」에 대한 설명은 다른 그림과 달리 언·상·수·의 각각이 여러 단락으로 세분화되어 있다. 즉 「방원언方圓言」은 9개의 단락으로, 「방원상方圓象」은 8개의 단락으로, 「방원수方圓數」는 7개의 단락으로, 「방원의方圓意」는 6개의 단락으로 되어 있다. 서명응이 방원方圓을 이렇게 세분한 까닭은, 뿌리나 줄기가 클수록 가지는 더욱 세밀해지고 가지가 세밀할수록 더욱 번다해지기 때문이다. 「차서도」가 변하여 「방원도」가 되는데, 「방원도」를 만든 까닭은 쓰임을 극대화하려는 목적에서이다. 그런데 쓰임을 극대화하는 것은 체를 세우는 것보다 번다하기 때문에 말(言)이 많아질 수밖에 없고, 나머지 상象·수數·의意 역시 마찬가지이다. 이 때문에 서명응은 「방원도」의 언·상·수·의 각각을 사상의 성수成數인 9·8·7·6으로 배분하고 있다.[25] 이것은 다소 작위적이기는 하지만 그의 의도를 잘 드러낸 계산이라 하겠다.

「방원언전方圓言箋」에는 모두 9개의 해설이 있는데, 괘의 차서가 변하여 방원이 되는 과정과 괘가 일으키는 조화 등에 관해 설명하고 있다. 각 글의 소제목은 변횡성원變橫成圓, 양규반합兩規反合, 양의사상兩儀四象, 내도위치內圖位置, 호괘생출互卦生出, 순수역수順數逆數, 삼십육궁三十六宮, 음양교변陰陽交變, 내외변응內外變應이다. 사실상 선천역학의 주요 방법과 개념이 모두 망라되어 있다. 「방원상전方圓象箋」의 소제목은 이극정의二極正儀, 적도입경赤道立經, 황도성위黃道成緯, 평호활협平弧濶狹, 간지성역干支成易, 건회상응建會相應, 지도진전地圖眞傳, 일경오절日景五截이며, 여기에는 천문학적 응용이 보인다. 「방원수전方圓數箋」의 소제목은 월절오륙月節五六, 육십거사六

外者, 所以伏羲明甚, 故伏羲遂截自內三爻, 謂之小成, 外三爻, 謂之大成, 乃抽出其內圖小成 別爲八卦圖, 以與次序圖並行, 而使人因二圖, 知氣化微者之分界焉."

25) 『先天四演』, 「方圓言箋」, "根之有幹, 幹之有枝, 愈大則愈細, 愈細則愈繁. 此本謂次序圖也, 而 豈惟次序圖爲然哉. 其自次序圖, 變爲方圓圖. 盖將以致用也. 致用之言, 愈繁於立體, 其餘亦 然. 故方圓圖之言象數意, 皆以四象之成數分焉."

十去四, 체용상생體用相生, 원회운세元會運世, 십육사수十六事數, 구륙연수九六衍數, 구고비례句股比例인데, 주로 책력과 천체의 시간과 관련된 항목을 다루고 있다. 「방원의전方圓意箋」의 소제목은 방도기중方圖起中, 원도기중圓圖起中, 리감기중離坎起中, 삼극기중三極起中, 시책기중蓍策起中 상, 시책기중蓍策起中 하이다. 여기서는 선천도가 가운데로부터 시작한다는 것을 하도가 중궁으로부터 시작하고 모든 인간사가 마음으로부터 시작한다는 것 등과 연계하여 설명하고 있다.

「방원도」는 「방위도」(원도)와 「차서도」(횡도)를 합친 것이다. 먼저 「원도」를 보면, 「64괘차서도」의 한가운데를 잘라 둘로 나눈 다음, 우측에 있는 양의 32괘를 구부려 좌측의 반원을 만들고 좌측에 있는 음의 32괘를 구부려 우측의 반원을 만든다. 이렇게 해서 만들어진 것이 「원도」이다. 그리고 「원도」 안에 있는 「방도」는 건괘로부터 곤괘에 이르는 소성괘 곧 경괘를 차례로 포개어 64괘를 정방형으로 배치한 것인데, 경괘를 포개는 순서를 보면 내괘는 아래에서 위의 순으로, 외괘는 오른쪽에서 왼쪽의 순으로 되어 있다. 이 「방도」는 「차서도」의 순서와 자리에서 조금도 어긋남이 없으니 역시 억지로 만들어 낸 것이 아니다.[26] 서명응은 이를 복희선천의 '일사무一事無'(단 하나의 일도 없음)라고 한다. 선천이 본래 '일사무'인 것은 「하도」가 본래 '일사무'에서 비롯되었기 때문이다. 후천의 경우는 먼저 상하가 반대되는 그림을 만든 뒤 상경을 상도로 삼아 건·곤을 머리에, 감·리를 끝에 두고 또 하경을 하도로 삼아 함·항을 머리에, 기제·미제를 끝에 두었으니, 『역』을 공부하는 자들이 일삼고 힘쓸 수 있는 곳은 바로 여기이다.[27]

---

26) 『先天四演』, 「方圓言箋」, "其疊之爲方圖也, 以陽儀上諸卦, 分作四截, 乾八卦爲第一位, 兌八卦爲第二位, 離八卦爲第三位, 震八卦爲第四位, 陰儀上諸卦, 亦分作四截, 巽八卦爲第五位, 坎八卦爲第六位, 艮八卦爲第七位, 坤八卦爲第八位, 一循卦圖之位序, 亦何嘗營爲費力乎."

27) 『先天四演』, 「方圓言箋一」, "是伏羲之立先天一事無者, 由先天本自一事無也. 先天本自一事無

서명응은 「방원도」의 상象에서 그의 천문역학관天文曆學觀을 표현한다. 그는 「방원도」의 상을 천체의 상으로 보아서, 「방원도」를 통해 하늘의 상을 읽고 또 천체의 운행을 「방원도」의 상으로 정리한다.[28] 그는 「방원도」의 동서남북의 축을 하늘의 남북극과 적도 및 황도의 축과 연결시키고 아울러 12지지와 「선천도」의 결합을 시도한다. 또한 그는 「방원도」와 관련된 나름의 원회운세론을 전개한다.

신익성과 홍계희가 이미 소옹의 『황극경세서』에 근거를 둔 역사기술을 시도한 바 있는데, 서명응도 역시 1773년에 영조의 명을 받고 『황극일원도皇極一元圖』라는 역사서를 지었다. 그는 원회운세가 비록 소옹에게서 시작되었지만 소옹의 창작이 아니라 그 법法과 수數는 이미 「방원도」에 구비되어 있었다고 말한다. 보통사람들은 망연하여 그 단서를 얻지 못했고 오직 소옹만이 수를 난숙하게 익혀 천지사물에 눈을 떠서 그것이 방원도의 수임을 통찰하게 되었다는 것이다. 따라서 방원도의 수를 끝까지 연구하고 미루어 넓혀 가면 천지사물에 대해 정밀하게 알 수 있다고 한다. 그는 『황극경세서』에 실려 있는 「경세괘수도經世卦數圖」, 「일원소장도一元消長圖」, 「천지시종도天地始終圖」 등이 후천역괘의 순서로 「선천역도先天易圖」의 수를 풀이한 것이라고 하였다.[29]

서명응은 자기의 철학적 관점을 상전, 수전, 언전에서 많은 부분 피력했

者, 又由河圖本自一事無也. 學先天者, 但觀於一事無之理, 則先天之爲先天, 亦有可以得之者矣. 若夫後大, 則先爲反對上下圖, 以其上圖爲上經, 而首乾坤終坎離, 以其下圖爲下經, 而首咸恒終旣未濟, 未免營爲費力而着功夫. 盖先天如乾 後天如坤, 固自有始物成物之分也."

28) 서명응의 천체관과 방원도의 상호연관에 대해서는 조희영, 「서명응의 선천사연 연구」, 100~142쪽 참조.

29) 『先天四演』, 「方圓數箋四」(元會運世), "元會運世之說, 起於邵子, 然非邵子瓶之, 其法與數, 已具於方圓圖, 而常人茫然不能得其緒, 惟邵子於圖之數, 爛熟通透, 凡天地事物開眼, 卽圖之數, 故究極推衍, 若是其精密, 今皇極經世書所載, 經世卦數圖, 一元消長圖, 皆其法也. 又有天地始終圖, 以後天易卦之序解先天易圖之數, 其意若曰, '世人但習後天, 不知先天, 必以後天之序解之, 然後方可易曉, 且以見先後天, 本同此數也'."

다. 그런데 서명응이 특히 강조하는 부분은 의意에 있는 듯하다. 그가 말하는 의는 중中에서부터 비롯된다. 의意는 중中이자 심心이라고 그는 규정한다. 결국 의를 다룬 것은 그의 심성론적 선천학이다. 그는 먼저 선천의 중을 고찰하고 '중'사상의 핵심인 심과 중과 태극을 논한다. 그는 이 의도를 「하도」와 「방원도」의 '의'에서 집중적으로 드러낸다.

5. 선천론적 수양론과 『참동고』

앞에서 말한 것처럼 서명응은 도가와 유가를 자유롭게 넘나들었다. 박람의 공부가 그로 하여금 학문적으로 경직된 자세를 벗어나 상대적이고 열린 자세를 갖게 한 것으로 보인다. 그에게는 도가 문헌에 대한 저술이 있는데, 『도덕지귀道德指歸』[30]와 『참동고參同攷』가 대표적이다. 그런데 서명응은 이 두 책을 선천에 대한 관심의 연장선에서 저술하였다.[31]

『도덕지귀』의 서문에서 "만약 그 말이 이치에 합당하고 하늘에 합치된다면 아녀자와 어린아이의 말일지라도 취해야 하는 법이거늘 하물며 『노자』에 있어서랴"라고 하였듯이 서명응은 진리 앞에서 유가와 도가를 구분하지 않는 열린 자세를 보여 주었는데, 『도덕지귀』를 지은 애초의 동기는 『노자』를 막무가내로 배척하는 유학자들을 일깨우기 위한 데 있었다고 한다. 『참동고』는 6권 3책으로 되어 있으며, 위백양魏伯陽의 『주역참동계周易參同契』를 해설한 것이다. 책의 첫머리에 「참동고서參同攷序」와 「참동고총론參同攷總論」이 있고, 본문은 권1 초의고初擬攷, 권2 호체고互體攷,

---

30) 이 책은 조민환, 장원목, 김경수의 공역으로 예문서원에서 출간하였다. 『道德指歸』는 본래 成都 출신 嚴峻(자는 君平)이 지은 책인데, 서명응이 이 이름을 빌려서 『노자』를 해설하였다. 서명응의 책은 1769년에 초고가 이루어지고 1777년에 완성되었다.
31) 서명응의 도교사상에 대해서는 이봉호의 「서명응의 선천역과 도교사상」(『도교문화연구』 24집, 69~96쪽)을 참조할 것.

권3 인중고因重攷, 권4 변시고辨是攷, 권5 다식고多識攷, 권6 거안고居安攷로 되어 있다. 그 내용을 보면, 권1·2·3은 역참동계易參同契이고, 권4·5·6은 각각 석함참동石函參同, 고정참동考亭參同, 역서장정易序章程이다.

이미 선천학을 근간으로 하고자 했던 서명응은 『도덕경』과 『참동계』에서 찾은 선천학을 바탕으로 1768년에 『이경통해二經通解』를 저술하였다. 이경二經이라 함은 현경玄經과 단경丹經인데, 각각 『도덕경』과 『참동계』를 가리키는 말이다. 그는 우연한 기회에 『참동계』를 얻어 내용을 살펴보다가 그 내용이 선천 상수와 하나하나 합치한다는 것을 깨닫게 되었다. 또 소옹의 "노자가 『역易』의 체를 얻었다"라는 말에 자극받아 『도덕경』을 살펴본 뒤, "제자諸子 중에 오직 노자가 선천시대와 그 거리가 멀지 않으니, 그의 말 대부분이 선천에 근거한다"라고 하였다. 그리하여 그는 두 경을 총괄해서 『이경통해』라는 책을 짓고 이로써 선천학에 일조가 되도록 하였다고 밝히고 있다.[32]

앞서 보았듯이 서명응은 공자-은사-진단-소옹으로 이어지는 선천학의 계보를 인정하는데, 이 중 은사들과 진단이 속한 도가의 계통에서 중시했던 경전이 위백양의 『참동계』라는 사실에 주목하여 『참동고』를 저술하였다. 그는 주희의 『주역참동계고이』가 처음으로 『참동계』가 선천학과 연관되어 있음을 밝힌 것이라고 믿고 주희의 관점을 수용하였다. 『참동고』 서문에서 그는 유학에서 말하지 않는 『참동계』의 연단煉丹에 관한 고찰을 하는 이유는 거기에 선천에 대한 고찰이 있기 때문이라고 말한다.

『참동고』는 『주역참동계』에서 연단의 도에 대해서 말한 것들을 고찰하기 위한 것이다. 연단은 우리 유학에서 말하는 것이 아닌데 어째서 그것을 살피는가?

---

32) 『保晚齋年譜』, 권3, 53세(1768) 11월, '二經通解成'조 참조.

선천에 대하여 고찰한 것이 있기 때문이다.[33]

『참동계』에 어떤 선천의 내용이 있는가?『참동고』권1 초의고에 다음의 글이 있다.

주나라 말기에 이르러 공자가 복희의 선천역과 문왕의 후천역을 풀이하여 집대성하였다. 공자가 죽은 뒤 후천역은 상구자목商瞿子木으로부터 전하田何에게 전해져서 마침내 세상에 널리 성행하게 되었고, 선천의 4도는 방외가에게 전해져서 진인에 이르렀다. 진인眞人은 은자隱者로, 4도로써 한 몸에 상을 세우고 또 한 몸으로써 사도에 상을 만들었으니, 수양함이 깊고 쌓은 공이 오래되자 비로소 언어로 드러나게 되었다. 그러므로 선가에서 『참동계』를 보는 것은 마치 유가에서 『논어』를 보는 것과 같아서, 이것(『참동계』)은 선천4도와 더불어 서로 표리가 된다.[34]

이 글에 나오는 진인眞人은 위백양魏伯陽을 가리킨다. 곧 공자가 방외인에게 전한 것이 진인인 위백양에게 전해졌는데, 위백양은 선천4도를 인체에 적용하고 또 인체를 4도에 해당시켜 오랫동안 수련한 끝에 마침내 말로 설명하여 『참동계』를 저술하였다는 것이다. 서명응은 공자의 「계사전」 이후로부터 소옹의 『황극경세서』이전까지의 사이에 복희선천과 문왕후천의 은미한 이치를 천양하고 발휘한 것은 다만 이 『참동계』한 책이 있을 뿐이라고 하였다.[35]

서명응이 『참동계』에 관심을 보인 것은 주희 때문일 것으로 짐작된다. 왜냐하면 이미 살펴본 대로 소옹의 선천역에 관심을 보이고 이를『계몽』에

---

33) 『參同攷』, 「參同攷序」, "參同攷, 以易參同契諸言煉丹之道者爲之攷也. 煉丹, 非吾儒之所道, 昜爲而爲之攷乎. 以其有攷於先天也."

34) 『參同攷』, 「初擬攷」, "當周之末, 吾夫子傳伏羲先天之易文王後天之易, 集其大成. 及夫子歿, 後天之易, 自商瞿子木至田何, 遂成于世, 其先天四圖, 傳于方外家, 以至眞人. 眞人隱者也, 以四圖立象於一身, 又以一身立象於四圖, 養深積久, 始乃發之於言. 故仙家之視參同, 猶儒家之視論語, 與四圖相爲表裏."

35) 『參同攷』, 「初擬攷」.

긍정적으로 드러낸 것이 주희이기 때문이며, 주희는 조선 유자들에게는 언제나 종사의 위치에 있었기 때문이다. 주희는 선천도나 선천역에 관한 언급을 할 때마다 "선천도는 강절에게서 일어난 것이 아니다. 희이(진단) 이전부터 원래 있었다. 다만 비밀스럽게 간직되어 전해지지 못하고 차례로 방사의 무리들이 서로 전수해 왔을 뿐이다. 『참동계』 속에 또한 이러한 뜻이 있다"[36], "이는 강절의 말이 아니라 희이의 말이며, 희이의 말이 아니라 공자의 말이다. 다만 당시 여러 학자들이 그 전승을 놓쳐서 방외의 무리와 음양가의 무리들이 단조의 기술로 삼았던 것인데, 희이와 강절에 이르러서 역으로 되돌리고 난 다음부터 그 주장이 비로소 다시 세상에 밝아지게 되었다"[37]라고 하였다. 주희의 이러한 평소의 생각이 『계몽』에 이어 『주역참동계고이』라는 저술로 이어지게 되었던 것이다. 주희는 『주역참동계고이』의 서문에서도 "강절이 선천도를 발명했는데, 선천도 는 희이에게서 전해졌다. 희이 또한 전수한 곳이 있으니, 무릇 방사의 기술로서 수련하는 데 사용하는 것이었다. 『참동계』에서 말한 것이 이것이 다"[38]라고 하였다.[39] 서명응은 주희가 채원정과 자주 『참동계』의 은미한 뜻을 강론하고 만년에 주해서를 짓기까지 한 것은 연단법에 관심이 있어서가 아니라 이 책이 선천에 들어가는 사다리라고 여겼기 때문이라고 하였다.[40]

　서명응은 『참동계』가 선천역을 연역하는 방법을 제시하고 있을 뿐만 아니라 선천사상을 참으로 제대로 전하는 책이라고 하여,[41] 인체의 수련

---

36) 『朱子語類』, 권65, '易一'.
37) 『朱子大全』, 권38, 「答袁機仲」.
38) 『周易參同契攷異』, 「序」.
39) 이대승은 진단과 소옹의 선천역학의 기원이 『참동계』라는 의견을 처음으로 제시한 인물은 바로 주희라고 하였다. 이대승, 「서명응의 선천학적 수양론 형성연구」, 『도교문화연구』 34집(2011), 268쪽 참조.
40) 『參同攷』, 「參同攷序」, "故朱子與蔡季通屢講參同微旨, 及其晚年親爲之註解, 豈其規規於鍊丹之法而然乎. 蓋將以是爲入先天之階梯也."

에 적용시켜 실제로 응용할 수 있는 것으로 보고 있다. 그는 건곤감리 사정괘四正卦를 인체에 유비類比적으로 대응시켜 설명하는 것을 그 내용의 핵심으로 본다. 또한 수양에 있어서는 인체의 중中으로 심장心臟을 설정하여 이를 해설한다.

> 대개 북극은 하늘의 추기樞機이고 단전丹田은 사람의 추기이다. 아래에서 느끼면 위에서 응하는 것이 대체로 천喘과 식息, 호呼와 흡吸이 서로 통하는 것과 다름없다. 이는 사람이 하늘의 중中에 있고 심장이 또한 사람의 중에 있어서, 중이라는 것이 천지의 조화가 일어나는 근본이 되기 때문이다. 이것이 바로 조화의 지극히 정미한 이치이니, 진인의 학은 반드시 성인의 문하에서 전수받은 바가 있음을 알 수 있다. 그러므로 일반의 단가丹家로 논해서는 안 된다.42)

『참동고』는 선천사상을 실제적으로 인체의 수련에 반영하려는 그의 의도를 보여 준 것이라고 할 수 있다. 그리고 『참동고』, 『도덕지귀』를 통하여 최종 완성된 선천이론서가 바로 『선천사연』이다.

～～

서명응의 많은 저술들 가운데 『선천사연』은 그의 선천학의 결정이다. 그는 선천의 세계에 주목했고, 사람들에게 선천세계를 인식시키려고 노력했다. 그 선천의 세계는 아직 아무 일도 없는 시원의 상태, 본원의 상태이다. 소리도 움직임도 냄새도 없는 그곳은 창조적 적정寂靜의 상태라고 할 수 있다. 그가 누차 강조하듯 어떤 인위적 안배나 노력에 의한 것이 아니라 자연스럽게 전개되는 일의 상태이다. 복희가 아직 아무런 괘도 그리기 전의, 그의 눈앞에 전개된 세계가 바로 그 선천세계이다. 그러나 복희가 보았던 그 세계는 결코 복희만이 볼 수 있는 세계가 아니다.

---

41) 『參同攷』, 「因重攷」, "參同, 誠先天之眞傳也."
42) 『參同攷』, 「因重攷」.

선천도가 은일가나 선가의 독점적 사유물일 수 없다는 진단의 생각처럼, 그것은 누구에게나 열려 있는 본원의 세계이다.

서명응은 선천의 세계를 공자가 4개의 그림으로 후세에 전해 주었다고 말한다. 그에 따르면 선천역의 전승은 『역』과는 또 다른 루트로 이루어졌는데, 그것은 바로 은일가의 전승이다. 공자로부터 위백양, 진단, 소옹으로 이어지는 길이다. 그것을 해석해 낼 수 있는 방법은 숨겨져 있었는데 사승도 없는 자신이 오랜 사색 끝에 찾아내었으니, 후세의 양웅과 소옹을 기다려 판정받겠다고 그는 말한다.

선천의 세계를 풀어 낼 수 있는 방법이 더 이상 선가와 같은 은밀하게 주고받는 방법으로는 가능하지 않다는 생각에서 서명응은 공자 이래로 전해져 온 해석의 단서를 진단과 소옹, 주희에게서 찾았다. 그는 자신의 철학적 관점을 「하도」와 「선천사도」에다 언·상·수·의의 네 가지 방법으로 나타내었다. 그 구체적인 내용은 『선천사연』 속에 42개의 주제와 16개의 그림으로 세분되어 있다.

하도는 선천학의 본령 또는 시원처이다. 이 하도로부터 선천4도가 나왔는데, 그 과정은 일체의 인위적 안배가 없는 자연스런 과정이다. 서명응은 선천의 4도로부터 만물의 생성과 변화의 구조를 읽었다. 자연스런 귀결이지만 선천4도에서 그는 또한 천문을 읽었으며, 그것으로써 당시 새로 전래되어 온 서구의 천문학까지도 해설하고자 하였다. 새로운 역법도 선천도로 설명될 수 있고, 또 되어야 했다.

서명응에 따르면 선천도는 천지만물의 시종을 모두 포괄한다. 이처럼 크게 부연할 수 있어도, 수렴에 수렴을 거듭하면 그것은 결국 양의와 사상일 뿐이다. 이를 더 수렴하면 결국 마음(心)에 이르고 중(中)에 이르게 된다. 그는 하도야말로 이것을 자연스럽게 압축적으로 보여 준다는 믿음을 갖고 있었다.

『선천사연』에서 서명응이 드러내는 창의적인 면모는 적지 않다. 그는 「하도」를 복희가 8괘를 그리기 이전의 『역』, 곧 '획전역'으로 보았다. 또 8괘가 나온 다음 그것을 바탕으로 하여 64괘가 나왔다는 종래의 역론을 거부하고, 애초에 복희가 64괘를 그렸으며 필요에 의하여 8괘를 뽑아 낸 것이라고 본다. 이러한 주장이 「계사전」의 내용과 배치됨을 그가 몰랐을 리 없지만, 그 나름의 체계상 이는 양보할 수 없는 논리적 당위였을 것이다.

제5장 오주 이규경의 선천론과 황극론

1. 소옹 전기 수집의 대가

오주五洲 이규경李圭景(1788~1856)[1]은 조선 정조・철종 연간의 재야학자이다. 그의 조부는 청장관 이덕무이고 부친은 이광규이다. 조부와 부친이 모두 규장각 검서관으로 활동하였으며, 유가의 경서는 물론이고 제자백가와 기문이서奇文異書를 두루 섭렵하였다. 이규경은 이러한 가풍을 이은 데다가 청조의 실학풍에도 많은 영향을 받았다. 그는 참으로 박람博覽의 학자였다. 그는 『오주연문장전산고五洲衍文長箋散稿』라는 제목으로 된, 60권 1400여 항목에 이르는 방대한 저술을 남겼다. 이 저술은 수백 종의 서적을 탐독하고 고증하여 천문・역수曆數・종족・역사・지리・문학・음운・종교・서화・풍속・야금冶金・병사兵事・초목・어조 등의 영역을 고정考訂하고 변증辨證한 결과로서 그 학문의 박물학적 면모를 잘 보여 주고 있다. 그는 자신의 학문적 관심을 명물도수名物度數라고 하였다.

이규경의 폭넓은 독서의 그물망에 소옹에 관련된 비교적 상세한 자료들이 걸려 있다. 그는 소옹의 전기나 『황극경세서』에 대한 자료들을 탐독하

---

1) 본관은 全州이고, 자는 伯揆, 호는 五洲 또는 嘯雲居士이다. 저서로 『五洲衍文長箋散稿』, 『五洲書種博物考辨』, 『白雲筆』 등이 있다.

고 변증하였으며, 소옹에 관해 연구한 중국과 조선의 학자들을 소개하였다. 여기에는 찬양한 학자들과 비판적인 학자들이 망라되어 있다. 또한 그는 소옹 철학 및 『황극경세』와 관련된 자신의 저술들도 소개하였다. 한마디로 그는 소옹 철학의 수용과 이해에 대하여 조선 학자 가운데 가장 널리, 가장 세심하게 파악한 학자라고 할 수 있을 것이다. 그는 다음과 같이 소옹과 『황극경세서』에 대한 내용을 변증하고 있다.

우선 송대 장뢰張耒[2]의 『명도잡지明道雜志』에 수록된 소옹 출생과 관련된 일화를 소개한다. 그 기록에 따르면, 소옹의 부친 소고는 학사 강인기江鄰幾의 집 종을 얻어 소옹을 낳았다고 한다. 소옹의 어머니가 노비였다는 것이다. 소옹의 어머니는 주인 강씨 집에 있던 책 몇 편을 가지고 왔는데, 훗날 소옹이 이를 통해 학문에 들어서게 되었다고 한다. 소옹의 호학好學에 대해서는 이지재와의 만남이 계기가 되었음이 소개되어 있고, 소옹에게도 관직의 기회가 있었다는 사실에 대해 상세히 적고 있다. 또한 소옹의 사람됨에 관한 기록에서는, 성실한 자세로 사람들을 대하고 말을 할 때에는 반드시 인의로써 하여 평화롭고 온후하며 규각圭角을 나타내지 않으니 이를 본 정호가 '내성외왕內聖外王의 도'를 갖추었다고 찬탄했다는 사실을 소개하고 있다. 소옹의 사후 추증에 대한 것도 정리하고 있다. 즉 원우元祐 원년(1086)에 강절이라는 시호를 받고 함순咸淳 3년(1267)에 신안백新安伯에 봉해져 공자의 사당에 종사되었으며 명 가정嘉靖 9년(1530)에 선유소자先儒邵子로 개칭되었는데, 청조에서도 이를 따르면서 옹정 2년(1679)에 자손들에게 오경박사의 벼슬을 세습하게 했다는 것이다. 또 조선에서는 숙종 갑오년(1714)에 십철十哲에 올렸다고 적고 있다.[3]

이규경은 '안락와'에 관한 것도 비교적 상세하게 변증하고 있다.

---

2) 張耒(1054~1114)는 자가 文潛이고 호는 柯山인데, 흔히 宛丘先生, 張右史로 불린다.
3) 『五洲衍文長箋散稿』, 經史篇 5, 「經史雜類二·其他典籍」, '皇極經世書辨證說'.

진계유陳繼儒의 『암서유사巖棲幽事』에서 말하기를, "경력慶曆(1041~1048) 때에 강절이 낙양을 지나다가 산천과 풍속이 아름다운 것을 사랑하여 비로소 이곳에 집을 짓고 살려는 뜻을 두었는데, 가우嘉祐 7년 왕공신王拱辰이 낙양윤洛陽尹에 임명되자 천관사天官寺 서쪽, 천진교 남쪽에 있는 오대五代 때의 절도사 안심기安審琦의 집 옛터에다가 곽숭郭崇의 헌 집 재목으로 30칸 집을 짓고는 강절을 청하여 이사하여 살게 하였다. 한국공韓國公 부필富弼은 자기의 문객인 맹약孟約에게 명하여 집 앞에 있는 동산 하나를 사게 하였는데, 여기에는 또 훌륭한 수석과 대나무·꽃나무가 골고루 갖추어져 있었다"라고 하였다. 또 저자의 성명이 전하지 않는 『비사적록比事摘錄』에서는 "송의 소강절이 살던 천진은 본래 관청 땅으로서 희령熙寧 초년에 법으로 불하하게 되었는데, 3개월이나 방榜을 붙였으나 사람들이 차마 사지 못하였다. 사마온공 등 여러 사람들은 소강절을 위해 돈을 모아서 이것을 매입하였다"라고 하였다.[4]

그 조성 경위에 약간의 차이가 있기는 하지만, 어쨌든 안락와는 근사한 동산이 딸려 있는 30칸 가량의, 제법 규모가 갖추어진 운치 있는 집이었던 것 같다.

또 이규경은 당시 고관현인들이 소옹을 위해 '안락와'를 지어 준 것을 매우 아름다운 풍속으로 칭송하면서 유사한 예들을 여러 전거에서 끌어오고 있다. 먼저 진晉나라 때 치초郗超가 마음이 고상하여 은퇴하려는 사람을 볼 때마다 문득 많은 돈을 마련하여 거택을 지어 주곤 하였는데, 그가 대안도戴安道 곧 진晉의 은사 대규戴逵를 위해 섬계剡溪에다 지어 준 집은 매우 정밀하였다고 하면서 세상에 이보다 운치 있는 일이 어디 있겠는가 하였다. 이규경은 몇 개의 사례를 더 기록하고 있다. 명明의 육수성陸樹聲과 동기창董其昌이 산을 매입할 자금을 기부하여 진계유陳繼儒[5]를 위해 소곤산

---

4) 『五洲衍文長箋散稿』, 經史篇 5, 「經史雜類二·其他典籍」, '皇極經世書辨證說'.
5) 이규경은 진계유를 다음과 같이 소개하고 있다. "陳繼儒의 자는 仲醇, 眉公인데, 명나라 華亭 사람이다. 젊었을 적부터 董其昌과 명성이 똑같았고, 시·서·화에 모두 뛰어났다. 판단이 신중하고 지략이 풍부하여 王錫爵·王世貞이 그를 매우 존중하였고,

小崑山의 응달에 독서대讀書臺를 건축한 일, 제남濟南의 완정阮亭 왕사진王士禎이 자기 고을의 은군자 장계수張季秀를 위해 초당을 지어 주고 또 현령에게 서한을 보내어 10여 칸의 초당에다 1~2경頃의 전답을 내리고 요역을 면해 줌으로써 은거의 뜻을 이룰 수 있게 한 일, 양겸楊謙의『소담소기蘇談所記』에서 인용한 고사로서 중봉화상中峯和上의 초당을 지을 적에 풍자진馮子振이 진흙을 이기고 조맹부趙孟頫가 벽을 발라 주어 아직도 오인吳人들에게 미담으로 전해지고 있다는 이야기 등이 그 예이다.[6]

이처럼 이규경은 소옹 전기에 관련된 여러 이야기를 다양한 전적들에서 뽑아 정리 소개하고 있다. 그의 박학강람博學强覽이 엿보이는 부분으로, 당시의 조선 학인들이 기록한 소옹 관련 일화들 가운데 가장 상세한 내용을 갖추고 있다고 할 수 있다.

2.『역』의 경과 전에 대한 이해

이규경은 5경 가운데 가장 오래된 것은『역』이고 여러『역』들 사이에는 고금의 차이가 있는데, 이러한『역』보다 더 오래된 것이 선천도라고 말한다. 선천도에 의해 비로소 개물開物하여 인문人文이 열리게 되었다는 것이다. 또한 그는『역』의 변천사를 정리하여, 괘획으로부터 괘사가 생겼으니 괘획이 앞서고 괘사가 뒤따르며, 경經으로부터 전傳이 생겼으니 경이 앞서고 전이 뒤따른다고 말한다.

그는『역』의 유래와 여러 종류의『역』에 대해 다음과 같이 설명하고

온 천하의 현달한 사람과 山人 · 遊客들이 하루도 빠짐없이 그에게 찾아와 종유하였으며, 僧房 같은 데서도 그의 화상을 벽에 걸어 놓고 사모하였다. 숭정 연간에는 공경들이 여러 번 조서를 받들어 그를 징용하려 하였으나, 한 번도 부임하지 않다가 나이 80여 세가 되어 죽었다."
6)『五洲衍文長箋散稿』, 經史篇 6, 「論史類一 · 論史」, '盛事略記辨證說'.

있다. 우선 「계사전」에서 공자가 "포희씨가 비로소 8괘를 그었다"라고만 할 뿐 『역』을 지었다고는 하지 않다가 "『역』의 생긴 것이 그 중고의 때이다", "『역』이 생긴 것이 은나라의 말기와 주나라가 일어날 때 사이이니, 문왕과 주왕紂王의 일에 해당한다"라고 말한 것을 인용하여, 문왕이 지은 괘사에 의해 처음으로 『역』이라는 이름이 생겼다고 말한다. 이어서 그는 주나라 때 태복太卜이 연산, 귀장, 주역의 세 가지 『역』을 맡았다는 기록에 대해 설명하면서, 연산과 귀장은 『역』이 아닌데도 세 가지 역법이라 말한 것은 단지 후세 사람이 『역』이라는 용어를 인습적으로 붙인 것일 뿐이라고 한다. 비유하자면, 묵자의 글에 "주周의 『춘추』, 연燕의 『춘추』, 송宋의 『춘추』, 제齊의 『춘추』"라고 하였는데, 노魯의 역사서를 『춘추』라고 한 것을 본떠 주·연·제·송의 역사를 『춘추』가 아님에도 『춘추』로 부른 것과 같다는 것이다.[7) 연산과 귀장은 『역』이 아니라고 한 견해를 주목할 만하다.

이규경은 왕숙王肅과 정현鄭玄의 판본, 『설문해자』의 기록 등 『역』의 여러 판본과 본문 기록에 대해 소개하고 여러 주석본들의 오류를 지적한다. 그리고 이어서, 『역』의 전문인 십익이 확정되기까지의 과정을 다음과 같이 설명하고 있다. 전한시대에 전하田何는 『역』의 전을 괘·상·효·단·문언·설괘 등의 12편으로 갈라놓았고 비직費直은 단·상·「문언」으로 상·하경을 해석하였는데, 처음에는 전하의 『역』이 성행하였으나 후한대 이후로 점차 비직의 『역』이 힘을 얻게 되었다. 후한의 진원陳元과 정중鄭衆은 모두 비직의 『역』을 배웠고, 마융은 또 그 전傳을 정현에게 전했다. 정현의 『역주易注』, 순상荀爽의 『역전』, 위魏나라 왕숙王肅과 왕필의 주해注解 등이 모두 비직을 계승한 것이었다. 진晉나라 이후로는 왕필의 역학만이 홀로 전해지다가, 당 공영달에 이르러 『정의』가 지어지면서 12편의 역본易本

---

7) 『五洲衍文長箋散稿』, 經史篇 1, 「經典類一·易經」, '周易辨證說'.

곧 전하의 『역』은 드디어 없어지고 말았다. 원래 「단전」과 「상전」을 괘 끝에 붙이는 방법은 비직으로부터 시작된 것인데, 정현과 왕필은 이 단과 상을 다시 괘와 효 아래에다 나누어 붙이고 건·곤괘의 문언을 첨부한 뒤 '단왈'·'상왈'·'문언왈' 등을 붙여 경經과 구별되게 하였으며 계사 이하의 것은 예전대로 두었다. 이것이 곧 금역今易이니, 정이가 이를 바탕으로 『역』을 해석하였다. 그리고 주희가 『본의』에서 상경과 하경 및 ①단상전, ②단하전, ③상상전, ④상하전, ⑤계사상전, ⑥계사하전, ⑦문언 전, ⑧설괘전, ⑨서괘전, ⑩잡괘전의 경전체제를 확립하였다. 그러나 『정전 程傳』과 『본의』가 병행하고 또 제가의 정본定本들 또한 제각각이었기 때문 에, 영락 연간에 『성리대전』을 엮을 때 호광胡廣 등은 『정전』을 따르기로 하고 주희의 『본의』를 그에 맞추어 편입시키되 「계사」 이하는 『정전』이 없으므로 『본의』의 차서대로 하였다.

이규경은 또 『역』이 세 차례에 걸쳐 이루어졌다는 삼성三成과 삼천三天의 이론을 소개하기도 한다. 모기령毛奇齡은 그의 『사서등언四書謄言』에서 "육 석암陸石菴의 『회어지언會語支言』에 '『역』은 8괘에 소성小成한다' 하였고 『맹 자』에서 '공자는 집대성했다'라고 하였지만 중성中成이란 말은 있는지 알 수 없다"라고 하였는데, 이에 대해 이규경은 복희의 『역』을 소성, 신농의 『역』을 중성, 황제의 『역』을 대성이라 하고, 또 복희의 『역』을 선천, 문왕의 『역』을 후천, 공자의 『역』을 중천中天이라 하는 것 같다고 설명하고 있다.[8]

그는 학자들의 『역』의 문헌에 대한 태도에 대해서도 나름의 비판적 입장을 취한다. 이것은 청대 방중리方中履의 다음과 같은 말을 빌려 표현되 고 있다.

---

8) 『五洲衍文長箋散稿』, 經史篇 1, 「經典類一·易經」, '周易辨證說'.

구양수가 홀로 「문언」을 믿지 않았던 것은 무엇인가? 그는 『좌전』의 목강穆姜에게서 맨 처음으로 네 가지 말(四語)이 나타나기 때문에 「문언」은 공자의 작으로 볼 수 없다고 했지만, 이는 『좌전』이 후세 사람의 글로서 목강이 인용한 말 또한 좌씨左氏가 부회하여 채워 넣은 것임을 알지 못하는 말이다. 한낱 노부老婦가 어찌 그런 은미한 말을 할 수 있었겠는가? 후세에 몰래 끼워 넣은 말에 근거하여 성인의 말까지 의심하는 것이 가하겠는가? 육상산陸象山·양자호楊慈湖도 「계사」를 의심하였으며 금세에 이르러서는 학초망郝楚望9)·하현자何玄子가 후천도를 믿으면서도 선천도는 믿지 않았는데, 그래서는 안 된다.10)

이규경은 『역』을 점서占筮의 방법으로만 보려는 태도에 대해서도 비판적이었다. 그는 주이존朱彝尊(1629~1709)11)의 『정지거시화靜志居詩話』에 수록되어 있는 노격盧格12)의 「독역讀易」이라는 시를 그 반증으로 삼는다. 노격의 시는 다음과 같다.

복희·문왕·주공이 만일 점서의 법만을 높였다면	三聖若專尊卜筮
공자가 어찌 가죽 책을 끊어뜨렸겠는가?	宣尼何用絶韋編
……	……
세상의 선비들이 나에게 묻는다면	世儒問我
5경이 원래 6획보다 먼저 있었다고 말하리.	五經原居六畫先
만일 복희·문왕이 오직 점서에 전념했다고 말한다면	若說羲文專卜筮
거리의 점쟁이들이 그 참된 전승을 다 지녔으리라.	街頭盲瞽盡眞傳13)

---

9) 郝敬을 가리킨다. 楚의 京山人으로 자는 仲輿이고 호는 楚望이다. 황종희의 『明儒學案』에 그의 학안이 들어 있다. 5경 이외에 『의례』, 『주례』, 『논어』, 『맹자』 등에도 공력을 기울여 소통하고 증명하는 데 힘을 쏟았고 훈고의 분위기를 씻어 내었다.

10) 『五洲衍文長箋散稿』, 經史篇 1, 「經典類一·周經」, '周易辨證說'.

11) 청나라의 문인·고증학자. 자는 錫鬯이고 호는 竹垞이며, 靜志居는 그의 室名이다. 저서에 『曝書亭集』, 『日下舊聞』, 『經義考』 등이 있다.

12) 盧格의 東陽 사람으로 자는 正夫이며, 江西道의 어사로 있었다.

13) 『五洲衍文長箋散稿』, 經史篇 1, 「經典類一·易經」, '周易辨證說'.

3. 태극·무극관

이규경은 「태극도원류수수太極圖原流授受에 대한 변증」에서 청대 오성흠吳省欽이 『백화초고白華初稿』에서 "마음이 태극이다"에 관해 논한 것, 왕세업王世業의 『주역상의周易象意』에 있는 태극음양론, 조길사趙吉士의 무극태극론 등을 높이 평가하여 그들의 주장을 자세히 소개하고 있다.

오성흠은 소옹이 '마음이 태극이다'라고 한 것은 "태극이란 나의 마음에 있는 것으로서, 마음의 신명함이 만유를 통할하기 때문"에 그렇게 말했다고 한다. 그는 "중앙을 심心이라고 하는바, 마음이 사람의 몸에 있는 것은 마치 집에는 척량脊樑이 있고 별들 가운데는 북극성이 있는 것과 같아서, 그 범위를 벗어나서는 구할 수 없다. 진실로 내 마음의 소재만 구한다면 태극도 곧 거기에 있다"라고 하고, 이어서 다음과 같이 말한다.

하늘과 땅이 나뉘기 이전에는 태극이 하늘과 땅에 있고 나의 마음에는 있지 않지만, 하늘과 땅이 사람을 낸 이후에는 나의 마음에 태극이 있어 하늘과 땅 사이에 꽉 찰 수 있다. 그러므로 사람이란 하늘과 땅의 마음이고 마음이란 하늘과 땅의 극極이니, 수와 리가 갖추어져서 온갖 일에 대응함에 이르러서는 호연浩然히 확충되고 가지런히 관통되어 하지 못할 일이 없게 되지 않겠는가. 배우는 이는 괜히 그 마음을 좁게 만들지 말아야 한다.[14]

이규경은 이러한 오성흠의 주장을 태극에 대한 정론으로 인정하였다.
청의 왕세업은 『주역상의』에서 "태극이란 아직 나뉘지 않은 음양이고, 음양이란 이미 나뉜 태극이다"라고 하였는데, 이규경은 이 논의가 매우 자세하고 그 뜻이 분명하다고 하였다. 왕세업의 논의는 다음과 같이 전개되고 있다.

---

14) 『五洲衍文長箋散稿』, 經史篇 1, 「經典類一·易經」, '太極圖源流授受辨證說'.

이미 나뉘었다면 남자는 양이고 여자는 음으로서 각기 태극의 절반의 체를 가진 것이고, 남과 여의 절반의 체가 결합하여 서로 교감해야만 태극의 형상이 완전하게 되는데, 태극도의 중간에 있는 하나의 백점白點이 바로 그 교감된 자리이다. 사람이 태어날 적에는 두 개의 콩팥에 의존하게 되는데, 두 개의 콩팥이 교합되어야만 태극도 완전하게 된다. 선경仙經에 "두 개의 신腎 중간에 두 가지 양상이 있는 것이 아니다. 그 중간에 의탁해 있는 한 점(白點)은 바로 양정陽精일 뿐이다. 양정이란 명문命門의 한 양으로서 두 음의 사이를 주재하여 사람의 명맥을 조종한다"라고 하였고 소자邵子는 "무극 이전에는 음이 양을 포함하고 형상이 있는 이후에는 양이 음을 포함한다"라고 하였으니, 알(卵)의 흰자위가 노른자위를 싸고 과일의 살(肉)이 씨를 가린 것은 모두 음이 양을 포함한 형상이며, 알이 품어져 새끼가 되고 씨가 심어져 싹으로 되는 것은 양이 갈라져 나와 음을 포함한 형상임을 알 수 있다. 사람도 맨 처음 태胎를 가졌을 적에는 양기가 들어감에 따라 음혈이 그 외부를 둘러싸고 이미 태어났을 적에는 양陽이 발달됨에 따라 살(肉)이 온몸에 돌므로, 그 이치를 얼마든지 미루어 알 수 있는 것이다.[15]

왕세업은 청대의 박학자樸學者·실증학자實證學者답게 인체와 사물에서 태극론과 음양론을 증험하고 있다.

이규경은 또 조길사趙吉士[16)의 무극과 태극에 관한 논의가 매우 순수하고 분명하며 육구연의 문제점을 가장 정확하게 지적한 논의라고 평하였다. 조길사의 말은 다음과 같다.

태극이란 바로 리를 말하는 것이다. 그 체가 혼돈하여 이름할 수 없으므로 무극이라 했을 뿐, 태극의 위에 다시 하나의 무극이 있는 것이 아니고 태극 이외에 별도로 무극이 있는 것이 아니다.…… 무극을 말하지 않으면 태극이 하나의 사물로 되어 능히 만화萬化의 체가 될 수 없고, 태극을 말하지 않으면 무극이 공적空寂에 빠져 만물의 용이 될 수 없다. 그러나 그 리만은 애초에 한가지이니, 음양이 본래

---

15) 『五洲衍文長箋散稿』, 經史篇 1, 「經典類一·易經」, '太極圖源流授受辨證說'.

16) 趙吉士(1628~1706)는 자가 天羽·恒夫이고 호는 漸岸이며 안휘성 休寧 사람이다. 저술에 『萬靑閣全集』, 『續表忠記』, 『寄園寄所寄』, 『錄音韻正僞』, 『牧愛堂編』 등이 있다.

태극이고 태극이 본래 무극이다. 나는 육상산이 『홍범』의 황극을 태극으로 본 것을 이상하게 여긴다. 황극은 오로지 사람만을 들어 말한 것이므로 후천이고, 태극은 천지와 만물을 통합해서 말한 것이므로 선천이다. 이처럼 황극과 태극은 극이라는 이름만 같을 뿐 극이라고 하는 이유는 같지 않은 것임에도 불구하고 육상산은 이를 모두 하나로 보았으니, 그가 태극을 '무극에 대한 군더더기 말(贅言)'이라고 의심했던 것은 당연한 결과이다.[17]

이상과 같은 여러 문헌의 내용을 토대로 하여 이규경은 결국 '무극'이라는 말은 주돈이의 「태극도설」에 있는 "무극이태극"을 계기로 나온 것이 아니며, '태극의 리가 다함이 없음'을 나타내는 태극의 동실이명同實異名에 불과하다고 본다. 그는 다음과 같이 말한다.

그렇다면, 무극이라는 말은 주자周子에서 비롯된 것이 아니다. 여러 학자들이 태극을 논한 것을 보면, 태극을 쪼개어 『역』의 태극으로도 만들고 도가의 태극으로도 만들고 석가의 태극으로도 만들고 하늘의 태극으로도 만들고 사람의 태극으로도 만들었다. 그 주장들이 너무도 분분하여 그 연원에 대한 근거가 정확하지 못하므로 천고의 의심거리가 되겠지만, 태극이란 일본만수一本萬殊의 리이니 만수萬殊는 마침내 일본一本으로 돌아간다. 아무리 제가의 설들이 다르더라도 마침내는 태극의 한 리를 벗어날 수 없는 것이다. 또한 무극이란 바로 태극의 리가 계속 순환하여 끝이 없음을 이름이다. 만일 무극을 유극有極으로 본다면 천지와 태극의 리가 사라지고 말 것이니, 어찌 다시 태극이 있을 수 있겠는가.[18]

이어서 그는 우리나라에서 나온 태극 관련 논의들로 율곡 이이의 「태극문답太極問答」[19]과 한강寒岡 정구鄭逑의 「태극문변太極問辨」, 남당 한원

17) 『五洲衍文長箋散稿』, 經史篇 1, 「經典類一·易經」, '太極圖源流授受辨證說'.
18) 『五洲衍文長箋散稿』, 經史篇 1, 「經典類一·易經」, '太極圖源流授受辨證說'.
19) 「태극문답」은 이미 송시열이 박세채와 논변을 하면서 송구봉의 저작임을 밝혔는데, 이규경은 여전히 이를 이이의 저작으로 알고 있었다. 곽신환 외 2인 역, 『태극해의』 (소명출판, 2009) 참조.

진의 「태극도해설太極圖解說」 등을 들고 있다.

4.『황극경세서』에 대한 이해

이규경은 소옹의 저술인『황극경세』가 내외편을 합하여 9권이라고
했다. 이는 현전하는 판본과는 다른데, 그가 어느 판본을 보고 그렇게
말한 것인지는 알 수 없다. 그는『황극경세』에 대한 주해서를 지은 사람과
그들의 간략한 전기를 소개한다. 맨 처음으로 소옹의 아들 소백온을
꼽은 다음『황극경세해皇極經世解』를 지은 원나라 야율초재耶律楚材[20],『경세
요담經世要談』의 정선부鄭善夫,『경세대전經世大典』의 조세연趙世延[21]을 소개
하고 있다. 이어서 그는『사고전서』에서『황극경세』를 술수의 책에 배열한
것이나 명대 당순지唐順之의『패편稗篇』에서 제가諸家 중의 임둔壬遁[22]류에
둔 것은 잘못된 것이라고 하면서, 장황章潢[23]의『도서편圖書編』[24]에서 사마
광의『잠허潛虛』 아래 배열한 것이 마땅하다고 평가하였다.『잠허』는 그
내용이 의리義理 · 도식圖式 · 술수術數의 3부분으로 구성되어 있는데,『황극
경세』도 역시 이런 부류에 속한다는 것이다.

이규경은 서경덕이 우리나라에서 처음으로『황극경세』를 이해하고
수용하여『경세수經世數』1편을 지었으며, 소옹의 역학을 깊이 연구하여

---

20) 야율초재는 원나라 연경 사람으로 호는 玉泉老人이다. 문집으로『湛然文集』이 있고,
    그 외에 책력에 대한 학설인『乙未元曆』,『回鶻曆』 등이 전한다.
21) 원나라 雲中 사람으로 中書平章政事를 지냈고 魯國公에 봉해졌다.
22) 壬遁은 점술의 하나인 '六壬'과 隱身術인 '遁甲法'을 가리킨다.
23) 章潢(1527~1608)은 명대의 리학가, 역학가이다. 강서 남창 사람으로, 예수회 신부인
    마테오리치와 사귐을 갖고 그를 백록동서원에 청하기도 하였다. 역학 분야의 저술
    로『周易象義』10권이 있었는데, 사고전서에 그 목록이 들어 있다.
24) 1613년에 문인 萬尙烈이 간행하였다. 전부 127권으로 되어 있는데, 그 중 아홉 권(22,
    23, 59, 71, 72, 73, 74, 116, 118)에 易圖 100여 폭이 실려 있다.

심오한 경지에 이르렀다고 평가하였다. 다음으로 꼽은 학자는 신익성이다. 신흠의 아들 신익성이 왕명을 받들어『황극경세동사보편皇極經世東史補編』9권을 지었다는 기록은 여기에서 처음으로 나타난다. 다음으로는 홍계희洪啓禧의『경세지장經世指掌』2권과 서명응의『황극일원도皇極一元圖』2권을 소개하고, 이어서 이규경 자신의 저술을 들고 있다.

> 나는 참람함을 헤아리지 않고「경세기수원본經世紀數原本」,「경세기수내외편 經世紀數內外篇」,「경세찬도지요주해經世纂圖指要注解」,「경세일원소장수도해經世一元消長數圖解」,「경세일원시종수해經世一元始終數解」,「경세지운약설經世地運約說」,「경세지행수원經世地行數原」 등의 편을 찬하였다.25)

그러나 이규경이 자신의 저술로 밝힌 7편의『황극경세』관련 저술 가운데 현재 전하는 것은 없다.

이규경은『황극경세서』에 대한 여러 학자들의 평가적 언급도 소개하고 있다. 여기서는 대체로 소옹의 선천역은 상象만을 숭상하고 말을 숭상하지 않았다는 것,『황극경세』의 내용 및 수록된 그림들의 구성원리 등을 소개하고 있는데, 그 가운데 유맹선俞孟宣의『경세요지經世要旨』에 실린 내용을 보면 다음과 같다.

> 경經이란 것은 경위經緯니 경륜經綸이니 할 때의 그 뜻과 같다. 하늘의 수를 살피는 것은 원元으로써 회會를 헤아리는 것이니 이것은 12회를 경으로 삼고 360운運 이하를 위로 삼는 것과 같고, 땅의 수를 살피는 것은 회로써 운을 헤아리는 것이니 이것은 마치 250운을 경으로 삼고 2984세世 이하를 위로 삼는 것과 같으며, 인간의 수를 살피는 것은 운으로써 세를 헤아리는 것이니 이것은 마치 120세를 경으로 삼고 360년을 위로 삼는 것과 같다.『황극경세』에 64괘를 4로 곱하면 256괘 1536효가 되는데, 이것을 24절기에 360일로 나누어 맡게 한다. 매양 한 해의 처음에 4효를

---

25)『五洲衍文長箋散稿』, 經史篇 5,「經史雜類二 · 其他典籍」, '皇極經世書辨證說'.

나누어 윤달(閏)을 맡으니 이것을 장윤藏閏이라 부르며, 24절기에 각각 96효를 맡고 그 나머지는 4효씩 1일을 맡는다. 이것을 오행의 생왕生旺과 휴수休囚로 길흉을 정하는데, 한 해를 이에 의거해서 헤아린다. 크게는 원·회·운·세와 작게는 세歲·월月·일日·시時를 한결같이 이 법으로 미루어 헤아리는데, 이것을 가일배법 加一倍法이라 부른다. 정자가 말한 "하루의 운행이 곧 천년의 운행"이란 것도 그 이치는 이와 같은 것에 불과하다. 256괘를 '늑扐'이라 부르는데 한 괘를 시작하여 돌리는 법은 축필祝泌의 『황극경세서금皇極經世書鈐』에 있으며, 청나라 심대성沈大成 도 이 뜻을 발명하였다. 『황극경세』의 원·회·운·세·세·월·일·시는 곧 『역』 의 건·태·리·진·손·감·간·곤이다. 일원소장一元消長의 수를 헤아리는 것은 십이벽괘로써 하니 자子월의 복復에서부터 해亥월의 곤坤에 이르는 것이 바로 이것이며, 천지시종天地始終의 수를 헤아리는 것은 육십사괘로써 하니 원元의 원元, 일日의 일日, 건乾의 건乾에서부터 신辰의 신辰, 수水의 수水, 곤坤의 곤坤에 이르는 것이 바로 이것이다.…… 양은 1이며 음은 2이다. 그러므로 양이 음을 낳을 때에는 2를 6으로 곱하여 12가 되며, 음이 양을 낳을 적에는 3을 10으로 곱하여 30이 된다. 천지시종의 수는 12와 30으로 반복하여 승乘해서 갖추어졌기 때문이다.

아규경은 『황극경세』가 천지간의 사물을 경륜하는 큰 분한으로서 역상 易象의 학문도 될 수 있고 사책史策의 학문도 될 수 있으며 음운音韻의 학문도 될 수 있다고 하면서, 12벽괘로써 경과 위를 삼는다면 어떤 사물이 든 이루어지지 못할 것이 없다고 말한다. 이어서 그는 『황극경세』를 높이 평가한 양시楊時, 사양좌謝良佐, 장민張岷, 위요옹魏了翁의 평을 소개하고 있다.

양구산楊龜山은 말하기를 "『황극경세』는 모두 공자가 말하지 않은 것이기는 하지만, 고금의 치란과 성패의 사변을 논한 것은 마치 부절을 합한 것과 같다. 그러므로 감히 생략해 버릴 수 없으니, 그 문을 얻어 들어가지 못하는 것이 한스러울 뿐이다"라 고 하였고, 사상채謝上蔡는 말하기를 "요부의 역수曆數에 대한 학문은 매우 정밀하다. 예로부터 역법曆法에 능한 자들도 오래되면 반드시 차이가 생겼는데 오직 요부는 그렇지 않으니, 한두 가지 가까운 일을 가지고 미루어 보면 당장 징험할 수 있다"라고 하였다. 장민張峨은 말하기를 "강절선생은 정밀하게 연구하고 극진하게 생각한 지 30년 만에 천지의 소장消長을 관찰하고 일월의 영축盈縮을 추측했으며 음양의 도수를 상고하였다. 저서를 보면 그 말이 넓고 그 뜻이 깊으니, 아! 아름답고 지극하다. 천하의 훌륭한 일이 이 이상 없다"라고 하였고, 위학산魏鶴山은 말하기를 "소자邵子의 평생 저서 중 심술心術의 정미함은 『황극경세』에 있으니, 조금도 막히거나 의심스러운 곳이 없다. 아, 소위 풍류스러운 호걸이라는 것이다. 진한 이후의 학자들에게서 일찍이 이런 기상이 없었음을 독자들은 저절로 알게 될 것이다"라고 하였다.

이규경은 『황극경세』가 단지 당장 사용에 절실한 것이 아니라는 이유로 우리나라에서는 한 번도 번각翻刻되지 않았지만 만일 근본적인 뜻을 알게 된다면 권하지 않더라도 집집마다 이 책을 소장하게 될 것이라고 하면서, 세상에 이를 아는 자가 없는 것을 안타깝게 여겨 하나의 변증설을 만들어서 이 책을 경앙하는 마음을 표한다고 하였다. 『황극경세』에 대한 그의 높은 평가와 이 책을 존중하지 않는 세태에 대한 안타까움이 잘 드러나 있다.

제4부 조선유학의 수리 · 경세론과 후천개벽론

제1장 낙전당 신익성의 『황극경세서동사보편』

1. 역사 귀감으로서의 『역』

소옹의 학문은 앞서 다룬 조선유학의 역철학, 안락의 철학, 시문학의 영역 말고도 다른 많은 분야에 영향을 미쳤다. 성음론聲音論은 세종조의 언어정책1)과 『훈민정음』 창제, 이후 학자들의 언어학 등에 심대한 영향을 미쳤다.2) 또 그의 천문역산론은 지원설地圓說과 역산학曆算學에 영향을 미쳤고,3) 그의 상수론은 수학 등의 분야뿐만 아니라 역사관에도 상당한 영향을 끼쳤다. 여기서는 우리의 역사를 소옹의 원회운세의 틀에 따라 편성한 일에 대해 고찰해 보기로 한다.

조선 중기에 몇몇 사람이 조선의 역사를 『황극경세서』의 원·회·운·세 식으로 편성하였다. 소옹 사상이 역사 편찬과 해석에 응용되어 나타난 것이다. 그 첫 번째 인물은 신익성申翊聖(1588~1644)4)이다. 그는 『황극경세서

---

1) 유창균, 「『皇極經世書』가 국어학에 끼친 영향」, 『石堂論叢』 제15집(1989), 81쪽.
2) 이숭녕은 조선 중기 때에 서경덕의 『聲音解』에서 『황극경세서』의 운서이론을 채택했으며 이것이 이어져 崔錫鼎(1646~1715)의 『經世正韻』과 신경준(1712~1781)의 『韻解訓民正音』과 黃胤錫(1729~1791)의 『理藪新編』 등의 언어학에 영향을 미쳤다고 하면서, 조선 후기 韻書 연구에 『황극경세서』의 영향이 가장 컸다고 보았다. 이숭녕, 「『황극경세서』의 이조후기 언어연구에의 영향」, 『震檀學報』 32(1969), 109~129쪽.
3) 황윤석, 서명응 등도 소옹의 이론에서 地圓說의 근거를 찾는다.
4) 신익성의 자는 君奭, 호는 樂全堂·東淮居士로, 본관은 평산이고 신흠의 아들이다. 선

동사보편皇極經世書東史補編』을 편찬하여 왕에게 진헌하였는데, 이는 우리의 역사를 소옹의 역사 해석의 틀 속에 담아 이해한 경우로서 조선시대에 소옹의 사상을 역사에 응용한 작업의 효시이다. 이어서 홍계희洪啓禧(1703~1771)가 신익성의 책에다가 60갑자를 병기한 『경세지장經世指掌』(1758)을 편찬하였고, 서명응이 매해 60갑자를 배정하고 고조선의 역사와 『역』의 내용을 보강한 『황극일원도皇極一元圖』(1774)를 지었다.

신익성은 그의 부친 신흠이 소옹의 선천학과 안락론에 심취하고 『선천규관』을 저술하였으니, 소옹의 학문을 가학으로 이어받고 있었다. 또한 그는 계지술사繼志述事의 달효達孝에 가까운 덕을 보였다. 그는 선조의 부마였기에 신분은 높았지만 관직이 없었다. 지위는 삼공과 같으나 조정의 정치적 논의에 참여할 수 없어, 비록 여러 사람을 합한 재주를 지녔어도 세상에 쓰이지 못했다. 그가 탁월한 재능을 지니고도 주로 문필文筆·유상遊賞·편찬編纂 등 문화적 활동에 전념했던 것은 이런 신분적 제약과 관련이 있는 것으로 보인다.5) 『실록』의 신익성 졸기는 다음과 같다.

그는 기개와 절조를 숭상하고 담론하기를 좋아하였으며 문장과 필법이 모두 뛰어났다. 광해군 때에는 인목대비를 폐하기 위한 정청庭廳에 참여하지 않았다. 반정 후 사친私親의 추숭과 청나라와의 강화 등의 의논이 일어나자 그것을 모두 극력 배척하였다가, 마침내 강화가 이루어지자 강화를 배척했다는 이유로 심양에 잡혀가서 구류되어 있다가 돌아왔으니, 선비들의 공론이 모두 그를 훌륭하게 여겼다. 다만 성품이 조용하지 못하고 또 산업을 경영한다는 비난이 있었으므로, 사람들이 이것을 불만스럽게 여겼다.6)

조의 딸 정숙옹주와 혼인하여 東陽尉에 봉해졌다.
5) 신익성의 문화활동에 대해서는 김은정, 「東陽尉 申翊聖의 駙馬로서의 삶과 문화활동」 (『열상고전연구』 26집)에 비교적 상세하게 기술되어 있다.
6) 『仁祖實錄』, 권45, 22년(1644) 8월 2일, '동양위 신익성의 졸기'.

졸기에는 특별한 내용은 없고, 다만 척화의리를 중시했다는 사실이 눈길을 끈다. 그는 이른바 척사오신斥邪五臣의 일원으로, 강화도에서 분연히 죽음을 택한 김상용의 절개를 논하는 차자를 올린 일이 있다. 차자에서 그는 당시 절의를 지켜 죽은 자를 하찮게 여겨서 도리어 지나치다고 폄하하거나 혹 헐뜯고 심지어는 그 사적事迹을 엄폐하고 시기하기도 하는 풍토가 있다고 개탄하면서, 세도의 진작을 위해서라도 마땅히 절의가 숭상되어야 한다고 강조하였다.[7]

그러나 여기서 신익성에 주목하는 것은 그가 소옹의 『황극경세서』에 자극받아 그것을 모델로 삼아 우리의 역사를 편찬했다는 사실 때문이다. 역학易學과 역사를 연결하여 이해하려는 시도는 부친 신흠의 영향에 따른 것이기도 하겠지만 다른 한편으로는 송대 역학자 양만리楊萬里의 『역전』[8]을 읽은 것과도 관련이 있는 것으로 보인다. 이와 관련된 내용이 『실록』에 전해지고 있다.

왕이 거듭되는 천재지변의 원인과 그에 따른 대응 방법에 대해 구언求言을 하자 신익성이 『성재역전誠齋易傳』을 바치며 차자를 올렸다. 이 책은 신익성이 선조로부터 부마가 될 때 선물로 받은 것이었다. 26년간이나 간직하고 있던 것을 다시 궁중에 되돌린 것은 『성재역전』의 내용이 옛사람이 행한 일들을 괘효에 배열하면서 격언과 확론確論을 많이 기술하고 있어 치도治道에 많은 유익함이 있을 것이라고 판단했기 때문이다. 여기서 신익성은 『역』이 우환 때문에 지어졌다는 공자의 말을 환기한다. 그리고 재변을 만나 참회하는 마음으로 홀로 있을 때에도 두려워하고 삼가며, 득실과 치란, 굴신과 소장을 탐구하고 음양이 발동하는 기틀과 강유의

---

7) 『仁祖實錄』, 권35, 15년(1637) 10월 28일, 3번째 기사.
8) 『誠齋易傳』은 楊萬里(1124~1206)의 『역』 해석서이다. 양만리는 자는 廷秀, 호는 誠齋로, 江西省 吉水 출생이다. 주희와 거의 동시대 사람이지만 두 사람은 서로 만난 일이 없는 듯하다. 양만리는 『역』을 해석함에 역사적 사실을 들어 증거로 삼았다.

오묘한 도리를 환히 밝혀 깨달음으로써 천도를 체득하고, 시운을 살펴 올바르게 처리하면서 간이簡易한 방법으로 왕업을 원대하게 하는 것이 제왕의 효라고 진언하였다.

또한 그는 음양의 감응을 들어 군신 상하간의 소통을 강조한다. 건乾괘와 곤坤괘는 음양이 서로 구별됨을 말하고 함咸괘와 항恒괘는 음양이 서로 감응됨을 말하는데, 구별되지 않으면 서로의 경계가 엄하지 못하고 감응되지 않으면 서로의 마음이 통할 수 없으니 군신관계에 있어서도 구별과 소통이 함께 있어야 한다는 것이다. 그런데 왕의 입장에서는 구별보다도 소통이 특히 중요하다고 그는 강조한다. 그는 함괘 구오九五의 효사 "가슴이 감응되니 후회가 없다"(咸其脢, 無悔)의 뜻을 중시하면서, 지극히 허심탄회하게 사심 없이 대하는 것이 가장 훌륭하게 감응하는 것이라고 말한다. 다만 왕은 소통을 하되 신하를 대할 때나 백성을 대할 때나 사사로움이 없어야 한다는 것이다.[9] 보이는 곳만이 아니라 흔히 말하는 소외된 곳까지 소통하여야 후회가 없다는 의미로 보는 것이 좋겠다.

2. 이운경세以運經世

신익성은 건강이 악화된 그의 말년(1644)에 자신이 편찬한 『황극경세서 동사보편』 9권 7책[10]을 왕에게 올렸다. 이 책의 각권에는 '이운경세以運經世'라는 이름이 붙어 있으니, 여기에는 천지시종의 운運으로써 세상을 경륜한다는 뜻이 담겨 있다.[11] 내지의 제목은 '강절선생황극경세서동사보편통

---

9) 『仁祖實錄』, 권24, 9년(1631) 3월 13일, 2번째 기사.
10) 연세대학교 도서관 소장.
11) 『樂全堂集』, 권8, 「進皇極經世書東史補編箚」, "伏以宋邵雍因先天圖, 推算天地始終之運, 紀事始自堯之甲辰, 止于周世宗己未."

재康節先生皇極經世書東史補編通載'로 되어 있다. 소옹의 『황극경세서』와 우리 나라의 역사를 보완하여 편년체로 엮은 것을 함께 실었다는 뜻이니, 이는 『황극경세서』를 역사서로 본 것이다. 그는 소옹의 『황극경세서』의 역사기술이 오대五代에서 그쳤으므로 송의 역사를 구준丘濬[12]의 『사기강 목』에 의해 보충하고, 우리나라의 역사는 조선이 건국될 때까지를 정리하 여 보충하였다고 밝힌다. 우리 역사를 정리할 때 참조한 사서들을 보면, 상고사에 대해서는 『삼국사기』와 『삼국유사』를 주로 참조하였고, 고려사 는 정인지의 『고려사』와 서거정의 『동국통감』, 박상朴祥의 『동국사략』 등을 참조하였다. 특히 상고시대 역사를 정리하면서 그는 나라세우기, 수도 정하기, 성 쌓기, 궁궐 짓기, 왕의 나고 죽음, 이웃나라와의 전쟁, 내부에서 일어난 반란 등의 인위적인 사실과 일식과 월식, 벼락, 홍수, 바람, 해일, 지진 등의 천재지변, 왕의 계통 변화 등에 대한 상세한 설명을 부기하였고, 왕비의 가계나 내력, 사당, 제사, 각종 기이한 사실, 외교의 시작과 절교의 사유, 불교와 도교의 전래, 관제의 설정, 서책의 수입, 학교의 건설, 역마의 설치, 사찰의 건립, 관복의 제정 등의 사실도 빠짐없이 기록하고 있다.[13]

신익성은 이 책의 편찬 과정과 제목에 대해 이렇게 설명하고 있다.

소옹은 선천도로써 천지시종의 운을 추산하여 요의 갑진년부터 후주 세종 기미년까 지의 일을 기록하였습니다. 선신先臣이 일찍이 말하기를 "우리나라에서 단군이 요의 갑진년에 나라를 세운 일은 홍황洪荒의 때라 문헌기록이 없으나, 삼국 이후로는 다소 근거하여 기록한 것이 있다"라고 하여 그것을 소옹의 기사紀事 아래에 편입시 켜 거의 중국과 동일한 문장교화를 있게 하려 했으나 끝내 결과를 보지 못했으니,

---

12) 구준(1420~1495)은 明의 유학자로, 자는 仲深이고 호는 深菴・瓊山이다. 주자학과 典 故에 밝았다. 『大學衍義補』, 『家禮儀節』, 『朱子學的』 등의 저술이 있다.

13) 이상 『동사보편』의 체재는 『한국민족문화대백과사전』(한국정신문화연구원, 1991)에 있는 내용을 축약 정리한 것이다.

신은 그것을 애통해하였습니다. 신이 일찍이 초토草土 중에 부친의 유업을 수습하였으니, 우리나라 역사로는 『삼국유사』와 『고려사』로부터 여러 학자들의 설에 이르기까지의 기록들 속에서 흩어지고 잃어버린 것들을 찾아내고 신뢰할 만한 사적들을 모아서 책으로 만들었습니다. 제목을 『황극경세서동사보편』이라 하였고 9권으로 되어 있는데, 10년 사이에 세 번이나 원고를 고쳐서 이루어 낸 것입니다. 힘들인 것이 부지런하지 않았다고는 할 수 없으나 참람하고 주제넘은 죄는 면할 길이 없습니다.[14]

그의 말 가운데 "선신이 일찍이 말하기를"이라는 표현이 보이는데, 여기서의 선신은 신익성의 부친 신흠을 가리킨다. 또 "끝내 결과를 보지 못함을 애통히 여겨", "초토草土 중에 유업을 수습했다"라고 했으니, 초토는 거상居喪 중에 까는 거적과 흙베개로서 부모상을 뜻한다. 그의 부친이 1628년에 죽었고 이해에 신익성은 41살이었는데, 상중에 있을 때 부친이 못다 이루고 남긴 사업을 수습했다는 뜻이다. 이 일은 그의 부친 신흠이 먼저 시작하여 신익성 자신이 완수하였다는 것이다. 이는 그의 부친이 『선천규관』이라는 저술을 낼 만큼 소옹의 철학에 심취해 있던 학자라는 점에서, 또 『왜구구흔지倭寇構釁志』라는 사서를 찬술했다는 점에서 개연성이 높다. 소옹의 학문은 신흠·신익성 부자의 가학이었다. 이규경은 이 책이 왕명에 따라 편찬된 것이라고 보았는데, 다른 전거를 찾을 수는 없지만 개연성은 충분하다.[15]

---

14) 『樂全堂集』, 권8, 「進皇極經世書東史補編箚」, "伏以宋邵雍因先天圖, 推算天地始終之運, 紀事始自堯之甲辰, 止于周世宗己未. 先臣嘗言東方檀君立國於堯之甲辰, 則洪荒之際, 文獻亡徵, 然三國以後, 有稍稍可據而書者, 欲編入於紀事之下, 庶成同文之化, 竟不果焉, 臣竊痛之. 臣曾在草土中, 收拾遺業, 凡東史自三國遺事高麗史及諸家之說, 搜羅放失撫撰眞實事蹟以爲書, 目之曰皇極經世書東史補編. 爲卷者九, 十年之間, 三易藁而成. 用力不可謂不勤, 而僭越之罪, 無所逃矣."

15) 『五洲衍文長箋散稿』, 經史篇 5, 「史籍雜一·史籍總說」, '東國諸家史類辨證說'. 이규경의 견해가 사실에 부합하는지 확실하지 않다. 이는 신흠·신익성 부자의 가학적 차원에서 이루어진 저술인 듯하다.

아무튼 이 책의 저본이『황극경세서』인 만큼 신익성의 작업은『황극경세서』에 대한 깊은 이해가 없이는 이루어질 수 없는 것이었다. 신익성은 이 책에 대하여, 하도낙서와 오묘하게 계합하고 하늘과 사람의 상호 참증參證과 결합을 이루었는데 그 편년기사에 있어서는 공자가 모든 행사에서 보인 뜻을 취하였으며 주희도 이 책을『춘추』의 법을 깊이 터득한 것으로 여겼다고 하였다. 또한『황극경세서』를 얼핏 보면 그 기사가 매우 간약하고 통치의 도와 무관한 듯하지만 한 글자도 구차한 것이 없고 모두 깊은 뜻이 있으니 억양抑揚의 사이에 훈계가 정녕丁寧하다고 말했다.16)『황극경세서』에 대한 그의 인식이 잘 드러나 있다.

　신익성은 당초에 책을 완성하면 이를 직접 왕에게 바치면서 평생 가정에서 들은 것을 갖추어 진달하려는 생각을 갖고 있었다.17) 이것은『성재역전』을 왕에게 바친 것과 같은 맥락으로 추정되는데, 평생 가정에서 들은 것이라 함은 곧 부친의 가르침을 말한다. 어쨌든 서둘러 이 책을 왕에게 진상하게 된 이유는 갑자기 찾아온 난치병 때문이었다. 그는 난치병으로 기약할 수 없는 상황이 된 것을 수數라고 말하고, 자신은 이미 사생의 이치를 거칠게나마 분별하니 조금의 다른 생각이나 머뭇거림이 없다고 하였다. 그것을 수라고 말한 것은 소옹의 철학적 입장에 따른 신념적 해명이며, 또『역』에서 말한 사생死生의 이치18)를 대략적으로나마 알고 있다는 태도를 확인할 수 있다.19)

---

16)『樂全堂集』, 권8,「進皇極經世書東史補編箚」, "邵雍之書, 妙契圖書, 參合天人, 至於編年紀事. 則實取仲尼見諸行事之義. 朱熹以爲深得春秋之法, 後賢之所推重蓋如此. 驟而觀之, 則紀事甚約. 若無關於治道, 而一字不苟. 皆有深意, 抑揚之間, 訓戒丁寧, 人君亦不可以不知此也. 此書本不當私藏, 故敢此繕寫粧績投進, 第病勢漸劇, 未及校正. 訛謬必多, 而冀於未瞑之前, 達於粧績, 伏願聖明, 淸燕之暇, 特賜乙覽, 因下儒臣, 攷證發揮, 俾聞絶學焉."

17)『樂全堂集』, 권8,「進皇極經世書東史補編箚」, "書成願欲一抱書登對, 備陳平生所聞於家庭者, 而忽遭難醫之疾, 更無瞻天之望, 此亦數也."

18)『易』,「繫辭上傳」, 제4장.

19)『樂全堂集』, 권8,「進皇極經世書東史補編箚」, "書成願欲一抱書登對, 備陳平生所聞於家庭者.

당시 우리의 역사에 대한 저술이 없지 않은 상황에서 그가 이런 제목과 형태와 내용의 책을 편찬해 낸 것은, 무엇보다도 소옹의 『황극경세서』에 담긴 역사철학에 대한 신뢰와, 중국사뿐만 아니라 우리의 역사도 그러한 틀 속에서 이해할 필요가 있다는 의식에서 비롯된 것이라고 할 수 있을 것이다.

而忽遭難醫之疾, 更無瞻天之望. 此亦數也. 臣粗辨死生之理, 了無芥滯, 而唯是恩恤之典, 到死漸隆. 感結于中, 不知所云."

제2장 대곡 김석문의 『역학도해』와 지전설

대곡大谷 김석문金錫文(1658~1735)[1]은 송대의 역학 특히 주돈이의 「태극도설」, 장재의 『정몽』, 소옹의 『황극경세서』 등을 인문과학이나 사회과학이 아닌 자연과학의 천체설에 응용한 학자이다. 그가 당대와 후대에 주목을 받게 된 것은 그의 저술 『역학도해易學圖解』 때문이다. 이 책은 이름 그대로 역학을 그림과 해설을 붙인 형태로 설명하고 있는 것으로, 『역학이십사도 총해易學二十四圖總解』라고도 불린다. 김석문의 나이 40세 때 완성되어 69세 때인 1697년에 판각되었다. 이 책에서 그는 해와 달과 오성五星의 크기를 밝히고 지전설을 제시했다. 사람들이 이 책에 주목하는 이유는 역경해설서라는 점과 지전설을 주장하였다는 점, 지구를 비롯한 천체의 구조와 우주의 시종주기설을 담고 있다는 점 때문이다. 이 점에서 볼 때 그의 천체설은 자연과학적 관찰의 결과로 얻어진 경험적 논리의 토대를 갖고 있는 것이 아니라 역학적 성찰의 산물이다.

김석문에 대한 관심은 그가 생존했던 시기에 교유했던 인물들에 의해 그가 살던 지역을 중심으로 이루어졌고, 근세에는 사상사 또는 과학사 등에 대한 관심에서 촉발되었다. 주요 인물을 보면, 조선조에서는 김원행

---

1) 김석문은 숙종 때의 학자로, 자는 炳如이고 호는 大谷이며 본관은 淸風이다. 포천 출신. 영의정 金堉의 족손이다. 『易學圖解』를 지었으며 만년에 포천 多大谷에 살았다.

金元行(1702~1772)과 황윤석黃胤錫(1729 ~1791), 안정복安鼎福(1712~1791), 홍대용
洪大容(1731~1783), 박지원朴趾源(1737~1805), 이규경李圭景(1788~1856) 등에 의해
조명되었고, 근세 학계에서는 민영규, 이용범, 황병기, 김용헌, 오가와,
최영성 등에 의하여 이루어졌는데 주로 과학사나 서학수용사 또는 철학적
배경 등에 초점이 맞추어져 있다.2) 김석문의 학문에 대해서는 실학적
관점에서도 접근을 시도해 볼 수 있다. 그러나 그에 대한 학계의 관심은
비교적 부진하고 늦었으니, 그에 대한 연구는 1970년대 중후반에 들어서부
터 다소 활기를 띠기 시작한다. 이는 그의 저서가 세상에 공개된 시점과
관련이 있다.3) 『역학도해』에 대한 연구에 집중되는 논문이 이미 10여
편 있으므로 여기서는 주로 그의 저술과『황극경세서』관련 부분에 대해
주목하기로 한다.

---

2) 김석문을 연구한 주요 학자와 논제들은 다음과 같다.
　　민영규, 「17세기 李朝 學人의 地動說－김석문의 역학24도해」, 『동방학지』 16(연세대
　　　　국학연구원, 1973).
　　이용범, 「金錫文의 地轉說과 그 思想的背景」, 『震檀學報』 41(1976).
　　_____, 「李朝實學派의 西洋科學受容과 그 限界 ; 김석문과 이익의 경우」, 『동방학지』
　　　　58(연세대 국학연구원, 1988).
　　小川晴久, 「地轉(動)說설에서 우주무한론으로 : 김석문과 홍대용의 세계」, 『동방학지』
　　　　21(연세대 국학연구원, 1979).
　　허종은, 「김석문의 우주론과 그 사상사적 위치」, 『동서철학연구』 11(한국동서철학
　　　　회, 1994).
　　김용헌, 「김석문의 우주설과 그 철학적 성격」, 『동양철학연구』 15(동양철학연구회,
　　　　1995).
　　_____, 「김석문의 과학사상」, 『과학사상』 33(범양사, 2000).
　　황병기 「역학과 서구과학의 만남－조선후기 사상의 내적 발전사 탐구」, 『도교문화
　　　　연구』 21(한국도교문화학회, 2004).
　　김영식, 「조선 후기의 지전설 재검토」, 『동방학지』 133(연세대 국학연구원, 2006).
3) 이용범은, 김석문에 대한 관심이 이미 그의 생존 시에 포천 양주 일대의 친족 중심의
　　지인들에게서 나타나고 황윤석, 홍대용, 박지원, 이규경 등의 글에서도 보이지만 그
　　의 저술인『역학도설』이 1970년대에야 비로소 출현하였기 때문에 그에 대한 연구가
　　부진하게 되었다고 보고 있다. 이용범, 「이조실학파의 서양과학수용과 그 한계－김
　　석문과 이익의 경우」, 『동방학지』 58(1988).

1. 역학적 지전설

김석문은 그의 시대에 조선의 코페르니쿠스적 전회에 해당하는 발언을 했다.

천체가 지구의 둘레를 주행하는 것이 아니라 지구가 회전하여 낮과 밤의 하루가 이루어지니, 이것은 마치 배를 타고 가는 사람이 배가 가는 줄을 모르고 강안의 언덕과 나무들이 움직이는 것으로 착각하는 것과 같다.[4]

이런 놀라운 발언을 한 김석문은 당시 집권세력인 노론계 가문 출신이었다. 김육金堉(1580~1658)과 김석주金錫冑(1634~1684)가 그와 한집안이었으며, 포천·가평·양주 등 서울 북부지역이 이들의 세거지였다. 김석문은 명문가에서 태어났지만 어려서부터 병이 많아 사람들과 폭넓게 교유하지 못하고 포천 대곡大谷에다 집을 짓고 지냈다. 그의 호가 여기서 유래한다. 대곡촌에는 큰 못이 있고 그 주변으로 꽃나무 숲이 있었는데, 그는 못가를 소요하면서 고기와 꽃을 감상하며 지냈다. 69세에 음서로 채용되어 잠깐 통천通川군수를 지냈는데, 이때 『역학도해』의 판각이 이루어졌다.

김석문은 초년 때부터 『역』에 관심이 많았으며, 주돈이·장재·이정·소옹 등 북송 학자들의 글을 많이 읽었다. 그의 스승은 허격許格(1607~1691)으로 전한다. 이안눌李安訥(1571~1637)[5]에게서 사사한 허격은 장유, 정두경 등과 교분이 있었으며 김상헌을 존경했고, 호란 때 청과의 화친이 이루어지자 출사를 포기하고 단양에 숨어 지낸 대의大義의 처사로 알려져 있다.[6]

---

4) 『易學圖解』, 「總解」, 3쪽, 8~9행.
5) 李安訥은 본관이 德水이고 자는 子敏, 호는 東岳이며, 좌의정 荇의 증손이다. 동년배인 權韠과 선배인 尹根壽·李好閔 등과 교우를 맺었다. 이들의 모임을 東岳詩壇이라 한다.
6) 허격은 병자호란이 일어나자 의병을 일으켜 항전하려 했으나 이미 조정에서 청에 굴욕적인 항복을 한 뒤였다. 이후 丹陽에 은거하며 스스로 滄海處士라고 칭하였다.

김석문은 성리학으로부터 나아가 제자백가를 비롯하여 천문·지리 영역까지 독서의 범위를 넓혀 갔다. 그의 천문지리학에 대한 관심은 전통적인 것뿐만 아니라 당시 유입되기 시작한 서학서에서 촉발된 점도 있다. 17세기 이후 연행사 일행이 가져오는 서학류 서적들과 다양한 정보들은 당시 조선 조야에 공개적으로 유포되지 못했다. 청에 조공을 하는 것은 어쩔 수 없더라도 이른바 북벌대의론과 청을 야만시하는 분위기 탓에 그곳의 문물을 들여오는 것은 금지되었기 때문이다. 그러나 몰래 들여온 청의 문물들은 가족과 친지 등 개인적인 친분관계를 통해 은밀하게 확산되어 가고 있었다. 당시 집권층인 노론 가문에 속한 김석문은 서학 관련 서적과 정보들에 접근할 수 있는 좋은 위치에 있었다. 따라서 그가 한역서학서들을 구하여 읽는 데는 큰 어려움이 없었을 것이다. 정치주도 세력들이 그들의 이데올로기인 반청북벌의 분위기 속에서 서양 과학서를 신뢰하게 된 배경에는 부정할 수 없는 서양 역법에 대한 신뢰가 자리하고 있다. 즉 이들에게는 주자학적 세계관과 서양 역법으로 대표되는 실용적인 청조 문물의 병행불패竝行不悖라는 과제가 주어진 셈이다. 17세기 이후 조선의 지식인들 상당수는 주자학적 전통과 서학의 실용성을 접합시키려고 노력했다.[7]

김석문의 지전설에 주목하는 것은 역학 특히 주돈이의 「태극도설」과 소옹의 『황극경세서』로부터의 영향이 있기 때문이다. 「태극도설」과 『황극경세서』는 주희가 적극적으로 해석하고 수용했기 때문에 넓은 의미의 주자학 속에 포함시킬 수 있다. 따라서 김석문은 조선에서 주자학적 사유를 과학적으로 전환하여 활용했다는 점에서는 효시적 위치에 있다.[8] 또한 그는 서학서에 담긴 과학사상 가운데 그 배경이라 할 수 있는 천체설

---

7) 김용헌, 「김석문의 우주설과 그 철학적 성격」, 『동양철학연구』 15집, 363쪽.
8) 홍대용이나 박지원은 물론 서명응도 모두 우주론·천체론에 관심이 있었는데, 이들은 김석문을 선도적 위치에 있다고 추존한다.

을 일정 부분 수용하기도 했는데, 그는 이것을 부인할 수 없는 내용으로 보고 이에 대한 전통철학적 해석을 시도했으니 역시 전통철학과 서양과학의 접합을 시도한 사례에 속한다.

박지원은 '땅이 둥글다'는 주제로 청의 학자와 대화를 나누는 가운데 친구 홍대용과 선대 학자 김석문을 거론하면서, 조선에서 처음으로 지구가 둥글고 그것이 태양의 주위를 돈다는 주장을 펼친 인물이 김석문이라고 말하고 있다. 이 대화에서 청인은 땅이 둥글다는 이야기는 서양 사람들이 처음 말했지만 땅덩이가 돈다는 말은 하지 않았는데, 이 학설이 박지원이 터득한 것인지 그렇지 않으면 어느 스승으로부터 이어받은 것인지를 물었다. 그러자 박지원은 자신이 애초에 지구가 둥글다는 것을 확신하고 있었고 친구 홍대용의 주장 또한 그러했으며, 이미 그와 같은 이치를 주장하는 선배 학자 김석문의 삼환부공설三丸浮空說이 있었다고 말한다.[9] 그러나 김석문이 죽은 지 이미 100년이나 되어 서로 사수師授할 터수가 못 되는 데다가 자신은 김석문이 남긴 저서 또한 보지 못했다고 밝히고 있다.[10] 박지원은 김석문의 『역학도해』를 보지 못했을 뿐만 아니라 이 책의 존재 자체를 모르고 있었을지도 모른다. 한편 이규경은 경전에 관한 여러 사실들을 변증하는 가운데 우리나라에서 이루어진 『역』 해석서로 고려시대 윤언이尹彦頤의 『역해易解』, 조선조 세조 어제의 『역학계몽요해易學啓蒙要解』 등과 함께 김석문의 『역학도해』를 꼽았다.[11]

---

9) 朴趾源, 『熱河日記』, 「太學留館錄(前篇)」.

10) 『熱河日記』, 「鵠汀筆談」.

11) 李圭景, 『五洲衍文長箋散稿』, 經史篇 1, 「經典類一·經典總說」, '十三經·易經'. 이규경은 고려시대의 『역』 해설서로 尹彦頤의 『易解』를 들고, 조선시대의 『易』 해설서로는 광해군 때의 『御製易學啓蒙要解』, 金安國의 『易學啓蒙圖書節要』, 柳贇의 『易圖』, 張顯光의 『易學圖說』·『易卦總說圖書發揮』, 金烋의 『周易後錄』, 金錫文의 『易學圖解』, 成運의 『易學圖說』, 曹好益의 『周易釋解』·『易象推說』, 崔岦의 『周易本義口訣附說』, 徐命膺의 『啓蒙集傳』, 李滉의 『啓蒙傳疑』, 崔粹翁의 『易蠡』, 池光晉의 『易難』 등을 들고 있다.

2.『역학도해』의 개물폐물론

이재頤齋 황윤석黃胤錫[12]은 조선조 소옹 학술의 계보를 논하면서 김석문의 학술을 매우 높이 평가하였다. 김종수金鍾秀[13]에게 보낸 편지에서 그는 김석문이 저술한『역학도해』는 이전 사람이 미처 발명하지 못한 것을 밝혔으니 거의 소옹과 백중伯仲을 이루고 조선에서는 서경덕 이후로 아무도 논할 수 없다고 하면서,[14] 이 책이야말로 공자와 소옹을 참합參合했다고 할 수 있다고 극찬하였다.[15] 그러면서 후세의 양자운과 소요부가 나온다면『역학도해』를 이해하고 그 가치를 인정한 자신을 어떻게 평가할 것인지 궁금하다고 말하기도 한다.[16] 소옹과 백중伯仲이라고 한 표현 속에는 선배 학자에 대한 칭송이 담겨 있으며, 공자와 소옹을 참고하고 합치시켰다고 한 평가는 김석문의 사상에『황극경세서』의 철학적 사유가 반영되어 있음을 인정한 것이다. 그의 시각에 따르면, 조선 상수학의 계보는 공자·소옹·서경덕·김석문·황윤석으로 이어진다.

김석문은『역학도해』의 서문에서 다음과 같이 말한다.

---

12) 황윤석의 자는 永叟, 호는 頤齋·西溟散人·雲浦主人·越松外史이다. 본관은 平海이고, 金元行의 문인이다. 처음에는 理學의 공부에 힘쓰고『역』을 비롯한 경서를 연구하였으나 북경을 거쳐 전래된 서구의 지식을 받아 소개한 공이 크고, 또 종래의 리학과 서구의 새 지식과의 조화를 시도한 점이 특색이다. 저서로는『頤齋遺稿』,『頤齋續稿』,『理藪新編』,『恋知錄』등이 있다.

13) 김종수(1728~1799)는 자가 定夫, 호는 眞率·夢梧이고 본관은 청풍이다. 경기도관찰사·평안도관찰사를 거쳐 제학·대제학에 올랐고, 그 뒤 이조판서·병조판서를 거쳐 1789년 우의정에 올랐다. 저서로『夢梧集』이 있다.

14)『頤齋遺藁』, 권7,「與金判書鍾秀書(乙巳)」, "窃聞貴宗金大谷錫文氏居抱川, 官通川倅, 其學深于易. 著易學圖解二十五圖五六卷, 發前未發, 殆伯仲康節, 而花潭以下所不論也."

15)『頤齋遺藁』, 권10,「與林啓渚書(庚寅)」, "天啓奎運, 人文益彰, 而西洋新法, 自華而東, 爰有大谷金公作易學圖解二十五篇, 包幷利熊, 參合孔邵, 今其遺文, 雖未梓行, 而博雅之士, 已爲之快覩, 惜乎猶有餘憾爾."

16)『頤齋遺藁』, 권12,「金大谷錫文易學圖解後」, "未知世之子雲堯夫者, 視永叟謂何."

나는 특히 『역』·주돈이·소옹·정호·정이·장재 등의 책을 좋아했다. 천·지·일日·월月·성星·신辰·수水·화火·토土·석石으로부터 금수와 초목, 인성의 선악과 생사에 이르기까지 두루 관찰하고 연구하여 음양의 이치와 고금의 변화를 통달하고자 했으며, 제자백가를 두루 섭렵하여 역법曆法·지지地誌·육예六藝에 관한 책 가운데 취할 것은 취하고 버릴 것은 버려서 모두 회통하게 함으로써 공자의 학문으로 귀착시키고자 했다.

『역학도해』에는 대체로 다음의 내용들이 들어 있다. 지구는 하늘의 중심에 있지 않고 떨어져 있다. 하늘은 9중천을 이루고 있는데, 중심으로 갈수록 더욱 운동이 빨라진다. 지구는 자전하고 또 공전한다. 황도와 적도의 교차 각도는 일정하지 않다. 76,3200년을 주기로 45~0도 사이를 오간다. 지상의 대변화가 초래할 현상 가운데는 장차 조선도 사막이 되고 무인지대가 되며 동해가 빙하로 변하는 것도 포함된다. 지구가 소멸하여 하늘로 돌아가고, 하늘도 소멸하여 도로 돌아간다.[17]

땅이 둥글다는 생각은 곧 전통적인 지방설地方說을 지구설地球說로 대체한 것이니 엄청남 변화인 셈이다. 그는 "땅은 본래 태허太虛 속의 물건이므로 그 형체가 둥글지 않을 수 없다"라고 했다.[18] 그는 '땅이 모나다'는 '지방' 관념에 대해서는 "지구는 음陰의 물체여서 외부로부터 빛을 받는데, 이때 그 빛을 받음에 팔방八方의 다름이 있다는 뜻이지 바둑판의 네모난 것과 같다는 뜻이 아니다"[19]라고 설명했다. 지방설이 잘못이 아니라 통념과는 다른 의미라는 태도를 취한 것이다. 그는 수·석·토·화의 물질이 지구를 구성하고 있으며, 풍風·한寒·서暑·야夜·주晝의 다섯 가지

---

17) 이상 다섯 조항은 오가와 하루히사(小川晴久) 교수의 논문을 요약한 것이다. 『역학도해』의 천체 관련 내용에 대해서는 이미 여러 학자들이 자세히 연구한 바 있다. 민영규, 이용범, 김용헌 등의 논문이 비교적 상세하다.
18) 『易學圖解』, 6쪽, 5행, "地本太虛中之物, 其體不得不圓."
19) 『易學圖解』, 6쪽, 5~6행.

기운이 그것을 둘러싸고 있다고 한다. 또 "지구에서 태극에 이르기까지 9개의 층이 있으니 모두 경위經緯와 원근遠近의 수數가 있다"[20]라고 하여, 우주의 구조는 천심天心을 중심으로 9층의 하늘로 이루어져 있다고 한다. "천행건天行健"에 대해서는 "하늘의 덕이 강건부동剛健不動하다는 뜻이지 하늘이 하루에 한 바퀴씩 운행함을 말하는 것이 아니다"[21]라고 해석함으로써 천동설을 극복하고 지동설을 뒷받침하고자 했다.

이상의 주장을 정당화하는 과정에서 김석문은 주돈이의 「태극도설」에 나오는 우주생성론을 활용하고 있다. 그는 「태극도설」의 "태극이 움직여 양을 낳는다"를 가장 바깥에 있는 부동의 태극천太極天에서부터 움직이는 양인 태허천太虛天이 나오는 것으로 설명하고, "움직임이 극단에 이르면 정지한다"를 우주의 구조 가운데 땅이 가장 빨리 도는데 그 땅위에 있는 사람은 오히려 정지해 있는 듯이 느끼게 되는 것이라고 설명하였다. 또 "정지하여 음을 낳는다"의 구절은 땅이 돌아서 해의 반대편에 그림자가 생기는 것을 사람들이 정지한 땅에 음이 생긴다고 보는 것이라고 하고, "정지함이 극단에 이르면 다시 움직인다"는 구절은 땅을 정지해 있는 것으로, 하늘을 움직이는 것으로 간주한 것이라고 하였다.[22]

이러한 해석은 물론 자신의 새로운 해석을 기존의 권위 있는 문헌의 구절에 억지로 꿰어 맞춘 듯한 느낌이 들기도 한다. 그러나 이미 기존의 우주관에 대한 불신이 형성되고 새로운 우주관은 아직 정착되지 않은 당시의 상황에서, 그것의 정당성을 입증하고 확산시키기 위해서는 기존의 권위 있는 문헌에 의한 설명은 반드시 필요한 일이기도 했다.

---

20) 『易學圖解』, 7쪽, 4~5행. 아홉 개의 층이란 지구·달·해·화성·목성·토성·항성·태허·태극을 말한다. 그는 지구에서 각 천체까지의 거리를 수로 나타내기도 한다. 예를 들면 달까지의 거리는 37,7029리이고 해까지의 거리는 521,7386리이다.

21) 『易學圖解』, 14쪽, 8~9행.

22) 『易學圖解』, 31~34쪽. 김영식의 「조선 후기의 지전설 재검토」에도 이와 같이 간략하게 정리되어 있다.

김석문은 우주의 시간, 그 시종에 대해서는『황극경세서』를 이끌어 설명한다. 그는 천체의 구조와 거리, 크기, 운행의 속도를 설명하고 천체의 생성과 소멸에 대해서도 예측하고 있다. 이때 그는 소옹의 원회운세설을 확장 적용하고 있다. 그는 천지에도 시종이 있는데『역』의 수數가 바로 천지의 시종을 탐구하는 것이라는 소옹의 말을 인용하면서, 천지가 시초로부터 종말에 이르는 과정은 태허에서 시작하여 각 천체의 형성과 운행 및 그것의 소멸에 이르는 과정이라고 말한다. 천체의 운행에서 가장 관심을 끄는 것이 결국 태양과 지구이다. 그는 소옹이 말한 개물開物과 폐물閉物을 나름대로 해석한다. 그에 따르면 개물이란 햇빛을 많이 받는 지구 중심부에 양기가 가득하여 초목금수가 번식하고 인간이 농사를 지어 먹고 성곽을 지어 거처하며 윤리도덕이 바르게 설정되어 잘 지키게 된 것을 말하고, 폐물이란 극지방에 햇빛이 덜 들어 춥고 생명체가 살기 힘든 것과 같이 지구에서 생명체가 살지 못하는 것을 말한다. 소옹의 의사와 부합하는 것 여부를 떠나 나름대로의 해석을 가하고 있음을 알 수 있다.

김석문은 달이 하늘을 한 번 돌 때 지구는 30번을 돌고 달이 12번을 돌 때 지구는 360번을 돌며 지구가 360번 돌면 추위와 더위가 한번 남으로 갔다가 한번 북으로 가서 만물의 성쇠가 끝나는데, 이것이 바로 1년이라고 하였다. 이것을 확장하면 30년이 1세, 12세가 1운, 30운이 1회, 12회가 1원이 된다고 하는데, 이는 바로 소옹의 원회운세설이다. 김석문은 다음과 같이 말한다.

> 지구가 한 번 자전하는 것을 1일이라고 하고, 지구가 하늘을 한 번 도는 것을 1회會라고 하며, 지구가 30번 일주하는 것을 1원元이라고 한다.[23]

---

23)『易學圖解』, 12쪽, 16~20행.

그는 1운의 360년은 태양의 높낮이가 360년을 주기로 순환하는 것이라고 하고, 1회는 지구가 25440년을 주기로 하여 황심黃心을 중심으로 공전하는 것이라고 한다. 태양이 서쪽 교차점에서 북쪽 길로 접어들면 햇빛이 길어지고 사막의 음이 쇠퇴하며 햇빛을 받는 곳에서 만물이 번성하게 되는데, 이를 개물이라고 한다. 6360년 만에 동쪽 교차점에 이르면 사막의 음이 극도로 자라나고 해와 달의 빛이 줄어들어 만물이 생성할 수 없는 상황이 되는데, 이를 폐물이라고 한다. 남쪽과 북쪽의 경우도 마찬가지이다. 이렇게 지구는 25440년마다 일주하는 사이에 두 번의 개물과 폐물이 이루어진다는 것이다. 이것을 2회의 개물과 폐물이라고 한다. 여기서 나아가 그는 1원의 개폐를 말한다.

그는 하지 때 지구와 태양의 각도는 23.5도이고 이로부터 최대 45도에서 최소 0도까지 변한다고 한다. 황도와 적도가 45도에 이르렀을 때는 만물이 크게 개벽하는 때이다. 이를 정점으로 하여 태양의 고도가 하강을 하는데, 지구가 하늘을 15번 일주하면 항도와 적도가 겹치게 되며 이때를 자회子會라고 한다. 이때는 아무 생명체도 없는 대폐물大閉物의 때이다. 자회에서 다시 태양의 고도가 상승하여 지구가 천심을 15번 돌면 정점에 이르는데, 이때가 오회午會이다. 그리하여 30번 주회하면 1원이 된다. 2회에 하늘을 한 번 돌기에 1원은 60회가 된다. 곧 1원은 763200년인데, 이를 곱한 수가 소운小運이고, 소운과 소운을 곱하면 대운大運이 되며, 대운과 대운을 곱한 수가 지구시종의 수가 된다. 그는 지구가 다하면 하늘로 돌아가고 하늘이 다하면 도로 돌아간다고 했다.[24] 이는 소옹의 원회운세의 틀을 빌린 것이기는 하지만 그 셈법이 다르다.[25]

---

24) 『易學圖解』, 13쪽, 18행, "地盡反天, 天盡反道."
25) 이상의 내용은 김용헌의 「김석문의 우주설과 그 철학적 성격」(『동양철학연구』 15집)을 요약 정리한 것이다.

3. 조선의 상수학적 개벽론의 효시

『역학도해』는 성리학적 우주론의 미비점을 보충하기 위한 대안적 설명으로서의 천체관을 제시했다. 또한 『황극경세서』의 순환론적 역사 전개와 더불어 이 무렵 유포되기 시작한 지구구형설地球球形說도 수용하였다. 높은 산이 한때는 바다였으며 지구상의 어떤 해안은 계속 침하하고 있다는 것, 지축이 기울어져 있으므로 지역에 따라 일조량이 다르고 이에 따라 추위와 더위가 생기고 정치와 윤리의 변화가 일어난다는 것 등을 말했다. 이는 경전에는 오류가 없다는 신념에서 비롯된 절대적 세계관으로부터 상대적 세계관으로 바뀐 것으로, 이러한 자연과학적 패러다임의 변화는 인문학적 패러다임의 변화를 유발했다. 즉 기존의 중국중심적 세계관·역사관으로부터의 탈피가 가능한 근거가 마련된 것이다.

지구의 구형설에 대한 자연과학적 확신은 자연히 누구나 자기가 서 있는 곳이 땅의 중심이라는 생각으로 나아갔고, 이는 다시 중화주의적 사고를 벗어나 조선중화를 주창하는 인문학적 패러다임의 변화를 추동하기에까지 이르렀다. 그럼에도 여전히 경전과 같은 기존의 권위를 빌리려 했던 것은, 그것이 혹 있을 수도 있는 지식인 집단으로부터의 소외를 극복하는 길이 될 수도 있었기 때문이며, 또한 새로운 세계관이 기존의 전통적 문헌으로 해명될 수 있을 때 그 영향력과 파급력이 훨씬 더 증대되리라 기대했기 때문이기도 할 것이다.

김석문은 일정한 사승 없이 독창적 사색의 방법으로 창신創新의 본을 보인 학자이다. 그는 박학했다. 독서의 범위, 학문적 관심의 범위를 넓게 잡았다. 그는 전통적 인문학 또는 경학으로부터 출발하여 점차로 자연학·제자학으로 학문적 관심의 스펙트럼을 넓혀 갔다. 이는 조선후기 사회의 변화와 관련이 있을 것이다.

한편 사승이나 후학이 없는 학자들에게서 공통적으로 나타나는 현상이 김석문에게서도 보인다. 우선 그는 개념을 독창적으로 사용한다. 이전의 학자들이 사용하던 방식과 전혀 다르거나 매우 낯선 개념을 독단으로 사용하는 경향이 보이는 것이다. 개물·폐물의 개념이나 「태극도설」의 생성론, 『역』 상사 등에 대한 독창적인 해석들에서 이를 확인할 수 있다. 또한 그가 구축한 이론 틀은 객관적으로 납득되기 어려운 점들이 많다. 개인의 특수한 처지와 경험 등이 바탕에 있는 자득처가 많기 때문이다. 따라서 개인적 추종세력이 없이는 그것이 일반 대중들에게나 후세에 전파되기 어려운데, 김석문의 경우가 바로 그러하다.

그럼에도 불구하고 우리는 김석문에게서 상수학적 우주론이라고 할 수 있는 창의적인 조선 강절학의 효시를 볼 수 있다. 일단의 학자들이 소옹의 안락론에 취하거나 그의 경세론에서 역사적 교훈을 얻고자 할 때 그는 우주론으로 시야를 넓혔으며, 왕조와 국가의 시종에서 우주의 시종으로 관점을 이동시켰다. 그리하여 직접적 사승관계는 아닐지라도 그는 훗날 이재 황윤석, 보만재 서명응, 회재悔齋 성현成灝, 일부一夫 김항 등으로 이어지는 일군의 학자들, 즉 강절학을 통해 우주론적 영역을 개척한 조선 학자들의 선하가 되었는데, 이들 중 일부는 우주적 개벽에서 사회적 개벽을 전망하기도 했다. 분명한 사승이 없음에도 그와 같은 유사성이 드러나는 것은 시대적·사회적 환경이 그것을 요청하고 있었기 때문일 것이다.

제3장 회재 성현의 인문역학

1. 기호의 재야 강절학자

회재悔齋 성현成灦(1764~1834)은 일생 강호에서 『역』의 연구에 전념했던 학자이다.[1] 그의 문집 『회재집』은 4권으로 되어 있는데,[2] 그 내용은 일견하기에도 매우 심오하고 독창적이다. 문하생으로 보이는 사람들이 문집에 나타나지만[3] 후학들이 스승의 학문을 체계를 갖추어 전승하지는 못한 듯하다. 문집의 1권에는 시 70제에 94수, 편지 6건이 실려 있고 2권부터 4권까지는 잡저이니, 문집 대부분이 잡저로 되어 있다고 할 수 있다. 2권에 47편, 3권에 19편, 4권에 25편 등 모두 91편이 있다. 이 가운데 역학 관련 잡저가 2권에 8편, 3권에 19편, 4권에 25편 등 52편에 이른다. 이는 그의 학문 성향을 짐작하게 하는 부분이다. 편집체제는 다소 소략하다. 크고 작은 제목의 분류가 제대로 되지 않아 독자의 혼란을 초래하고,

---

1) 공주 달전리 출생. 묘소는 연기군 금남면 괴화산 아래 반곡촌 뒤 丁坐에 있다. 슬하에 3남을 두었는데, 장남은 德仁, 차남은 禮仁, 삼남은 興仁이다.
2) 『悔齋集』은 1961년 후손 成九鏞이 편찬하여 右文堂印刷所에서 간행하였다. 권4 말미에 둘째 아들 예인이 쓴 발문이 있는 것으로 보아 『회재집』은 아들 때에 편집되었던 것 같다. 권1은 賦·詩·疏·書·序·記·題跋·銘·贊·墓表·告祝·祭文·行狀·事實을 收編하였고, 권2·3은 雜著, 권4는 雜著와 補遺, 附錄으로 구성되어 있다.
3) 『悔齋集』 권2에 나오는 김정록·김윤옥·박인대·한원교·박필문 및 사중제생에게 보낸 글 등으로 미루어 보면 일단의 문생이 있었던 듯하다.

제목과 내용이 유사한 것도 많고, 오탈자도 많다. 글의 상당 부분에서 그 논리를 헤아리기 어려웠고, 생경한 용어가 자주 등장하는데[4] 그 개념이 쉽게 파악되지 않는다.

성현의 생애와 학문의 기조는 문집을 간행한 5세손 구용九鏞이 쓴 『회재집』의 「서문」과 「행장」, 아들 예인禮仁이 쓴 「발」, 그리고 문중의 『가승家乘』을 통해 짐작할 수 있다. 이를 정리하면 다음과 같다.

성현은 독학창견獨學創見하여 사승을 말미암지 않았고, 하루도 공부를 폐한 일이 없었다. 15세에 아버지를 여의고 편모를 잘 봉양하여 극진히 섬기었다. 가계를 위한 공리功利의 길을 버리고 전일하여 성현의 학문을 익혔으니, 혹 벼슬하라고 권하면 "부귀는 사람의 힘으로 구할 수 있는 것이 아니다. 만일 구할 수 없는 것이라면 차라리 천작天爵을 닦아 내 좋아하는 것을 좇는 것 또한 옳지 않겠는가?"라고 하였다. 사서육경을 연찬하고 자·사·집에도 능통하여 천문·지리·의약·복서·병가의 책에 이르기까지 섭렵하지 않은 것이 없었다. 학문할 때에는 항상 문을 닫고 책을 읽었는데 벽이 허물어지고 구들이 차갑게 식어도 종일토록 꼿꼿하게 앉아 있었고, 채소와 거친 밥도 잇지 못했지만 이를 편안하게 여기었다. 사람을 가르칠 때에는 분석하고 명확하게 깨우쳐 털끝만큼도 남기지 않았으니, 듣는 사람들이 모두 흔쾌히 승복하였다. 천인관계를 탐구하였고, 고금을 꿰뚫는 식견을 지녔으며, 물리의 극치에 정심精審하고 상세하고 엄밀하였다. 그 기상과 규모는 홀로 깨치고 스스로 터득한 신비로움이 있었고, 그 내면에 쌓인 것은 하나하나 헤아리기 어렵다. 특히 『역』에 대해서는 더욱 완색하고 탐구하여 오묘한 이치를 구했는데, 태극·음양·하도·낙서·홍범·천지·만물에서 일·월·성·수의 도수와 인륜·일용의 도에 이르기까지 수많은 변화와 무궁한 상象의 지극한 이치를 탐구하지 않은 것이 없고 고증이 해박하게 갖추어졌다. 조예의 심오함이 위로 소옹의 학을 조술하였고 『계몽』의 사다리가 됨은 거의 동방에 나라가 선 이래로 그 곁에 나갈 자가 없으니, 역학의 지남指南이 되었다. 학문에 전념하는 일면으로

---

4) 예컨대 生花, 眞花, 化氣 등의 용어는 역학사에서 잘 사용되지 않던 용어이다. 성현은 복희역 팔괘를 生花로, 문왕역 64괘효단상을 眞花로, 한 시대를 지배하는 기운을 화기로 부른 듯하다.

『여씨향약』과『해주향약』을 취해 가감 수정하여 시행하였다. 일생 벼슬하지 않았으나 홍석주5)에게 보낸 몇 통의 편지에서 그 치인治人·경세經世의 규모를 짐작할수 있다. 노사숙유老師宿儒보다 더한 지식을 지니고 있었음에도 죽은 지 100년이지나도록 세상이 알아주지 않아 오히려 이름이 인몰湮沒되고 말았으니, 이른바세도가 어긋나서인지 명수命數가 그러해서인지 모르겠다.6)

이상은 모두 자제나 후손에 의하여 기록된 것인 만큼 어느 정도의미화를 감안해야겠으나, 성현 학문의 기본 방향과 틀을 이해하는 데는문제가 없다. 여기에는 몇 가지 주목할 부분이 있다. 우선 그가 어려서부터일정한 사승이 없이 독학자득하였다는 점이다. 흔히 일정한 사승이 없이자득한 학자들은 학설이 창조적이고 특유의 개념과 논리가 있다. 성현또한 자기 나름의 용어와 논리를 갖고 있어서 이해하기 어려운 점이있다. 독학한 사람의 공부는 아무래도 주관적 상념에 의존하기 쉽고자득한 부분이 객관적 설득력을 갖기 힘든 면이 있다. 이 경우 직접가르침을 받지 않으면 그 사상을 제대로 전수받기가 어렵다. 다음으로는성현 학술의 진수가 역학에 있다고 하는 주장이다. 그것도 태극·음양·하도·낙서·홍범·천지·만물에서 일·월·성·수의 도수와 인륜·일용의 도에 이르기까지 변화무상한 모습들에서 지극한 이치를 탐구했다는기술이다. 실제로 그의 문집에서는 역학 관련의 글이 대부분을 차지하고있다. 그의 역학 관련 글들을 내용에 따라 분류하면 다음과 같다.

◇역학 일반:「계상문답溪上問答」, 「주역周易」, 「인문人文」, 「리기형화理氣形化」, 「생화찬生花贊」, 「진화생화원류眞花生花源流」, 「용서龍瑞」, 「귀령龜靈」, 「인문人文」, 「역괘통서

---

5) 洪奭周(1774~1842)는 본관이 豊山이고 자는 成伯, 호는 淵泉이다. 조부는 樂性이고 부는 仁謨이며, 시호는 文簡이다. 저서에 『淵泉集』·『學海』·『永嘉三怡集』·『東史世家』·『鶴岡散筆』 등이 있다.
6) 『悔齋集』 권1의 「서문」 및 권4의 「附錄」·「行狀」·「跋」의 내용을 정리한 것이다.

易卦統序」, 「조서계造書契」, 「이로육자론二老六子論」, 「리기원류理氣源流」, 「천지도축급인지호흡지수상배일리天地度軸及人之呼吸之數相配一理」, 「삼재일리원류총론三才一理源流總論」, 「괘기원류卦氣源流」, 「인신소구자명해人身所其者名解」, 「사율師律」.

◇ 팔괘육십사괘론: 「팔괘변화八卦變化」, 「팔괘원도방위卦圓圖方位」, 「후천팔괘방위後天卦方位」, 「팔정위서」, 「육십사괘」, 「인문육십사괘人文六十四卦」, 「주역육십사괘차서」, 「서괘」, 「서괘대상序卦大象」, 「동인괘명의同人卦名義」, 「동인해同人解」, 「서괘전」, 「동인해同人解」, 「가인해家人解」, 「동인생어리궁지표同人生於離宮之表」, 「팔정팔회변화상생八貞八悔變化相生」.

◇ 하락론: 「하도문답河圖問答」, 「하도河圖」, 「낙서洛書」, 「구궁해九宮解」.

◇ 삼재론: 「삼재기수상부三才氣數相符」, 「삼재형화일리三才形化一理」.

◇ 간지론: 「역기曆紀」, 「간지배음양성신幹枝配陰陽星辰」, 「천간자의天幹字義」, 「십간인문화기十幹人文化氣」, 「천간음양화기원류天幹陰陽化氣源流」, 「지지화기원류地枝化氣源流」, 「간지상생팔괘干支相生八卦」, 「천간오합화기天干五合化氣」, 「지지육합원류地支六合源流」, 「팔괘변화간지배합」, 「팔괘납갑」, 「팔괘간지화기원류八卦干支化氣源流」, 「팔괘간지변화기수八卦干支變化氣數」, 「팔괘육갑八卦六甲」, 「육절六節」.

◇ 복서론: 「시서귀복著筮龜卜」, 「시책著策」, 「명시책明著策」, 「시책著策」.

마지막으로, 성현의 역학은 소옹의 역학을 계승 발전시켰다는 주장이다. 그런데 위의 분류에서 짐작할 수 있듯, 그의 역학이 소옹 역학에 집중되어 있다거나 그것을 발전시켰다고 하는 주장에는 보다 정밀한 검토가 필요할 듯하다. 성현은 진한 이래의 역학에서 진단과 소옹을 언급하고 있지만 또한 정이·주희도 주목하고 있기 때문이다.

2. 삼역사성론三易四聖論

성현은 일생 동안 모든 것을 오직 역학에 적용하고 역학을 통해 해석하려 하였다. 성현은 『역』과 관련된 꿈을 자주 꾸었다. 그는 꿈에 복희를 만나 획전역畫前易에 대해 물은 일이 있었는데, 이때 복희는 "하늘은 일一이요 땅은 이二일 뿐"이라고 답했다고 한다. 이를 이해하지 못한 성현이 다시 머리를 드리우고 한참을 부복해 있자, 복희가 다시 말하기를 "삼천양지參天兩地가 저절로 9·6·8·7을 이루어 소성小成하고 다시 무리에 미치게 되니, 너는 이를 묵회黙會하여 남의 스승이 되라"라고 명했다. 성현이 비로소 깨달은 후 그 의미를 탐색했는데, 여러 해가 걸렸다고 했다.[7] 또 성현의 만년 최후의 글인 듯한 「귀령龜靈」의 말미에서는 "천지는 늙지 않고 문화도 하늘을 잃지 않는데, 일월은 아직 어리고 그림자만 땅에 있네. 나는 이미 쇠약하여 꿈에 『역』도 다시 보이지 않고 다만 가죽 끈 세 번 끊어진 공자의 『역』 공부를 사모할 뿐이며, 또한 『춘추』의 절필에 상심하였네. 일흔의 나이에 시력이 떨어져 애꾸눈이 보듯 하고, 억지로 기록하였으니 다만 붓 아래 이야기를 펼쳐놓은 것으로 종이 위의 공허한 이야기일 뿐"[8]이라고 했다. 이 밖에 꿈에 상제를 모시고 복희에 관한 이야기를 나누었다는 시도 있다.[9]

성현은 「관역유감觀易有感」(『역』을 읽고 느낌이 있어)이라는 제목의 두 수의 시에서, 이치와 의리를 목표로 하여 그것을 하도와 낙서에서 구했음과 주돈이·소옹·복희·문왕·주공·공자의 취지를 알아야만 진리의 오묘한 세계에 들어갈 수 있음을 노래하였고, 또 무체無體의 역易과 무궁無窮한 이치를 찾기 위해 마음을 써야 하니 오직 정밀하고 한결같은 마음공부를 통해서만 『역』의 오묘한 이치를 알 수 있을 것이라고 읊었다.[10] 그의

---

7) 『悔齋集』, 권1, 「八卦亭序」.

8) 『悔齋集』, 권4, 「龜靈」, 62쪽 나.

9) 『悔齋集』, 권1, 「記夢」 8쪽. 꿈에 상제를 모시고 文理를 이야기한 것으로, 복희가 천지 상하에 신묘하게 통하고 음양에 오묘하게 부합하였다는 것이 주 내용이다.

10) 『悔齋集』, 권1, 「觀易有感(二首)」, "理無極處義無窮, 萬化自昭萬變通, 不必索隱圖上外, 何須行怪範疇中, 濂翁關裡尋眞奧, 邵子枕邊贖妙工, 透得羲文周孔旨, 方能優入太玄宮"; "易無其體理無窮, 終日以思義未通, 爲用淺心求厥奧, 莫將私意執其中, 乍萌慾處迷天造, 纔覺差時乖聖工, 惟一惟精心盡後, 許君親見伏羲宮."

역학이 일정한 사승은 없었으나 사설邪說로 분기하지 않았음을 엿볼
수 있는 자료이다.

성현은 하·은·주 삼대에 각각 『역』이 있었다는 것과 또 복희·문왕·
주공·공자 네 성인이 각각 『역』을 발전시켜 왔다는 통설을 수용한다.
그는 삼대의 역이 그 차서次序가 다르다는 것과 그 이유에 대해 설명한다.
하夏의 역이 연산連山인 까닭은, 하가 인월寅月을 정월로 하는데 인월은
간궁艮宮에 속하는 까닭에 역의 머리에 산을 겸하여 연산이라고 하였다는
것이다. 이는 인통人統이니, 공자가 하나라의 역법曆法을 사용하겠다고
한 것은 사람의 책력을 취한다는 뜻이다. 상商의 역이 귀장歸藏인 까닭은,
상의 정월이 축월丑月로 시작하는데 축월은 곤궁坤宮이며 곤궁은 만물이
귀장하는 때이기에 그렇게 이름 붙였다고 한다. 축의 때에 땅이 열리므로
이를 지통地統이라고 하니, 공자가 은나라의 수레를 타겠다고 한 것은
그 땅의 쓰임의 마땅함을 취한 것이다. 주나라는 자월子月로 정월을 삼는데,
자의 때에 하늘이 열리므로 『주역』은 첫머리에 건乾을 두었다고 한다.
이는 천통天統에 속하니, 공자가 "빛나도다! 그 문화여! 나는 주를 따르겠다"
고 한 것은 하늘의 강건함을 찬미한 것이다.[11]

역학의 사성四聖은 복희·문왕·주공·공자이다. 성현은 4성이 추구한
『역』의 본령을 덕을 닦음, 인을 실천함, 나쁜 일을 피함, 좋은 길로 나아감의
네 가지로 규정하였다. 그리고 복희·문왕·주공·공자는 비록 그 한
일이 다르지만 결국은 태극·음양·하도·괘·효를 그림자처럼 그려낸
것일 뿐이라고 한다. 즉 주공의 효사는 6효의 그림자요, 문왕의 단사는
한 괘의 그림자며, 복희의 심획心畫은 하도의 그림자요, 낙서의 우수와
기수는 음양의 그림자라는 것이다.[12]

---

11) 『悔齋集』, 권3, 「周易六十四卦次序」, 29쪽 나.
12) 『悔齋集』, 권2, 「性理辨疑」, 73쪽 나~ 74쪽 가.

성현은 문왕과 주공이 한 일들 중 단彖·상象이라는 글자를 사용한 것에 대해서 설명한다. 단彖이란 큰 돼지의 일종으로 정수리 부분에 한 개의 눈이 있는데, 한 몸의 전체를 두루 살필 수 있으므로 그 상을 취하여 문왕이 만든 계사가 한 괘의 모든 것을 판단하는 것임을 나타내었다고 하였다. 상象에 대해서는 큰 코끼리로서 그 상이 드러나고 그 성품이 강직하며 짝이 없으면 서지 않고 여섯 개의 이빨이 있다고 하면서, 주공이 지은 계사가 6효의 상황을 판별하는 것이기에 그 상을 취한 것이라고 하였다. 그런데 단彖을 일목수一目獸로 본 것이 무엇에 근거한 것인지, 또 코끼리 혹은 『역』에서 말하는 상상의 동물 상象에 6개의 이빨이 있는지는 전혀 분명하지 않다.

성현은 위와 같이 삼역사성의 통설을 수용하지만 진·한 이래의 역학에 대해서는 다음과 같은 나름의 견해를 갖고 있었다.

> 주나라의 도가 쇠하고 리학이 침미沈迷해지자, 진나라가 일어날 때에는 역학이 탕멸하였고 한초에는 황로가 가로막았으며 당말에 이르기까지는 현학玄學과 불학佛學이 어지럽혔다. 송나라 때에 이르러 진희이와 소요부가 나와서 다시 『역』으로 돌아갔고 정자가 다시 역상易象을 찬술하여 하도·낙서를 분석하고 나누었으며 주자가 이를 계승하여 밝게 비추었다. 그리하여 생화生花 한 송이가 마침내 주자의 문으로 돌아갔다.[13]

일반 성리학자들처럼 성현 또한 역학의 계보를 논함에 있어 진·한·당대를 부정하고 송대의 신난·소옹·정이·주희로 그 통서를 잇고 있다. 다만 성리학자들은 소옹은 인정하되 진단에 대해서는 대체로 부정적이었는데, 성현은 진단을 역학의 바른 계통에 정립하고 있다.

성현은 역학의 전승이 중국에서는 주희 이후로 끊어지고 조선으로

---

13) 『梅齋集』, 권2, 「性理辨疑」, 73쪽 나~74쪽 가.

이어졌다고 보았다. 즉 남명南明 이래로 중국에서의 전승이 끊기고 동으로 와서 정몽주와 조광조가 선창하고 이황과 이이가 배양함으로써 이후 이 도가 찬연히 다시 밝아지게 되었다는 것이다. 이러한 인식은 당시 조선 학자들이 지니고 있던 소중화의식의 반영이라고 할 수 있을 것이다. 여기서는 정몽주·조광조·이황·이이로 이어지는 도통을 역학의 관점에서 정립하고 있는데, 조광조를 역학에서 공로가 있는 학자로 평가하고 있는 근거는 제시되고 있지 않다. 그러나 성현은 자기 시대의 역학 풍조를 비판적으로 인식하고 있다.

> 근래 하늘을 상실한 것은 아니나 도가 사람에게 있지 않으니 논하는 사람들은 오로지 이순풍·곽박의 잡기를 숭상할 뿐이고, 세상의 『역』을 말하는 자들은 정자·주자의 순수한 의리를 연구하지 않아 선후의 차이에 전혀 어두워지니 정貞과 회悔의 방향이 없음을 어찌 알 것이며, 염계선생이 죽은 지 이미 오래이니 뉘라서 도상圖象의 진의를 탐색하겠는가? 요부 소옹 또한 오래전 사람인데 세상은 고리 속의 기계 갖고 놀듯하니, 나는 이를 안타깝게 여겨 비록 여기에 종사하여 탐구하고자 하나 재능이 부족하여 도리가 없다.[14]

성현은 당시 역학을 하는 사람들 대부분이 이순풍·곽박 류의 복서나 잡기로 빠져들고 말았다는 인식을 갖고 있다. 이는 성현이 잡술로서의 복서에 활용되는 역학을 극력 배제하였다는 것을 의미한다. 「계상문답溪上問答」[15]에 다음과 같은 문답이 있다.

> 객이 물었다. "그대가 『역』에 안목이 있다고 들었는데 과연 그러한가?" 주인이 답했다. "어찌 이런 말을 하는가? 희이·강절 이후로 『역』에 다다른 자가 있다는

---

14) 『慵齋集』, 권2, 「性理辨疑」, 73쪽 나~74쪽 가.
15) 『慵齋集』, 권2, 「溪上問答」. 이는 역학에 관한 61개의 물음과 답으로, 객이 묻고 주인이 답하는 형식으로 되어 있다. 처음에는 대화체로 되어 있다가 5번째부터 8번째까지는 문답으로 되어 있고, 9번째부터 마지막까지는 대개 계사에 대한 해석이다.

말을 듣지 못했고, 정·주 이후로 역의易義를 안다고 이를 만한 사람이 없었네."[16]

성현이 진단·소옹·정이·주희 이후의 역학에 대해서는 인정하지 않았다는 것을 알 수 있다. 그래서인지 후손 성구용은 성현의 역학이 소옹을 직접 계승한 것이라고 말한다.[17] 실제로 성현은 소옹의 선천도에 주목하였다. 그는 선천원도의 복괘로부터 건괘, 구괘로부터 건괘에 이르는 각각의 반원半圓이 음양의 작용을 보여 주고 있다고 설명하였으며,[18] 또한 하도·낙서를 역학의 바탕으로 보는 주장을 수용하였다.

3. 역학적 인문론과 역수학曆數學적 『역』 해석

성현은 『역』의 괘 해석에 있어서 괘서와 괘상에 특별한 관심을 가지고 있었다. 『회재집』의 글들 가운데 「서괘」, 「서괘대상」, 「인문64괘」, 「주역64 괘차서」, 「64괘」, 「역괘통서」, 「서괘전」 등이 모두 서괘나 괘상과 관련된 저술이다. 그는 「서괘대상」이라는 글을 통해 64괘가 지니는 상을 각각 정리하고 있는데, 몇 개의 예를 들면 다음과 같다.

송訟괘 : 새매가 토기를 쫓는 괘로, 천수가 서로 어긋나는 상.
동인同人괘 : 큰 물고기를 큰 물에 풀어놓은[19] 괘로, 두 사람이 금을 나누는 상.
비賁괘 : 맹호가 험한 산(艮)을 지고 있는 괘로, 광명통태한 상.

---

16) 『悔齋集』, 권2, 「溪上問答」, 69쪽 나.
17) 『悔齋集』, 권4, 附錄, 「行狀」, "嗚呼! 公以康節之學, 蘊抱經濟之策, 而歿身嵁巖, 不得一試於 當時."
18) 『悔齋集』, 권3, 「明蓍策」, 17쪽 가.
19) 『漢語大詞典』에서는 '巨魚縱大壑'을 다음과 같이 설명하고 있다. ① 縱游于川壑中的魚. 語出漢王褒「聖主得賢臣頌」, "千載一會, 論說無疑, 翼乎如鴻毛遇順風, 沛乎若巨魚縱大壑." 后遂以'縱壑魚', 比喻身處順境, 所至如意. ② 用以比喻身心自得.

건蹇괘 : 날아가는 기러기가 갈대를 물고 있는 괘로, 밝음을 등지고 어둠으로 향하는 상.
쾌夬괘 : 신검으로 교룡을 베는 괘로, 처음엔 손해이나 나중에 이익이 되는 상.
미제未濟괘 : 바닷물을 말려 구슬을 찾는 괘로, 근심 중에 기쁨을 바라는 상.

성현이 서술한 각 괘의 상은 정이·주희의 『전의傳義』에서 제시하는 전통적 의미의 물상과는 다소 거리가 있는 것들이 많고, 그 유래를 밝히기 어려운 것들도 다수이다. 이런 상을 어떤 근거에서 왜 제시했는지는 알 수 없다. 혹 점서에 사용한 것은 아닌지 모르겠다. 물론 앞서 보았듯이 성현이 이순풍·곽박을 비판한 것은 사실이지만,[20] 점술에 관한 그의 명확한 입장은 드러나 있지 않다. 잡술에는 반대하되 역점은 실제로 시행했을 가능성도 열려 있다. 「시책」과 「명시책」에서 그는 괘를 뽑아내는 과정에서 나타나는 수에 대해 상세히 설명하고 있다.

성현은 건·곤괘로부터 시작하여 기제·미제괘에 이르는 64괘 각 괘의 성정과 형체 및 그 상 속에 담긴 이치를 논하고 있다. 한 예를 살펴보면 다음과 같다.

몽蒙괘는 간艮·감坎의 성정이다. 간艮은 산山의 성정이고 산은 간의 형체이며, 감坎은 물(水)의 성정이고 물은 감의 형체이니, 험한 것을 알아서 멈춤이 바로 몽의 상이요, 이것이 몽이 되는 것은 리가 그러하기 때문이다. 이는 곧 형화形化가 점진적으로 이루어짐이다.……
태兌괘는 리택麗澤의 성정이다. 태는 소녀少女의 괘이니, 한 음이 두 양의 위에 의거하고 있으면서 기쁘게 강중剛中의 덕을 따르고 기쁘게 순종의 덕을 행하여 군자의 학문을 받든다. 무엇이 이보다 더 위대하랴? 그래서 "배우고 늘 익히면 또한 기쁘지 아니한가? 벗이 먼 곳에서 찾아오면 또한 즐겁지 아니한가" 하였으니, 이것이 태가 되는 것 또한 리이다.[21]

---

20) 『悔齋集』, 권2, 「性理辨疑」.

이처럼 64괘를 모두 성정과 형체 및 그 상으로 해석하는 것에는 성현의 창의성이 개입되어 있으나, 그 해석 틀은 정·주의 방법과 다르지 않다.

성현은 괘를 간지干支·납갑納甲의 방법으로도 해석한다. 『회재집』에 실린 글들 가운데 역수와 납갑에 의한 역 해석의 사례는 「하도문답」, 「하도」, 「낙서」, 「구궁해九宮解」, 「삼재기수상부三才氣數相符」, 「역기曆紀」, 「간지배음양성신幹枝配陰陽星辰」, 「천간자의天幹字義」, 「십간인문화기十幹人文化氣」, 「천간음양화기원류」, 「지지화기원류」, 「간지상생팔괘」, 「천간오합화기」, 「지지육합원류」, 「팔괘변화간지배합」, 「팔괘납갑」, 「팔괘간지화기원류」, 「팔괘간지변화기수」, 「팔괘육갑」, 「육절六節」 등 상당수에 이른다. 이는 기본적으로 그가 역易을 역曆과 거의 동일시한 데서 나온 결과라고 추정할 수 있다. 그는 역易이란 글자가 해와 달을 취하여 만든 것이라는 전통적 견해에 동의하는데,[22] 이는 그가 역易을 수數에 의하여, 그것도 역수曆數에 의하여 이해하고 있음을 입증한다.

성현의 시문 가운데는 「팔괘」라는 제하에 소성의 8괘를 단象·상象·납갑의 관점에서 세 차례씩 논하여 지은 24수의 시가 있다.[23] 여기서 성현은 64괘 모두를 간지干支·화기化氣로 설명하고는 각 괘 해석의 말미에 "뉘라서 이를 알겠는가"라는 구절을 붙이고 있다. 예를 들면, "무戊가 을乙과 짝을 이루어 수水와 지地의 비합比合하는 괘상이 되었다" 하고는 "뉘라서 병계丙癸에서 정기신精氣神의 조화가 비롯됨을 알겠는가?"라고 하였으며,[24] 또 "무정戊丁의 만남으로 못 위에 물이 있다. 웅덩이를 채우고 흐르되 넘치지 않으니 마침내 절節괘의 상象을 이룬다" 하고는 "뉘라서 못의 절도가

---

21) 『悔齋集』, 권4, 「理氣源流」.

22) 『悔齋集』, 권2, 「性理辨疑」, 74쪽 가~75쪽 가.

23) 『悔齋集』, 권1, 「八卦」, 10쪽 나~12쪽 나.

24) 『悔齋集』, 권4, 「八卦幹枝化氣源流」, "戊配乙而爲水地比合之卦象, 誰知原始於丙癸之會精而聚神之造化耶"; "戊丁之會, 澤上有水, 盈科不溢, 遂成節卦之象, 誰知澤節原始於丙乙乎."

병을丙乙에서 비롯됨을 알겠는가?"라고 하였다.[25] 또한 그가 납갑을 8괘에 적용하여 단·상과 나란히 배치하고 있는 것에서도 그의 역학적 특징의 일단을 엿볼 수 있다.

성현은 『역』의 64괘에 대해 각각 그 화기化氣와 시령時令을 곁들여 이해한다. 예를 들면, 건乾괘는 순양괘로서 화기는 금金에 속하고 시령은 여름 4월이며 품격은 여섯 용이 하늘을 통어統御하는 것이고, 곤坤괘는 순음괘로서 화기는 토土에 속하고 시령은 겨울 10월이며 품격은 암말의 곧음이라고 한다. 또 둔屯괘는 화기가 수기水氣이고 시령이 여름 6월이며 몽괘는 화기가 화기火氣이고 시령이 가을 8월이라고 한다.[26] 이런 식으로 계속하여 기제괘는 화기가 수에 속하고 시령이 춘정월이며 미제괘는 화기가 화에 속하고 시령이 가을 7월이라고 한다.[27] 이처럼 그는 64괘를 화기에 따라 분류하고 시령을 먼저 밝힌다. 여기에 이어 그는 기본적으로 단전과 상전, 서괘전을 이용하여 괘를 이해하되 자신의 창견을 곁들인다. 예를 들어 명이明夷괘에 대한 해석을 보면 다음과 같다.

기자의 명이가 문왕과 다른 점은, 주紂왕의 때를 당하여 주의 지친至親이던 기자는 주왕의 혼미포악昏迷暴惡함이 이미 극에 달하여 무리가 반역하고 친척이 떠나서 외로이 홀로 남은 지경이 되었으니, 어둡고 완고하고 무지함이 마치 상육上六의 스스로 처함과 같았고 음이 극에 도달하여 멈출 줄 모름이 마치 상구上九의 뉘우칠 줄 모름과 같았다. 지나쳐서 물러설 줄 모르니, 기자가 그 어려움을 당하여 안으로 종사를 보존하고자 하나 한 손으로는 소리를 낼 수 없었고 군친을 부지하고자 하나 사방 한 치의 마음이 드러나지 않았다. 그리하여 어둠에 처함이 마치 땅속에 들어앉은 것과 같았고 변화의 극단에 처함이 마치 하늘 꼭대기에 오른 것과 같았다. 그러나 혼구昏衢의 지극한 곳에서 밝음을 잃지 않고 스스로 명당의 극처에서

---

25) 필자는 아직 성현의 이러한 주장이 갖는 의미를 해독하지 못했다.
26) 『悔齋集』, 권3, 「周易六十四卦次序」, 29~30쪽.
27) 『悔齋集』, 권3, 「周易六十四卦次序」, 43쪽 나~44쪽 가.

간고함 속의 바름을 지켰으니, 안으로 어려우나 능히 그 뜻을 지킴이다. 기자가 이렇게 했다.[28)

또 기제旣濟괘와 미제未濟괘에 대해서는 이렇게 풀이하고 있다. 기제旣濟 괘를 보면, 아래에는 위로 타오르는 리離괘가 위에는 아래로 적셔 내리는 감坎괘가 있으니, 두 세력이 서로를 구제하기 때문에 기제라고 한 것이다. 선천에서는 리괘가 동쪽에 있으니 만물을 생육하는 교화를 이미 얻은 것이고, 감괘가 서쪽에 있으니 만물을 완성하는 공을 이미 이룬 것이다. 후천에서는 감괘가 북쪽으로 가고 진震괘가 리괘의 동쪽으로 가며 리괘가 남쪽으로 가고 태兌괘가 감괘의 서쪽으로 가니, 기화氣化가 이미 변하고 감리가 이미 쇠퇴하므로 기제라고 한다. 그러므로 군자는 수화기제水火旣濟 의 상을 보고 명이明夷의 환난을 미리 생각하여 어둠을 써서 스스로를 밝히는 것이다. 또 미제未濟괘를 보면, 아래로 흐르는 감괘가 아래에 있고 위로 타오르는 리괘가 위에 있어 수화水火가 서로 어긋나므로 미제라고 한 것이다. 선천에서는 건이 남, 곤이 북인데 후천에서는 리가 남, 감이 북에 위치하여 천지의 중中을 얻었으니 만물형화萬物形化의 작은 부모가 된다. 이러한 풀이에서 우리는 그가 괘의 의미를 해석하는 데 있어 선후천 의 개념과 하도·낙서·복희·문왕괘를 활용하여 풀이하고 있음을 볼 수 있다.[29) 성현은 건곤이 만물의 대부모가 되고 감리가 만물의 소부모가 됨을 다음과 같이 설명하고 있다.[30)

선천에서는 건곤乾坤이 남북인데 후천에서는 감리坎離가 남북이니, 이것은 왜 그런가? 선천의 운세는 건곤이 늙지 않고 일월이 아직 젊어, 두 노인이 부모의 바른 자리를 주재하고 있으며 여섯 젊은 아이들이 남녀의 차례에 따라 나뉘어

---

28) 『悔齋集』, 권3, 「周易六十四卦次序」, 37쪽 나~38쪽 가.

29) 『悔齋集』, 권3, 「周易六十四卦次序」, 44쪽 가.

30) 『悔齋集』, 권3, 「六十四卦」, 46쪽 나.

있다. 감리는 동서의 바른 자리에 있고, 진남震男·손녀巽女는 남북의 변두리에 자리하였으니 비록 풍뢰의 변화가 권도를 행하지만 수화·조석의 함께하는 자루가 없고 장성하여 부모의 품을 이미 면하여 귀퉁이 한가로운 곳에 있으며, 태녀兌女·간남艮男은 아직 유치하고 어려서 부모의 슬하에서 멀리 떠나지 못하고 부모 양쪽의 실제적 자리에 있다. 그러나 후천에 이르러서는 바뀌게 된다. 리는 동에서 남으로 옮겨 아버지의 예전 자리로 가고 감은 서에서 북으로 옮겨 어머니의 예전 자리로 간다.31)

성현의 이러한 생각은 「이로육자설二老六子說」에서도 되풀이해서 나타난다. 8괘를 건곤의 부모와 삼남삼녀의 육자로 이해한 것은 8괘의 사회유기체설에 해당한다고 할 수 있다. 그런데 성현은 「이로육자설」에서 토로하기를, 평소 『역』에 많은 공을 들였으나 끝내 바다에 대하여 들은 개구리나 황하 물을 마신 쥐의 신세를 면치 못하다가 만년에 무료함을 면하고자 간략히 이 글을 기술하였다고 한다. 비록 초학자가 몽매함에서 벗어나는데 작은 도움이나마 줄 수 있을까 하여 쓴 것이기는 하지만, 그는 이 「이로육자설」이 혹(贅) 위에다 다시 사마귀(疣)를 덧붙이는 격이 되어 성인이 『역』을 지은 뜻을 해치지나 않을까 두렵다며 겸손해한다.32)

성현은 하도·낙서에 대한 신뢰를 갖고 있었다. 그는 "하도의 수 55는, 본체는 천원天圓을 본뜨고 작용은 지방地方을 본뜬 수이다", "낙서의 수 45는, 본체는 지방을 본뜨고 작용은 천원을 본뜬 수이다"라고 하였다.33) 하도와 낙서가 각각 그 체와 용을 달리한다는 것이다. 그는 하도를 용서龍瑞라 부르면서, 이것은 하수에서 용이 지고 나온 55수를 그린 문文으로서 일건一乾의 머리이며 천문의 도수度數와 성력星曆의 강기綱紀가 모두 이것에

---

31) 『悔齋集』, 권3, 「六十四卦」, 46쪽 나~47쪽 가.
32) 「二老六子說」은 『悔齋集』 3권, 49쪽에서 55쪽에 걸쳐 있다. 성현은 이 설이 자신의 창견이라고 하였다.
33) 『悔齋集』, 권3, 「洛書」, 22쪽 가, "按, 洛書之數 四十有五, 體地方而用天圓之數."

서 비롯하였다고 한다. 또 낙서를 귀령龜靈이라 부르면서, 이것은 낙수에서 거북이 지고 나온 45점의 문文으로서 지이地二의 신화神化이며 정전井田의 거리와 시초가 모두 이것에서 비롯되었다고 한다.

성현은 "인문은 천지와 더불어 셋이 되니 이를 삼재三才라 한다. 여기에는 털끝만큼의 보탤 것도 없이 이미 온갖 사물이 가득 차 있다"[34]라고 하였는데, 이러한 생각은 동중서의 우주유비설宇宙類比說과 흡사하다. 인문에 관심이 많았던 성현은 64괘 가운데서도 특히 가인家人괘와 동인同人괘에 대해 깊은 관심을 드러내었다.[35] 「동인괘명의同人卦名義」에서 성현은, 동인괘는 문밖을 나서는 동인으로서 남자의 상이니, 밖으로 강건하고 안으로 문명文明한 대장부의 기상이라고 한다. 천화동인天火同人은 본래 밝음이 중첩된 리離괘에서 나온 것으로, 리는 선천에서는 동방에 있다가 후천에서는 남쪽으로 옮겨 가서 중中을 얻게 된다.[36] 또 「가인괘명의家人卦名義」에 따르면, 가인괘는 집에 들어가 손순巽順한 가인으로서 여자의 상이니, 밖으로 유순하고 안으로 지혜를 감춘 숙녀의 기상이라고 한다. 풍화가인의 상괘인 손巽은 선천에서는 서쪽 귀퉁이에 있다가 후천에서는 남쪽 좌측으로 옮겨 가게 된다. 그래서 동인과 가인의 인을 가리켜 모두 남으로 이사했다고 하는데, 다만 남녀의 구별이 있다. 풍화가인은 외괘가 손巽이고 내괘는 리離이니 안으로 밝고 밖으로 고요하고 부드럽다. 그런데 리는 여자가 안에 거처하는 상이므로, 그래서 부인이 가운데 엎드려 있다고 하는 것이다.[37]

---

34) 『慵齋集』, 권2, 「十干人文化氣」, 67쪽 나, "按, 人文與天地參爲三才, 不加毫末, 而萬象足焉."
35) 『慵齋集』 권3에 「同人卦名義」・「家人卦名義」가 있고 권4에 「家人解」・「同人解」・「同人生於離宮之表」가 있다. 우연히 이 두 괘의 해설이 남아 있는 것인지, 아니면 이에 대한 특별한 관심이 있는지는 좀 더 고찰해 보아야 할 것 같다.
36) 『慵齋集』, 권3, 「同人卦名義」, 18쪽 가.
37) 『慵齋集』, 권3, 「家人卦名義」, 18쪽 나.

4. 근취저신의 독견 · 자득적 『역』이해

성현은 스스로 "근취저신近取諸身(가까이 몸에서 취함)하여 천지 사이에 인문人文의 알맞음(愶)을 밝혔다"[38]라고 하였다. '가까이 몸에서 취했다'는 것은 말 그대로 사람의 몸에 역리를 적용하여 이해하는 것이다. 이를 그는 인문이라고 명명하고 있다. 『회재집』 잡저에는 '인문'에 관한 글이 많다. 『회재집』 2권에 「인문」, 「십간인문화기」가 있고 3권에 「인문64괘」가 있으며 4권에도 「인문」이란 제목의 글이 있다.[39]

인문이란 용어는 『역』 비賁괘 「단전」에 천문과 인문을 대비시켜 소개하면서 처음 나타난다.[40] 정이의 해석에 따르면 여기서의 천문은 자연의 상으로 강유가 서로 교차하는 모습이다. 일월성신이 교대로 배열되어 있는 것, 추위와 더위 혹은 음과 양이 교대로 바뀌는 것 등이 천문에 해당한다. 천문과 대비되어 나오는 인문은 자연의 상을 문식하고 밝힘으로써 마땅히 얻을 것을 얻는 것, 곧 인간이 찾고 이루어 놓은 문명이다. 이를 테면 오륜이나 예악형정 같은 것이 인문에 해당한다.[41] 비賁괘에 대하여 성현은 다음과 같이 설명하고 있다.

> 비賁는 간艮과 리離의 성정이다. 간이 위에서 멈추어 확정하여 세움이 있고 리가 아래에서 밝아 스스로 명덕을 밝히니, 비가 된다. 비는 문식文飾을 둠이니, 비가 되는 것 또한 리이다.[42]

---

38) 『悔齋集』, 권4, 「八卦變化干支配合」, 41쪽 나, "近取諸身, 以明人文之愶于天地者, 而敍之左."
39) 『悔齋集』 권2와 권4에 있는 「人文」은 제목만 같고 내용은 다르다.
40) 『易』, 賁卦, 「象傳」, "賁, 亨, 柔來而文剛, 故亨. 分剛上而文柔, 故小利有攸往, 天文也. 文明以止, 人文也. 觀乎天文, 以察時變, 觀乎人文, 以化成天下."
41) 『伊川易傳』, 賁卦, "天文, 天之理也, 人文, 人之道也. 觀乎天文, 以察時變, 天文謂日月星辰之錯列, 寒暑陰陽之代變, 觀其運行以察四時之遷改也. 觀乎人文, 以化成天下, 人文, 人理之倫序, 觀人文, 以教化天下, 天下成其禮俗, 乃聖人用賁之道也."
42) 『悔齋集』, 권4, 「理氣源流」, 26쪽 나, "賁者, 艮離之性情. 艮止于上止有定立, 離明乎下自昭

성현에게 있어서 인문은 멈출 곳에 멈추는 것, 그리고 자신의 명덕을 환하게 밝히는 것이다. 그것은 당위이면서 동시에 아름답고 세련되게 꾸미는 것이다.

성현이 볼 때 인간은 천지의 중中을 받아 태어났는데, 중이란 중정中正한 리와 기이다.[43] 즉 치우침 없고 기울어짐 없으며 지나침 없고 모자람 없는 것이 중이다. 이것이 하도와 낙서에서는 가운데 5에 해당한다. 그리고 하도의 가운데 5는 태극의 모습이 되고, 낙서의 가운데 5는 황극의 자리가 된다. 사람의 몸에 비유하면 태극에 해당하는 것은 머리이다. 사람의 몸에서, 머리는 태극이 되고 사체四體는 사상四象의 모습이며 8대절大節은 8괘의 상이고 64개의 소절은 64괘이다. 또 8괘를 사람의 몸과 연관시키면, 건은 머리, 태는 입, 리는 눈, 진은 발, 손은 넓적다리, 감은 귀, 간은 손, 곤은 배에 해당한다. 8괘가 사람의 몸에 숨어 있는 것이다.[44] 그런데 그는 인체의 각 지체와 8괘를 연관시킨 데 이어 이에 대한 의리적 설명을 첨부한다. 예를 들면 다음과 같다.

간艮은 멈춤이니 산은 인자仁者가 즐거이 보는 것이요, 감坎은 흐르는 것이니 물은 지자智者가 기쁘게 듣는 것이다. 그 즐김, 그 기뻐함에 어찌 근거가 없겠는가? 모두 취함이 있다. 무엇을 취하는가? 인자의 즐기는 것은 산의 형체를 넘어 깨달음의 궁극적 경지인 도안道岸의 준극을 보는 것이고, 지자智者가 기뻐하는 것은 소리 없는 물속에서 덕의 냇물의 흐름이 막히지 않음을 듣는 것이다. 이것을 미루어 살펴보면 성인의 큰 눈은 태양보다 높이 솟아 보는 것의 정상이 되고, 군자의

明德而爲賁. 賁有文飾, 所以爲賁者亦理也."

43) 『悔齋集』, 권4, 「人文」, 41쪽 나, "人得天地之中以生, 中者天地中正之理氣也. 不偏不倚無過不及之謂中也. 在圖爲中五在書亦中五, 聖人之繼天立極太皇之配帝建奧, 不可毫末於此五者, 而萬善足焉. 天命之性不越乎此, 率性之道, 不離乎是, 則河圖之中, 五爲太極之象, 洛書之中, 五爲皇極之位."

44) 『悔齋集』, 권3, 「人文六十四卦」, 18쪽 나, "一乾爲首, 二兌爲口, 三離爲目, 四震爲足, 五巽爲股, 六坎爲耳, 七艮爲手, 八坤爲腹, 右八卦具體微於一身."

큰 귀는 멀리 월출月出의 물결에 이른다. 그러한즉 눈은 태양과 같아 비추지 않는 곳이 없고, 귀는 물의 흐름 같아 그 앎이 두루 미친다. 그러므로 성인과 지자智者의 귀와 눈은, 그 신광은 일월의 위에서 은미하게 빛나고 그 정기는 음양의 가운데서 가장 깊다. 이로써 인자의 눈은 구주를 두루 보는 리離괘와 같고 지자의 귀는 육합을 모두 듣는 감坎괘와 하나가 됨을 알 수 있다.[45]

한편 성현은 우리말 표현들도 『역』의 괘 해석에 동원하고 있다. 그는 다음과 같이 말한다.

남자를 일러 사내(山戠)라 하니, 또한 간艮이 소남이다. 간괘 상구上九효는 병인丙寅에 속하는데, 이는 바로 사람이 생기는 자리이다. 병은 곧 건갑乾甲의 아들이요 인은 천지의 중中이니, 사람이 이를 받아 생기는 것이다. 여자를 일러 계집(癸集)이라 하니, 계는 바로 곤 즉 노모이다. 건乾을 하늘(一卵)이라 하니, 하늘이란 임자壬子이다. 곤을 일러 땅지(綻地)라 하니, 땅(綻)이란 곧 지地가 스스로 펼쳐지는 것이다. 우레가 움직이면 비가 오므로 뢰雷를 우레(雨來)라 하고, 바람이 일면 음이 일어나므로 풍風을 바람(發陰)이라 한다. 불의 왕성함은 건부乾父의 중효에 있으므로 화火를 일러 불(父乙)이라고 하니 (父乙의) 을乙은 지地2의 신神이요, 물의 왕성함은 곤모坤母의 중효에 있으므로 수水를 일러 물(姆乙 혹은 戊乙)이라고 하니 (戊乙의) 무戊는 천天1의 정精이다. 간은 곤모 위에 붙어 있으므로 산을 뫼(母倚)라고 하고, 태는 건부 위에 붙어 있으므로 태兌를 뼈(父倚)라고 한다.[46]

---

45) 『悔齋集』, 권4, 「人文」, 45쪽 나, "……仁者之所樂, 視於有形之山外, 視其所以有定於道岸之峻極. 智者之所悅, 聽於無聲之水中, 聽其所以無滯於德川之流深. 推此以究則, 聖人之大眼, 高出乎日觀之之頂上, 君子之大耳, 迥臨乎月出之波底. 然則目同乎火輪, 無不遍照, 耳同乎水輪, 有是知周. 然則聖智之耳目, 神光燭微於日月之上, 精氣極深於陰陽之中. 是知仁者之目, 目九圍而同於明兩之離, 智者之耳, 耳六合而參乎貫一之坎."

46) 『悔齋集』, 권3, 「二老六子論」, 49쪽, "且男曰山戠, 亦艮少男也. 艮之上九爻屬丙寅, 正是人生之位, 丙是乾甲之子. 寅乃天地之中, 而人得以生者也. 女曰癸集, 癸乃坤老母也. 乾曰一卵, 一卵則壬子也. 坤曰綻地, 綻是地自坼也. 雷動則雨來, 故雷曰雨來, 風生則陰發, 故風曰發陰. 火旺乾父中爻, 故火曰父乙, 乙者地二之神也. 水旺坤母中爻, 故水曰姆乙, 亦曰戊乙, 戊者, 天一之精也. 艮倚坤母之上, 故山曰母倚, 兌居乾父之上, 故兌曰父倚."

성현의 이러한 발상은 그의 「인신소구자명해人身所其字名解」에도 나타난다. 사람 몸의 명칭을 풀이하는 것인데, 이 글에서 성현은 머리(模離, 首)·터럭(拖駱, 髮)·귀(歸, 耳)·눈(樓雲, 目)·입(二人, 口)·코(高五, 鼻)·볼(輔乙, 頰)·이마(離馬, 頂)·목(目, 項)·등(登, 背)·배(排, 腹)·배꼽(排扱, 臍)·갈비(渴備, 脅)·자지(子地, 腎)·불알(附卵, 聞)·다리(達二, 股)·팔(八, 臂)·손(少寅, 手)·발(跋乙, 足)·어깨(臆開, 肩)·가슴(加心, 胸) 등 신체에 대한 우리말 표기와 한자 표기를 연관개념을 이끌어서 해명하고 있다.[47] 그러나 우리말의 유래가 성현이 생각한 것과 같은지는 미처 확인하지 못했다. 교묘하기는 하지만 억지스럽다는 느낌이다. 우리말을 한자어를 빌려 표기한 것인지, 한자어의 발음에서 우리말이 생긴 것인지의 선후조차 알 수 없다.

또한 「가인해家人解」에서 성현은 15세의 '지우학志于學'에서 70세의 '종심소욕불유구從心所慾不踰矩'에 이르는 공자의 학문단계에 대해 독특한 해석을 가한다. 그는 공자의 '15세 지학志學'은 역학에 뜻을 둔 것이고, '30세 입지立志'는 역도에 뜻을 세운 것이며, '40세 불혹不惑'은 역리에 불혹한 것이고, '50세 지명知命'은 역수易數를 탐구하여 도달한 것이며, '60세 이순耳順'은 역의 은미한 뜻에 통한 것이고, '70세의 종심소욕불유구'는 천지·일월·사시·귀신과 더불어 그 덕과 밝음과 질서와 길흉을 합한 선천불위先天弗違·후천봉시後天奉時의 경지를 말한 것이라고 하였다. '15세에 학문에 뜻을 둠'을 그는 "무릇 일음일양의 도는 원래 7일의 복괘와 7월의 구괘에서 비롯되었다. 하나로 두 개의 7을 꿰뚫었으니 15의 수가 되었다"라고 풀이하였고, '40세에 불혹했다'에 대해서는 "40은 사정사유四正四維의 성수成水이다. 6·7·8·9가 모두 정해졌으니, 범인에 있어서도 의심하고 후회하는 것이 다소 줄어들 터인데 하물며 군자가 어찌 의아해하고 마음이 움직이겠는가?"라고 풀이하였으며, '50에 천명을 알았다'에 대해서는 "50은 하도河圖

---

47) 『慵齋集』, 권2, 「人身所其者名解」, 76쪽 나~77쪽 가.

대연大衍의 정수이니, 삼극의 리수理數가 이 50수에 모두 해당하여 남음이 없다. 하늘이 명한 리와 사람이 받은 성은 털끝만큼의 보탬이 없어도 만선이 갖추어진다"라고 풀이하였다.[48]

이상 성현이 자득한 사내, 계집 등의 우리말 용어와 인체 각 부위의 이름, 공자의 학문단계에 대한 역학적 해석은 기발한 느낌으로 다가오는데, 흥미로운 동시에 황당하기도 하다.

~~~~~~

성현은 18~19세기 기호지역에서 사승 없이 자득한 역학자이다. 사승은 없으나 그는 소옹과 정이, 주희의 역을 사숙하였다. 그는 역학사를 논하는 가운데 삼역사성론을 이어가면서, 반드시 소옹을 언급하고 또한 정이와 주희도 빠뜨리지 않는다. 또 그는 역괘를 해석할 때에도 서괘·단·상을 중시하는 가운데 의리적 해석의 줄기 또한 놓지 않는다.

후손들은 그가 소옹의 역학을 계승했다고 한다. 외면상 분명히 그러하다. 하지만 그가 얼마나 소옹을 조술하고 있는지에 대해서는 다소 주의를 요하는 듯하다. 성현은 하도·낙서, 선·후천 및 천근天根·월굴月窟 등의 개념을 사용하고 있으며 납갑·간지 역시 중시한다. 그러나 성현은 소옹의 『황극경세서』의 원회운세의 세계연표나 '관물설' 등에는 별반 관심을 보인 것 같지 않고, 전통 역학에 근거를 대고 있으나 진화眞花·생화生花의 개념이나 독창적인 인문론 등은 그의 독자적 이론이라고 할 수 있겠다.

성현의 독학창견獨學創見의 역학은 사용하는 개념도 낯설고 구사하는 논리도 생소하다. 필자가 이해한 것은 성현이 도달한 경지의 첫 단계에도 미치지 못했을 것이며, 그가 자득한 것의 열의 하나도 되지 못할 것이다. 성현은 「이로육자설二老六子說」을 지으면서 "『역』에 다소간의 공을 들였으

---

48) 『悔齋集』, 권4, 「家人解」, 50쪽 나.

나 끝내 바다에 대하여 들은 개구리나 황하 물을 마신 쥐의 신세를 면하지 못하다가, 만년에 무료함을 면하려고 간략히 기술하였다"라고 말한 바 있는데,[49] 필자야말로 성현의 사상에 대하여 개구리나 쥐 같은 신세를 면치 못한 것 같다.

---

[49] 『悔齋集』, 권3, 「二老六子說」, 55쪽 나.

제4장 일부 김항의 『정역』과 후천개벽의 비전

1. 김항의 후천역학

일부—夫 김항金恒(1826~1898)은 『정역正易』이라는 이름의 새로운 역서易書를 새로운 팔괘도와 함께 제시했다. 그는 1861년 36세 때 스승 이운규李雲圭로부터 쇠잔해져 가는 공자의 도를 이어 천시天時를 크게 받들 것과 예서禮書만이 아니라 서전書傳을 함께 공부할 것을 권유받았다. 이때 이운규는 김항에게 다음과 같은 시를 전했다.

맑은 것을 보는 것은 물만한 것이 없으며	觀淡莫如水
덕을 좋아하면 마땅히 인을 행해야 하리.	好德宜行仁
그림자가 하늘 중심의 달을 움직이니	影動天心月
그대에게 권하노니 이 진리를 찾으라.	勸君尋此眞

김항은 1879년에 '영동천심월影動天心月'의 의미를 파악하여 그것을 입도시立道詩에 표현하였고, 이후 정진하던 중 새로운 괘획이 눈앞에 나타나는 체험을 하였다. 이를 그려 낸 것이 기존의 팔괘도와는 다른 이른바 정역팔괘도이다. 그 후 1881년 「대역서大易序」를 쓰는 신비로운 체험을 하게 되고, 이어서 1884년에 「십오일언十五一言」에서 「무위시无位詩」까지를 저술

하고 1885년에 「십일일언十一一言」에서 「십일음十一吟」까지를 저술함으로써 『정역』을 완성하였다. 현행 『정역』의 편제는 「십오일언十五一言」, 「금화일송金火一頌」, 「금화이송金火二頌」, 「금화삼송金火三頌」, 「금화사송金火四頌」, 「금화오송金火五頌」, 「일세주천율려도수一歲周天律呂度數」, 「상원축회간지도上元丑會干支圖」, 「항각이수존공시亢角二宿尊空詩」, 「구구음九九吟」, 「십오가十五歌」, 「선후천정윤도수先後天正閏度數」, 「선후천주회도수先後天周回度數」, 「입도시立道詩」, 「무위시無位詩」, 「정역시正易詩」, 「포도시布道詩」, 「금화정역도金火正易圖」, 「십일일언十一一言」, 「낙서구궁생서수洛書九宮生成數」, 「삼오착종삼원수參五錯綜三元數」, 「하도팔괘생성수河圖八卦生成數」, 「구이착종오원수九二錯綜五元數」, 「십일귀체시十一歸體詩」, 「뇌풍정위용정수雷風正位用政數」, 「사정칠수용중수四正七宿用中數」, 「십일음十一吟」, 「하도」, 「낙서」, 「복희팔괘도」, 「문왕팔괘도」, 「정역팔괘도」, 「십간원도수十干原度數」, 「십이월이십사절기후도수十二月二十四節氣候度數」의 순으로 되어 있다. 대부분의 용어가 생소하고, 어떤 일관된 체계를 갖고 있지도 않은 듯하다.

김항의 학문 과정에는 여러 차례 신비적 경험이 있고 그 학맥에도 독특하게 전승되는 은밀한 방법들이 있어 일반 학인들이 접근하기에는 어려움이 많다. 그의 생존 당시나 후세의 평가는 그를 순정유학자로 자리매김하지 않는다. 그에 대한 학자들의 시선은 아직도 대체로 차갑고 마음은 굳게 닫혀 있다. 학자들은 그의 역학을 정통에 속하지 않은, 일종의 별파로 간주한다.

그러나 김항 스스로는 공자를 충실히 계승한다는 사부심을 지니고 있었다. 그의 글에는 이러한 생각이 누차 표명되고 있다. 공자를 조술한다는 의식과 별전別傳역학을 창시했다는 것에서 소옹과 김항은 닮았다. 개념의 내적 함의는 같지 않아도 두 사람이 선천·후천의 개념을 핵심으로 삼아 사상을 전개하고 있다는 점에서도 일치한다.

김항은 소옹과 달리 태평시대에 태어났다고 할 수도 없고 안락을 주제로 삼아 유유자적하지도 못했다. 그가 살다 간 19세기는 조선왕조의 국운이 기울어가는 시기였다. 이른바 서구의 충격이라고 하는, 일찍이 없었던 심각한 문화적 충격을 감내해야 하는 상황 속에 그는 살았다. 그가 죽을 무렵은 동학란, 청일전쟁, 이양선異樣船의 침입 등 심각한 내우외환이 계속되고 있었다. 그런 와중에 그는 성숙한 사회를 전망하여 영가詠歌와 무도舞蹈를 제창하면서 만인이 성정의 구김이나 왜곡이 없는 삶을 펼치는 세계를 보여 주려 하였다. 변혁을 전망하는 그의 역서 『정역』에는 여러 가지 도수度數들이 해석과 예측의 수단으로 등장하는데, 그가 이 도수들을 통하여 제시하는 핵심 개념은 후천이다. 이는 19세기 조선의 민중들이 보여 준 새 세상 꿈꾸기에 속한다.

앞에서 살펴보았듯이 선후천의 개념을 사용하는 사람들에게서는 어떤 일정한 합의나 정합성 있는 사용법을 찾아보기 힘들다. 제각기 다른 의미를 담아 쓰기 때문이다. 소옹이 사용하는 선후천과 「문언」에 등장하는 선후천이 같은 의미를 갖는다고 하기 어렵고, 김항이 사용하는 선후천의 개념이 소옹이 사용하는 의미와 일치하는 것도 아닌 것 같다. 따라서 후인이 이들 개념의 의미를 파악하고자 할 때는 각각의 철학체계 안에서의 이해가 우선적으로 요구되지만, 그럼에도 이 용어를 공통적으로 선호하면서 비중 있게 사용한 데에는 합당한 이유가 있을 것이다. 그것은 바로 이 용어가 나름의 적절성을 지니는 형식, 곧 공문空文1)이기 때문이다. 이 두 용어는 그 내용을 필요한 대로 담아내면 되는, 그것도 시간과 관련되는 아주 활용도 좋은 그릇이다.

김항은 선천후천론에서 소옹을 따르지 않았고 서경덕을 취하지도

---

1) 空文은 원칙 또는 선언적 의미만을 담고 있는 글을 가리킨다. 『史記』, 「太史公自序」, "我欲載之空言, 不如見之於行事"; 『記言』, 권57, 「散稿續集」, "聖人憂世患, 魯史示殷勤, 首言大一統, 萬古垂空文."

않았다. 그는 현재의 세계를 선천이라고 하고 장차 도래할 이상세계를 후천이라고 부른다. 분량이 많지 않은 책『정역』에서 찾을 수 있는 선천·후천 관련 주요 문장을 발췌하여 정리하면 다음과 같다.

우선 하도낙서 및 수화감리와 연관하여 선후천을 말하는 부분인데, 기존 선후천의 전도가 주 내용이다.

◇하도와 낙서의 리는 후천과 선천이요, 하늘과 땅의 도는 기제와 미제이다.
◇용도龍圖는 미제의 상인데 거꾸로 나서 거슬러 이루고 보니 선천의 태극이다. 귀서龜書는 기제의 수인데 거슬러 나서 거꾸로 이루고 보니 후천의 무극이다.
◇태음은 거슬러 나서 거꾸로 이루니 선천이되 후천이요, 기제로되 미제이다. 태양은 거꾸로 나서 거슬러 이루니 후천이되 선천이요, 미제로되 기제이다. 태양이 항상한 것은 성性이 온전하고 리理가 곧기 때문이다. 태음이 소장하는 것은 수數가 차고 기氣가 비기 때문이다.
◇후천은 선천에 정사政事하니 수화水火이다. 선천은 후천에 정사하니 화수火水이다.
◇찼다 비었다 하는 것은 기가 그러는 것이니 선천이다. 꺼졌다 자랐다 하는 것은 리가 그러는 것이니 후천이다.
◇후천의 도리는 굽었다 펴는 것이고, 선천의 정사는 나아갔다 물러서는 것이다. 나아갔다 물러섰다 하는 정사는 달이 찼다가 비었다가 하는 것이고, 굽었다 폈다 하는 정사 또한 달이 찼다가 비었다가 하는 것이다.
◇천지가 지천이 되니 후천과 선천이다.

다음은 선천과 후천에서 인간의 도리가 어떻게 다른지를 구별하는 내용이다.

◇음을 누르고 양을 높이는 것은 선천 심법心法의 학이다. 양을 고르고 음을 맞추는 것은 후천 성리性理의 도이다.
◇『서』를 읽고 『역』을 배우는 것(讀書學易)은 선천의 일이다. 이치를 탐구하고 덕을 닦는 일(窮理修身)은 후인의 누구인가.

◇선천의 역은 교역交易의 역이다. 후천의 역은 변역變易의 역이다.

다음은 간지와 역수易數에 의한 선후천 설명이다.

◇무위戊位는 간지로는 순하고 수로는 거슬러서 도수가 32도에 가서 성도하니, 후천 수금水金으로 된 태음의 어머니이다. 기위己位는 간지로는 거스르고 수로는 순해서 도수가 61도에 가서 성도하니, 선천의 화목火木으로 된 태양의 아버지이다.

◇기사己巳궁은 선천이되 후천이다.…… 무술戊戌궁은 후천이되 선천이다.

◇병丙과 갑甲과 경庚의 세궁은 선천의 하늘과 땅이다. 정丁과 을乙과 신辛의 세궁은 후천의 땅과 하늘이다.

◇선천은 3의 하늘과 2의 땅이다. 후천은 3의 땅과 2의 하늘이다.

◇자子와 인寅과 오午와 신申은 선천의 선천과 후천이다. 축丑과 묘卯와 미未와 유酉는 후천의 선천과 후천이다.

◇선천은 방方을 바탕으로 하고 원圓을 쓰니 27개월에 윤달이 든다. 후천은 원을 바탕으로 하고 방을 쓰니 360일에 제돌이 된다.

◇선천은 216만 리이고 후천은 324만 리이다. 선후천의 합계수는 540만 리이다.

◇선천은 5에서 9이니 거슬렀고 8을 쓰니 도착倒錯이 되어 윤력閏曆으로 맞춘다. 후천은 10에서 5이니 순하였고 6을 쓰니 합당한지라 정력正曆으로 맞춘다.

이상의 『정역』 원문 번역은 대체로 이정호의 번역에 의존하여 옮긴 것인데,[2] 문장에는 세심한 배려와 정성이 배어 있지만 일반인들은 무슨 뜻인지 제대로 이해하기 어렵다. 대부분 어떤 문단 속에 포함되어 있는 것들이어서 전후 문맥에 따라 해석해야 할 터인데, 사실 전후 문장이 철학적으로 어떤 의미를 갖는지 그 해석과 판단에 여전히 유예와 망설임이 없지 않다. 『정역』에는 낯선 용어들이 많은데, 그 중에는 김항 스스로 만든 듯한 구절도 적지 않다. 우선 선천의 태극이나 후천의 무극이라는

---

2) 이정호, 『正易 연구』(국제대학인문과학연구소, 1976).

것이 정확하게 무엇을 의미하는지 알기 어렵다. 태극은 선천에서 가능한 개념이고 무극은 후천의 개념인지, 선천에도 태극과 무극이 있고 후천에도 태극과 무극이 있는지 알기 어렵다. 간지에 의한 선후천의 설명의 체계도 독특하고 난해하다. 김항이 사용하는 간지와 도수는 그의 체계와 전제를 수용하고 익히기 전에는 이해가 불가능하다. 김항의 문인들도 이것을 손가락을 굴신하면서 설명하는데, 역외域外의 사람들을 설득하는 데는 일정한 한계가 있어 보인다.

그럼에도 비교적 의미가 납득되는 것은 새 시대를 전망하면서 그 세계에서 취해야 할 인간의 도리와 변화될 양상에 관해 설명한 내용이다. 다음과 같은 경우이다.

우선 선천을 '독서학역讀書學易'의 시대라고 하고 '억음존양抑陰尊陽'의 심법이 지배하는 시대라고 한다. 『서』와 『역』은 선천시대를 대표하는 유교의 경전이다. 정치에서의 의義를 말하고 자연세계에서의 변화를 말하는 것이 『서』와 『역』에 대한 한대 이래의 일반적 규정이다. 여기서 읽어 내는 기본 틀은 '억음존양'이다. 음에 속하는 자연물상을 억제하고 양에 소속되는 것은 부양扶揚하는 것이 지난 시대의 삶의 법칙이요 규범이었다. 『서』를 읽고 『역』을 배우는 것은 이미 성인에 의하여 만들어진 규범을 익히는 것이다. 그것은 사실 타율적 규범을 배우고 익혀서 내 몸처럼 만드는 것이다. 이물異物이 몸 안에 들어와도 오랜 시간이 지나면 내 몸의 일부처럼 되듯이, 규범의 내재화를 겨냥한 것이 선천의 심법이다. 이제 후천의 세계에서는 이런 규범과 법식을 버리고 궁리와 수신을 한다. 궁리는 특정 대상을 목표로 하여 익히는 것이 아니고 모든 대상에 열려 있는 상태에서 진리를 추구하는 것이다. 정자는 궁리보다는 격물이 구체적이어서 좋다고 하면서 『대학』의 격물이 '즉물궁리卽物窮理' 곧 구체적 대상에서 그 이치를 탐구하는 것이라는 점에서 유학의 방법론과 정체성을 분명히 하였다고 평가하지만, 김항에 따르면 이는 선천세계의 일이다. 후천세계는 어떤 고정된 텍스트가 없다. 도처에 있는 대상이 모두 진리의 소재이고 탐구의 텍스트이다. 굳이 텍스트를 찾는다면 자기의 본성이다. 마치 선불교에서 '자성시불自性是佛'이라 하고 '직지인심直指人心'이라 하듯 본연의 마음 즉 자성自性의 명령과 유행이 그대로 진리가 되는 것이다. 이러한 경지의 소식을 먼저 전한 것은 맹자이다. 그는 고대 순舜이 이미 주어진 인의의 규범을 행한 것이 아니라 본성의 인의에 따라서 실천한 사람이라고 했다.[3] 앞의 인의는 규범으로서의 인의이고 뒤의 인의는 본성으로서의 인의이다.

본성의 인의에 따라서 사는 것이 바로 궁리의 삶이고, 그것이 바로 '성즉리性卽理' 곧 성리性理의 길이다. 만물이 각각 본성에 따르니, 양은 양의 본성대로 음은 음의 본성대로 행하면 된다. 어둠이 빛보다 못할 것도 없고, 까투리의 퇴연함이 장끼의 확연함보다 나쁠 것도 없다. 어느 성향을 일방적으로 억누를 것도 없고 끌어올릴 것도 없다. 각각의 상황에 필요한 것을 용인하고 사용하기만 하면 된다. 다만 과도한 것, 지나치게 모자란 것의 조절은 요청된다. 그것을 '조양율음調陽律陰'이라고 한다.

내용과 성격으로 본다면 『서』를 읽고 『역』을 공부하는 선천의 심법은 모더니즘이고 합리주의이고 계몽주의이며, '조양율음'과 '궁리수신'의 후천 성리는 기존의 경계 허물기이고 권위화된 입설立說의 파괴이며 모든 개별자의 존재 해방이고 포스트모더니즘에 가깝다.

선천의 『역』에서 규범은 '상천하지上天下地'로서, '천존지비天尊地卑'라는 구조적 개념을 숙지하고 내면화하려 했다. 그래서 개인적 수양과 그 실천의 극치인 '치중화致中和'가 되면, 곧 본성의 안정과 감정의 중절이 극진히 이루어지면 그 효과는 하늘과 땅이 제자리를 잡는 것이라고

---

3) 『孟子』, 「離婁下」, "舜明於庶物, 察於人倫, 由仁義行, 非行仁義也."

했다. 이것은 자연세계와 인간세계에 천존지비의 질서가 정착된다는 것을 의미한다. 그리고 천지가 제자리에 안정되면 천지 안에 있는 모든 사물은 그 잠재적 가능성을 완전하게 잘 구현하여 생육하고 번성하게 된다고 생각하였다.

그런데 선천의『역』도 후천의 단초를 가끔 보여 주었다. 지천地天의 구조는 태통泰通인데, 땅이 위에 있고 하늘이 아래에 있어서 서로 소통하고 만나는 것을 태통이라 하였으니 선천이 후천의 소식을 묻어 둔 것이다. 이것이 이른바 선천의 후천일 것이다. 선천이 체體가 되고 후천이 용用이 된다는 선후천 체용은 수화기제水火旣濟와 화수미제火水未濟에서도 드러난다. 체로 보면 물이 아래에 있고 불이 위에 있으며 하늘이 위에 있고 땅이 아래에 있지만, 용으로는 불이 물의 아래에 있고 하늘이 땅의 아래에 있어야 한다. 그래야만 작용이 활발하고 소통이 이루어져 새로운 단위의 생산이 이루어진다.

『정역』에서는 다시 선천은 '교역'이고 후천은 '변역'이라 했다. 주지하듯『역』에는 이 두 가지 외에도 여러 의미가 있다. '반역反易', '이역移易', '이간易簡'의 뜻도 포함되는데, 대표적인 것이 교역交易과 변역變易의 두 가지인 것이다. 주희는『역』에서 '교역'의 의미를 더 중시하였다. 이른바 교역은 '대대對待'의 의미를 갖는다. 현실적으로는 존재자와 존재자들이 유무상통有無相通하는 것에 해당한다. 물물교역이라 하듯 온 세상이 FTA의 시대가 된 것은『역』에서 교역의 극대화가 이루어지는 것의 의미로 볼 수 있다. 장재는 이를 '호장기택互藏其宅'이라고 표현했다. 즉 "음과 양은 그 정수精髓를 서로 상대의 집에 저장한다"는 것이다. 8괘에서는 수·화가 전형적으로 '호장기택'의 모습을 지니고 있다. 도가역인『참동계』에서는 수화감리水火坎離를 천지의 작용이라고 했다.『역』의 구조에서 사실상 가장 중요한 것이 연단술에서 중시되는 수화감리라는 것이다.

변역은 유행적·시간적 개념이다. 그것은 시간의 흐름에 따라 변하는 것이다. 번데기가 나방이 되고 올챙이가 개구리 되며 음이 양이 되고 만물이 풍화風化에 종속되듯이, 변화 또는 거듭남의 의미를 갖는 것이다. 『정역』에서는 이를 거듭남, 성숙, 진전의 의미로 보는 듯하다. 성리학자들은 도를 천명의 유행이라고 하고 그 유행의 양식을 일음일양이라고 부른다. 선천시대의 교역이 이제 이러한 유행의 변역 논리로 바뀐다는 것이다.

선천의 교역은 당위當爲에 주의하는 가르침으로, 세상의 모든 것이 음양대대, 곧 동정·고저·상하·승강·장단 등 양단의 구조로 되어 있음을 주로 설명하고 있다. 존재론적으로는 자기존립을 위해 상대가 필요하며, 윤리적으로는 언제 어디서나 상대에 대한 의식을 요구한다. 하지만 이제는 기존의 것이 불변적 구조로 있는 것이 아니라 획기적으로 그 역할과 의미와 위치와 본질이 바뀌어야 한다고 본다.

2.『정역』의 후천개벽의 비전

『정역』이 말하려는 변역은 자연의 변화, 일월의 변화, 캘린더의 변화, 지축地軸의 변화, 수조남천의 현상이 일어날 것을 말하려는 것이 문맥적 의미인 듯하다. 물론 자연이 변역하니 그에 따라, 아니 예비적으로 인간이 변해야 한다는 것을 그 속에 부수적으로 담고 있다. 이때 인간의 윤리도덕의 세계에서 나타나야 할 새로운 형식은 조양율음이고 성리性理이다. 선천은 교역이고 후천은 변역이라는 것은 종래의 교역·변역의 개념적 의미를 담는다기보다는 괘도의 변화를 갖고 말하는 것이다. 즉 선천이 교역이라는 것은 화금火金의 위치적·물리적 변화를 나타내는 문왕선천의 역을 말하는 것이고 후천이 변역이라는 것은 금화金火의 본질적·화학적 변화를 나타낸『정역』을 말한다.[4]『정역』이 이 금화의 변역에 집중적으로 관심을 보이고 이것이『정역』의 핵심이 된다는 점에서『정역』을『금화정역金火正易』이라고도 칭하는데, 김항은「금화오송金火五頌」이라 하여『금화정역』에 대한 다섯 편의 노래를 짓고 있다. 그는 49금·27화의 금화문은 옛사람의 생각이 미치지 못한 곳이며 공부자께서도 말씀하지 않으신 것이라고 말한다.[5]

김항은 이 후천세계를 유리세계琉璃世界 또는 용화세월龍華歲月이라고 부르는데, 이것은 매우 긍정적이고 이상적인 미래를 암시한다. 용화세계는 미륵불의 정토를 말한다. 미륵은 석가모니불의 가르침을 받으면서 수행하다가 미래성불의 예언을 받고 목숨을 마친 후 도솔천에 태어나 수행하는 중인데, 석가모니불이 입멸한 후 오랜 세월이 지나면 이 세상에 내려와 화림원華林園의 용화수龍華樹 아래에서 성불하게 된다고 한다. 따라서 용화세월이란 미륵불이 후천개벽과 더불어 펼치는 인류의 새로운 문명시대이다. 유리세계는 유리처럼 맑은 세계, 천지의 청명함과 일월의 화려한 광채가 반영된, 아름답게 채색된 영롱하고 투명한 세계를 말한다. 비슷한 말로 유리성이 있다.[6] 정통유학에서 희망의 세계를 나타낼 때 주로 쓰는 용어는 태화泰和·인수仁壽·대동大同·지치至治 같은 것들인데, 김항이 사용한 용어는 이것들과 다르다. 뿐만 아니라 그는 화무옹化無翁, 화무상제化無上帝, 화옹化翁, 보화일천화옹普化一天化翁, 화화옹化化翁 등을 용어도 사용하였다. 이는 민간전승의 토속신앙을 가진 사람이나 불교 혹은 도교적 경향을 가진 사람들이 즐겨 사용하고 일반 유자들은 사용하지 않은 용어이다. 이런 용어를 김항이 망설임 없이 사용한 것은 도가 유·불·

---

4) 이정호,『正易 연구』, 201~202쪽.
5)『正易』,「金火四頌」및「金火五頌」.
6)『正易』,「十一歸體詩」, "誰遣龍華歲月今."

도 어느 한 곳의 전유물이 아님을 보이기 위해서인 듯하다.[7]

『정역』에서는 서두에 '십오일언十五一言'이라는 제하의 글을 두어 반고盤古에서 공자에 이르는 성인들의 업적과 그 문화적 성취의 성격을 규정하고 있다. 그런데 여기서 김항은, 황제가 육갑을 내고 별을 밝혔으며 요가해와 달의 역법을 마련했고 순이 선기옥형을 지어 칠정七政정사를 행했으며 우가 낙서구주를 마련했고 공자가 천시天時를 본받고 수토水土를 물려받아 오늘에 이르렀다고 하였다. 다양한 문화적 성취 가운데 천문역법天文曆法과 관련된 언급이 많다는 것을 알 수 있다. 더 주목할 부분은 공자이후의 성현에 대해서는 일절 언급이 없다는 점이다. 나아가 『정역』전체를 보더라도 공자 이후의 인물에 대해서는 단 한 줄의 언급도 없다. 맹자와 주희, 이황이나 이이, 소옹과 서경덕에 대해서도 언급하지 않고, 그저 김항 자신이 36세 때 연담 이운규 선생을 만나 구도求道의 자극을 받았다는 것을 밝히고 있을 따름이다.[8] 여러 맥락에서 김항은 공자 이후 숨겨져 있던 비밀을 드러낸 인물로 자부했던 것으로 보인다. 공자 이후 2400여 년은 아득히 감추어진 비밀의 세상이었고, 김항으로 말미암아 비로소 그 비밀이 드러나 새 세상이 열리게 되는 셈이다.

〰〰〰〰〰〰〰〰〰〰〰〰〰〰〰〰〰〰〰〰〰〰〰〰〰〰〰〰〰〰〰

김항의 글쓰기는 일반 성리학자들의 글쓰기와는 다르다. 당시 조선의 유자들은 위정척사파, 개화파 등으로 나뉘어 논쟁을 벌였지만 그들의 글쓰기는 연원이 있어 이해하는 데 큰 어려움이 없다. 김항과 비슷한 시기의 성재省齋 유중교柳重教(1832~1893)는 사승이 뚜렷하기도 하지만 화서

---

7) 『正易』, 「無爲詩」, "道乃分三, 理自然, 斯儒斯佛又斯仙." 道가 유학과 불교와 선교의 세 가지 이치로 나뉘는 것은 자연스러운 일이라는 뜻이다.
8) 김항은 36세(1861)에 守曾 李雲圭 선생을 만나 "影動天心月, 勸君尋此眞"의 권유를 받았다고 한다.

학파에서 주제로 삼고 있는 이슈들을 다루고 있다. 개화론자 박규수朴珪壽 (1807~1876)의 글쓰기 역시 당시의 주요 이슈들을 보편학문적 용어로 피력 하고 있다. 이에 비해 김항의 경우는 최제우崔濟愚(1824~1864), 강일순姜一淳 (1871~1909) 등에게서 그 글쓰기 패턴의 유사성을 찾을 수 있다. 이들은 모두 후천개벽 등을 주제로 하고 있으며 상제의 계시 등 절대적 권위자를 내세우고 있다. 실제로 김항의 글 중간중간에 "화무상제의 말씀이시다", "화무상제께서 거듭 말씀하시다", "화옹께서 친히 보이신 감화사監化事이 다"라 하여 그 말씀을 받아 적은 듯한 글이 보이며, 자신을 밝힌 표현으로는 대성칠원군大聖七元君이 1회[9], 불초자不肖子 김항金恒이 2회[10] 나타나고 간간 이 일부감언一夫敢言이라고 쓴 것이 있다. 내용은 선유의 가르침이나 경전 의 교훈에 대한 주석 류의 글을 두고 이루어지는 추론과 비판 및 논거의 제시와 같은 것이 아니라, 상제의 말씀을 받아 적었다는 것, 하늘과 땅이 말하라고 말씀하시니 자신이 말한다고 한 것, 자식의 입장에서 하늘의 말씀을 받아 적었다는 것 등이다. 이성적·합리적 성격의 철학적인 글이라 기보다는 어떤 신비적·종교적·계시적 체험에서 나온 글이라는 것을 알 수 있다. 용어 자체가 특정 집단 안에서의 의미를 갖는 것으로 보이며, 문장의 스타일에서 일종의 예언서 또는 종교적 희구를 담고 있는 지침서와 선언서라고 할 수 있다.

계시적 철학사상의 가능성을 부정하는 것은 아니지만, 어떤 사상이나 철학은 그 자취가 드러났든지 아니든지에 상관없이 그 연원이 있게 마련이다. 꿈도 자기 문화의 틀 속에서 꾼다. 회재悔齋 성현成灝의 사상에는 소옹 철학에 대한 기호지역의 면면한 전승을 보이는데, 혹 이러한 전승이 훗날 『정역』의 토대가 된 것일 수도 있다. 김항이 『정역』에서 그의 사승관계

---

9) 甲申년 6월 7일의 「十五一言」 이후에 사용된 표현. 이정호의 주석에 따르면 이는 북두 칠성의 精靈이자 致誠光佛의 右補處이며 息災菩薩의 별명이라 한다.
10) 甲申년 7월 17일의 化無上帝 말씀 이후에 사용된 표현.

를 밝힌 바는 없지만, 그렇다고 해서 그의 사상을 완전한 독창이라고 판단하거나 어떤 외부의 영향이 있었음을 배제할 일은 아니다. 소옹이나 서경덕의 책을 김항이 읽지 않았다고 단언할 수는 없다. 나쁘지 않은 의도에서도 영향 받은 것을 밝히지 않을 수 있다. 김항의『정역』에는 분명 소옹의 철학을 전승한 부분과 변통한 부분이 있다.

『정역』에는 여러 사상이 혼합되어 있다. 김항 스스로 당시 세속에서 사용하는 여러 표현들을 정제하지 않고 사용하고 있으며, 선천·후천, 무극·황극 등의 의미를 자기 나름대로 규정하여 사용한다. 또 10간12지와 나름의 도수를 가지고 역曆을 설명하며, 윤력閏曆을 벗어나 정력正曆이 되어야 후천의 사회가 된다는 전제를 갖고 있다. 여기서 가장 두드러지는 부분은 황금의 미래에 대한 희구와 믿음을 상제上帝 또는 화옹化翁의 계시적 선언이라는 형태로 담보하고 있다는 점이다. 요즘 말로 그는 자기 방향을 뚜렷이 갖고 있지만 생각은 종교다원론자에 가깝다. 그의 시대인 조선조 말기는 유학의 통제력이 약화되어 가는 동시에 더한 경직성을 보이기도 하는 때였으니, 이런 종교다원론적 성향을 지닌 김항을 정통유학자들이 곱게 볼 수 없었을 것이다. 그럼에도 그가 자재롭게 그와 같은 용어들을 사용하게 된 까닭은 민중친화적인 이상적 미래세계를 나타내기 위해서라고 할 수 있다.

그러나 정력正曆의 표방, 무윤력無閏曆, 지축의 바로 잡힘 등은 예언적 성격을 가진 것으로서 합리적 판단의 소재가 되거나 보편적 설득력을 갖기에는 어려움이 있다. 또한『정역』의 원리를 이해하기 위한 밀전密傳의 수지굴신手肢屈伸과 같은 방법은 특정 대상을 위해 제한적으로 사용되어 왔을 뿐만 아니라 부분부분에 우주의 총체적 이치가 담겨 있다는 형이상학적 뒷받침이 있을 수도 있지만 여전히 대중적 설득력을 갖기 어려운 것이 사실이다.

「문언전」의 선천·후천은 탁월한 인간인 대인大人이 절대자 하늘 앞에서 취하는 자세를 말한 것이다. 그것은 윤리적 관점, 효의 관점에서 언급한 것이라고 할 수 있다. 복희시대와 문왕시대로 표방되는 소옹의 선천·후천은 문자 이전의 상象과 수數와 리理의 세계와, 그 이후의 언어문자의 세계를 말한 것인데, 동시에 이는 도가와 유가를 넘나드는 지점임을 짐작할 수 있다. 서경덕의 선천·후천은 기에 의한 존재론적 접근으로, 본체와 현상의 철학적 개념에 해당한다고 할 수 있다. 그리고 김항의 선천·후천은 암울한 시대를 살면서 황금의 시대가 도래하기를 꿈꾸는 민중의 희망을 담고 있는 종교적 접근이다.

제5장 학산 이정호의 후천 간역론

학산鶴山 이정호李正浩(1913~2004)[1]는 일생 『주역』과 『정역』의 연구에 종사한 역학자이다. 그의 역학 관련 저술로는 『주역자구색인周易字句索引』(1963; 1978) 『해설역주 훈민정음』(1972), 『훈민정음의 구조원리: 그 역학적 연구』(1975), 『정역 연구』(1976), 『주역정의』(1980), 『학역찬언學易纂言: 한국 역학의 새 방향』(1982), 『주역집주대요周易集注大要』(필사복제본, 1982), 『정역과 일부』(1985), 『해설역주 훈민정음』(1986), 『국역주해 정역』(1988), 『제3의 역학』(1992) 등이 있는데, 어느 것 하나 역학 및 일부一夫 김항金恒(1826~1898)의 『정역』과 관계되지 않은 것이 없다. 『주역자구색인』은 이정호의 최초의 저술로, 이는 『주역』 연구에 필수적인 공구서이다. 『주역집주대요』는 그의 『주역』 연구에 관한 연원과 흐름을 보여 주는 저술이며, 『주역정의』는 그의

---

1) 鶴山 李正浩의 略歷은 다음과 같다. 1913년 2월 17일(음력) 忠南 禮山 출생. 京城帝國大學 豫科·朝鮮語文學科 졸업. 연희대학교·이화여자대학교 국어국문학과 교수, 충남대학교 문리과대학 철학과 교수, 충남대학교 총장, 國際大學 국어국문과 교수, 2004년 5월 29일 향년 92세로 別世. 그 저술은 대체로 다음과 같다. 『周易字句索引』(충남대학교, 1963 초판; 국제대학 인문과학연구소, 1978 개정판); 『해설역주 훈민정음』(한국도서관학연구회, 1972 초판; 寶珍齋, 1986 개정판); 『訓民正音의 構造原理: 그 易學的 硏究』(아세아문화사, 1975); 『正易 연구』(국제대학 인문사회과학연구소, 1976 초판; 1983 재판); 『周易正義』(아세아문화사, 1980); 『學易纂言: 韓國易學의 새 方向』(대한교과서주식회사, 1982); 『正易과 一夫』(아세아문화사, 1985); 『국역주해 정역』(아세아문화사, 1988); 『제3의 易學』(아세아문화사, 1992). 遺稿 『周易集注大要』(筆寫複製本).

『주역』연구의 결정이라 할 수 있다.『해설역주 훈민정음』,『훈민정음의 구조원리: 그 역학적 연구』,『해설역주 훈민정음』의 세 저술은 이정호의 최초의 논문인「훈민정음의 역학적 연구」[2]를 바탕으로 한 것으로,『주역』 연구를 우리말 연구에 반영한 성과물들이다. 그리고『정역 연구』,『학역찬언: 한국역학의 새 방향』,『정역과 일부』,『제3의 역학』은 모두『정역』에 관한 연구이다. 이정호의 저술들은 그가 일생 훈민정음과『주역』,『정역』에 관련된 연구에만 몰입했음을 알려 준다. 그런데 실상 세 부분의 저술들은 모두 역학의 테두리 안에 있다. 그리고 그 지속적 지향은『정역』 연구에 있었다. 여기서는『정역 연구』,『주역정의』,『학역찬언』,『정역과 일부』,『제3의 역학』등을 중심으로 이정호의 역학과『정역』에 관한 연구를 살펴보기로 한다.[3]

1. 삼역관과 선후천전도론

이정호는 자신의 젊은 날을 "앞에는 바위가 가로막고 주저앉은 곳은 가시밭인"[4] 상황, "집에 와도 불안하고 밖에 나가도 벽에 부딪히는" 상황으로 표현했다. 그리고 그런 곤경에 처했다면 대장부로서 마땅히 몸을 버리고 뜻을 이루어야 하는데 그런 용기는 내지 못하고, 대신 교단을 떠나 역학 공부에 몸을 던졌다고 한다.[5]『역』을 제작한 성인도 세상에

---

2) 이 논문은『충남대 논문집』제11집(1972년)에 수록되었다가 이후 1975년 단행본으로 출간된『훈민정음의 구조원리』의 주요 내용이 되었다.
3) 이 가운데『정역 연구』,『주역정의』,『학역찬언』의 3종을 유승국 교수는 鶴山 易學의 3부작이라고 하였다.(『학역찬언』, 발문, 336쪽.)
4)『易』, 困卦, 六三爻辭, "困于石, 據于蒺藜." 주희는 제4효를 돌로, 제2효를 질려로 보았다. 이미 가시덩굴을 깔고 앉았는데 앞에는 다시 돌밭이나 바위가 가로막고 있는 형상이다.
5) 이정호,『주역정의』,「自序」.

대한 우환과 자신이 처한 곤경에서 『역』을 짓게 되었고, 왕부지 등 이전 역학자들 중의 상당수가 안팎의 험난한 처지에서 탈출구를 모색하는 과정에서 『역』을 공부하게 되었는데, 이정호 자신도 대체로 그러한 정황과 동기에서 역학에 입문하게 되었다는 것이다. 이정호는 김항의 제자 덕당德堂 김홍현金洪鉉으로부터 직간접적으로 『정역』과 김항에 관한 생생한 증언을 들었고, 또 김항이 공부했던 국사봉 산방에서 수십 년 동안 『정역』을 연찬했다.6)

  이정호의 역학은 『정역』으로부터 시작하여 『주역』에 미치었다. 『정역』에 대한 바른 이해를 위해서라도 『주역』에 대한 연구는 불가피한 것이었지만, 어쨌든 이정호의 역학 연구의 순서는 『정역』에서 『주역』으로 이어졌다. 그의 『주역』 연구가 『정역』에 대한 이해의 완성을 위한 것이었음은 말할 나위가 없다. 그의 『주역』 연구의 성과는 『훈민정음의 구조원리』, 『주역정의』 등에 반영되어 있다. 『주역』에 대한 연구가 『정역』에 대한 연구보다 나중에 시작되었지만 연구의 성과는 『정역』에 대한 연구보다 먼저 나타났다. 이는 『정역』 연구에 대하여 지닌 그의 엄밀함과 엄숙함의 태도를 나타내는 것이기도 하지만, 대학에서 조선어학을 전공했다는 사실7)과 훈민정음이 『주역』의 원리에 의하여 만들어졌다는 사실에 대한 온전한 풀이가 절실히 요구되고 있는 학계의 현황을 보고 남다른 사명감을 가졌기 때문일 것이다. 『훈민정음의 구조원리』는 '그 역학적 연구'라는 부제가 암시하듯 『훈민정음 해례본』에 나와 있는 제자의 역학적 원리를 규명하여 풀이한 것으로서 학계의 어느 누구도 대신할 수 없는 업적으로 평가되고 있다. 이정호 『주역』 연구의 정수가 바로 여기에 함축되어 있다고 할 수 있다.

---

6) 國師峰 香積山房에 대해서는 『正易 연구』, 218~224쪽 및 『제3의 易學』, 80~86쪽을 참조할 것.
7) 이정호는 경성제국대학에서 조선어문학을 전공했다.(1931년 입학, 1936년 졸업)

그러나 이정호의 관심은 언제나 『정역』을 지향하고 있었다. 『주역』의 연구는 『정역』을 위한 연구로서 언제나 『정역』의 시각과 전망 속에서 이루어졌다. 그는 "나의 『주역』 연구는 『정역』으로부터 시작하였다. 선천에서 후천을 전망한 것이 아니라 거꾸로 후천에서 선천을 회고한 것이다"[8]라고 하면서, 미래를 알기는 어렵고 과거를 돌아보는 것은 쉬운데 『정역』을 공부하고 나서 『주역』을 보니 마치 미래에서 과거를 거꾸로 순하게 보는 셈이 되었다고 말한다. "처음에는 어렵고 나중에는 쉽다"[9]라는 『역』의 말처럼, 신비와 난해의 보자기에 싸여 있던 『주역』도 『정역』의 이념과 개념을 통해서 보니 비교적 이해하기 쉬웠다는 것이다.

이처럼 이정호가 이해한 『주역』은 『정역』의 프리즘을 통해 본 것이었다. 그가 주안점을 둔 것은 후천개벽과 후천의 사회·종교 등이었다. 그에 따라 그는 무극, 황극, 존공尊空 등과 같은 기존개념에 대한 새로운 이해 및 신개념의 도출을 시도하였고, 또 천지자연의 지변至變과 그에 수반하는 인간의 변화, 종교의 일치와 상호이해의 증진, 천하대동의 일가 구성 등에 대해 기술하였다. 이정호는 『정역』이 지향하는 이들 사상과 이념이 『주역』 속에 어떻게 숨겨져 있는지를 밝히려 했다. 그것이 그의 『주역』 연구의 동기이다. 그는 『주역』에 대한 연구의 결과를 담은 책의 제목을 『주역정의』라 했는데, 이는 『정역』을 통해서 본 『주역』의 의미, 또는 『주역』 속에 담긴 『정역』의 의취라는 뜻이다. 공영달의 『주역정의』와 구별하기 위하여 이정호 스스로가 그 의미를 이렇게 규정하고 있다.

이정호의 『주역정의』는 경부, 익부, 여록의 3부로 구성되어 있다. 경부와 익부에서는 통상의 『주역전의대전』의 체제에 따라서 핵심적 명제를 취하여 『정역』적 해석을 가하였고, 여록에서는 『주역』과 『정역』, 기독교의

---

8) 『주역정의』, 「自序」.
9) 『易』, 「繫辭下傳」, 제7장, "損, 先難而後易."

『성서』에서 핵심적 개념이나 명제를 취하여 소견을 피력하고 특유의 해석을 가하고 있다. 그리고 부록에는 『주역』 원문, 『정역』 원문, 64괘의 명칭과 그 번호, 「서괘잡괘착종도序卦雜卦錯綜圖」, 김항의 「대역서大易序」와 「불이자不二字」, 「지변간지착종도至變干支錯綜圖」를 첨부하고 있다. 책의 구성에서 이미 『주역』에 대한 『정역』적 이해가 뚜렷하게 드러난다. 경부와 익부에서 이정호가 취하여 풀이한 것들은 64괘효사와 「단전」과 「상전」, 「계사전」 등의 주요 구절들이고,[10] 여록에서는 '비구혼구匪寇婚媾', '만부萬夫와 일부一夫', '목장木匠의 버린 돌', '그날 그때' 등이다. 이정호의 학문적 편력과 그 외연의 넓이를 짐작할 수 있게 하는 조목들이다.[11]

비록 『정역』을 통해서 이해한 『주역』이지만 이정호는 종래의 『주역』관을 승계한 점도 있고 혁신한 점도 있다. 우선 『역』에 대한 기본인식에서 이정호는 그것이 복희역이든 『주역』이든 상관없이 '계시의 글이요 생명의 거울'이며, "우주와 인류의 완성을 위하여 그 취향할 길을 밝히고 최고의 심법과 초월적 신명으로 최후의 한 사람까지 다 건지지 않으면 마지않는, 작역성인의 근심과 그지없는 연민을 실은 인애의 문서요 생명의 진경"이라고 인식한다.[12] 여기서 계시·신명·인애·생명 등의 용어에 주목할 필요가 있다. 이정호의 역학에서 이들 개념은 『주역』에 대해서든 『정역』에 대해서든 항상 중추적 위치에 있기 때문이다.

역학사에 등장하는 『역』에 대한 호칭은 다양하다. 복희역·문왕역·공

---

10) 예를 들면 다음과 같다. 乾괘의 元亨利貞, 用九用六, 保合大和, 時乘六龍以御天, 坤괘의 牝馬之貞, 其血玄黃, 屯괘의 磐桓, 乘馬班如 등과 「계사전」 등에서 취한 能愛, 顯仁藏用, 道義門, 天下의 至變, 鼓舞盡神, 窮理盡性 등이다.

11) 이정호의 오랜 知人 유승국 박사의 『학역찬언』 발문에 따르면, 이정호의 학문적 편력은 "혹은 학원으로, 혹은 산간으로, 혹은 종교사회학으로, 혹은 해부생리학으로, 혹은 『역』에 관한 선유 학설의 침잠으로, 혹은 서구사상의 근간을 이루는 기독 교리의 탐색으로, 혹은 황로와 교섭하고, 혹은 석문에 출입하며, 혹은 교단으로, 혹은 집회로"로 열거 표현된다.

12) 『국역주해 정역』, 105쪽.

자역이라고도 하고, 상수역·의리역이라고도 하며, 한대역·송대역·청대역 등으로 구별하거나 점역占易·학역學易으로 구분하기도 한다. 그런데 이정호는 종래의 구별과는 달리 복희역, 문왕역 다음에『정역』을 두고 이를 제3의 역으로,『정역』8괘를 복희괘, 문왕괘를 잇는 제3의 괘로 정의한다. 이정호는 "복희 원역原易은 천지자연의 소박한 역이요 원시부족의 결승의 역이며, 문왕『주역周易』은 인문개명의 번교繁巧한 역이요 문화민족의 서계의 역이며, 일부『정역正易』은 자연과 인문이 조화된 역이요 세계 인류의 신화神化의 역이다"라고 하여, 복희역·문왕역·일부역의 세『역』을 원역·주역·정역의 3단계로 이해하고 이를 각각 생역生易·장역長易·성역成易으로 구별하고 있다.13) 이정호에게 있어서『정역』은『역』의 완성이다.

여기서 우리는 이정호가 종래의 견해와 달리 공자역을 따로 인정하지 않는다는 것을 알 수 있다. 종래에는 복희가 획역畫易하고 문왕이 연역演易하였으며 공자가 찬역贊易했다고 말해 왔다. 공자역은 십익을 통해 그 철학적 의리를 밝힘으로써 왕부지 등에 의해 문왕의 점역占易과 구별되는 학역學易으로 인정받았는데, 이정호는 공자의 찬역 부분을 문왕의 연역 부분에 포함시켜서 곧바로 문왕역에서 일부역으로 넘어가고 있다. 이정호가 공자역의 위상을 종래의 역학사와 같이 인정하지 않는 이유를 뚜렷이 밝히지는 않았으나, 아무래도 공자역이 새로운 괘도와 새로운 역리를 제시하지 않았다는 점 등을 고려한 것으로 추정된다. 괘도의 존재 여부가『역』의 위상을 정립하는 데 결정적 조건이 된다고 보는 것인데, 여기에는 이견이 있을 수 있다.

이정호의 역학관에서 보다 두드러지는 점은 기존의 복희선천·문왕후천의 관점을 문왕선천·일부후천으로 보는 시각, 곧 선후천 전도의 관점을

---

13)『국역주해 정역』, 105쪽.

갖고 있다는 것이다. 그동안 후천역으로 보아 왔던 문왕역을 이제 선천역으로 보는 것이다. 그는 선후천론에 『역』 자체를 논하는 것과 같다고 할 만큼 큰 비중을 두고 있다.

소옹은 복희팔괘를 선천지학으로, 문왕팔괘를 후천지학으로 규정하였다. 주희는 『주역본의』에서는 소옹의 견해를 그대로 수용하고,[14] 『역학계몽』에서는 좀 더 부연하여 선천을 대대對待로, 후천을 유행流行으로 규정한 뒤 선천에서는 건·곤괘를 중시하고 후천에서는 진·태괘를 중시한다고 하였다.[15] 청의 이광지는 "소옹은 '천지가 제 위치를 정하고'(天地定位)의 장[16]을 선천역이라 하고 '제왕이 진방에서 나오고'(帝出乎震) 이하[17]를 후천역이라 하였는데, 먼저 복희를 말하고 다음 문왕을 말한 그 순서는 믿을 만하다. '선천도'는 쉽고 간단하며 포괄적이고 괘를 그은 것이 자연의 오묘함을 얻었고, '후천도'는 정밀하고 깊으며 절실하여 『역』의 뜻과 사례에 부합하는 것이 많다"[18]라고 하였다. 권근權近(1352~1409)은 선천을 가리켜 '천리가 아직 드러나지 않은 것'이라 하고 후천을 가리켜 '천리가 이미 드러난 것'이라고 하면서,[19] 주희와는 달리 선천에도 유행의 상이 있고 후천에도 대대의 위치가 있다고 하였다. 장현광張顯光(1554~1637)은 선후천을 체용관계로 보는 선배학자들의 견해를 수용하는 한편으로 선천이 후천으로 바뀌는 것에 주목하여 중천中天의 개념을 제시함으로써 이른바 중천교회설中天交會說을 주장하였다.[20]

---

14) 주희는 『易』 「說卦傳」 제3장은 소옹이 말한 복희8괘도요 선천지학이며 5장은 소옹이 말한 문왕8괘도요 후천지학이라고 하였다.

15) 『易學啓蒙』 「原卦畫」의 "先天學, 心法也"에 대한 胡方平의 주(『易學啓蒙通釋』), "蓋先天對待以立其本, 而所重在乾坤, 後天流行以致其用, 而所重在震兌."

16) 「설괘전」 3장을 의미한다.

17) 「설괘전」 5장을 의미한다.

18) 『御纂周易折中』, 권22, 李光地의 주.

19) 權近, 『入學圖說』, 권1, "先天, 天理未露, 聖人開之, 後天, 天理已露, 聖人用之."

20) 張顯光, 『易學圖說』, 권4, 「體用上·中天交會圖」.

이정호는 괘·효·단·상에 등장하는 선후, 종시, 초종, 그리고 「계사」에 나오는 "시초를 탐구하고 종말로 돌아온다"(原始反終), "시초를 이루고 종말을 이룬다"(成始成終), "만물의 종말이 되고 만물의 시초가 된다"(終萬物始萬物) 등을 들어 이들이 『주역』의 선후천사상을 반영하고 있다고 이해한다. 그리고 각 괘체의 아래 3획괘를 선천, 위 3획괘를 후천으로 보는 동시에 『주역』 상편을 "하늘에 앞서도 하늘이 그를 어기지 않는" 선천으로, 하편을 "하늘을 뒤따름에 하늘의 때를 받드는" 후천으로 나누어 본다. 또 복희괘도와 문왕괘도 역시 선후천을 반영한다고 하면서 소옹과 주희의 견해를 따라서 하도·낙서를 여기에 연결시킨다. 즉 복희팔괘와 하도로 나타나는 선천은 포태胎胎의 과정이고 문왕팔괘와 낙서로 대변되는 후천은 배양의 과정인데 선천은 상생의 상을, 후천은 상극의 상을 지니고 있다고 하면서, 선천하도가 설계이고 비전(vision)이며 음양이 완전히 조화를 이룬 것이라면 후천낙서는 성장의 과정에서 나타나는 역행과 모순과 실화失和의 상태를 보여 준다고 하였다.[21]

그런데 이정호는 선후천관이 뒤집어졌다고 말한다. 이제 문왕역이 선천이 되고 새로 출현한 일부역이 후천이 되니, 그 이유는 새로 출현한 정역팔괘도에 있다는 것이다. 그에 따르면, 복희선천은 갓 태어난 애기의 모습에 불과하니 결코 하도 실현의 전체일 수 없고, 문왕후천은 금화교역金火交易으로 인한 천지의 경위傾危 때문에 모순과 불안 속에 상극상을 노정하고 있을 뿐 역시 온전한 하도의 실현일 수 없다. 그런데 새로 출현한 정역팔괘도는 49금과 27수를 제자리로 환원시켜서 본래의 하도의 질서내로 복구하게 하였다는 것이다.[22] 이로써 저절로 화명금청火明金淸을 이루어[23] 기울고 위태해진 천지를 바로 붙잡고 바른 자리를 비워서 받드니,

21) 『正易 연구』, 7~19쪽 참조.

22) 『正易』, 「十一歸體詩」, "火入金鄉金入火, 金入火鄉火入金."

23) 「十一一言」과 「十一吟」에서 "九二錯綜兮, 火明金淸"이라 했다.

수화와 뇌풍이 좌우에서 보필하고 산택이 동서에서 상통하여 질서정연한 하도의 완전한 실현을 보게 되었다고 그는 말한다.

이정호는 새로 출현한 일부역의 정역팔괘도는 이미 『주역』「설괘전」에서 그 출현이 예언되어 있었다고 본다. 지적되고 있는 「설괘전」 본문은 "신이란 것은 만물을 오묘하게 한다는 것을 말함이다"(神也者, 妙萬物而爲言者也)의 일단의 구절이다. 이 구절은 이전의 학자들 특히 주희도 그 의미에 대해서는 자세히 알 수 없다고 하여 판정을 유보한 이른바 궐의闕疑 부분인데,24) 이정호는 이것이 『주역』에서 제3괘도의 출현을 시사하고 있는 가장 유력한 증거라고 간주한다.25)

2. 성역·후천론

이정호의 『정역』에 대한 연구는 『정역 연구』에서 일차로 종합되었다. 이 책은 논술편, 역주편, 부록으로 구성되어 있는데, 논술편은 「역의 선후천론」, 「정역팔괘도에 대하여」, 「십오일언十五一言에 대하여」, 「십일일언十一一言에 대하여」, 「황극론」, 「일부선생전」으로 되어 있다. 「역의 선후천론」은 이미 단일 논문으로 발표되었던 글이고, 나머지는 모두 이 책에 의해 처음으로 세상에 나온 것들이다. 역주편은 『정역』에 대한 역주 및 현토로 되어 있고, 부록은 『정역』 원본 및 「대역서大易序」, 「불이자不二字」

---

24) 주희는 『주역본의』에서 "이 장은 乾坤을 제하고서 나머지 여섯 괘만을 말하여 신이 하는 일을 나타냈는데, 그 위치와 차례 또한 앞 장의 주장을 사용했으니 그 의미를 잘 모르겠다"라고 하였다.

25) 김항은 환상 중에 「설괘전」의 이 구절이 환하게 드러났다고 자술했다고 한다. 이정호는 「정역팔괘도」 출현의 이론적 가능성을 선후천 전도와 「설괘전」에 묻혀 있는 예언 이외에도 『周易傳義』 「易序」 말미에 나오는 이른바 '아직 드러나지도 않고 형체를 갖추지도 않은 역'(未見未形易)의 개념에서도 취하고 있다.

를 영인한 것과 「대역서」를 현토한 것으로 되어 있다.

이정호는 "복희역이 생역生易이요 문왕역이 장역長易인 데 비하여 일부역은 성역成易이다"라고 하고, 또 그것은 인류가 가질 수 있는 최선의 역일 뿐 아니라 진과 미의 극치를 갖춘 인간 지혜의 금자탑이요 인류공동의 신물神物이며 신화세계의 보배라고 한다.[26] 그는 또 앞서 논한 대로 『정역』은 문왕선천역에 대한 후천역이라 보았다. 연산 땅의 일개 선비에 의해 제시된 『정역』을 복희역·문왕역과 대등한, 아니 그 둘을 넘어선 '역의 완성'으로 인식하는 것은, 그리고 거기에 일생을 던져 연구하고 선포하는 것은 보통의 학자로서는 참으로 결단하기 어려운 일이 아닐 수 없다. 이정호에게 있어서 『정역』의 저자 김항은 한낱 역을 배운 선배학자가 아니었다. 그는 김항을 만고의 문장을 한 장의 도화圖畵로 만들어 버리는 선각 중의 대각, 성인 중의 지인, 후천의 길을 명시하는 친절한 스승, 천공天工을 대행한 군자인의 모범으로 인지하였다.[27]

『정역』을 제3의 역, 성역이라고 한 규정 속에는 이미 『정역』 출현에 부여된 중대한 의미가 담겨 있다. 그것은 『정역』이 선후천의 전도, 자연의 대변화와 그에 따르는 우주관이나 인생관을 포함한 모든 가치관의 새로운 정립을 요구하기 때문이다. 하도 속에 담긴, 복희가 설계한 모든 이상과 철학을 지상에 펴는 것이 바로 『정역』인 것이다.

이정호는 『정역』을 선천의 태음세계가 가고 후천의 태양세계가 도래함을 알려주는 여명의 새벽종이라고 비유하면서, 도래할 세계는 음을 억누르고 양을 높이는 논리에서 벗어나 음양을 조율하는 논리로 나아가고 선천의 심법지학[28]에서 후천의 성리지도로 전환하며[29] 자연과 인간의

---

26) 『국역주해 정역』, 105쪽.
27) 『正易 연구』, 234쪽 참조.
28) 이미 『역학계몽』에서 주희가 先天을 心法學이라고 부른 바 있다.
29) 『正易』 「一歲周天律呂度數」에서 "抑陰尊陽先天心法之學, 調陽律陰後天性理之道"라 했다.

높은 뜻이 완전히 하나가 된 세계라고 말한다.[30] 그리고 정역팔괘도가 출현한 의의에 대해서는, ①건곤정위乾坤定位로 인하여 천하의 정륜正倫이 세워짐으로써 모든 것이 제자리를 찾고 제 직분을 다하며 상하가 화목하게 됨, ②하도의 실현으로 인하여 음양이 완전한 조화를 이룸, ③곤남건북坤南乾北으로 인하여 상하가 교태交泰하고 군자의 도가 행해지는 후천의 태운泰運이 도래함, ④간태합덕艮兌合德으로 인하여 태운泰運의 실제를 함咸에서 이룩함 등으로 규정하고 있다.

이정호는 『정역』이 세상에 나온 지 이미 오래되어 그 책을 읽거나 이름을 들은 이들이 적지 않음에도 불구하고 그 올바른 뜻을 아는 이가 많지 않은 것은 선후천의 전도 개념, 독특한 전수심법과 수지상수手指象數, 정확한 간지도수干支度數 등을 알지 못하고서는 그 책을 이해하기 어렵기 때문이라고 추정하고 있다. 그러면서 이정호 자신은 "일찍이 그 전수심법에 참여하여[31] 수지상수와 간지도수를 익힐 기회를 가졌고", "40여 년 노둔함을 채찍질하며 연구에 분발한 끝에 이제 그 만일의 소식을 약간은 짐작하게 되었다"라고 말한다.[32] 그의 지적처럼, 『정역』을 제대로 알기 위해서는 먼저 선후천의 전도와 전수심법과 수지상수와 간지도수에 대해 제대로 이해하고 수용해야만 한다. 여기서 『정역』의 논리에 대한 보편성이 문제시된다. 선후천의 전도는 비교적 논리적 타당성을 지니고 있어서 그런대로 이해될 수 있지만, 전수심법은 일종의 밀전密傳이기에 그 이해에 참여할 수 있는 자가 제한될 수밖에 없고, 수지상수手指象數 즉 손을 쥐락펴락하고 손가락을 곱았다 펼쳤다 하면서 상과 수의 의리를 이해하는 것 역시 제한된 특정 집단에서나 의의를 가질 수 있는 것이며, 간지도수는 더욱이나 초합리적 영역이라고 할 수 있기에 일반적 이해나

---

30) 『正易 연구』, 24쪽.
31) '傳受心法에 참여하였다'는 것은 德山과 義山의 만남과 그로부터의 배움을 가리킨다.
32) 『국역주해 정역』, 서문.

설득의 어려움이 있다. 따라서 지해종도知解宗徒의 입장에서는 수용이 쉽지 않고 평가하기도 어렵다. 그럼에도 불구하고 이를 알지 못하면 『정역』을 제대로 이해할 수 없다고 말하고 있는 것이다.

이정호는 『주역정의』 말미에 「지변간지착종도至變干支錯綜圖」를 부착해 두고 이것이 일부의 교외별전으로 전수된 것임을 밝히고 있다.[33] 교외별전이라 함은 언어문자를 통하여 이루어지는 공통적·보편적 가르침이 아니라 특수한 형태로 이루어지는 개별적 가르침임을 뜻하는데, 이정호는 이에 접하여 있었던 것이다.[34]

3. 금화혁역과 간역론

1) 금화정역金火正易 — 혁역革易

『정역』의 골간은 「십오일언」과 「십일일언」이다. 이는 구조적으로도 그러하다. 「십오일언」의 위상은 『주역』의 건곤 즉 상경에 해당하고 「십일일언」의 위상은 『주역』의 함항 즉 하경에 해당하니, 「십오일언」과 「십일일언」은 각각 『정역』의 상·하경이 된다고 할 수 있다. 십오와 십일은 각각 건곤과 간태의 합수에 해당한다. 따라서 「십오일언」은 자연변화에 따른 윤력의 탈락과 정력正曆의 성립을 말하고 또 변화 후의 새 질서, 우주의 새 방위, 기후의 새 조화 등을 나타내며, 「십일일언」은 황극인의 출현과 그에 의해 이루어지는 신질서, 그리고 고도의 무량한 복지사회인 유리세

---

33) 『주역정의』, 「例言」.
34) 정역에 대한 이해에는 一夫 金恒에 대한 이해가 필수적인데, 이에 대해서는 『정역과 一夫』; 『학역찬언』 「일부선생의 초세간적 측면」; 『정역 연구』 제6장 「일부선생전」; 『제3의 역학』 상편 「인내강변의 靜寂」 및 하편 「새나라 새종교 창시자로서의 一乎一夫」 등을 참조할 것.

계[35]를 찬미하고 있다. 「십일일언」은 '간에서 말씀을 이루고'(成言乎艮) '태에서 말씀을 기뻐한다'(說言乎兌)에 응하는 것이 된다.

『정역』의 본래 명칭은 『금화정역』이다. 이는 화기와 금기가 서로 바뀌는 것을 핵심으로 하여 『정역』이 성립되었기 때문이다. 『정역』에는 「십오일언」 다음에 금화정역을 찬양하는 노래가 다섯 편 실려 있다.[36] 금화정역은 정역팔괘도와 관련되어야 쉽게 이해된다.

이 괘도에 대하여 이정호는 다음과 같이 설명하고 있다.

정역도가 펴짐에, 선천에서 주축을 이루고 작용・행사하던 감리와 진손은 후천에서는 건곤의 좌우에서 보필이 되어 각각 서로 공격하지도 않고 서로 어긋나지도 않으며, 선천에서 기울어 위태로웠던 건곤은 가운데 자리에서 올바른 역이 되어 자기의 자리에서 직접 정사를 행하는 체제를 갖추고, 너무 유충하여 후일의 쓰임을 기다리던 태는 건곤의 기울이는 힘을 받아 하루아침에 '서쪽 변방 산에 백로가 나는'(西塞山前白鷺飛)[37] 격이 되어 이미 진의 자리에 와 있는 간과 더불어 친정대행親政代

정역팔괘도

---

35) 『正易』 「十一吟」에 "天地淸明兮, 日月光華, 日月光華兮, 琉璃世界"라고 했다.
36) 「金火一頌」부터 「金火五頌」까지 있다.
37) 이는 「金火四頌」에 있는 구절이다. 이정호는 이를 "서쪽 변방 산 앞에는 해오라기

行의 사팔용정四八用政을 하게 된다. 환언하면 선천의 주축자主軸者·용사자用事者가 후천의 보필자輔弼者가 되고 선천의 위경자危者·대기자待機者가 후천의 주재자主宰者·용정자用政者가 된 것이니, 문왕역과 정역도는 완전히 그 체용이 전도되었음을 볼 수 있다.[38]

금화의 교역은 『역』의 혁革괘에 해당한다. 그래서 이정호는 정역을 혁역革易이라고 명명한다. 이는 혁괘의 「단전」에 있는 "천지가 바뀌어 사시를 이루며 탕왕과 무왕이 혁명하여 천도와 인사에 순응하였다"라는 구절과 95의 효사 "대인은 호랑이처럼 변한다", 상6의 효사 "군자는 표범처럼 변한다" 등에서 인간의 변화를 말하고 있는 것에 근거를 두고 있다. 여기서 『정역』이 새 인간상에 대한 요청을 하고 있다는 판단이 가능하다. 『정역』에서는 새로운 인간으로의 변화를 위한 최선의 방법으로 "리를 탐구하고 본성을 다 발현함"(窮理盡性), "마음을 고무하고 신명을 다 발휘함"(鼓舞盡神)을 제시한다. 그렇게 함으로써 종래의 막혀 있는 천지비天地否괘의 세계로부터 툭 트인 지천태地天泰괘의 세계로 비약적 초월을 할 수 있게 되고, 종래의 도학인 곧 『서경』을 읽고 『주역』을 배우며 심법의 학문에 종사하던 선천세계에서의 수도자는 하루아침에 본성을 따르는 황극인이 된다는 것이다.

2) 황극론과 존공론尊空論

『주역』이 중용을 강조한다면 『정역』은 황극[39]을 표방한다. 이정호는

날아든다"로 번역하면서, 이것은 文王 괘도의 七兌가 『정역』에서 三兌로 제자리에서 돌아섬을 말함이며 또한 장지화의 시 「漁夫歌」에 인연함이라고 하였다. 『국역주해 정역』, 23쪽 참조.

38) 『正易 연구』, 33~35쪽 참조.

39) 『국역주해 정역』, 「정역에 대하여」, 114쪽. 이정호는 「황극풍」, 「황극지대」(두 논문은 『제3의 역학』에 수록되어 있다) 등의 논문에서 나타나듯 황극 개념에 대하여 특별한

건괘 92의 효사 "용의 덕을 지니고 바로 중용을 취한 자이다. 평상시 말에 신의가 있고 행동에 삼감이 있다"의 구절과, 곤괘 65의 효사 '황상黃裳'을 풀이한 것으로 보이는 "군자는 황중黃中[40])으로 리에 통달하고 바른 자리에 몸을 둔다"라는 구절을 들어 건괘를 중용이나 중도, 곤괘를 황중이나 황극으로 이해한다. 그리고 건은 선천이고 곤은 후천이니 선천의 중용은 후천의 황극이 된다고 주장한다. 즉 『주역』의 중용지도는 개체의 궐중厥中과 전체의 시중을 종합하고 물리와 인정을 헤아려서 그 가장 적절하고 안전한 것을 행함으로써 『정역』의 황극의 자리에로 발전해 가게 된다는 것이다.[41])

이 선천의 중용 또는 태극에서 후천의 황극으로 진출하여 모든 존재의 생명의 중심처, 우주의 무중벽無中碧에 도달한 자를 황극인이라 한다. 이정호에 의하면, 이 황극인은 무엇에도 갇힌 사람이 아니다. 그는 융통자재하고 팔달무애한 자유인이며, 『주역』이 지향하는 중정인이요 정륜인正倫人이다. 위로는 부모인 건곤을 존공尊空의 자세로 바른 자리에 모시고 친정親政의 뜻을 대신 행함으로써 그 뜻을 잘 계승하여 효자의 도리를 다하고, 아래로는 진손震巽의 겸양을 본받아 정령政令과 여율呂律의 용정用政을 행함으로써 우의를 돈독히 한다. 그는 공간적으로는 시방세계를 두루 다니고 시간적으로는 삼세인연을 모두 관장하여 천시를 받들고 대중을 교화하는 대인군자로서의 인품을 갖춘다. 이것이 이정호가 보는 『정역』에서 지향하는 인간변화의 대체적 내용이다.[42])

주의를 기울이고 있다.
40) 『正易 연구』, 161쪽 참조. 이정호는 黃과 皇이 통용되고 中과 極이 같은 의미를 가지므로 黃中은 곧 皇極으로도 풀이할 수 있다고 하였다.
41) 『正易 연구』, 162쪽 참조.
42) 이정호는 皇極人이 갖추어야 할 내용으로 直立·頂天立地 할 것, 욕심을 절제할 것, 서로 사랑할 것, 서로 협조할 것, 높은 믿음을 가질 것의 다섯 가지를 들고 있다. 『正易 연구』, 171~174쪽 참조.

존공尊空은 『정역』의 특수한 용어이며[43] 역학사에서 전혀 새로운 개념이다. 공은 높인다는 것은 곧 중을 높인다는 뜻인데, 이때의 중은 요순이 말하는 '윤집궐중允執厥中'[44]의 중이고 공자가 말하는 '시중時中'의 중이다.[45] 또한 '비어 있음'을 의미한다. 다의적이다. 이정호는 삼라만상이 다 공에서 창생된다고 생각한다. 『정역』의 "해는 달에서 나고 달은 날에서 나고 날은 시에서 나고 시는 각에서 나고 각은 분에서 나고 분은 공空에서 나니, 공은 무위無位이다"가 그 전거이다.[46] 이정호에 따르면 공은 그 자체는 움직이지 않지만 온갖 조화의 추뉴가 되는, 인간생명의 출발점인 동시에 귀환처이며, 지심地心과 천심天心을 연결하는 심강心腔의 궁극처요 우주의 무중벽無中碧과 인간의 허심단虛心丹이 만나는 자리, 곧 우주와 인간의 영적인 공약수요 무극과 태극과 황극의 일치점이다.[47]

이정호는 또 『역』의 "대연의 수는 50인데 그 중 사용하는 것은 49이다"에서 49를 사용하는 것은 50의 공空에서 나옴을 말하는 것으로 이해한다. 따라서 시초점을 칠 때 50개의 시초가지 중 하나를 떼어내어 모셔놓고 나머지 49를 쓰는 것은 바로 존공에 해당하는 행위가 된다. 또한 이정호는 정역팔괘도에서 건북곤남으로 건곤이 바른 자리에 모셔지고 진손과 감리가 각각 서로 공격하지도 어긋나지도 않는 가운데 좌우에서 건곤을 보필함으로써 건곤부모가 태평한 마음으로 친히 만물을 다스릴 수 있도록 하는 것을 존공이라고 해석하고 있다.[48] 이때의 의미는 지존자至尊者를 지존至尊의 지위에 모시는 자세 곧 자기겸허를 의미한다. 그리고 그 부수적

---

43) '尊空'이란 용어는 『正易』 「十五一言」의 '亢角二宿尊空詩'에 처음으로 나온다.
44) 『書經』에 나오는 말로, 堯·舜·禹가 서로 주고받은 통치의 대강령이라고 한다. "진실로 그 중을 잡으라"로 번역된다.
45) 『正易』, 「十一歸體詩」.
46) 『正易』, 「金火五頌」.
47) 『正易 연구』, 40쪽 참조.
48) 『正易 연구』, 41쪽 참조.

현상은 모든 구성원이 각각 자기 자리를 지키고 자기에게 주어진 역할을 담당하는 것이 된다.

이상에서 드러나듯 『정역』은 음양남녀의 사랑과 평등과 조화를 지향하되 그 뿌리를 전통유학 특히 도학에 둠으로써 그 정체성을 분명히 하면서 잡다한 이단·이교로부터의 변별성을 확보하였으며, 최고의 자리, 거룩한 자리를 존숭하여 비워 두고 겸허의 실천을 주요 덕목으로 하는 존공尊空 개념을 표방함으로써 인간 스스로 지존자의 자리에 나아가지 않고 지극한 중용의 자리를 항시 긴장 속에서 구현하고자 했다. 또한 『정역』은 유불도 삼교를 하나의 도로 보면서 "도가 셋으로 나뉘는 것은 이치의 자연함"49)이라 하여 교화의 방법만 다를 뿐 진리는 하나라는 것을 긍정하였으며, 인류가 마침내 청명하고 광휘로운 유리세계를 건설하여 그 속에서 노래하고 춤추며 무량세월을 즐기게 될 것임을 진술함으로써 희망의 세계를 제시하였다.50)

3) 간역 – 만물이 끝나는 곳이자 시작되는 곳

새로운 팔괘도와 새로운 가치체계를 담고 있는 『정역』이 연산의 김항에게서 나왔으니 이를 한국역학이라고 하는 것은 자연스런 표현이며 나름의 의미를 갖는다. 이정호는 「한국역학에의 접근」51), 「한국역학의 인간학적 조명」52), 「정역과 우리나라」53), 「종만물시만물의 땅」54), 「새나라 새종교

---

49) 『正易』, 「無位詩」, "道乃分三, 理自然, 斯儒斯佛又斯仙. 雖識一夫眞踏此, 無人則守有人傳."
50) 이정호는 『정역』이 지닌 의의를 다섯 가지 항목으로 정리한다. 1) 사랑과 평등과 조화의 주장, 2) 도학의 연원과 그 계승의 명시, 3) 尊空사상과 皇極정신의 고취, 4) 삼교일치의 목표, 5) 가치관의 전도와 대동세계의 구현 및 인류최고의 복지사회건설 지향이 그것이다. 『국역주해 정역』, 114~120쪽 참조.
51) 『정역과 一夫』, 270~275쪽.
52) 『정역과 一夫』, 139~141쪽.
53) 『정역과 一夫』, 175~180쪽.
54) 『정역과 一夫』, 297~303쪽.

창도자로서의 일호일부一乎一夫」[55] 등의 글을 발표한 일이 있고,[56] 또
『학역찬언』의 부제를 '한국역학의 새 방향'으로 붙이기도 했다.

그의 글에서는 역사적·지리적 사실들과 역학에서 말하는 간艮의 의미
를 연결시켜서 후천시대에서의 한국의 역할과 위상에 대해 설명한다.
『역』에서는 동북의 자리, 소남少男, 산을 간艮이라 하는데, 간이 나타내는
상象과 의의義는 그 밖에도 다양하다. 그 하나하나의 뜻은 『역』 전편과
「설괘전」 말미에 산재되어 있다.[57] 이정호에 따르면, 우리나라는 대륙의
동북에 위치해 있으므로 역리상으로는 간에 속하는데, 산이 전면적의
6~7할을 차지하고 있으니 또한 간이라 할 수밖에 없고, 역사는 오래지만
개발이 더디어 오늘날 물질 면에서 낙후성을 면치 못하였으니 역시
소남의 간이라 할 수밖에 없다. 그런데 『역』에서의 간은 또한 과라果蓏
즉 열매이니, 생명의 근원이요 발전의 핵심이라 할 수 있다. 사람의 몸에
비유하면 척주脊柱나 요퇴腰腿와 같고 나무로써 말하면 뿌리나 씨와 같으며
농사에 있어서는 못자리 터와 비슷한데, 그 핵심 의미는 생명을 보존하는
데 가장 중요한 부분이라는 뜻이다.[58] 또 「설괘전」에서는 "간은 만물을
마치고 만물을 시작하는 자리"라고 하였으니, 간방艮方은 새 질서와 새
생명이 시작되는 새 마당이 된다고도 할 수 있다.

또한 역리易理에 따른 간방艮方의 의미를 우리의 역사와 관련하여 해석하
고 그 의의를 규정하기도 한다. 즉 간방인 우리나라는 장차 산택통기의
정치를 행하는 중앙이 될 것이며 장차 펼쳐질 『정역』 세계의 관문이자
천하의 도의문, 유리세계[59]의 대관문人觀門[60]이 될 것이라고 전망하고

---

55) 『정역과 一夫』, 389~418쪽.
56) 이상의 논문은 모두 『제3의 역학』 하편에 재수록되었다.
57) 『易』, 「說卦傳」, 7장, "艮, 止也"; 8장, "艮爲狗"; 9장, "艮爲手"; 11장, "艮爲山·爲徑路·爲
　　小石·爲門闕·爲果蓏·爲閽寺·爲指·爲狗·爲鼠·爲黔喙之屬, 其於木也爲堅多節."
58) 『국역주해 정역』, 121쪽.
59) 『정역』의 용어이다. 七寶의 하나인 푸른색의 유리 보배로 만들어진 세계라는 뜻으로

있는 것이다. 이어서 그는 이러한 이치가 "예비되어 있음을 깨닫고 깊이 배워 가다듬어 오는 세상의 모든 사람에게 나아길 길을 밝히는 찬란한 등불이 되어주기를 기원할 뿐"[61]이라고 당부하고 있다.

〰〰〰〰〰〰〰〰〰〰〰〰〰〰〰〰〰〰〰〰〰〰〰〰〰〰〰〰〰〰〰〰〰〰〰〰

이정호는 국가와 민족, 개인 모두가 간고했던 시절에 『정역』 속에서 희망과 미래상을 보고 『정역』의 연구에 일생을 바쳤다. 그는 『정역』을 통해 『주역』을 연구하고, 『주역』의 논거를 통해 『정역』의 정당성을 뒷받침하였다. 그 가운데 주요한 내용의 하나는 선후천 개념의 전도이다. 기존의 문왕후천역을 선천역으로 바꾸고 일부정역을 후천역 또는 후천의 후천역으로 보는 것이다. 선후천이 바뀌니 『역』에 대한 전체적 전망도 달라졌다. 『정역』은 자연과 사회의 실제적 변화를 말하고 그에 대응하기 위한 법칙으로서 조양율음의 원리를 제시하였는데, 이는 암울한 시대에 미래에 대한 긍정적 기대, 이상세계의 도래를 희망으로 주었다. 이정호의 주안점은 새 시대에 필요한 규범과 발상의 전환이었다.

이정호는 『정역』에서 도학의 정신과 전통의 승계를 읽으려 한다. 나아가 그는 천하일가의 대동세계 구현과 더불어 유·불·선 삼교를 포함한 세계 모든 종교의 궁극적 일치를 지향하고 있다. 따라서 그에게 있어 『정역』은 앞으로 전개될 새 하늘 새 땅의 선도자이며 새 질서를 구축해 가는 도의문이자 대관문大觀門으로 인식된다.

그러나 정력正曆의 표방, 무윤력無閏曆이나 지축의 바로 잡힘 등은 예언적 성격을 가진 것이어서 합리적 판단의 소재가 되거나 보편적 설득력을

이상세계를 말한다.

60) 사람들이 크게 우러러볼 만한 인격의 세계로 들어가는 문이라는 뜻이다. 『易』 觀卦 「象傳」의 "大觀在上, 順而巽, 中正, 以觀天下"에서 취한 용어이다.

61) 『국역주해 정역』, 「서문」.

지니기에는 어려움이 있다. 이정호도 이 점을 우려하여 자연의 변화에 대한 적극적 발언을 자제하고 있다. 또한 『정역』의 원리를 이해하기 위한 밀전密傳의 수지굴신手指屈伸과 같은 방법은 특정 대상을 위해 제한적으로 사용되어 왔을 뿐만 아니라 부분부분에 우주의 총체적 이치가 담겨 있다는 형이상학적 뒷받침이 있을 수도 있지만 여전히 대중적 설득력을 갖기 어려운 것이 사실이다. 아울러, 『정역』 자체가 분석적이라기보다는 창조적 저작이기 때문이기도 하지만, 어쨌든 『정역』의 본문에, 그리고 이정호의 연구에 상당수의 새로운 용어들이 등장하고 있고, 또 종래의 용어들을 활용한다 하더라도 그 의미는 기존의 논의들과 정합성을 유지하지 못한다. 그 나름의 새로운 의미부여가 많고 상당수의 발언이 논증적이라기보다는 선언적이다. 그래서 철학적 이해와 논의에 어려움이 적지 않다.

결론

조선왕조 500여 년 동안에는 다양한 유형의 학자들이 있었다. 과거에 응시하거나 큰 학자의 문하에 이름을 올려 추천받는 등의 형식으로 입신立身하고 양명揚名하는 길을 찾은 것이 일반적이지만, 그렇지 않은 경우들도 많다. 유학자의 정체성을 유지하고 공자의 학도임을 표방하려면 수기修己라는 자기수양과 더불어 사람들을 이끌고 깨우쳐서 태평세계를 이루어 낼 안인安人의 경략 또한 있어야 한다. 그런데 안인이라는 좋은 명분과 그에 합당한 경략이 있음에도 관직 진출을 피한 유학자들 또한 많다. 벼슬길은 권력과 부귀가 약속된 만큼 세상사람들이 모여들어 기를 써서 다투기 때문에 음해와 모함 등 온갖 악이 들끓는 곳이기도 하다. 직접 참여하여 태평을 이루는 데 다소간 기여할 수도 있지만, 큰 해를 입을 수도 있다. 그래서 일찍부터 그곳을 피하는 현자들, 숨어 사는 사람들이 많았다. 그들은 그들 나름대로 산림에 사는 이유를 갖고 있었고, 그 속에서 행복을 누리고 있었다.

산림에서 지내는 유학자를 처사處士라고 하고, 산중의 처사가 그 능력과 학문 때문에 억지로 조정으로 불려 나왔을 경우에는 징사徵士라고 한다. 물론 처사의 조건이 산림만은 아니다. 대은大隱은 시정市井에 숨는다는 말도 있듯이 서울에서 지내는 처사도 있다. 이들 처사는 유학자이면서도

요·순·우·탕과 같은 전통적인 의미의 성인이 아닌, 자아의 존재론적 완성을 겨냥하는 그런 성인을 지향했다. 즉 거리의 성인, 필부 신분의 성인을 지향한 것이다.

조선의 처사나 징사들 중 많은 이들이 소옹을 사모하여 자기 삶과 철학의 모델로 삼았다. 그들은 산림에 사는 이유를 소옹의 말을 빌려 내놓곤 했으며, 소옹의 시를 즐겨 인용하거나 그의 '안락와'에서의 삶, 한가로움의 가치를 이해하고 실천하고자 했다. 그들은 소옹처럼 복희시대를 이상으로 삼았고, 언어문자 이전의 세계를 통찰하려 했다. 물론 사람들의 삶의 양상은 다양한 법이라서 이런 규정이 곤란한 경우도 있다. 높은 관직에 있으면서도 항상 자연을 그리워한 사람도 있고, 산림에 숨어 살면서도 경국제세의 뜻을 버리지 않은 사람도 있다. 서거정이나 신흠처럼 일생 벼슬길에서 부귀를 누리면서도 마음의 지향이 산림이었던 사람도 있고, 이황처럼 잠시 조정에 나오기도 했으나 본질적으로 산림지향적인 사람도 있으며, 송시열처럼 주로 산림에 있었으나 세도에 대한 관심을 한시도 놓은 적이 없는 경우도 있고, 윤증처럼 탁월한 경세의 재덕을 지니고 있으면서도 일생 산림처사로 지낸 경우도 있다.

산림에 있으면서도 세도를 염려하고 경세를 도모한 사람들 중의 상당수는 소옹의 선천학과 경세사상에 깊은 관심을 갖고 세상을 경략할 방안을 모색하였으며, 출사하여 보다 효율적인 경세의 방안을 모색하는 사람들 중에서도 소옹의 '황극경세'에 깊은 관심을 가진 이들이 많았다. 이들은 수리에 대한 관심을 적극적으로 피력한다. 그리고 이를 천문학과 역산에 적극 반영하려 시도했다. 그리고 소옹이 그러했듯이 역사에 대한 해석을 통하여 세상을 읽고 세상을 다스릴 방안을 제시한다.

『조선왕조실록』에서 소옹에 대한 논의는 선조·숙종·영조·정조 연간에 활발하였다. 이는 이 시기에 경연의 활성화 등 사림 주도의 성리학적 정치가 활발한 것과 관련이 있다. 또한 이때에 이르러 왕조 초기의 정주학 중심의 이념적 경직으로부터 벗어나 다소 유연성이 생기게 되었다는 것과도 연관이 있다.

흔히 주요한 종교나 사상들은 대중적 전승과 학문적·관학적 전승 사이에 차이가 많다. 소옹의 경우에도 이 점이 두드러진다. 조선 조야에서 소옹의 사상은 여러 형태로 매우 깊숙이 침투되어 있었다. 수학자, 책력가, 역사철학을 지닌 경세가, 우주론적 예언자, 시인, 품격 있는 안락과 행복의 철학자 등, 그는 다양한 형태로 사림의 모델적 위상을 누리고 있었다. 반면 민간에서의 소옹은 아주 탁월한 점술가, 점술의 성인이다. 이런 분위기는 조정의 관료들의 경우에도 해당된다. 조선조 초기에는 소옹을 이춘풍·곽박·원천강 등과 같은 술수류에 속하는 사람으로 보았는데, 『사고전서』에서도 소옹을 술수류로 분류했으니 잘못된 것이라고 하기 어렵다. 소문난 점술가인 배광의와 이익수 두 사람을 모두 조선의 소옹으로 지칭하는 기록이 정사를 논하거나 공초 내용을 기록하면서 나타났다. 이는 학문 외적으로 전승되어 내려 온 견해를 보여 주는 자료가 된다.

민간전승에서의 소옹의 위치는 신성神聖의 차원에 있다. 그에 대한 속설 신앙은 실제 사실과 부합된다는 근거가 매우 빈약하지만 뿌리 깊은 신앙으로 전승되고 있었고, 많은 거리의 예언자들이 의존하는 권위의 실체가 되어 있었다. 술가들의 『역』에 대해서 일반 유학자들은 거론하지 않으려는 경향이 강하지만, 묘하게 세합되고 두루 통하는 섬에 대한 체험적 고백이 끊어지지 않았다.

그러나 학문적 전승에서의 소옹은 이와 많이 다르다. 선조 때 사림이 대거 조정에 진출한 이후 경연에서 이루어진 소옹에 대한 논의와 평가에서는 그를 점술가보다는 수학자로, 탁월한 리학 사상가로, 빼어난 내성외왕의 사상가로 대접하고 있다. 주요한 철학적 문제와 정치적 사건에 대한 논의에서 소옹을 전거로 삼아 문제해결을 시도한다. 그리고 중엽 이후로는 문묘에 배향된 소옹의 위차를 높이자는 논의가 거듭되었다. 이는 주로 기호지역의 유자들, 서인과 노론을 중심으로 제기된 것으로, 소옹에 대한 이 지역 학자들의 인식이 다른 지역 학자들에 비해 각별하였다는 점과 관련이 있다. 또한 이는 조선 전기의 경직된 사상 분위기와도 다소 다르다. 이단배척의 분위기가 강했던 전기와 달리 중기 이후로는 소옹의 이채로움을 수용하고자 하는 분위기가 형성되었던 것이다.

조선조에서 소옹과 그 학문과 인품이 흡사한 인물로 거론된 것은 서경덕과 조성기이다. 서경덕이 죽은 선조 대와 조성기가 죽은 숙종 대에 소옹에 대한 논의가 활발해진 것은 그 학문적 연관성 때문이다.

학자들의 문집을 통해서 살펴본 소옹의 모습은 『실록』에 나타난 것과는 다소 다르다. 주자학을 국시처럼 존중했던 조선에서 소옹 철학에 관심을 보인 것은 주희에 대한 존숭의 영향이라고 할 수 있다. 그의 수리철학 분야에 대해서는 초기에 서경덕이 존숭했고, 이어 이이가 『성학집요』에서 소옹을 '내성외왕內聖外王'으로 규정하면서 도의 정통에 넣고자 하는 시도를 보였으며, 이후 율곡학파 또는 기호지역의 학자들이 면면하게 소옹 철학에 관심을 보이거나 깊은 연구에 몰입하기도 했다. 그런데 서경덕에 의하여 시작된 소옹 연구와 추존은 이황 등의 저항과 반발에 부딪혔다. 유희춘의 "서경덕의 학술은 수리에 주력하여 마치 소옹·채원정과 정이·주희의 관계와 같기 때문에, 이황이 그 적실하지 못함을 논했었다"라는 말이 당시의 상황을 짐작하게 한다.

소옹의 '안락'의 철학은 조선 유학자들의 폭넓은 사랑을 받아, 많은 학자들이 그의 안락의 철학을 배우려고 했다. 소옹은 태평시대에 태어나서 태평시대에 죽은 철학자로 규정되기도 하는데, 그만큼 시대의 제약을 받지 않고 거리낌 없는 자유의지의 삶을 산 사람이라는 것이다. 따라서 강호에 묻혀 지내는 사람들이 소옹을 모델로 하려고 했다.

일생 출세가도를 달린 서거정은 세속적 명리名利의 달인처럼 보이는 훈구 관변학자였다. 그런데 그는 소옹의 천근天根·월굴月窟 개념에 주의하면서 소옹이 추구한 우주적 경지의 즐거움(樂)에 깊은 관심을 표명하였다. 그는 조정의 소옹이기를 원했고, 이론적으로 그것을 정립하려 했다. 그의 이러한 지향은 일종의 허위의식처럼 보이기도 한다. 그러나 그가 산림의 처사와 조정의 관료는 비록 그 몸의 거처가 다를지라도 마음의 우거는 같을 수 있음을 강변했듯이, 조정에 있는 소옹이라고 그를 규정하는 것도 불가함이 없을 듯하다. 우리는 세상에 참으로 다양한 삶의 지향과 양상이 있음을 인정할 수 있다. 소옹에게 관료친구들이 많았다는 것은, 그 친구들이 소옹을 좋아함도 있으나 소옹이 그 관료친구들을 사랑함도 작용했을 것이다. 그렇다면 그가 비록 관료 되기를 거부했을지라도 관료를 부정하거나 비하한 것은 아님을 알 수 있다. 따라서 서거정이 산림처사가 아니면서도 마음으로 산림처사를 지향한 것을 허위의식이라고 할 필요는 없다. 소채와 죽순보다는 오히려 궁중의 산해진미에 더 익숙한 미각을 지녔을 것으로 짐작되지만, 그렇더라도 그가 산림의 진미를 모르고 지냈다고 단정할 수는 결코 없다. 만일 그 진미를 제대로 알고 지냈다면 그는 정녕 조정 관료로서의 또 다른 소옹이라고 할 수 있다. 이는 이후에 니다나는 신흠과 어느 정도 유사한 양상을 갖는다.

이황은 타고난 문재文才가 있어 일찍부터 세상의 인정을 받았고, 거듭 조정의 부름도 받았다. 그럼에도 그는 산수에서 처사적 삶, 유정幽貞의 삶을 살았다. 남이 알아주고 세상이 인정했어도 그는 굳이 쓰이려 하지 않았다. 산수 사이에서 심성을 기르고 도의를 실천하는 즐거움을 누리며 지냈다. 그의 삶의 모델은 한편으로 주희였고 또 한편으로는 소옹이었다. 학문에 있어서는 주희를 독실하게 배우고자 하였는데, 이는 규범의 세계, 성명의리의 세계에서의 기준이었다. 다른 한편으로 정서의 세계, 신비의 세계, 자유의 영역에 있어서 그는 소옹의 선천역에 토대를 둔 주희의 『계몽』을 바탕으로 연구하였다. 여기는 역학의 세계, 끊임없는 변역의 세계였다. 그가 『계몽』 연구에 기울인 심혈의 결과물이 『계몽전의』이다. 『계몽』은 소옹에 대한 이해가 없이는 접근이 불가능한 영역이다. 그는 여러 측면에서 소옹을 연구하였다. 그는 하도낙서를 신물로 여기는 분위기와 세상의 모든 변화가 수에 의존한다는 것을 부인하지 않았고, 일단의 사람들이 경직된 자세로 배척하는 수학도 외면하지 않았다. 아니 오히려 수학을 열심히 탐구했다. 물론 수학에 대한 염려도 있었다. 그가 서경덕에 대한 옹호와 예찬에 유예적 태도를 취했던 것이 좋은 예이다. 그러나 그는 이것을 리수理數라는 개념으로 극복하고 수용했다. 또한 그는 소옹이 추구한 안락의 삶을 주목했고, 그 삶의 지향도 전적으로 긍정했다. 학문은 규범적 주자학이었지만, 삶은 소옹에 기울어 있었다. 그는 산수를 즐겼지만, 산수 그 자체를 즐겼다가보다는 산수를 통해 심성을 배양함으로써 얻는 즐거움을 누렸다. 이를 그는 진락眞樂이라고 표현했는데, 우리는 이를 유락幽樂이라고 부를 수 있을 것이다.

조선의 17세기 후반은 사회적 모순과 갈등이 특히 심했던 시기이다. 패전국 조선은 청으로부터 여러 형태로 압박받는 가운데 내부적으로는 명분과 의리를 내세우며 북벌을 주창하는 집권당인 서인 노론세력과 정치적 재기를 꿈꾸는 남인들의 갈등이 극심했고, 사상적으로는 사문난적 파동이 보여 주듯 경직된 주자학적 정학관正學觀·정통론正統論이 횡행하고 있었다. 이 시기에 재야의 처사적 지식인으로서 조야의 주목을 한 몸에 받은 학자가 졸수재 조성기이다. 그는 삼백 년 대대로 조선왕조의 녹봉을 받아 온 한양의 명문가 출신이었지만, 불행하게도 후천적인 장애가 있었다. 그는 세상에 쓰이지 못할 것을 알고 20세 이후에는 과거를 포기한 채 국외자, 방관자, '도하의 처사'로서 살았다. 독서와 사색, 음시吟詩를 통해 그가 추구했던 삶은 그의 시 가운데 자주 등장하는 황보밀이나 소옹의 그것과 같았다. '후세의 요부'로 불린 그는 경서 못지않게 역사서를 즐겨 읽었고, 증점을 스승으로, 소옹을 친구로 삼았으며, 낙천樂天의 마음과 우세憂世의 마음이 병행불패竝行不悖하는 삶을 살았다.

윤증은 명망가에서 태어났지만 출사를 단념하고 은거자정隱居自靖의 길을 택했다. 그의 은거자정은 스스로 택한 것이지만 사실상 조선사회, 유학의 기조가 강요한 것이기도 했다. 훼절자의 아들을 용납할 공간이 당시 사회에는 마련되어 있지 못했기 때문이다. 그러나 그는 세도에 대한 관심을 지속적으로 갖고 정치적 소신을 상소와 편지 등을 통해 피력하였다. 학계의 중망으로 인해 그의 의견은 상당한 영향력을 지녔기에, 그는 얼굴 없는 재상, 백의재상으로 불리기도 했다. 그는 주자학자이면서도 자신의 삶의 모델로 도잠과 소옹을 꼽았다. 이황과 마찬가지로 그의 안락은 본성을 배양하는 데서 오는 즐거움, 천리의 유행을 읽는 데서 오는 즐거움이다. 그 또한 이를 진락眞樂이라 불렀다. 그는 성현의 서책을 통해 얻는 즐거움, 붕우들과 강습하면서 깨닫는 즐거움, 소옹이 누린 절대의 즐거움을 추구하였다. 그는 소옹의 『황극경세서』에 대해서는 큰 관심을 갖지 않았는데, 그의 부친이 저술한 후천설을 두고 문인들과 문답한 데서 나타난 것 등을 보면 그는 『본의』와 『계몽』을 중심으로 『역』을 이해하고 있었던 듯하다.

소옹의 안락론이나 한가로운 삶의 자세 못지않게 소옹의 선천역에 대해서도 관심을 가진 학자들이 많다. 서경덕·신흠·이이·서명응·황윤석 등과 한말의 많은 학자들이 소옹의 선천학에 깊은 관심을 보였고, 거기에 기반하여 창의적 역론을 제시하였다.

서경덕은 사실상 조선에서 가장 먼저 체계적으로 소옹을 연구하여 다소 독자적이고 자득적인 선천론을 제기하였다. 그는 자신의 선천론이 이전의 어떤 성인도 말하지 않은 경지였다고 하는 남다른 자부심을 피력했다. 신흠은 소옹 철학의 선천론을 나름대로 깊이 있게 체계적으로 이해한 학자이다. 그는 『선천규관』이라는 저술에서 "리理는 만유의 근원이 되지만 수數를 떠나 홀로 펼쳐지지 못하고, 수는 만물의 궁극이지만 리를 떠나 홀로 드러나지 못한다"라고 하여 수리학을 수용하였고, 또 선천은 천지의 시발점을 보여 주고 후천은 천지의 완성태를 드러낸다는 인식을 갖고 있었다. 이이와 장현광의 「공중누각부空中樓閣賦」는 소옹 철학과 긴밀하게 관련된 글이다.

서명응은 유가와 도가의 두 지대에 걸쳐 있는 학자로서 그의 『선천사연』은 복희의 선천사도先天四圖를 언言·상象·수數·의意로 해석한 것이다. 이 책은 소옹의 선천론에 토대를 둔 저술로서, 선천학에 관한 한 조선에서 가장 깊고 체계적이며 독창적인 저술일 것이다. 그는 사람들이 선천세계를 인식할 필요가 있다고 생각하여 이를 설명하는 데 많은 노력을 기울였다. 그 방식이 이른바 사연론四演論이다. 그에 따르면 선천세계는 시원의 상태, 본원의 상태, 소리도 움직임도 냄새도 없는 창조적 적정寂靜의 상태이다. 복희가 아직 아무런 괘도 그리지 않았을 때의, 그의 눈앞에 전개된 세계가 바로 그 선천세계이다. 그러나 복희가 보았던 그 세계는 결코 복희만의 세계가 아니라 누구에게나 열려 있는 본원의 세계이다. 서명응은 선천의 세계를 공자가 네 개의 그림으로 은일가를 통해 후세에 전해 주었다고 한다. 그것은 공자로부터 위백양·진단·소옹으로 이어지는 길이다. 소옹 이후 그것은 오랫동안 숨겨져 있었는데, 자신이 사승도 없이 오랜 사색 끝에 찾아내었다고 그는 자부한다. 그는 해석의 방법의 단서를 진단, 그리고 소옹과 주희에게서 찾았다. 그 결과가 언·상·수·의의 네 방법이다. 서명응은 하도를 선천학의 본령·시원처로 보고, 이 하도로부터 선천4도가 나왔다고 본다. 그는 선천의 4도로부터 만물의 생성과 변화의 구조를 읽었다. 그에 따르면, 선천도는 천지만물의 시종을 다 포괄하지만 수렴에 수렴을 거듭해 가면 결국 마음(心)이나 중(中)과 만나게 된다. 그는 하도야말로 이것을 압축적으로 보여 준다는 믿음을 갖고 있었다. 그는 선천학의 계보에 위백양을 넣어 『참동계』의 중요성을 선명하게 밝힌 조선의 첫 번째 학자라고 할 수 있다.

이규경의 『오주연문장전산고』라는 그물망에는 소옹에 관련된 비교적 상세한 자료들이 걸려 있다. 여기서 그는 소옹의 전기와 『황극경세서』 등에 깊은 관심을 가지고 그와 관련된 기록들을 변증하였다. 중국의 학자는 물론 조선에서 연구한 학자들도 소개하고 있는데, 찬양한 학자는 물론 비판적인 견해를 보인 학자들도 모두 망라되어 있으며 소옹과 『황극경세』에 관한 자신의 저술들도 소개하고 있다. 그 결과 그는 소옹 철학의 수용과 이해에 관하여 조선 학자 가운데 가장 널리, 가장 상세하게 파악한 학자가 되었다. 『오주연문장전산고』에 수록된 소옹 관련 자료는 여러 문집이나 서책에서 취한 것들로서, 이규경은 여기에다 본인의 해석과 평가를 함께 수록하고 있다. 이 책은 종래에 조선의 다른 학자들이 미처 관심을 가지지 않았던 세심한 자료들까지 두루 기술하고 있는 것이 특징이다.

소옹이 조선시대에 미친 영향은 역학이나 안락의 철학, 시문학의 영역 이외에도 성음론·문자론·천문학·역산 등 실용적·과학적 측면에도 널리 걸쳐 있다. 16세기의 서경덕은 『황극경세서』의 수와 성운도를 풀이한

『경세수經世數』1편과 『성운해聲韻解』1편을 지었고, 이이는 소옹의 학이 '내성외왕內聖外王'의 정통 도학임을 말하면서 『역수책』에서 『황극경세』에 초점을 둔 기술을 하였다. 이 밖에 신익성의 『황극경세동사보편』, 홍계희의 『경세지장』, 서명응의 『황극일원도』, 황윤석의 『황극경세서해』, 이규경의 『경세기수내외편』・『경세일원소장수도해』・『경세지운약설』・『경세지행수원』 등이 소옹의 『황극경세서』의 수리・경세학과 관련되어 있다. 한편 『황극경세서』의 성음론은 세종조의 언어정책에 영향을 미쳐 『훈민정음』 창제에 기여하고 이후 학자들의 국어학에 심대한 영향을 미쳤으며, 천문역산론은 지원설地圓說로 대표되는 천문학이나 역산학曆算學 등에 영향을 미쳤다.

조선 중기 몇몇 사람이 조선의 역사를 소옹의 『황극경세서』의 원회운세의 틀로 편성하여 왕에게 진상하였다. 왕에게 진상함은 국가적 시행을 의도했다는 뜻이니, 소옹의 역사철학이 현실 속에 구현되기를 시도한 것이다. 그 첫 번째 인물로 신익성을 꼽을 수 있다. 그는 『황극경세서동사보편』을 편찬하여 왕에게 진상하였는데, 이는 소옹의 『황극경세서』를 역사적 관점에서 접근하여 우리의 역사를 이 소옹의 역사 해석의 틀 속에 담아 이해한 경우이다. 신익성에 이어 홍계희는 신익성의 책에다 60갑자를 병기한 『경세지장』을 편찬하였고, 서명응은 매해에 60갑자를 배정하여 고조선의 역사와 『역』의 내용을 보강한 『황극일원도』를 지었다.

대곡 김석문에게서는 상수학적 우주론의 효시를 볼 수 있다. 일단의 학자들이 소옹의 안락론에 취하거나 그의 경세론에서 역사적 교훈을 얻고자 할 때 김석문은 왕조와 국가의 시종으로부터 우주의 시종으로 시야를 옮겼다. 『역학도해』에서 그는 이 무렵 유포되기 시작한 지구설地球說을 수용하는 등, 성리학적 우주론의 미비점을 보충하기 위한 대안적 천체관을 제시하였다. 이는 경전은 오류가 없다는 신념에서 비롯된 절대적 세계관이 상대적 세계관으로 바뀌어 간 것으로, 이러한 자연과학적 패러다임의 변화는 인문학적 패러다임의 변화를 유발했다. 지구설에 대한 자연과학적 확신은 자연히 자기가 딛고 선 바로 그곳이 세상의 중심이라는 생각을 불러왔고, 이는 중화주의적 사고로부터 조선중화사상으로의 전환이라는 인문학적 패러다임의 변화를 추동하여 전통적 인문학 또는 경학으로부터 자연학·제자학으로 학문적 관심의 스펙트럼이 넓어졌다. 이는 조선 후기의 사회변화와 관련이 있을 것이다.

김석문의 우주론에 이어 황윤석, 서명응, 성현, 김항 등에 의해 새로운 우주론이 속속 나왔다. 이들 중 일부는 우주론적 개벽에서 사회적 개벽을 전망하기도 하였다. 분명한 사승이 없음에도 이런 유사성이 드러나는 것은, 그것이 독창적 사색과 신념을 본령으로 하는 학문이고 또한 사회적 환경이 이를 요청하고 있었기 때문일 것이다.

조선 후기에 수리경세학이 학자들의 관심을 끌게 된 까닭은 청을 통하여 시헌력時憲曆이 도입되면서 역수曆數에 대한 관심이 수학과 천문학에 대한 관심으로 이어졌다는 데서 찾을 수 있다. 문예부흥의 시대를 이끈 정조는 서양과학기술이 수용되어 가는 상황에서 소옹의 수리·경세 사상을 높이 평가하고 장려하였다. "수학이 밝혀지지 않은 지가 또한 오래이다. 요부의 『황극경세서』는 천고를 통해서 밝게 드러낸 것이니, 진정한 척안隻眼이라고 할 만하다"라고 했는데 왕의 이러한 발언과 생각은 규장각의 학자들에게 큰 자극이 되었다. 이 시기, 훗날 실학자로 분류되는 사람들 가운데 특히 집권 노론 진영에 속한 학자들 사이에서 역법과 수학에 대한 관심이 증대되었다. 대표적인 인물로 황윤석을 들 수 있다. 황윤석은 수를 음운·악률·역수·역법·도량형 등을 아우르는 개념으로 인정한다. 그는 서양의 역법을 받아들이면서 수에는 동서와 화이의 구별이 없다고 하였는데, 이는 새로운 수의 패러다임으로 기존 역법을 비롯한 제반 문화 관념에 큰 변화를 주었다.

소옹의 선천역학과 역수曆數역학에는 또한 재야 역학자들이 관심을 집중했다. 그들은 주로 선·후천론과 역수의 맥락에서 그를 추존하였다. 소옹이 뚜렷한 사승 없이 독자적 경지를 열었다는 점이 매력으로 작용하기도 했겠지만, 이에 못지않게 그의 지향이 조선의 재야 학인들에게 남다른 흡인력을 지녔던 것으로도 보인다. 18~19세기 기호지역에서 사승 없이 자득한 역학자 성현의 인문역학도 기본적으로 소옹의 역학을 표방하면서 자기류의 미래 역학을 지향하고 있다. 그는 역 해석에서 하도·낙서, 선·후천 및 천근·월굴 같은 소옹의 개념을 사용하는 동시에 독특한 인문론과 진화생화론 등을 개발해 내기도 했다.

19세기에 일부 김항이 『정역』을 통해 "선천은 심법지학心法之學이고 후천은 성리지도性理之道"임을 선언하면서 선·후천의 전도와 자연의 개벽을 말한 것도 소옹 역학에 근거를 두고 있다. 김항에게 제도권의 분명한 사승관계는 없지만 『정역』에 어떤 외부의 영향이 있었음을 배제할 일은 아니다. 『정역』에는 소옹 철학을 전승한 부분과 변통한 부분이 있고, 그 밖의 여러 사상이 혼합되어 있으며, 선천·후천, 무극·황극 등의 의미가 김항 나름의 규정에 따라 사용되고 있다. 또한 김항은 간지干支와 나름의 도수를 가지고 역曆을 설명하며, 윤력閏曆을 벗어나 정력正曆이 되어야 후천의 사회가 된다는 강력한 주장을 표방한다. 두드러진 부분은 황금의 미래에 대한 강렬한 믿음을 상제 또는 화옹의 계시적 선언이라는 형태로 담보하고 있다는 점이다. 『서』를 읽고 『역』을 배우는 시대는 가고 이치를 자율적으로 탐구하고 본성을 온전히 구현하는 시대가 도래하게 된다거나, 음을 누르고 양을 부양하는 시대는 가고 음과 양을 조율하는 시대가 이르러 온다고 선언한다. 개방의 시대, 자율의 시대가 곧 열린다는 선포이다.

근대적 학문의 시각과 방법으로『정역』에 접근하고 서술한 학자는 이정호이다. 그는『정역』을 통하여 희망과 미래상을 보았다.『정역』을 통해『주역』을 연구하였고,『주역』의 논거를 통해『정역』의 정당성을 뒷받침하였다. 그는 기존의 문왕후천역이 선천역으로 바뀌고 일부정역을 후천역 또는 후천의 후천역으로 본다. 그의 주안점은 새 시대에 필요한 규범과 발상의 전환에 있었다. 그는『정역』에서 도학의 정신과 전통의 승계를 읽고, 나아가 천하일가의 대동세계 구현과 세계 모든 종교의 궁극적 일치를 지향하고 있다. 따라서 그에 따르면,『정역』은 앞으로 전개될 새 하늘 새 땅의 선도자이며 새 질서를 구축해 갈 도의문道義門이요 대관문大觀門이다.

그동안 우리는 조선조의 학문을 성리학 또는 주자학 일색으로 규정해 왔다. 그러다가 근래의 조선유학에 대한 연구에서 중·후기의 실학에 관심을 기울이는 학자들이 많이 나왔는데, 이는 한국사상사 연구에 나름의 긍정적 역할을 수행했다는 평가를 받고 있다. 또한 양명학에 주의하는 학계의 강한 동향도 이유가 있어 보인다. 주자학으로부터 벗어나려는 움직임이 17세기부터 나타났다는 사실에 주의하는 것은 사상사를 구성하는 데 주요한 몫을 한다. 그럼에도 우리는 조선조 유학을 논할 때면 그 정화로 언필칭 이황과 이이를 꼽으며, 이들의 사유의 테두리가 주자학이라는 데에 별반 이의를 제기하지 않는다.

그런데 이상에서 살펴보았듯이 상당수의 학자들이 소옹에 대한 관심이 넓었고 연구가 깊었다. 소옹의 행복론이라고 할 수 있는 안락론, 한가로움의 의미, 언어문자를 넘어선 시원과 본체의 경지, 수의 세계가 확보하는 객관성에 토대를 둔 새로운 경세론 등, 소옹 철학에 대한 관심과 흠모의 수준, 저술 등에 드러난 연구의 폭과 깊이, 실제 생활에 반영된 정도와 경지는 조선의 유학을 정주학이라고 하기보다는 오히려 소주학邵朱學이라고 하는 것이 더 타당할 정도이다. 그런데 소옹이 애초에 도가와 유가의 두 경계를 자유롭게 넘나든 탓이기도 하겠지만, 소옹을 연구하는 학자들 또한 대체로 탈경계의 자유정신의 소유자들이었다.

배움이란 성인聖人, 선진先進을 배우는 것이라고 하듯이, 그것은 구체적이고 실질적인 어떤 대상이나 인물을 배우는 것이고 어떤 시스템에 익숙해지는 것이다. 대부분의 조선조 학인들은 그러한 생각과 태도를 지니고 학문에 임했다. 공자를 알려면 주희를 알아야 하고 주희를 제대로 알려면 이이로부터 시작해야 한다는 식이었다. 그러나 진정한 학문은 유교나 불교 등 체제를 넘어서고 공자나 노자 등 인물에의 권위를 뛰어넘으며, 이념이나 의지의 측면인 언言과 의意보다는 사실에 더 접근해 있는 상象과 수數에, 교리敎理가 아니라 진리眞理 그 자체에 다가가야 한다는 것을 조선의 학인들은 소옹에게서 배웠다고 할 수 있다.

참고문헌

1. 원전류

『老子』.

『性理大全』.

『荀子』.

『莊子』.

『增補文獻備考』.

『黃帝內經素問』.

孔穎達, 『周易正義』.

邵雍, 『伊川擊壤集』.

____, 『皇極經世書』.

王植, 『皇極經世書解』.

魏伯陽, 『周易參同契』.

張載, 『橫渠易說』.

張行成, 『易通變』.

程頤, 『易傳』.

朱熹, 『周易本義』.

____, 『朱子大全』.

____, 『朱子語類』.

陳摶, 『正易心法注』.

胡廣 등 纂, 『周易傳義大全』.

權近, 『入學圖說』.

金錫文, 『大谷集』(한국문집총간 28).

_____, 『易學圖解』.

金昌協, 『農庵集』(한국문집총간 161·162).

朴趾源, 『熱河日記』.

徐居正, 『四佳集』(한국문집총간 10·11).

徐敬德, 『花潭集』(한국문집총간 24).

徐命膺, 『保晩齋集』(국립중앙도서관소장본).

徐命膺, 『保晩齋叢書』(규장각본).

徐命膺, 『保晩齋年譜』(고려대학교 도서관본).

成灝, 『悔齋集』(右文堂印刷所, 1961).

宋時烈, 『宋子大全』(한국문집총간 108~116).

申翊聖, 『樂全堂集』(한국문집총간 93).

_____, 『康節先生皇極經世書東史補編通載』(국립중앙도서관소장본).

申欽, 『象村稿』(한국문집총간 71·72).

_____, 『先天窺管』.

李圭景, 『五洲衍文長箋散稿』.

李珥, 『栗谷全書』(한국문집총간 44·45).

李滉, 『退溪集』(한국문집총간 29·30).

李滉, 『啓蒙傳疑』.

張顯光, 『易學圖說』.

趙聖期, 『拙修齋集』(한국문집총간 147).

洪大容, 『湛軒書』(한국문집총간 248).

洪奭周, 『淵泉集』(한국문집총간 293).

黃胤錫, 『頤齋遺稿』(한국문집총간 246).

『史記』.

『漢書』.

『晉書』.

『朝鮮王朝實錄』.

『昌寧成氏東洲公派家乘』.

2. 단행본류

곽신환, 『주역의 이해』, 서광사, 2003.

_____, 『조선조 유학자의 지향과 갈등』, 철학과현실사, 2005.

권영원, 『正易句解』, 경인문화사, 1983.

김경호, 『인격 성숙의 새로운 지평-율곡의 인간론』 정보와사람 2008.4.

김문용, 『조선후기 자연학의 동향』, 고려대학교 민족문화연구소, 2012. 9.

박상화, 『正易釋義』, 문해출판사, 1971.

_____, 『正易과 한국』, 공화출판사, 1978.

_____, 『正易을 바탕한 詠歌와 평화 遊戲』, 우성문화사, 1981.

_____, 『正易時代』, 우성문화사, 1987.

백문섭, 『正易 연구의 기초-手指象數論』, 正易會, 1995.

손지봉, 『韓國說話의 中國人物 硏究』, 박이정, 1999.

신병주, 『남명학파와 화담학파 연구-조선중기 사상사 바로 읽기』, 일지사, 2000.

_____, 『조선중기지성사 연구-비주류 지성들의 사상과 현실대응』, 새문사, 2007.

심중희, 『古代 中國民族의 宇宙論 探究』, 낙성대, 2003.

유명종, 『한국철학사』, 일신사, 1976.

이병도, 『한국유학사』, 아세아문화사, 1989.

이상익, 『기호성리학 연구』, 한울아카데미, 1998.

이승수, 『拙修齋 趙星期論 序說』, 修德文化社, 2001.

_____ 역, 『拙修齋集 1・2 - 천년 뒤 知己를 기다리다』, 박이정, 2001.

이은성, 『曆法의 原理分析』, 정음사, 1985.

이재연구소, 『이재 황윤석의 학문과 사상』, 경인문화사, 2009.

이정호, 『周易字句索引』(충남대학교, 1963년 초판 ; 국제대학교 인문과학연구소, 1978년 개정판).

_____, 『訓民正音의 構造原理: 그 易學的 硏究』, 아세아문화사, 1975.

_____, 『正易硏究』, 국제대학교 인문과학연구소, 1976.

_____, 『周易正義』, 아세아문화사, 1980.

_____, 『學易籑言: 韓國易學의 새 方向』, 대한교과서주식회사, 1982.

_____, 『正易과 一夫』, 아세아문화사, 1985.

_____, 『해석역주 훈민정음』(개정판), 寶珍齋, 1986.

_____, 『국역주해 정역』, 아세아문화사, 1988.

_____, 『第三의 易學』, 아세아문화사, 1992.

이창일, 『소강절의 철학-先天易學과 상관적 사유』, 심산, 2007.

정용환, 『장재의 철학-氣 해석과 성리학적 개념 체계』, 경인문화사, 2007.

한국사상사연구회, 『圖說로 보는 한국유학』, 예문서원, 2003.

_____, 『조선 유학의 개념들』, 예문서원, 2006.

한국철학회 편, 『한국철학사』 中, 동명사, 1994.

한동석, 『우주변화의 원리』, 대원출판, 2005.

한장경, 『周易・正易』, 삶과꿈, 2001.

현상윤, 『조선유학사』(6판), 민중서관, 1977.

홍이섭, 『朝鮮科學史』, 정음사, 1946.

황광욱, 『화담 서경덕의 철학사상-화담철학과 그 문인의 사상』, 심산, 2003.

高懷民, 신하령・김태완 공역, 『상수역학』, 신지서원, 1994.

_____, 정병석 역, 『周易哲學의 이해』, 문예출판사, 2004.

_____, 곽신환 역, 『소강절의 선천역학』, 예문서원, 2012.

金景芳・呂紹綱 지음, 한국철학사상연구회 옮김, 『易의 철학』, 예문지, 1993.

勞思光, 정인재 옮김, 『中國哲學史-宋明篇』, 탐구당, 1987.

高田淳(다카다 아쓰시), 이기동 역, 『周易이란 무엇인가』, 여강, 1991.

謝松齡, 신하령 역, 『음양오행이란 무엇인가』, 연암출판사, 1994.

徐命膺, 맹천술 역주, 『易理의 새로운 해석(先天四演)』, 중앙대, 1987.

_____, 조민환 외 2인 역주, 『도덕지귀』, 예문서원, 2008.

_____, 이봉호 역주, 『참동고』, 예문서원, 2009.

成周悳, 이면우 외 2인 역주, 『서운관지』, 소명출판, 2003.

申欽, 민족문화추진회 옮김, 『(新編 국역) 상촌 신흠 문집』 1~7, 2008.

土田健次郎(쓰치다 겐지로), 성현창 옮김, 『북송도학사』, 예문서원, 2006.

梁啓超, 이기동・최일범 옮김, 『淸代學術槪論』, 여강출판사, 1987.

廖明春 외 2인, 심경호 옮김, 『주역철학사』, 예문서원, 1994.

劉蔚華 외 1인, 곽신환 옮김, 『직하철학』, 철학과현실사, 1995.

李純之, 김수길・윤상철 공역, 『천문유초』, 대유학당, 2006.

朱熹, 김상섭 해설, 『역학계몽』, 예문서원, 1994.

_____, 김진근 옮김, 『역학계몽』, 청계출판사, 2008.

_____, 곽신환 외 2인 공역, 『태극해의』, 소명출판, 2009.

陳來, 안재호 옮김, 『송명성리학』, 예문서원, 1997.

차종천 역, 『九章算術』, 범양사, 2000.

江永, 孫國中 校理, 『河洛精蘊』, 學苑出版社, 2004.

高亨, 『周易大傳今注』, 齊魯書社(山東新華印刷), 1987.

高懷民, 『邵子先天易哲學』, 臺北: 荷美印刷設計有限公司, 1997.

_____, 『宋元明易學史』, 臺灣: 荷美印刷, 1995.

_____, 『先秦易學史』, 廣西師範大學出版社, 2007.

歐陽維誠, 『易學과 數學－奧林匹克』, 北京: 中國書店, 2003.

金景芳・呂紹綱 共著, 『周易全解』, 吉林大學出版社, 1989.

來知德, 張萬彬 點校, 『周易集注』, 北京: 九州出版社, 2004.

毛奇齡 撰, 鄭萬耕 點校, 『毛奇齡易著四種』, 北京: 中華書局, 2010.

楊景磐, 『皇極經世演繹』, 中國國際廣播音像出版社, 2006.

呂紹綱 主編, 『周易辭典』, 吉林大學出版社, 1992.

王夫之, 李一忻 點校, 『周易內外傳』, 北京: 九州出版社, 2004.

王弼, 樓宇烈 校釋, 『王弼集校釋』, 北京: 中華書局, 2009.

林忠軍, 『周易鄭氏學闡發』, 上海古籍出版社, 2005.

張其成, 『易道主干』, 北京: 中國書店, 2002.

_____, 『易圖探秘』, 北京: 中國書店, 2003.

_____, 『象數易學』, 北京: 中國書店, 2007.

左丘明, 李維琦 外 注, 『左傳』, 岳麓書社, 2001.

朱伯崑, 『易學哲學史』, 北京: 崑崙出版社, 2004.

黃壽棋・張善文 共著, 『周易譯註』, 上海古籍出版社, 2004.

鈴木由次郎, 『漢易研究』, 東京: 明德出版社, 1960.

今井宇三郎, 『宋代易學の研究』, 東京: 明治圖書出版, 1944.

Richard Wilhelim, *The I Ching or Book of Changes*, pantheon books, 1949.

3. 논문류

강천봉, 「『계몽전의』 연구 (1~12)」, 『퇴계학보』 3~4; 7~16, 퇴계학연구원, 1974~1977.

곽신환, 「周易의 變通과 改革사상」, 『유교사상연구』 29집, 2007.

_____, 「주역에서 읽는 문화의 수용과 창신」, 『철학연구』 83, 2008.

_____, 「회재 성현의 역학사상」, 『유학연구』 19집, 충남대학교 유학연구소, 2009.

김문갑, 「邵雍철학에 있어서 神개념에 대한 고찰」, 『동서철학연구』 17호, 1999.

김영진, 「李朝後期 農學과 徐氏 3代 家學」, 『농촌경제』 14권 3호, 1981.

김경수, 「도덕지귀를 통해 본 서명응의 도덕경 이해」, 『한국사상과 문화』 22, 2003.

김문식, 「서명응 저술의 종류와 특징」, 『한국의 경학과 한문학』(竹夫李篪衡敎授定年退職紀念論文集), 태학사, 1996.

_____, 「徐命膺의 생애와 규장각 활동」, 『정신문화연구』 74・75호, 1999.

_____, 「18세기 서명응의 세계지리인식」, 『한국실학연구』 11, 2006.

김영식, 「조선 후기의 지전설 재검토」, 『동방학지』 133, 2006.

김용헌, 「김석문의 우주설과 그 철학적 성격」, 『동양철학연구』 15권, 1996.

_____, 「김석문의 과학사상」, 『과학사상』 33호, 2000.

김인철, 「다산의 '先天易'에 대한 비판—「소자선천론」을 중심으로」, 『동양철학연구』 31권, 2002.

_____, 「여헌과 다산과 理學觀」, 『유교사상연구』 24집, 2005.

김주백, 「象村 申欽의 「和陶時」 研究」, 『한문학논집』 10, 단국한문학회, 1992.

김창룡, 「酒肆丈人傳에 나타난 소강절 배격의 의미」, 『한성어문학』 2권, 한성어문학회, 1983.

김필수, 「여헌 장현광의 『易學圖說』 연구」, 『논문집』 5, 동국대학교 경주캠퍼스, 1986.

_____, 「소옹의 선천역 연구—한대역을 연원으로 한 원시역 회복 시론」, 『공자학』 1, 한국공자학회, 1995.

김현진, 「졸수재 조성기의 『讀史有感』 연구」, 『南道文化研究』 14, 순천대학교, 2008.

김호, 「농암 김창협 사상의 역사적 이해」, 『畿甸文化研究』 34, 인천교대학교 기전문화연구소, 2008.

노대환, 「조선 후기 서학유입과 서기수용론」, 『진단학보』 83, 진단학회, 1997.

류성태, 「서명응의 도가 사상」, 『도교문화연구』 5, 한국도교문화학회, 1991.

이용범, 「김석문의 地轉說과 그 사상적 배경」, 『진단학보』 41, 1976.

민영규, 「17세기 李朝學人의 地動說」, 『동방학지』 16, 1973.

박석, 「소강절 詩論의 도학적 특색」, 『東亞文化』 29, 서울대학교 인문대학 동아문화연구소, 1991.

박권수, 「『보만재총서』 속의 자연과학 지식」, 『규장각』 32, 서울대학교 규장각한국학대학원, 2008.

박형빈·방주현, 「조선왕조실록으로 본 조선시대의 수학교육」, 『한국수학사학회지』 18권 1호, 2005.

박희병, 「신흠의 학문과 그 사상사적 위치」, 『민족문화』 20, 민족문화추진회, 1997.

서근식, 「상촌 신흠의 선천역학에 관한 연구」, 『동양고전연구』 제20집, 동양고전학회, 2004.

_____, 「보만재 서명응의 선천역학 연구」, 『한국철학논집』 제19집, 한국철학사연구회, 2006.

_____, 「조선후기 경기학인의 『역』 해석방법에 관한 연구 2: 이익·정약용·박제가·김정희·서명응·신작을 중심으로」, 『한국철학논집』 제21집, 한국철학사연구회, 2007.

손유경, 「기재 신광한의 의식세계에 대한 일고찰: 소옹 흠모 양상을 중심으로」, 『한문학논집』 제29집, 槿域漢文學會, 2009.

손지봉, 「한중 민간문학에 나타난 소강절」, 『중국연구』 20권, 한국외국어대학교 외국학종합연구센터 중국연구소, 1997.

송호빈, 「耳溪 洪良浩의 천문관에 나타난 사유방식의 궤적」, 『어문논집』 60, 2009.

신귀현, 「이퇴계와 쉘링의 자연철학에 관한 비교연구」, 『퇴계학보』 77, 퇴계학연구원, 1993.

신병주, 「19세기 중엽 이규경의 학풍과 사상」, 『한국학보』 200권 2호, 일지사, 1994.

안민정, 「졸수재 조성기론」, 『동양고전연구』 27, 동양고전학회, 2007.

엄연석, 「이황의 『계몽전의』와 상수역학」, 『한국사상과 문화』 11, 2001.

_____, 「퇴계 역학사상 체계와 새로운 연구방향」, 『퇴계학논집』 제3호, 2008.

小川晴久(오가와 하루히사), 「지전(동)설에서 우주무한론으로 : 김석문과 홍대용의 세계」, 『동방학지』 21, 1979.

_____, 「李退溪와 山居」, 『퇴계학보』 87·88, 퇴계학연구원, 1995.

유남상, 「正易사상의 연구」, 『한국종교』 창간호, 원광대학교 종교문제연구소, 1971.

柳存仁, 우재호 역, 「李退溪 非哲理詩의 境界를 논함」, 『퇴계학보』 89, 퇴계학연구원, 1996.

유창균, 「『황극경세서』가 국어학에 끼친 영향」, 『석당논총』 제15집, 1989.

이강수, 「서명응의 老子 이해」, 『동방학지』 62권, 연세대학교 국학연구원, 1989.

이돈주, 「소옹의 皇極經世聲音唱和圖와 송대 한자음」, 『국어학』 43, 국어학회, 2004.

이봉호 「서명응의 도덕지귀에 나타난 易理와 內丹思想」, 『한국사상문화』 22, 2003.

_____, 「서명응의 『참동고』에 나타난 선천역을 중심으로 한 丹易參同論」, 『도교문화연구』 20, 2004.

_____, 「서명응의 선천역과 도교사상」, 『도교문화연구』 24권, 2006년.

이선경, 「『역학계몽』에 나타난 주자역학의 특징: 소강절 역학의 수용과 변용을 중심으로」, 『한국철학논집』 제28집, 한국철학사연구회, 2010.

이숭녕, 「『황극경세서』의 이조후기 언어연구에의 영향」, 『진단학보』 32, 진단학회, 1969.

이승수, 「17세기 후반 지식인의 邵雍·陸九淵·陳亮 수용 양상 연구: 拙修齋와 三淵을 중심으로」, 『어문연구』 31권 4호, 한국어문교육연구회, 2003.

이용범, 「김석문의 지전론과 그 사상적 배경」, 『진단학보』 41, 진단학회, 1976.

_____, 「이조 실학파의 서양과학 수용과 그 한계: 김석문과 이익의 경우」, 『동방학지』 58, 연세대학교 국학연구원, 1988.

이창일, 「觀物과 反觀—자연주의적 사유의 인문주의적 기획」, 『동양철학』 26집, 한국동양철학회, 2006.

이황배, 「졸수재 조성기 문론 연구」, 『한문교육연구』 15권 1호, 한국한문교육학회, 2000.

이현중, 「正易의 한국사상사적 위상」, 『범한철학』 20집, 1999.

이희평, 「여헌 장현광의 우주론」, 『동양철학연구』 33권, 동양철학연구회, 2003.

임유경, 「서명응의 문학관 및 詩經論」, 『한국한문학연구』 9·10, 한국한문학회, 1987.

_____, 「서명응의 보만재총서에 대하여」, 『서지학회』 9호, 1993.

장원목, 「보만재 서명응의 학문과 학문」, 『한국사상과 문화』 22, 2003.

張立文, 장재한 역, 「李退溪의 理數思維 略論」, 『퇴계학보』 67, 퇴계학연구원, 1990.

정경훈, 「三淵의 詩學觀」, 『시화학』 3·4, 東方詩話學會, 2001.

정무룡, 「조성기의 공부론」, 『인문학논총』 2호, 경성대학교 인문과학연구소, 1999.

정병석, 「서화담의 역학적 세계관에 대한 기일원론적 해석」, 『철학논총』 제8집, 영남철학회, 1992.

정병석·엄진성, 「1과 2를 통해본 서화담철학의 구조」, 『민족문화논총』 42집, 영남대학교 민족문화연구소, 2009.

정원재, 「서경덕과 그 학파의 선천이론」, 『철학연구』 18집, 서울대학교 철학과, 1990.

조민환, 「서명응의 도덕지귀 1장 연구」, 『한국사상과 문화』 22, 2003.

조장연, 「장현광 역학의 원천에 관한 고찰」, 『한국철학논집』 15, 한국철학사연구회, 2004.

조창록, 「조선조 開城의 학풍과 서명응 家의 학문」, 『대동문화연구』 47집, 2004.

조희영, 「『西學辨』에 나타난 하빈 신후담의 역학사상」, 『思索』 24집, 숭실대, 2008.

＿＿＿, 「유인석의 『우주문답』에 나타난 운세론 고찰」, 『思索』 25집, 숭실대, 2009.

＿＿＿, 「서명응의 「복희64괘방원도」 개작에 대한 小考」, 『율곡사상연구』 21집, 율곡학회, 2010.

차남희, 「최제우의 後天開闢사상－정역의 金火交易을 중심으로」, 『한국정치학회보』 41집 1호, 2007.

최영성, 「황윤석 실학의 특성과 상수학적 기반」, 『유교사상연구』 32집, 한국유교학회, 2008.

최일범, 「서경덕의 이기론에 대한 試論」, 『동양철학연구』 제11집, 동양철학회, 1990.

최형록, 「소옹과 이황 시에 나타난 존재 근원의 표현 고찰」, 『중어중문학』 제47집, 한국중어중문학회, 2010.

한민섭, 「조선후기 가학의 한 국면－서명응 일가의 문학을 중심으로」, 『한국실학연구』 제14호, 2007.

＿＿＿, 「서명응의 『保晩齋四集』의 편찬과정과 특징」, 『한국실학연구』 제17호, 2009.

황병기, 「역학과 서구과학의 만남－조선후기 사상의 내적 발전사 탐구」, 『도교문화연구』 21, 한국도교문화학회, 2004.

簡明, 「邵雍蔡沈理數哲學爭議」, 『華中師範大學學報』 111期, 1994年 5期.

郭彧, 「邵雍先天圖卦序來自李挺之卦變說」, 『周易研究』 1996年 3期.

金生楊, 「邵雍學術淵源略論」, 『中華文化論壇』 2007年 1月.

馬漢亭, 「萬物有情皆可狀」, 『南都學壇』 第12卷 4期, 1992.

潘雨廷, 「論邵雍與皇極經世的思惟結构」, 『周易研究』 1994年 4期.

徐剛, 「邵雍自然哲學思想對朱熹的影響」, 『孔子研究』 1997年 3期.

梁書弦, 「船山先生對邵雍·朱熹易學的批評」, 『船山學刊』 2004年 3期.

吳乃恭, 「邵雍象數學新探」, 『吉林大學社會科學學報』 1991年 3期.

王景芬, 「天人統一于一心－論邵雍儒道兼綜的境界哲學」, 『孔子研究』 2000年 6期.

王新春,「邵雍天人之學視野下的孔子」,『文史哲』2005年 2期.

王利民・徐艶,「從伊川擊壤集看邵雍的人生志趣」,『南通師範學院學報』2003年 3月.

李申,「邵雍的皇極經世書」,『周易研究』2期, 1989.

李秋麗,「朱熹對邵雍先天象數學的繼承和發展」,『周易研究』1期, 2003.

章偉文,「邵雍易學中的歷史哲學」,『周易研究』2007年 1期.

張弦生,「北宋理學家邵雍及其著作」,『河南圖書館學刊』2006年 12月.

鄭萬耕,「關于梅花易數的幾個問題」,『國際易學研究』3集(簡平周易與占術 摘錄), 2004.

趙源一,「邵雍易數哲學探微」,『周易研究』제1期, 總43期, 2000.

周防海,「邵雍先天學辨析」,『學術交流』2006年 8月.

蔡方鹿,「論邵雍經學的義理化傾向及其歷史地位」,『中州學刊』2007年 3月.

韓敬,「邵雍先天易天地自然之數一解 - 對馮友蘭先生邵雍的先天學的兩點補充」,『周易研究』2001年 3期.

弦聲,「風情不薄是堯夫 - 淺析邵雍的理學詩」,『殷都學刊』1987年 2期.

곽신환,「주역의 자연과 인간에 관한 연구」, 성균관대학교 박사학위논문, 1987.

구만옥,「조선후기 주자학적 우주론의 변동」, 연세대학교 박사학위논문, 2001.

권태욱,「다산 정약용의 음악사상 연구」, 영남대학교 박사학위논문, 2000.

김문갑,「소옹의 선천역학에 관한 연구」, 한남대학교 박사학위논문, 2000.

김수현,『詩樂和聲』의 악률론 연구」, 한국학중앙연구원 한국학대학원 박사학위논문, 2010.

김일권,「고대 중국과 한국의 天文思想 연구」, 서울대학교 박사학위논문, 1999.

문재곤,「漢代 역학 연구」, 고려대학교 박사학위논문, 1990.

박권수,「조선 후기 상수학의 발전과 변동」, 서울대박사학위논문, 2006.

박성규,「주자철학에서의 귀신론」, 서울대학교 박사학위논문, 2004.

송인창,「선진유학에 있어서의 천명사상에 관한 연구」, 충남대학교 박사학위논문, 1987.

심소희,「황극경세 성음창화도 연구」, 연세대학교 박사학위논문, 1995.

이경언,「유학의 조화사상이 한국 전통음악교육에 미친 영향」, 단국대학교 박사학위논문, 2003.

이동희,「주자학의 철학적 특성과 그 전개양상에 관한 연구」, 성균관대학교 박사학위논문, 1990.

이문규,「고대 중국인의 하늘에 대한 천문학적 이해」, 서울대학교 박사학위논문, 1997.

이봉호,「서명응의 선천학 체계와 서학 해석에 관한 연구」, 성균관대학교 박사학위논문, 2005.

임종태,「17・18세기 서양 지리학에 대한 조선・중국 學人들의 해석」, 서울대학교 박사학위논문, 2003.

전용원, 「주자 역학 연구」, 한양대학교 박사학위논문, 2006.

정성희, 「조선후기 우주관과 曆法」, 한국학중앙연구원 한국학대학원 박사학위논문, 2001.

정해임, 「율려의 易學的 연구」, 영남대학교 박사학위논문, 2006.

조희영, 「서명응의 선천사연에 관한 연구」, 숭실대학교 박사학위논문, 2011.

최상용, 「진단의 내단사상 연구」, 원광대학교 박사학위논문, 2006.

최진묵, 「漢代 數術學 연구」, 서울대학교 박사학위논문, 2002.

최형록, 「소옹 시 연구」, 부산대학교 박사학위논문, 2008.

한민섭, 「서명응 일가의 博學과 叢書·類書 편찬에 관한 연구」, 고려대학교 박사학위논문, 2010.

김태호, 「화담 기론 연구」, 고려대학교 석사학위논문, 1990.

김윤경, 「서명응의 노자사상에 관한 연구」, 성균관대학교 석사학위논문, 2003.

소병선, 「소옹의 우주론」, 한국외국어대학교 석사학위논문, 1995.

박권수, 「서명응의 역학적 천문관」, 서울대학교 석사학위논문, 1996.

지두환, 「17C 이기관의 심학적 경향: 신흠·장유·장현광을 중심으로」, 서울대학교 석사학위논문, 1981.

최정준, 「퇴계의 『계몽전의』에 관한 연구」, 성균관대학교 석사학위논문, 1998.

지은이 **곽신환**郭信煥

충북 옥천 출생. 숭실대학교 철학과를 졸업하고
성균관대학교 대학원 동양철학과에서 석사 및 박
사학위(학위논문:「주역의 자연관과 인간관」)를 받았
다. 1982년부터 숭실대학교 철학과 교수로 재직하
며 성리학, 주역철학, 한국철학사 등 동아시아철학
을 연구·강의하고 있다. 한중철학회 회장, 주역학
회 회장, 율곡학회 회장, 철학연구회 회장 등을
역임하였고, 현재 숭실대학교 대학원장을 맡고
있으며, 주자학술상, 열암학술상, 율곡학술대상
등을 수상하였다. 주요 저·역서로『주역의 이해』,
『철학에의 초대』,『중국철학의 정신—新原道』,『직
하철학』,『주자언론동이고』,『조선 유학자의 지향
과 갈등』,『태극해의』,『소강절의 선천역학』,『우암
송시열』등이 있다.

원전총서

박세당의 노자 (新註道德經) 박세당 지음, 김학목 옮김, 312쪽, 13,000원
율곡 이이의 노자 (醇言) 이이 지음, 김학목 옮김, 152쪽, 8,000원
홍석주의 노자 (訂老) 홍석주 지음, 김학목 옮김, 320쪽, 14,000원
북계자의 (北溪字義) 陳淳 지음, 김충열 감수, 김영민 옮김, 295쪽, 12,000원
주자가례 (朱子家禮) 朱熹 지음, 임민혁 옮김, 496쪽, 20,000원
고사전 (高士傳) 皇甫謐 지음, 김장환 옮김, 368쪽, 16,000원
열선전 (列仙傳) 劉向 지음, 김장환 옮김, 392쪽, 15,000원
열녀전 (列女傳) 劉向 지음, 이숙인 옮김, 447쪽, 16,000원
선가귀감 (禪家龜鑑) 청허휴정 지음, 박재양·배규범 옮김, 584쪽, 23,000원
공자성적도 (孔子聖蹟圖) 김기주·황지원·이기훈 역주, 254쪽, 10,000원
공자세가·중니제자열전 (孔子世家·仲尼弟子列傳) 司馬遷 지음, 김기주·황지원·이기훈 역주, 224쪽, 12,000원
천지서상지 (天地瑞祥志) 김용천·최현화 역주, 384쪽, 20,000원
도덕지귀 (道德指歸) 徐命庸 지음, 조민환·장원목·김경수 역주, 544쪽, 27,000원
참동고 (參同攷) 徐命庸 지음, 이봉호 역주, 384쪽, 23,000원
박세당의 장자, 남화경주해산보 내편 (南華經註解刪補 內篇) 박세당 지음, 전현미 역주, 560쪽, 39,000원
초원담노 (椒園談老) 李忠翊 지음, 김윤경 옮김, 248쪽, 20,000원
여암 신경준의 장자 (文章準則 莊子選) 申景濬 지음, 김남형 역주, 232쪽, 20,000원

퇴계원전총서

고경중마방古鏡重磨方 ― 퇴계 선생의 마음공부 이황 편저, 박상주 역해, 204쪽, 12,000원
활인심방活人心方 ― 퇴계 선생의 마음으로 하는 몸공부 이황 편저, 이윤희 역해, 308쪽, 16,000원
이자수어李子粹語 퇴계 이황 지음, 성호 이익·순암 안정복 엮음, 이광호 옮김, 512쪽, 30,000원

연구총서

논쟁으로 보는 중국철학 중국철학연구회 지음, 352쪽, 8,000원
논쟁으로 보는 한국철학 한국철학사상연구회 지음, 326쪽, 10,000원
중국철학과 인식의 문제 (中國古代哲學問題發展史) 方立天 지음, 이기훈 옮김, 208쪽, 6,000원
중국철학과 인성의 문제 (中國古代哲學問題發展史) 方立天 지음, 박경환 옮김, 191쪽, 6,800원
현대의 위기 동양 철학의 모색 중국철학회 지음, 340쪽, 10,000원
중국철학의 이단자들 중국철학회 지음, 240쪽, 8,200원
공자의 철학 (孔孟荀哲學) 蔡仁厚 지음, 천병돈 옮김, 240쪽, 8,500원
맹자의 철학 (孔孟荀哲學) 蔡仁厚 지음, 천병돈 옮김, 224쪽, 8,000원
순자의 철학 (孔孟荀哲學) 蔡仁厚 지음, 천병돈 옮김, 272쪽, 10,000원
유학은 어떻게 현실과 만났는가 ― 선진 유학과 한대 경학 박원재 지음, 218쪽, 7,500원
유교와 현대의 대화 황의동 지음, 236쪽, 7,500원
역사 속에 살아있는 중국 사상 (中國歷史に生きる思想) 시계자와 도시로 지음, 이혜경 옮김, 272쪽, 10,000원
덕치, 인치, 법치 ― 노자, 공자, 한비자의 정치 사상 신동준 지음, 488쪽, 20,000원
리의 철학 (中國哲學範疇精髓叢書 ― 理) 張立文 주편, 안유경 옮김, 524쪽, 25,000원
기의 철학 (中國哲學範疇精髓叢書 ― 氣) 張立文 주편, 김교빈 외 옮김, 572쪽, 27,000원
동양 천문사상, 하늘의 역사 김일권 지음, 480쪽, 24,000원
동양 천문사상, 인간의 역사 김일권 지음, 544쪽, 27,000원
공부론 임수무 외 지음, 544쪽, 27,000원
유학사상과 생태학 (Confucianism and Ecology) Mary Evelyn Tucker·John Berthrong 엮음, 오정선 옮김, 448쪽, 27,000원
공자曰, 공자는 이렇게 말했다 안재호 지음, 232쪽, 12,000원
중국중세철학사 (Geschichte der Mittelalterischen Chinesischen Philosophie) Alfred Forke 지음, 최해숙 옮김, 568쪽, 40,000원
북송 초기의 삼교회통론 김경수 지음, 352쪽, 26,000원
죽간·목간·백서, 중국 고대 간백자료의 세계 1 이승률 지음, 576쪽, 40,000원
중국근대철학사 (Geschichte der neueren Chinesischen Philosophie) Alfred Forke 지음, 최해숙 옮김, 936쪽, 65,000원
리학 심학 논쟁, 연원과 전개 그리고 득실을 논하다 황갑연 지음, 416쪽, 32,000원

역학총서

주역철학사 (周易研究史) 廖名春·康學偉·梁韋弦 지음, 심경호 옮김, 944쪽, 30,000원
송재국 교수의 주역 풀이 송재국 지음, 380쪽, 10,000원
송재국 교수의 역학담론 — 하늘의 빛 正易, 땅의 소리 周易 송재국 지음, 536쪽, 32,000원
소강절의 선천역학 高懷民 지음, 곽신환 옮김, 368쪽, 23,000원
다산 정약용의 『주역사전』, 기호학으로 읽다 방인 지음, 704쪽, 50,000원

한국철학총서

조선 유학의 학파들 한국사상사연구회 편저, 688쪽, 24,000원
실학의 철학 한국사상사연구회 편저, 576쪽, 17,000원
퇴계의 생애와 학문 이상은 지음, 248쪽, 7,800원
조선유학의 개념들 한국사상사연구회 지음, 648쪽, 26,000원
유교개혁사상과 이병헌 금장태 지음, 336쪽, 17,000원
남명학파와 영남우도의 사림 박병련 외 지음, 464쪽, 23,000원
쉽게 읽는 퇴계의 성학십도 최재목 지음, 152쪽, 7,000원
홍대용의 실학과 18세기 북학사상 김문용 지음, 288쪽, 12,000원
남명 조식의 학문과 선비정신 김충열 지음, 512쪽, 26,000원
명재 윤증의 학문연원과 가학 충남대학교 유학연구소 편, 320쪽, 17,000원
조선유학의 주역사상 금장태 지음, 320쪽, 16,000원
율곡학과 한국유학 충남대학교 유학연구소 편, 464쪽, 23,000원
한국유학의 악론 금장태 지음, 240쪽, 13,000원
심경부주와 조선유학 홍원식 외 지음, 328쪽, 20,000원
퇴계가 우리에게 이윤희 지음, 368쪽, 18,000원
조선의 유학자들, 켄타우로스를 상상하며 理와 氣를 논하다 이향준 지음, 400쪽, 25,000원
퇴계 이황의 철학 윤사순 지음, 320쪽, 24,000원

성리총서

송명성리학 (宋明理學) 陳來 지음, 안재호 옮김, 590쪽, 17,000원
주희의 철학 (朱熹哲學研究) 陳來 지음, 이종란 외 옮김, 544쪽, 22,000원
양명 철학 (有無之境—王陽明哲學的精神) 陳來 지음, 전병욱 옮김, 752쪽, 30,000원
정명도의 철학 (程明道思想研究) 張德麟 지음, 박상리·이경남·정성희 옮김, 272쪽, 15,000원
주희의 자연철학 김영식 지음, 576쪽, 29,000원
송명유학사상사 (宋明時代儒學思想の研究) 구스모토 마사쓰구 (楠本正繼) 지음, 김병화·이혜경 옮김, 602쪽, 30,000원
북송도학사 (道學の形成) 쓰치다 겐지로 (土田健次郎) 지음, 성현창 옮김, 640쪽, 3,2000원
성리학의 개념들 (理學範疇系統) 蒙培元 지음, 홍원식·황지원·이기훈·이상호 옮김, 880쪽, 45,000원
역사 속의 성리학 (Neo-Confucianism in History) Peter K. Bol 지음, 김영민 옮김, 488쪽, 28,000원
주자어류선집 (朱子語類抄) 미우라 구니오 (三浦國雄) 지음, 이승연 옮김, 504쪽, 30,000원

불교(카르마)총서

학파로 보는 인도 사상 S. C. Chatterjee·D. M. Datta 지음, 김형준 옮김, 424쪽, 13,000원
불교와 유교 — 성리학, 유교의 옷을 입은 불교 아라키 겐고 지음, 심경호 옮김, 526쪽, 18,000원
유식무경, 유식 불교에서의 인식과 존재 한자경 지음, 208쪽, 7,000원
박성배 교수의 불교철학강의: 깨침과 깨달음 박성배 지음, 윤원철 옮김, 313쪽, 9,800원
불교 철학의 전개, 인도에서 한국까지 한자경 지음, 252쪽, 9,000원
인물로 보는 한국의 불교사상 한국불교원전연구회 지음, 388쪽, 20,000원
은정희 교수의 대승기신론 강의 은정희 지음, 184쪽, 10,000원
비구니와 한국 문학 이향순 지음, 320쪽, 16,000원
불교철학과 현대윤리의 만남 한자경 지음, 304쪽, 18,000원
유식삼십송과 유식불교 김명우 지음, 280쪽, 17,000원
유식불교, 『유식이십론』을 읽다 효도 가즈오 지음, 김명우·이상우 옮김, 288쪽, 18,000원
불교인식론 S. R. Bhatt & Anu Mehrotra 지음, 권서용·원철·유리 옮김, 288쪽, 22,000원

노장총서

노자에서 데리다까지 — 도가 철학과 서양 철학의 만남 한국도가철학회 엮음, 440쪽, 15,000원
不二 사상으로 읽는 노자 — 서양철학자의 노자 읽기 이찬훈 지음, 304쪽, 12,000원
김항배 교수의 노자철학 이해 김항배 지음, 280쪽, 15,000원
서양, 도교를 만나다 J. J. Clarke 지음, 조현숙 옮김, 472쪽, 36,000원

강의총서

김충열 교수의 노자강의 김충열 지음, 434쪽, 20,000원
김충열 교수의 중용대학강의 김충열 지음, 448쪽, 23,000원
모종삼 교수의 중국철학강의 牟宗三 지음, 김병채 외 옮김, 320쪽, 19,000원

동양문화산책

주역산책 (易學漫步) 朱伯崑 외 지음, 김학권 옮김, 260쪽, 7,800원
동양을 위하여, 동양을 넘어서 홍원식 외 지음, 264쪽, 8,000원
서원, 한국사상의 숨결을 찾아서 안동대학교 안동문화연구소 지음, 344쪽, 10,000원
안동 금계마을 — 천년불패의 땅 안동대학교 안동문화연구소 지음, 272쪽, 8,500원
안동 풍수 기행, 와혈의 땅과 인물 이완규 지음, 256쪽, 7,500원
안동 풍수 기행, 돌혈의 땅과 인물 이완규 지음, 328쪽, 9,500원
영양 주실마을 안동대학교 안동문화연구소 지음, 332쪽, 9,800원
예천 금당실·맛질 마을 — 정감록이 꼽은 길지 안동대학교 안동문화연구소 지음, 284쪽, 10,000원
터를 안고 仁을 펴다 — 퇴계가 굽어보는 하계마을 안동대학교 안동문화연구소 지음, 360쪽, 13,000원
안동 가일 마을 — 풍산들가에 의연히 서다 안동대학교 안동문화연구소 지음, 344쪽, 13,000원
중국 속에 일떠서는 한민족 — 한겨레신문 차한필 기자의 중국 동포사회 리포트 차한필 지음, 336쪽, 15,000원
신간도견문록 박진관 글·사진, 504쪽, 20,000원
안동 무실 마을 — 문헌의 향기로 남다 안동대학교 안동문화연구소 지음, 464쪽, 18,000원
선양과 세습 사라 알란 지음, 오만종 옮김, 318쪽, 17,000원
문경 산북의 마을들 — 서중리, 대상리, 대하리, 김룡리 안동대학교 안동문화연구소 지음, 376쪽, 18,000원
안동 원촌마을 — 선비들의 이상향 안동대학교 안동문화연구소 지음, 288쪽, 16,000원
안동 부포마을 — 물 위로 되살려 낸 천년의 영화 안동대학교 안동문화연구소 지음, 440쪽, 23,000원
독립운동의 큰 울림, 안동 전통마을 김희곤 지음, 384쪽, 26,000원

일본사상총서

도쿠가와 시대의 철학사상 (德川思想小史) 미나모토 료엔 지음, 박규태·이용수 옮김, 260쪽, 8,500원
일본인은 왜 종교가 없다고 말하는가 (日本人はなぜ 無宗教なのか) 아마 도시마로 지음, 정형 옮김, 208쪽, 6,500원
일본사상이야기 40 (日本がわかる思想入門) 나가오 다케시 지음, 박규태 옮김, 312쪽, 9,500원
일본도덕사상사 (日本道德思想史) 이에나가 사부로 지음, 세키네 히데유키·윤종갑 옮김, 328쪽, 13,000원
천황의 나라 일본 — 일본의 역사와 천황제 (天皇制と民衆) 고토 야스시 지음, 이남희 옮김, 312쪽, 13,000원
주자학과 근세일본사회 (近世日本社會と宋學) 와타나베 히로시 지음, 박홍규 옮김, 304쪽, 16,000원

한의학총서

한의학, 보약을 말하다 — 이론과 활용의 비밀 김광중·하근호 지음, 280쪽, 15,000원

남명학연구총서

남명사상의 재조명 남명학연구원 엮음, 384쪽, 22,000원
남명학파 연구의 신지평 남명학연구원 엮음, 448쪽, 26,000원
덕계 오건과 수우당 최영경 남명학연구원 엮음, 400쪽, 24,000원
내암 정인홍 남명학연구원 엮음, 448쪽, 27,000원
한강 정구 남명학연구원 엮음, 560쪽, 32,000원
동강 김우옹 남명학연구원 엮음, 360쪽, 26,000원
망우당 곽재우 남명학연구원 엮음, 440쪽, 33,000원

예문동양사상연구원총서

한국의 사상가 10人 — 원효 예문동양사상연구원/고영섭 편저, 572쪽, 23,000원
한국의 사상가 10人 — 의천 예문동양사상연구원/이병욱 편저, 464쪽, 20,000원
한국의 사상가 10人 — 지눌 예문동양사상연구원/이덕진 편저, 644쪽, 26,000원
한국의 사상가 10人 — 퇴계 이황 예문동양사상연구원/윤사순 편저, 464쪽, 20,000원
한국의 사상가 10人 — 남명 조식 예문동양사상연구원/오이환 편저, 576쪽, 23,000원
한국의 사상가 10人 — 율곡 이이 예문동양사상연구원/황의동 편저, 600쪽, 25,000원
한국의 사상가 10人 — 하곡 정제두 예문동양사상연구원/김교빈 편저, 432쪽, 22,000원
한국의 사상가 10人 — 다산 정약용 예문동양사상연구원/박홍식 편저, 572쪽, 29,000원
한국의 사상가 10人 — 혜강 최한기 예문동양사상연구원/김용헌 편저, 520쪽, 26,000원
한국의 사상가 10人 — 수운 최제우 예문동양사상연구원/오문환 편저, 464쪽, 23,000원

민연총서 ― 한국사상

자료와 해설, 한국의 철학사상 고려대 민족문화연구원 한국사상연구소 편, 880쪽, 34,000원
여헌 장현광의 학문 세계, 우주와 인간 고려대 민족문화연구원 한국사상연구소 편, 424쪽, 20,000원
퇴옹 성철의 깨달음과 수행 ― 성철의 선사상과 불교사적 위치 조성택 편, 432쪽, 23,000원
여헌 장현광의 학문 세계 2, 자연과 인간 고려대 민족문화연구원 한국사상연구소 편, 432쪽, 25,000원
여헌 장현광의 학문 세계 3, 태극론의 전개 고려대 민족문화연구원 한국사상연구소 편, 400쪽, 24,000원
역주와 해설 성학십도 고려대 민족문화연구원 한국사상연구소 편, 328쪽, 20,000원
여헌 장현광의 학문 세계 4, 여헌학의 전망과 계승 고려대학교 민족문화연구원 편, 384쪽, 30,000원

인물사상총서

한주 이진상의 생애와 사상 홍원식 지음, 288쪽, 15,000원
범부 김정설의 국민윤리론 우기정 지음, 280쪽, 20,000원

동양사회사상총서

주역사회학 김재범 지음, 296쪽, 10,000원
유교사회학 이영찬 지음, 488쪽, 17,000원
깨달음의 사회학 홍승표 지음, 240쪽, 8,500원
동양사상과 탈현대 홍승표 지음, 272쪽, 11,000원
노인혁명 홍승표 지음, 240쪽, 10,000원
유교사회학의 패러다임과 사회이론 이영찬 지음, 440쪽, 20,000원

경북의 종가문화

사당을 세운 뜻은, 고령 점필재 김종직 종가 정경주 지음, 203쪽, 15,000원
지금도 「어부가」가 귓전에 들려오는 듯, 안동 농암 이현보 종가 김서령 지음, 225쪽, 17,000원
종가의 멋과 맛이 넘쳐 나는 곳, 봉화 충재 권벌 종가 한필원 지음, 193쪽, 15,000원
한 점 부끄럼 없는 삶을 살다, 경주 회재 이언적 종가 이수환 지음, 178쪽, 14,000원
영남의 큰집, 안동 퇴계 이황 종가 정우락 지음, 227쪽, 17,000원
마르지 않는 효제의 샘물, 상주 소재 노수신 종가 이종호 지음, 303쪽, 22,000원
의리와 충절의 400년, 안동 학봉 김성일 종가 이해영 지음, 199쪽, 15,000원
충효당 높은 마루, 안동 서애 류성룡 종가 이세동 지음, 210쪽, 16,000원
낙중 지역 강안학을 열다, 성주 한강 정구 종가 김학수 지음, 180쪽, 14,000원
모원당 회화나무, 구미 여헌 장현광 종가 이종문 지음, 195쪽, 15,000원
보물은 오직 청백뿐, 안동 보백당 김계행 종가 최은주 지음, 160쪽, 15,000원
은둔과 화순의 선비들, 영주 송설헌 장말손 종가 정순우 지음, 176쪽, 16,000원
처마 끝 소나무에 갈무리한 세월, 경주 송재 손소 종가 황위주 지음, 256쪽, 23,000원
양대 문형과 직신의 가문, 문경 허백정 홍귀달 종가 홍원식 지음, 184쪽, 17,000원
어질고도 청빈한 마음이 이어진 집, 예천 약포 정탁 종가 김낙진 지음, 208쪽, 19,000원
임란의병의 힘, 영천 호수 정세아 종가 우인수 지음, 192쪽, 17,000원
영남을 넘어, 상주 우복 정경세 종가 정우락 지음, 264쪽, 23,000원
선비의 삶, 영덕 갈암 이현일 종가 장윤수 지음, 224쪽, 20,000원
청빈과 지조로 지켜 온 300년 세월, 안동 대산 이상정 종가 김순석 지음, 192쪽, 18,000원
독서종자 높은 뜻, 성주 응와 이원조 종가 이세동 지음, 216쪽, 20,000원
오천칠군자의 향기 서린, 안동 후조당 김부필 종가 김용만 지음, 256쪽, 24,000원
마음이 머무는 자리, 성주 동강 김우옹 종가 성병호 지음, 184쪽, 18,000원
문무의 길, 영덕 청신재 박의장 종가 우인수 지음, 216쪽, 20,000원
형제애의 본보기, 상주 창석 이준 종가 서정화 지음, 176쪽, 17,000원
경주 남쪽의 대종가, 경주 잠와 최진립 종가 손숙경 지음, 208쪽, 20,000원
변화하는 시대정신의 구현, 의성 자암 이민환 종가 이시활 지음, 248쪽, 23,000원

기타

다산 정약용의 편지글 이용형 지음, 312쪽, 20,000원
유교와 칸트 李明輝 지음, 김기주・이기훈 옮김, 288쪽, 20,000원
유가 전통과 과학 김영식 지음, 320쪽, 24,000원